テクストとしての判決

「近代」と「憲法」を読み解く

Reading the Opinion of the Court as a Text
In Search of "the Constitutional" and "the Modern"

編著 駒村圭吾

著
小粥太郎
渡辺康行
林知更
蟻川恒正
石川健治
山本龍彦
大屋雄裕
宍戸常寿

有斐閣

はしがき

　法科大学院制度が導入されて，憲法研究者たちは，再びというか，今まで以上に，深く判例読解に取り組むことになった。教室で，研究室で，また自宅でも，判例の読み込みを強いられる日々が続いた。爾来，10年強が過ぎ，判例集や判例を素材にした演習書（ケース・ブック）が次々と刊行され，さながら燎原の如き様相である。

　しかし，何か物足りない。本書はそんな欠乏感から生まれた。判例への接近の仕方にはもっと別なものがあり得るのではないか。巧緻≒狡知の権化である裁判官が書いたテクストには，もっと違った敬意の表し方があるのではないか。テクストとしての判決は，そもそも無数のテクストを基礎としてその層の上に成立しており，また，さらに別のテクストにパラフレーズされるのであって，それらを縦横無尽に回遊しないことには，裁判官の概念仕様あるいは思考様式は見えてこないのではないか。物足りなさの正体はそんなところにあるように思われる。

　では，いかなる視点からテクストとしての判決を読解するのか。私たちは，「憲法」と「近代」を見つけるために読解の冒険を企てることにした。

　公権力を憲法で縛るという最低限の意味さえ危殆に瀕しつつあった2015年とその前後，立憲主義という言葉は，その危機の状況において初めて市民的認知を獲得した。その渦中で，多くの憲法研究者たちは，近代立憲主義と敢えて"近代"を冠した立憲主義を擁護し，その行く末を案じたのである。しかし，そもそも法にとって"近代的なるもの"とは何であったのか。それは，果たして，思想伝統として根付いているのか。歴史的一回性に回収されない構造体として確立されているのか。本書では，何を"近代的なるもの"と見定めるかを含め，各人各様の視点をもって"近代的なるもの"を判決テクストの中に見つけ出す探検談が多彩に披露されている。

　三島由紀夫は，保守主義者と呼ばれる福田恆存を評して，"暗渠で近代につながっている"と喝破したことがある。テクストとしての判決も，先例，少数意見，上告趣意書，調査官解説をはじめとして，学術的論攷から思想的風景に

i

至るまで，無数のテクストから成るものである。それぞれが明示的・黙示的な連関でつながっており，その連関を解きほぐす過程で，それ自体は外国の産である"近代的なるもの"に突き当たる"暗渠"が見つかるかもしれない。テクストとしての判決の下に張り巡らされた"暗渠"そのものが，実は，"近代的なるもの"それ自体を構成するリゾームとして掘り起こされる可能性は大いにあるだろう。

　法学を支えている様々な概念は，結局，知的探究を放棄すれば雲散霧消する知の集積体でしかない。しかし，複雑に入り組んだ"暗渠"に"近代的なるもの"の水脈がしっかりと流れているのであれば，それは堅固な構造体となる。かかる構造体こそ，"憲法的なるもの"と呼ぶべきではなかろうか。

＊　＊　＊

　本書が世に出るにあたり，玉稿を提供してくださった執筆者の方々に深甚なるお礼を申し上げたい。なお，所収論文の一部は既発表論文を基礎とするものであるが，これは本書の公刊が大幅に遅れた結果であり，挙げて編者の力不足によるものである。このように必ずしも安産ではなかった本書がようやく産声を上げることができたのは，執筆者のご協力のたまものであると同時に，編集者各位の涙ぐましい努力の成果でもある。土肥賢，山宮康弘，清田美咲の各氏の熱意と忍耐に，改めて敬意を表したい。また，このような冒険的書物の出版を敢えてお引き受けくださった有斐閣にも重ねて謝意を表する次第である。

　2016年11月

編者として
駒　村　圭　吾

目　次

はしがき　i

田中耕太郎からみる近代——謝罪広告請求事件
　　　　　　　　　　　　　　　　　　　　　小粥太郎　1

　　はじめに　1
　　　1　問題の所在　1　／　2　問題の解決　3
　Ⅰ　遵法義務の根拠　8
　　　1　客観説？　8　／　2　主観説？　12
　Ⅱ　行為と内心との関係　17
　　　1　行為の構造　17　／　2　再び，問題の所在　22
　　おわりに　24

文学裁判とふたつの近代批判——『チャタレイ夫人の恋人』事件判決
　　　　　　　　　　　　　　　　　　　　　駒村圭吾　27

　Ⅰ　文学裁判あるいは裁判の文学性　27
　　　1　ひとつの証言　27　／　2　第1審判決　30　／　3　控訴審判決　36　／　4　小括(1)——上告審判決と文学裁判の帰趨　41　／　5　小括(2)——裁判の文学性　43
　Ⅱ　ふたつの近代批判　47
　　　1　法廷に立つロレンス？——福田恆存　47　／　2　カトリシズム——田中耕太郎　53　／　3　福田と田中　58
　Ⅲ　表現の自由——結びにかえて　62

憲法判例のなかの家族
　　——尊属殺重罰規定違憲判決と婚外子法定相続分規定違憲決定
　　　　　　　　　　　　　　　　　　　　　渡辺康行　69

　　はじめに　69

I 尊属殺重罰規定と「尊属に対する尊重報恩」 72
 1 昭和25年尊属傷害致死罪合憲判決 72 ／ 2 昭和32年「配偶者ノ直系尊属」の「限定解釈」判決 75 ／ 3 昭和48年尊属殺重罰規定違憲判決 76 ／ 4 小 結 79
II 婚外子法定相続分規定と「法律婚の尊重」 80
 1 平成7年婚外子法定相続分規定合憲決定 80 ／ 2 平成25年婚外子法定相続分規定違憲決定 83 ／ 3 小 結 86
III 平等審査と家族観 87
 1 憲法13条、14条1項、24条 87 ／ 2 「二段構え」の審査手法と審査の密度 90 ／ 3 「事情の変化」 93 ／ 4 「人の区別」(別異取扱い)の理由自体の違憲可能性と家族観 97 ／ 5 家族のなかの「弱者」の保護 100 ／ 6 夫婦同氏規定合憲判決からの再考察 102
 結びに代えて 107

論拠としての「近代」——三菱樹脂事件
　　　　　　　　　　　　　　　　　　　　　　　林　知更 109

I 主 題 109
II 私人間効力論の磁場 112
 1 私人間効力という論点設定 112 ／ 2 三つの基本的立場 113 ／ 3 議論の磁場の形成 117 ／ 4 いくつかの疑問 118
III リュート判決再訪——またはリュートから見た三菱樹脂 120
 1 「転轍」の意義 120 ／ 2 実体的解釈の制度的文脈 123 ／ 3 「仮想空間」から「小さな憲法学」へ？ 127 ／ 4 老いていく憲法？ 130
IV 日本憲法学の「近代」 132

裁判官と行政官——猿払事件最高裁判決
　　　　　　　　　　　　　　　　　　　　　　　蟻川恒正 137

序 137
 1 137 ／ 2 140 ／ 3 144 ／ 4 149 ／ 5 151
跋 155

目次

精神的観念的基礎のない国家・公共は可能か？
――津地鎮祭事件判決
　　　　　　　　　　　　　　　　　　　　　　　　石川健治　157

　序　埋もれたテクスト構造　157
　I　津地鎮祭事件判決の形成　163
　　1　渦巻く想念　163　/　2　名古屋高裁判決　165
　II　最高裁へ　168
　　1　比較憲法論の位相　168　/　2　法廷意見と越山安久　172
　III　藤林益三という要因　178
　　1　藤林益三と無教会主義　178　/　2　塚本虎二と無教会二代目　182
　　/　3　塚本批判と藤林益三　187
　IV　矢内原論文の産出と受容　190
　　1　植民政策と満州事変　190　/　2　平和の海をはさんだ往還　194
　　/　3　戦後レジームと藤林益三　201
　V　藤林追加反対意見の構造　203
　　1　宗教の民主主義化　203　/　2　行間に埋め込まれた内容　209　/
　　3　藤林が付け加えたもの　210
　VI　国家の精神的観念的基礎と政教分離原則　213
　　1　藤林追加反対意見「一」　213　/　2　政教分離と無教会主義　218
　　/　3　反対意見との衝突　221

憲法上の財産権保障とデモクラシー――森林法判決
　　　　　　　　　　　　　　　　　　　　　　　　山本龍彦　231

　　はじめに　231
　I　森林法判決を，読む　233
　　1　財産権の基本問題　233　/　2　テクスト　235　/　3　事実的接近法　238　/　4　森林法判決の「近代主義」　248
　II　財産権論の変遷と制度的接近法　252
　　1　憲法上の財産権保障の意味と，デモクラシー　252　/　2　《前近代》と《現代》　255　/　3　魅力　259　/　4　小括――森林法判決再訪　266
　　結語に代えて　267

宗教の近代性とその責任 ── 空知太神社事件
　　　　　　　　　　　　　　　　　　　　　　　　　大屋雄裕　269

　　はじめに ── 問題の所在：神道の宗教性　269
　Ⅰ　信教の自由と政教分離　270
　　1　憲法上の政教分離　270 ／ 2　政府による関与の境界線　271 ／
　　3　空知太神社をめぐる事情　272
　Ⅱ　宗教観をめぐる問題　276
　　1　排他的宗教観　276 ／ 2　クレオール宗教説　277 ／ 3　宗教
　観の非対称性？　280
　Ⅲ　規制の根拠と限界　282
　　1　架空のアーミッシュ事例：不快の侵襲性　282 ／ 2　カオダイ教
　の事例：信仰されることの不快　284 ／ 3　靖国神社合祀訴訟　286
　Ⅳ　神道の宗教性・再考　288
　　1　「国家神道」の創出　288 ／ 2　ライシテの暴力性　290 ／ 3
　救済手段に関する問題　291
　Ⅴ　結　論　293

司法制度改革の中の裁判官 ── 裁判員制度合憲判決
　　　　　　　　　　　　　　　　　　　　　　　　　宍戸常寿　297

　Ⅰ　テクストとコンテクスト　297
　　1　裁判官と「近代」　297 ／ 2　司法制度改革と裁判員制度　299
　　／ 3　テクストの課題　302
　Ⅱ　裁判員制度の合憲性　303
　　1　裁判員制度　303 ／ 2　裁判の経緯　304 ／ 3　本判決の基本
　的論理　307
　Ⅲ　テクストの読解　311
　　1　歴史と比較　311 ／ 2　基本的な担い手　317 ／ 3　自由主義
　と民主主義　323
　　結びに代えて ── 語られなかったこと　328

編著者紹介（執筆順。＊は編者。）

小粥太郎（こがゆ　たろう）
　1964年生まれ。現在，一橋大学大学院法学研究科教授。主な著作に，『民法学の行方』（商事法務，2008年），『日本の民法学』（日本評論社，2011年）。

＊**駒村圭吾**（こまむら　けいご）
　1960年生まれ。現在，慶應義塾大学法学部教授。主な著作に，『権力分立の諸相――アメリカにおける独立機関問題と抑制・均衡の法理』（南窓社，1999年），『憲法訴訟の現代的転回――憲法的論証を求めて』（日本評論社，2013年）。

渡辺康行（わたなべ　やすゆき）
　1957年生まれ。現在，一橋大学大学院法学研究科教授。主な著作に，『憲法Ⅰ　基本権』（共著，日本評論社，2016年），『一歩前へ出る司法――泉徳治元最高裁判事に聞く』（共著，日本評論社，近刊）。

林　知更（はやし　とものぶ）
　1974年生まれ。現在，東京大学社会科学研究所教授。主な著作に，『現代憲法学の位相』（岩波書店，2016年），『憲法学の世界』（共著，日本評論社，2013年）。

蟻川恒正（ありかわ　つねまさ）
　1964年生まれ。現在，日本大学大学院法務研究科教授。主な著作に，『憲法的思惟――アメリカ憲法における「自然」と「知識」』（岩波書店，2016年〔再刊〕），『尊厳と身分――憲法的思惟と「日本」という問題』（岩波書店，2016年）。

石川健治（いしかわ　けんじ）
　1962年生まれ。現在，東京大学大学院法学政治学研究科教授。主な著作に，『自由と特権の距離――カール・シュミット「制度体保障」論・再考〔増補版〕』（日本評論社，2007年），『学問／政治／憲法――連環と緊張』（編著，岩波書店，2014年）。

山本龍彦（やまもと　たつひこ）
　1976年生まれ。現在，慶應義塾大学法科大学院教授。主な著作に，『憲法学のゆくえ――諸法との対話で切り拓く新たな地平』（共編著，日本評論社，2016年），『憲法Ⅰ　人権』（共著，有斐閣，2016年）。

大屋雄裕（おおや　たけひろ）

1974年生まれ。現在，慶應義塾大学法学部教授。主な著作に，『自由か，さもなくば幸福か？――二一世紀の〈あり得べき社会〉を問う』（筑摩書房，2014年），『法哲学』（共著，有斐閣，2014年）。

宍戸常寿（ししど　じょうじ）

1974年生まれ。現在，東京大学大学院法学政治学研究科教授。主な著作に，『憲法裁判権の動態』（弘文堂，2005年），『憲法 解釈論の応用と展開〔第2版〕』（日本評論社，2014年）。

田中耕太郎からみる近代
——謝罪広告請求事件

小　粥　太　郎

は　じ　め　に

1　問題の所在

(1)　裁判実務

謝罪広告は，新聞や雑誌の片隅で目にすることができる。
たとえば，次のような文面である。

「当社発行の『週刊○○』平成○年○月○日号，同月○日号及び同年○月○日号において，Ａ氏が看護学校生に対してわいせつな行為をしたかのような印象を与える記事，支援者と癒着して公金を横領したかのような印象を与える記事，及び，海外出張をさぼってキャバクラで遊んだかのような印象を与える記事を掲載しましたが，これらの内容は事実に反するものでありました。ここにお詫びいたします。

株式会社Ｂ」[1]

民法723条は，「他人の名誉を毀損した者に対しては，裁判所は，被害者の

---

1)　東京地判平成22・10・29判タ1359号188頁。

請求により，損害賠償に代えて，又は損害賠償とともに，名誉を回復するのに適当な処分を命ずることができる。」と定めており，実務上，この「適当な処分」として，裁判所が，先の例のような謝罪広告を命ずることがある。この命令を受けた加害者が謝罪広告掲載の手続をとらない場合には，被害者が，裁判所が案出した文言を新聞社等に持ち込み，謝罪広告掲載の手続を行い，後日，その費用を加害者に請求することになる（代替執行）。

近年の裁判例をみる限り，名誉毀損による損害賠償・謝罪広告請求事件において，裁判所が，謝罪広告の掲載を命じる事件の数は，損害賠償請求を認容する事件の数に比して，そのごく一部——たとえば，損害賠償をもっても回復しがたい損害が生じているとされる場合——にとどまる。しかし，謝罪広告という手法は，名誉毀損が問題になる民事事件の解決手法のひとつとして裁判実務に定着している。

裁判所がこうした形で謝罪広告を命ずる制度・実務は，諸外国には乏しいようである。しかし，日本では，民法の制定当初から，同法 723 条の「適当な処分」として謝罪広告の命令が想定されていた。明治前期——民法さらには旧民法制定の前——の名誉毀損法——告訴と新聞による名誉毀損が大半だったという——の研究によれば，謝罪広告は，当時から裁判実務で行われていたとのことである。そのような実務は，「日本刑法草案」から，裁判所の名による宣告の広告という考え方を，近世日本における「詫び証文」——他人に対する過失を詫びるために出された謝罪文であって，村掟・村極における紛争解決・制裁として広く用いられたという——の伝統から，加害者自身による謝罪という考え方を，それぞれ承けながら，裁判所による，加害者の名での取消・謝罪とその広告という実務が，生み出されたと考えられている。

---

2) 土井王明「後掲昭和 31 年最大判解説」『最高裁判所判例解説民事篇 昭和 31 年度』（法曹会，1957 年）108 頁。

3) 梅謙次郎『民法要義巻之三〔大正元年版復刻版〕』（有斐閣，1984 年）「名誉ナルモノハ之ヲ金銭ニ見積ルコト極メテ難ク又何程多額ノ賠償ヲ得ルモ為メニ一旦傷ケラレタル名誉ヲ回復スルコトヲ得サルコトアリ故ニ此場合ニ於テハ他ノ救済法ヲ許ササルコトヲ得ス例ヘハ法廷ニ於テ謝罪ヲ為サシメ新聞紙ニ謝罪ノ広告ヲ為サシムル等是ナリ」（915 頁）。

4) 瀬川信久「明治前期の名誉回復訴訟」林屋礼二ほか編『明治前期の法と裁判』（信山社，2003 年）184〜185 頁によれば，後の成案からは謝罪広告に関する規定は脱落しているが，草案自体が司法省によって印刷され，流布したため，実務にも一定の影響があったと推測されている。

5) 瀬川・前掲注 4) 185〜186 頁。

(2) 日本国憲法

　明治，大正，昭和と，裁判所の命令による謝罪広告の実務については，「ほとんど疑をいれられなかつた[6)]」。ところが，日本国憲法のもとで，謝罪広告の命令が加害者の思想良心の自由――憲法 19 条「思想及び良心の自由は，これを侵してはならない。」――を侵害するのではないかという問題が提起され，最高裁判所の大法廷判決――昭和 31 年 7 月 4 日最高裁判所民事判例集 10 巻 7 号 785 頁・謝罪広告請求事件――が登場することになった（以下，本判決という）。それが，本稿の検討課題である。

　樋口陽一『憲法』は，「人間の精神活動，特に思想とその表現の自由を，国家からの自由として確保することは，近代憲法の権利保障体系の核心部分をかたちづくってきた[7)]」という。本判決は，そうした近代の法・人権の考え方と，日本の法律家たちが当然のものとして受け容れてきた謝罪広告の実務慣行とが交差するひとつの場所だったといってよいだろう。

2　問題の解決

(1)　弁護士と法学者

(a)　本判決は，衆議院総選挙の政見放送の際に，候補者 Y が，徳島県の副知事であった X は発電所の建設にあたって 800 万円の周旋料をとった旨を発言し，また，同様の内容を地方紙に公開状と題して発表したことについて，X から Y に対して，名誉毀損を理由として，複数の新聞への謝罪状の掲載と，同文の謝罪放送の請求がされた事件に対するものである。一審の徳島地方裁判所は，名誉毀損の事実を認めた上で，「Y は徳島市において発行する徳島新聞，徳島民報及び大阪市において発行する朝日新聞，毎日新聞の各徳島版に各 1 回見出しと氏名は 3 号活字を用い本文は 4 号活字を以て別紙謝罪状を掲載せよ。」との判決を下した[8)]。

---

6)　伊藤正己「後掲昭和 31 年最大判評釈」法学協会雑誌 74 巻 4 号（1957 年）543 頁。
7)　樋口陽一『憲法〔第 3 版〕』（創文社，2007 年）217 頁。傍点原文。
8)　謝罪放送の請求は退けられている。なお，一審裁判所が別紙として掲げた謝罪状の文言は以下のとおりである。「私は昭和 27 年 10 月 1 日施行された衆議院議員の総選挙に際し〇〇党公認候補として徳島県より立候補し，その選挙運動に当つて，同年 9 月 21 日午後 9 時 20 分より同 25

一審判決に対してYが控訴したが，高松高等裁判所は，控訴棄却の判決を下した。これに対してYの代理人である弁護士は，判決によって謝罪広告を命ずることが，Yの良心の自由を侵害するもので憲法19条の規定に反するなどとして上告し，事件は，最高裁に係属することになった。

(b) 法学者は，しばしば，ここでの問題を，謝罪広告の命令が良心の自由を保障した憲法19条に反するかどうかであるととらえて，憲法19条を考察の出発点に据える。同条にいう「思想」や「良心」とは何か，あるいはそうした自由を保障する意義を明らかにしようとする。その際，西欧諸国の法制や法の歴史が参照されるのが通例である。

本判決とのかかわりでは，良心の意義について，内心一般を指すとの広義説ないし内心説と，思想を内面化した，信仰に準ずる世界観，主義，思想，主張を全人格的に持つことを意味するとの狭義説ないし人格核心説が対置され，たとえば，代表的な体系書においては，内心説は広汎に失するから人格核心説が妥当である，などと説明される[9]。そして，判決をもって謝罪広告を命ずることは，内心説からは憲法違反となるが，人格核心説からはそうならない，という形での解説がつづく。ここでは，問題解決のカギが，内心説をとるか人格核心説をとるかにかかっているようにみえる。

(c) これに対して，Yを代理した弁護士は，上告理由の中で，次のように問題の核心を抉り出そうとしている。「Yは現在でも演説の内容は真実でありYの言論は国民の幸福の為に為されたものとの確信を持っているのであつて，かかるYにYの全然意図しない言説をYの名前で新聞に掲載せしむる如きは，

分，同月25日午後9時30分より同35分及び同月27日午後9時20分より同25分にいたる各5分間宛，3回に亘り日本放送協会徳島放送局で候補者政見放送を行つた際，右放送中に『X前副知事は坂州の発電所の発電機購入に関し800万円の周旋料をとつている』旨述べ，又同月29日発行の徳島新聞紙上で前徳島県知事○○○○氏が『公開状』と題して右放送事実を指摘し之についての釈明を求めたのに対し，翌30日附同紙上に私は同じく『公開状』と題しその文中に『当時甲が多数の業者の競争をよそに高い値段で県に売りつける権利を獲得し，X君がこの斡旋に奔走して800万円のそでの下をもらつた事実は打ち消すことが出来ない』及び『X君はわが党が3カ月も以前から暴露しているにも拘らず一言の申訳も出来ないのはどうしたわけか』と記載いたしましたが右放送及び記事は真実に相違して居り，貴下の名誉を傷け御迷惑をおかけいたしました。ここに陳謝の意を表します。

　　　　　　　　　　　　　　　　　　　　　　　　　　　　　　　　Y（氏名）

　X殿

9) 佐藤幸治『日本国憲法論』（成文堂，2011年）217頁。

Yの良心の自由を侵害するものである。Yにとつてはある場合には自分の良心に反して『ここに陳謝の意を表します』等と自分の名で新聞に掲載することは10年20年の懲役刑に処せられるよりも堪えがたいことであるかも判らないのである。国民が良心から自分の是とする考え方を判決で以てその訂正を強制することは即ち憲法第19条の規定の趣旨に反するのである。」[10]

この主張には，Yが，謝罪広告の命令を受けて，どうしても表出せざるをえなかった法秩序ないし裁判所に対する憤怒が集約されているように感じられる。憲法19条が援用されてはいるものの，そこにあるのは，よそよそしい西欧伝来の思想でもなく，分厚い体系書に記された人権理論でもなく，もちろん，良心の意義に関する広義説狭義説の争いでもなく，Yという人間のほとばしる感情だというべきではないか。

(2) 裁 判 官

最高裁は，Yの上告を棄却した。法廷意見は，次のように述べた。

「民法723条にいわゆる『他人の名誉を毀損した者に対して被害者の名誉を回復するに適当な処分』として謝罪広告を新聞紙等に掲載すべきことを加害者に命ずることは，従来学説判例の肯認するところであり，また謝罪広告を新聞紙等に掲載することは我国民生活の実際においても行われているのである。尤も謝罪広告を命ずる判決にもその内容上，これを新聞紙に掲載することが謝罪者の意思決定に委ねるを相当とし，これを命ずる場合の執行も債務者の意思のみに係る不代替作為として民訴734条に基き間接強制によるを相当とするものもあるべく，時にはこれを強制することが債務者の人格を無視し著しくその名誉を毀損し意思決定の自由乃至良心の自由を不当に制限することとなり，いわゆる強制執行に適さない場合に該当することもありうるであろうけれど，単に事態の真相を告白し陳謝の意を表明するに止まる程度のものにあつては，これが強制執行も代替作為として民訴733条の手続によることを得るものといわなければならない。そして原判決の是認した被上告人

---

10) 民集10巻7号808頁。

の本訴請求は，上告人が判示日時に判示放送，又は新聞紙において公表した客観的事実につき上告人名義を以て被上告人に宛て『右放送及記事は真相に相違しており，貴下の名誉を傷け御迷惑をおかけいたしました。ここに陳謝の意を表します』なる内容のもので，結局上告人をして右公表事実が虚偽且つ不当であつたことを広報機関を通じて発表すべきことを求めるに帰する。されば少くともこの種の謝罪広告を新聞紙に掲載すべきことを命ずる原判決は，上告人に屈辱的若くは苦役的労苦を科し，又は上告人の有する倫理的な意思，良心の自由を侵害することを要求するものとは解せられないし，また民法723条にいわゆる適当な処分というべきであるから所論は採用できない。」[11]

　乱暴にまとめれば，本件のような謝罪広告の命令は，「単に事態の真相を告白し陳謝の意を表明するに止まる程度のもの」であり，良心の自由を侵害するようなものではないから，代替執行も許されるのであり，原判決に問題はない，ということである。本判決によって，それまで実務において行われてきた謝罪広告の慣行が追認され，現在に至るまで，判決による謝罪広告の命令が行われ

---

11) 関係法条を掲げておく。
「憲法第19条　思想及び良心の自由は，これを侵してはならない。」
「民法第723条　他人ノ名誉ヲ毀損シタル者ニ対シテハ裁判所ハ被害者ノ請求ニ因リ損害賠償ニ代ヘ又ハ損害賠償ト共ニ名誉ヲ回復スルニ適当ナル処分ヲ命スルコトヲ得」
「民事訴訟法第733条　民法第414条第2項及ヒ第3項ノ場合ニ於テハ第一審ノ受訴裁判所ハ申立ニ因リ民法ノ規定ニ従ヒテ決定ヲス
　債権者ハ同時ニ其行為ヲ為スニ因リ生ス可キ費用ヲ予メ債務者ニ支払ヲ為サシムル決定ノ宣言アランコトヲ申立ツルコトヲ得但其行為ヲ為スニ因リ此ヨリ多額ノ費用ヲ生スルトキ後日其請求ヲ為ス権利ヲ妨ケス」
「民事訴訟法第734条　債務ノ性質カ強制履行ヲ許ス場合ニ於テ第一審ノ受訴裁判所ハ申立ニ因リ決定ヲ以テ相当ノ期間ヲ定メ債務者カ其期間内ニ履行ヲ為ササルトキハ其遅延ノ期間ニ応シ一定ノ賠償ヲ為スヘキコト又ハ直チニ損害ノ賠償ヲ為スヘキコトヲ命スルコトヲ要ス」
「民法第414条　債務者カ任意ニ債務ノ履行ヲ為ササルトキハ債権者ハ其強制履行ヲ裁判所ニ請求スルコトヲ得但債務ノ性質カ之ヲ許ササルトキハ此限ニ在ラス
　債務ノ性質カ強制履行ヲ許ス場合ニ於テ其債務カ作為ヲ目的トスルトキハ債権者ハ債務者ノ費用ヲ以テ第三者ニ之ヲ為サシムルコトヲ裁判所ニ請求スルコトヲ得但法律行為ヲ目的トスル債務ニ付テハ裁判ヲ以テ債務者ノ意思表示ニ代フルコトヲ得
　不作為ヲ目的トスル債務ニ付テハ債務者ノ費用ヲ以テ其為シタルモノヲ除却シ且将来ノ為メ適当ノ処分ヲ為スコトヲ請求スルコトヲ得
　前三項ノ規定ハ損害賠償ノ請求ヲ妨ケス」

つづける基礎が形成されたことは疑いない。
　しかし，本判決は，「単に事態の真相を告白し陳謝の意を表明する」範囲に収まる謝罪広告であれば，内心説であろうと人格核心説であろうと，憲法違反にならないという判断枠組みに依拠しているようであり，それは，先に掲げた法学者のものとは異なる。また，本判決は，弁護士が抉り出したＹ──法人でなく１人の人間──の憤怒からも，距離を置いている。裁判官は，法学者と，そして弁護士と，議論の土俵を共有しているだろうか。
　さらに，本判決は，争点を無闇に拡大せず，事案の解決に徹するという意味では評価に値する部分を含むが，事件が，近代の法・人権の考え方と日本の伝統的な実務慣行との交差点で起こったことを思えば，余りに言葉が少なく，かえって議論の余地が残されていることが意識されるように思われる。実際，本判決に付された５人の裁判官による５つの意見──３つの補足意見と２つの反対意見──は，そうした空間への示唆に富む道案内ともいえそうである。とりわけ，田中耕太郎[12)]──三谷太一郎をして，「田中の思想的生涯を一貫するものは，その独自の世界観的立場からの・近・代・批・判・の論理であり，それは思想家としての田中のすべてを要約するといってもいいすぎではない」といわしめた[13)]──の補足意見は，読者をして，自ずと近代について考えることに向かわせる力を持っているように感じられる。
　そこで，以下では，田中の補足意見のなかで特徴的な２点を取り上げ，田中の考えとこれに対峙する考え──それが近代？──をさぐることにする。具体的には，まず，遵法義務の根拠（→Ⅰ），ついで，行為と内心との関係（→Ⅱ）について，検討する。田中が想定している法や人間のイメージ，これと対峙するもののイメージが浮かび上がってくることを期待したい。

---

12)　「田中耕太郎は，明治以来の日本の実定法学が成熟期に入った大正後半期から昭和戦前期にかけて，とくに商法の分野において画期的な理論的再構成を試み，新しい学問的基礎づけを与えた法律学者であったと同時に，近代日本が生んだ数少ない法思想家の１人であった。そして太平洋戦争後は権力の内側から，司法および教育の２つの面において体制を支える最大のイデオローグとなり，同時に戦後デモクラシーに対するもっとも強力な内在的批判者となった。」（三谷太一郎編『言論は日本を動かす・第１巻・近代を考える』〔講談社，1986年〕125頁〔三谷〕）。この三谷論文は，その後，三谷太一郎『人は時代といかに向き合うか』（東京大学出版会，2014年）148頁以下に収められている。

13)　三谷編・前掲注12)箇所〔三谷〕。傍点引用者。

I　遵法義務の根拠

1　客観説？

(1)　遵法精神

　法は，他の社会規範――道徳，慣習など――と異なり，強制を伴うところに特徴があるといわれることがある。

　本判決に付された田中の補足意見は，裁判所が謝罪広告を命ずることだけでなく，これを強制執行することの正当性を疑わない。それどころか，法廷意見が，謝罪広告の内容如何によって，強制執行を許さない場合，間接強制を許す場合，代替執行を許す場合と，段階的な区分を想定していたのに対して，「謝罪広告が間接にしろ強制される以上は，謝罪広告を命ずること自体が違憲かどうかの問題が起ることにかわりがないのである。さらに遡つて考えれば，判決というものが国家の命令としてそれを受ける者において遵守しなければならない以上は，強制執行の問題と別個に考えても同じ問題が存在するのである。」と断じる。

　田中の論理は，判決によって謝罪広告の命令が行われると，それだけで，――強制執行の可能性がなくても――内心に対する侵害が問題になりうる――結論として，憲法19条違反はないとするが――というものである。その前提

---

14)　長尾龍一『法哲学入門』（講談社，2007年〔講談社学術文庫〕）152～165頁。
15)　法廷意見は，①加害者への圧迫が非常に大きい場合（「これを強制することが債務者の人格を無視し著しくその名誉を毀損し意思決定の自由乃至良心の自由を不当に制限する」場合）には，およそ強制執行を許さず，②①ほど圧迫が大きいわけではないが，加害者の任意履行に委ねるべき場合には，間接強制――たとえば，加害者が任意に謝罪広告を掲載しない場合には一定期間が経過する毎に所定額の金銭を被害者に支払うことを命ずるという形で間接的に履行を強制する――を許すにとどめ，③それほどの圧迫になるものでない場合（「単に事態の真相を告白し陳謝の意を表明するに止まる程度」）には，加害者が任意に履行しなくても代替執行が可能であると考えているのだろう。
16)　民集10巻7号789頁。もっとも，「謝罪の方法が加害者に屈辱的，奴隷的な義務を課するような不適当な場合には，これは個人の尊重に関する憲法13条違反の問題」になるとする（民集10巻7号791頁）。
17)　田中は，規範の強制力――何を強制することを念頭に置くのかは難問だがそれはさておき

には，事件の当事者は，判決が出れば，規範としてこれに従うべきであるだけでなく，事実としてこれに従うという認識がある——判決が執行されず，当事者に無視されるなら，判決による良心の自由に対する侵害は，ほとんど問題にならないはず——のではないか。すなわち，田中における事件の当事者は，判決の権威を無条件に受け容れるようにみえる。判決が敗訴当事者を拘束すべきこと・拘束することについて，疑問を持っていないのだろうか。異なる見方と対比することによって，田中の位置を把握しよう。

(2) **事実から・規範から**

まず，事実として，判決が下されても，当事者がこれに従うとは限らない。ある調査によれば，民事訴訟の終結形態が判決の場合には，——件数が少ないことに留保が必要とされているが——被告義務者が会社の場合には55％，被告義務者が個人の場合には40％しか完全な履行が行われていない。これに対して，訴訟の終結が和解による場合には，被告義務者が会社の場合には95％，被告義務者が個人の場合には63％の割合で，完全な履行が行われた。和解は，被告の直接的なコミットメントがあるために被告の履行が行われる確率が高くなるが，判決は，被告の直接的なコミットメントが欠けるために被告の履行が行われる確率が低くなる傾向をみてとることも許されるだろうか。

つぎに，判決が下されても，当事者には，なお，これに応じて義務を履行するか否かの自由があるとの考え方がある。その考え方は，本判決に付された入江俊郎の意見に潜んでいた。入江は，「上告人〔謝罪広告を命じられた者を指す；引用者注〕が，本件判決に従つて任意にこのような意思を表示するのであれば

——を，法の本質的属性だとは考えていない。「私は法たるがためにその社会が組織化されていることを必要とせず，組織化されざる社会もまたその状態に相応した法を要求するものと考える。法の強制の問題は法の性質の問題ではなく，たんにその程度の問題と考える。それ故に国際法が強制力を欠くことをもって，法ではなくてたんに『実定的道徳』(positive morality) とするのは当を得ない。」(『法律学概論』〔学生社，1953年〕22頁)。

18) 藤本亮「事件特性からみた履行状況」佐藤岩夫＝菅原郁夫＝山本和彦編『利用者からみた民事訴訟——司法制度改革審議会「民事訴訟利用者調査」の2次分析』（日本評論社，2006年）209頁の整理による。判決よりも和解の方が履行率が高まることは，その後の調査・分析によっても確認されている。藤本亮「義務の履行を左右するものは何か」菅原郁夫＝山本和彦＝佐藤岩夫編『利用者が求める民事訴訟の実践——民事訴訟はどのように評価されているか』（日本評論社，2010年）244～248頁。

問題はないが、いやしくも上告人がその良心に照らしてこのような判断は承服し得ない心境に居るにも拘らず、強制執行の方法により上告人をしてその良心の内容と異なる事柄を、恰もその良心の内容であるかのごとく表示せしめるということは、まさに上告人に対し、その承服し得ない倫理的判断の形成及び表示を公権力をもつて強制することと、何らえらぶところのない結果を生ぜしめるのであつて、それは憲法19条の良心の自由を侵害し、また憲法13条の個人の人格を無視することとならざるを得ない」と、謝罪広告を命ずることが違憲であるかのように論じている。しかし入江は、本判決自体は、強制執行を一切許さない判決であると解釈して、憲法違反の問題が生じないとした。これについて入江は、「本件判決は、被害者が名誉回復の方法として本件のような謝罪広告の新聞紙への掲載を加害者に請求することを利益と信じ、裁判所がこれを民法723条の適当な処分と認めてなされたものであるから、これについて強制執行が認められないからといつて、それは給付判決として意味のないものとはいえないと思う」と添えている。一読してその意味を了解することは難しい。[19)]

入江の思考を取り出してみせたのは、蟻川恒正である。いわく、「強制執行を禁ずる条件の下では、判決に従って債務を履行するか否かは自由であり、権威づけられた判決の事実上の『強制』力に屈して、被告が、心ならずも謝罪広告を出したとしても、それは全き『自発』性のあらわれである」とするのが入江であり、そのような「『苛酷な自由』は、この国の法世界の容易に受入れるところではないであろう」と。[20)]

判決による命令に対して、事実のレベルで従わない者が少なくないこと、規範のレベルで従わない「自由」があるとの考え方もあることと対照するなら、田中の考え方は、判決、あるいは法を遵守する義務の存在を、無批判に肯定するものであるように映る。

無論、田中は、自然法論者であり、自然法に反する実定法が法ではないと明

---

19) 入江の意見は、「ある判決が合憲であるか、違憲であるかと、その強制執行が可能か不可能かとは、別の問題であるのに、入江裁判官が、強制執行の可能性にかかずらい、『匹夫も志を奪うべからず』と脱兎の勢ではじまった論旨が、強制執行不可能論によって、処女の如く多数意見に合流してしまったのは残念である」(宮沢俊義『憲法Ⅱ——基本的人権〔新版〕〔再版〕』〔有斐閣、1974年〕345頁)などと評されていた。
20) 蟻川恒正「署名と主体」法律時報74巻11号(2002年)89頁。

言し，明瞭に自然法に反しなくてもその精神においてこれに反する実定法については，「われわれに内在する自然的法感情はこれにたいし反撥せざるを得ない[22]」と述べる。こうした発想が近代の法の展開を後押しことはたしかであろう。しかし，同時に，自然法的法原理から遠ざかった細目的法律規定については，「立法者がその権威をもって法技術的知識乃至たんなる合目的的判断をもって甲か乙かどちらかに決定し，その決定したところを各人に遵守させる[23]」とも述べており，こうした細目的領域における実定法の正統性に対する批判の契機——技術性や合目的性——は限定されている[24]。いずれにせよ，田中においては，実定法の正統性は，彼にとっての客観的存在に照らして篩い分けられる。実定法に基づいて下される判決の正統性についても，以上の延長線上で理解することができそうである。そこで，今度は，彼にとっての客観的存在のことにふれておこう。

(3) カトリック

田中は，プロテスタントからカトリックへの改宗者として知られる。改宗後の田中において，プロテスタントないしプロテスタント的な発想への批判は，激しい[25]。個々人の判断は頼りなく，個々人の判断を押し出すなら独善に陥るか

---

21) 田中・前掲注17) 67頁。
22) 田中・前掲注17) 67頁。
23) 田中・前掲注17) 65頁。
24) 田中においては，「国家そのものが（特定の国家または国家形式は別として）神によって人間性に植えつけられた自然法上の制度であるとするならば，国家権力もまた神に淵源するものでなければならない。その意味において，田中は『人各々上に立てる諸権に服すべし。蓋権にして天主より出でざるはなく，現に在る所の権は神により定められたるものなり』との聖パウロのことばをもって国家権力に積極的意義を認めたものと解する。そして人民主権説を『主権が神と何等の関係なく人民全体に属するものと主張する』啓蒙期の非宗教的個人主義的国家理論の所産として否定するのである。ここに田中のスコラ的世界観がいかに近代批判と結びついていたのかをみるのである」（三谷編・前掲注12）131～132頁〔三谷〕）。「田中はアナーキズムに対して国家の存在理由を主張し，自由主義や社会民主主義に対して国家の倫理的意義を強調しながら，国家の絶対化への批判を怠らなかった。それが田中の超国家主義批判であり，ナチズムやファシズムへの批判であった。そしてそれもまた社会契約説批判や人民主権説批判と同じく，自然法的国家観に基づく近代批判にほかならなかったのである」（三谷編・前掲注12）132頁〔三谷〕）。
25)「要するにプロテスタンチズムに於ては信者個人の智識及び体験の角突き合が行はれ，各が其の野の英雄たらんことを欲する。斯くして理智の高慢，合理主義の誘惑——ソロヴィヨフの言つた荒野に於ける基督の第二の試み——に陥ることになるのである。斯くして信仰の内容は全く客観性を欠くに至り，同時代及び各時代の基督教徒の間の真の有機的結合，教会の国際的性質は失

ら，客観的な自然法に依拠せざるをえない，といったところである。田中は，法の基礎づけに関しても，個人を出発点として，法をそのための手段とする立場はとらない。田中が寄り添うのは，「人生の最高の任務を人生自身——或いは個人の人格，或いは団体人格——の中に求めるものではなくて，人生が創造する作品（Werke）およびその文化におく。この立場においては，法および国家の最高の任務はこの文化的労作を確保する点にある。また人間は個人主義の場合と違い，それ自身の中に無限の価値をもつものではなくて，作品価値を実現するためにあり，従ってそのためには自己を犠牲にしなければならず，なおまた作品価値を実現し，人類文化に貢献することが個人の人生の意義を形成する」立場であり，本判決の補足意見も，カトリックの伝統からの近代——個人主義——批判の1コマとみられなくもない。

2 主観説？

(1) 紀元前8世紀の自由

人の智恵だけに基礎を求め，自然法による権威づけもない世俗の法が，強制力を伴わないとしても依然として法であると主張するとしたら，そうした法観

はれ，宗教に於て最も矛盾と謂ふべき国民主義に陥つて仕舞ふのである。主観的な放恣に陥り易き人間には内的の宗教生活に於て——祈りに関してすら，何となれば我々はプロテスタントの教会や集会に於て他人を悪罵する者あるを聞くのである——権威と法とが必要になつて来るのである。殊に異教徒無神論者が自己の苦心惨憺たる体験を通じて或る宗教的境地に到達する場合に於て，其のことを無上の光栄且つ誇りであると感じ，自己の一個人の体験を客観的価値あるものとし，所謂独りよがりとなり，人類全体の客観的体験の集積である伝統を顧みず，教会の存在を否定する傾向に陥り易い。是れ改宗者に通有なる欠陥——私は自分が此の欠点を有してゐることを告白せざるを得ぬ——である。若し其の者が真面目であり眼界を大にし更に成長するならば早晩自己の理性の無力，体験の貧弱を顧み自己の立場の行き詰り，個人主義的信仰に対する不満を感じ真の団体主義的信仰に目醒め，教会の権威を認めざるを得ざるに至るであらう。」（田中耕太郎『法と宗教と社会生活』〔改造社，1927年〕92～93頁）．

26)「信仰の世界に於て法の支配を認めぬとすれば，即ち教会の権威を否定するものとすれば，結局上述の如く一人一教会主義に陥つて仕舞ふ。信仰の内容，聖書の解釈，自己の生活に関する具体的問題の処理に関し理屈に於ては祈りの揚句聖霊に依りて決するとは言ふものの，結局は自己の良心が主たる決定力を持つに至る。良心に反しないことであれば如何なることにても正当視せられる」（田中・前掲注25）89頁）．「其れは然し自己の一個の智識及び体験を，世界歴史的の智識の集積，世界人類の嘗めたる経験の上位に置かんとするものである」「人々は神を教会より自己の中に奪取せんと試み，合理主義の甚だしき高慢に陥つた」（田中・前掲注25）90頁）．

27) 田中・前掲注17）165～166頁．

念のもとでは,法秩序が維持されえないのではないかという不安が生ずる。

ところが,現代日本の法律家に向けられたローマ法の案内書は,神も強制力もない法の世界が存在することを示唆する。判決から逃げることもできたのに,判決に従って自ら毒杯を仰いだソクラテスの例をあげつつ,「自由だから従うのであり,従うから自由でないのではない。自由でなければ従わなかったであろう」と。こうした「自由」観に接すると,これと,入江俊郎,そして,その思考を取り出した蟻川恒正とのつながり——彼らと現代日本の法世界との隔りを含め——を想起せずにはいられない。法秩序を維持するために,神を探したり,法に強制力を付与するというのではなく,人が,自由に決定し,これに自ら従うことを尊ぶということのようである。

ここに法があるとすれば,そこには,自然法も強制もない。社会において全能性を貫徹しうる正統性は,「完全に自由独立な複数の主体」の「自由」な議論による決定とその自らの意思による遵守とに求められようとしている。

(2) 自己決定

法が人為的に制定されるものであると理解する場合には,これを,事後的な個々の裁判によるのではなく,事前に,君主が,さらに議会が制定することも考えられる。議会が事前に一般的な法を作る場合に,議会が国民の代表者であるなどという理論を与えられたときには,議会≒国民ゆえに,議会の決定が国

---

28) 「ポリスという社会編成を有することの決定的なメルクマールは,完全に自由独立な複数の主体が君臨しているということである。『完全に自由独立な』ということの意味であるが,それら主体間の関係を(或る高度な質を伴った)言語だけが媒介しており,実力や物的非物的取引が媒介しているのでない,ということである。『君臨する』ということは,彼らがこの言語つまり自由な議論だけで物事を決定したとき,この決定が社会全体に対してオールマイティーでありこれを覆すものがない,ということである。事実これが絶対視され,何らの強制力なしに社会全体において実現される(どんなに自由な決定であろうともこれを実力によって強制したのであれば,そこには自由はない)。話し合う,言葉をやりとりするだけでは自由と透明性は保障されない。通常そこには様々な力が伏在している。これを排除するために,言葉のやりとりは特に厳密でなければならない。互いにしっかり論拠をあげて主張し,言語を使って主張や論拠の内容の差異を精密に識別する。最後に何らかの決定ないし合意が導かれるが,その内容も精確に詰められていなければならない。このとき,各自が主張する論拠は資格において完全に対等で批判に対して十分に開かれ,何か特別の権威を有する論拠(誰かの託宣や何かの経典等)が存在しない,ということもまた決定的に重要であったし,このことは徹底して追及された。」(木庭顕『ローマ法案内——現代の法律家のために』〔羽鳥書店,2010年〕17~18頁)。

29) 木庭・前掲注28) 20頁注 (2)。

民自身の決定であることになって，国民の1人1人が議会制定法に拘束されるのは，自己決定によるものであるとの説明も生じよう。

　しかし，議会は国民そのものではない。国民も，1人1人の人間とは違う。それなりの規模の国家において，国民代表という観念で国民と議会をつなぐのは，ひとつのイデオロギーである。議会の機能不全は常態ともいえよう。これらをふまえ，一方では，国民による自己決定——国民主権？——の実質化が試みられる。しかし，他方では，そうした実質化がどこまでいってもイデオロギー性を免れないことから，国民代表としての議会が決定しうる事項を限定すること，とりわけ，人権の観念を研ぎ澄ませることによって議会制定法に対抗せしめることが目指される。

　樋口陽一の研究は，国民主権よりも，人権といういわば客観的なものに重きを置く。[30] 客観的なものを志向するところに注目すれば，田中と樋口には，共通項があるともいえる。とはいえ，田中は，日本国憲法が，自然法の立場をとることと，基本的人権を侵すことのできない永久の権利と宣明することとを結びつけて説明し，それは，「基本的人権が国家によって創られまた与えられるものでなく，国家以前に国家を離れて存在し，したがって国家はこれを確認しこれに保障を与えるのにとどまることを意味する」[31] と，人権をいわば所与のものとして静態的に語るのに対して，樋口の人権原論は，自然法への積極的言及に乏しく，動態的に，すなわち，人間たちの闘争と論争によって，獲得され，鍛えられつづける人権を語る。[32] しかし，田中と樋口の違いは，さらに根が深いものであるように思われる。

(3) プロテスタント

　判決は，法の解釈によって導き出される。その法の解釈についての田中の説明の仕方は，もちろん，カトリック的である。[33]「要するに解釈の目的は法典,

---

30)　樋口陽一『近代立憲主義と現代国家』(勁草書房，1973年) 303頁。
31)　田中・前掲注17) 370頁。
32)　樋口陽一『国法学　人権原論〔補訂〕』(有斐閣，2007年)。
33)　「法の解釈（Auslegung, Interpretation）とは法規範の意味を学理的に認識するところの綜合的な精神的活動である。一定の社会的事実が一定の法規範の下に包摂されるか否かを決定するについて，われわれはまずその法規範の意味を明瞭に捕捉しなければならない。まず大前提となる

聖典または芸術品のような外部的な存在物の背後に潜在する真の意義を理解することにある。」「解釈方法（Hermeneutik）が論ぜられる理由は，解釈が恣意的，主観的になるのを不可とするからである。そして主観主義が排斥されるべきことは社会的規整を使命とする法に関しことにいちじるしい。」[34] 日本法に関して日本の裁判所に係属した事件に関しては，最高裁判所による法の解釈適用が，いわばローマ教皇庁のそれに相当することになるのだろう。最高裁の判断が示された以上，個々人は，その当否をさらに問うべきではない——強制執行の可能性の有無にかかわらず，判決に従う義務がある——ことにさえなりそうである。

これに対して，樋口は，法の解釈における唯一の正解の存在には懐疑的である[35]が，「法にもとづく裁判，という最小限度の前提が共有されているかぎり，ある制定法規範についての裁判官の解釈は，それ自体の論理一貫性と，その社会の法体系全体に対する関係での無矛盾性とを説明できるものでなければならない，という要請に服するはずである。ワクと呼ばれるものは，そのような説明可能性というゲームのルールを共有し，また共有しようとする人びとのあいだで，機能しているのである」として，法解釈ゲームのルール——客観性の指標——を承認する立場を示す。[36] 徹底した解釈プロテスタンティズムにおいては，「信者はおのおの，聖職者を通さず直接，神と交流し，何が正しい信仰であるかを各自で判断する資格と責務を負う。他の信者が何を信じているかは，自分の信仰にとっては無関係である。法についても同様であり，各人の行う解釈活動によって構成される政治道徳に照らして，はじめて法が何を要求しているかが判明する。あらゆる市民は，こうした解釈を行う同等の資格と責務を負っている」[37]はずである。こうしたプロテスタントにとって，最高裁判所の法解釈は，

法規内容が明らかにされることによって，はじめて小前提となる事実に適用されることができる。元来解釈の問題は無形の思想内容または何らかの理念が具体的な形をとって外部的存在をもつようになる場合に，人がその存在を通じてそれが表現する思想または理念を覗い知ろうとする場合に生ずる普遍的性質のものであり，法の場合に特有なものではない。例えば芸術品の鑑賞者がその作品を通じて作者の抱いた理念を知ろうとし，また信者が聖典を通じてそれによって表わされた神の意志の存在するところを知ろうとする場合にも，同様に解釈の問題が生じてくるのである。」（田中・前掲注17）506〜507頁）。

34) 田中・前掲注17）507頁。
35) 樋口・前掲注7）416頁。
36) 樋口・前掲注7）425頁。

それが最高裁判所によって示されたというだけの理由では，受け容れられない。法秩序を維持するために履行強制の制度が必要だということにもなるだろう。樋口の考えは，そうしたプロテスタントとは異なるのだろうか。風疹にかかっていた母親への誤診のため，妊娠中絶を受ける機会を妨げられ，障害を持った子を出産したという事実をめぐる訴訟（ペリュシュ事件）において，フランス破毀院が，障害を持って生まれた子から誤診をした医師に対する損害賠償請求を肯定したこと，その後，フランス議会が，何人も出生のみを理由とする損害を主張することはできないとする法律を制定したことなどを念頭に置きつつ，樋口は，次のようにいう。「問題そのものは，実は，『人』権を支える『近代』の論理のなかに，はじめから，二つの要素の緊張関係として内在していたのだった。『人』権の形式（contenant, container）と内容（contenu, contents）とのあいだの，緊張である」。「個人の自己決定とは，形式の問題である。その個人の尊厳の至高性は，実質内容にかかわる。『人』権は，この両者の，緊張にみちた複合にほかならない。自己決定という系列を支える『近代』の論理は，主知主義・合理主義・世俗化——マックス・ウェーバーとともにいえば，『魔術からの解放』（Entzauberung）——である。近代法は，それに対応して，諸個人の意思の自立と自律，すなわち意思主義（voluntarism）をその根本に置く。ところがまた近代法は，人間の意思によって左右されてはならない個人の尊厳という客観的価値の存在をその倫理的前提とし，そのかぎりで，客観主義（objectivism）の要素を捨ててはいない」[38]。「つきつめればバランスをなくして墜落するかもしれない，そうした綱渡りを，その手前のほどほどの所で賢明に処理する仕事が，いみじくも"juris prudentia"（法の賢慮）と呼ばれてきた人知の領域であり，実定法学には，そのような任務が課されている」[39]。「考えてみれば，しかし，『強い個人』が，なんらかの基本価値の前で立ちどまって自己抑制をする，という行為こそ，それ自体，最高度に強い意思のいとなみではないだろうか。悪魔に魂を売っても『この世の奥を統べているものを知りたい』という

---

37) 長谷部恭男「法源・解釈・法命題」藤田宙靖＝高橋和之編『憲法論集（樋口陽一先生古稀記念）』（創文社，2004年）293頁。
38) 樋口・前掲注32) 61頁。
39) 樋口・前掲注32) 62頁。

ファウスト的衝動にそのまま身を委ねることを『強い個人』の意思による自己決定と呼ぶのは，言葉の誤用というべきである。『知りすぎる』ことへの禁欲の要求との葛藤に耐えることこそが，『強い個人』の自己決定としての『知る自由』と呼ぶにふさわしい」。「『知る自由』一般に対して『知りすぎない自由』，『生殖技術の自由』一般に対して『生殖技術からの自由』を対置するとき，後者をも包みこんだ自由が，『人』権の本来のすがたというべきなのである。丸山眞男が『「人欲」の解放としての自由』と対照させて『規範創造的自由』と呼んだもの〔引用略〕こそ，ここでいう，『人』権にほかならない」。[40]

　個人に足場を置くがために，バランスをなくして墜落するかもしれないことを知りつつも，問題に直面して，「強い個人」の自己抑制に賭ける——客観的な正しさを強制するのではない。敗訴判決を言い渡された当事者が判決に従うかどうかという問題も，——自由な議論による決定という前提条件が満たされたとすれば——やはり，「強い個人」の自己抑制に帰着するのであって，判決が自然法に適合しているか否かであるとか，判決に強制力が伴っているか否かとは，無関係な問題だということになるのかもしれない。

II　行為と内心との関係

1　行為の構造

(1)　田中における謝罪

　本判決の法廷意見は，「単に事態の真相を告白し陳謝の意を表明するに止まる程度の」謝罪広告の命令は，「屈辱的若くは苦役的労苦を科し，又は上告人の有する倫理的な意思，良心の自由を侵害することを要求するものとは解せられない」としていた。既にみたとおり，法廷意見には，強制執行の可能性の有無によって憲法19条の良心の自由の規定に違反するかどうかが変わってくると考えているかのような件りがあるが，これに対して田中耕太郎は，強制執行

---

40)　樋口・前掲注32) 63頁。さらに，樋口陽一『憲法という作為——「人」と「市民」の連関と緊張』(岩波書店，2009年) 124～145頁。

の可能性の有無にかかわらず、判決によって憲法19条に違反するかどうかの問題は生じると批判していた。しかし、そのように論じつつも、田中自身の結論は、判決によっても強制執行によっても、良心の自由が侵害されることは、「あり得ない」とするものだった。すなわち、法は、「行為が内心の状態を離れて外部的に法の命ずるところに適合することを以て一応満足するのである。内心に立ちいたつてまで要求することは法の力を以てするも不可能である」と。判決が命じるのも、強制執行されるのも、謝罪広告という外形だけであり、内心とは無関係だというわけである。

さらに田中は、「謝罪する意思が伴わない謝罪広告といえども、法の世界においては被害者にとつて意味がある。というのは名誉は対社会的の観念であり、そうしてかような謝罪広告は被害者の名誉回復のために有効な方法と常識上認められるからである。」とまでいう。

行為と内心とを切り離し、法が、行為にのみ関係し、内心には関知しないとするのは、実は、田中が得意とする論法である。まず、その補足意見に例示された「表見主義」——「法が当事者の欲したところと異る法的効果を意思表示に附」す主義とされている——に関しては、手形法に関してよく知られた持論がある。すなわち、手形債務負担の意思がなくても、手形という形式——手形への署名——があれば、表示主義を徹底させ、手形債務の発生を認めるべきだという。あるいは、田中は、裁判官の良心の問題に関して、実定法秩序を疑う

---

41) 「謝罪広告においては、法はもちろんそれに道徳性（Moralität）が伴うことを求めるが、しかし道徳と異る法の性質から合法性（Legalität）即ち行為が内心の状態を離れて外部的に法の命ずるところに適合することを以て一応満足するのである。内心に立ちいたつてまで要求することは法の力を以てするも不可能である。この意味での良心の侵害はあり得ない」（民集10巻7号790〜791頁）。
42) 民集10巻7号791頁。
43) 「他の種の証書と見誤りて手形を交付したる場合、手形たることを知らずして其れに署名したる場合、舞台の上にての演劇の為めに使用する意味で、又講義用として手形が振出された場合等」について、「手形なる形式あらば、債務負担の意思が形式の作成者に於て全然存在せずとも手形債務の発生が認めらるる。此の場合には法律行為の締結が擬制せらるる。紙片は手形と看做され、形式の方が勝利を占むる。而して手形の形式に作成せられたる紙片への署名の、唯だ其れだけの事実に法律に依り手形法的効果が付与せらるる理由は『手形取引の一般的安全』に求めらるるのである。是れ通説に反対に表示主義を徹底せしめたる議論であって学者は極端論として之を一蹴するに躊躇しないであろう。是れ意思主義と表示主義、個人の利益と一般公衆の利益との衝突の解決を如何にすべきかと云ふ最も困難なる問題である。何れに解決するも何れかの当事者に不当なる結果となる。然しながら一般法律行為に於ても意思主義に対し表示主義が優位を認められ

（＝内心）裁判官も，実定法に忠実な裁判を行う（＝行為）ときは，尊敬されるということを，繰り返し語っている。いずれの場面にも共通するのは，法による拘束——命令された謝罪／手形債務の負担／実定法に基づく裁判——の理由を，被拘束者——謝罪広告を命じられた当事者／手形債務者／裁判官——自身と関連づけて問う姿勢がみられないことである。既に法秩序に帰依している以上，法への拘束の理由は問題にするまでもない，ということなのだろうか。

当然，田中とは反対に，法による拘束の理由を問い，あくまで自己拘束として説明しようとする立場もあるだろう。こうした立場において，ときに援用されるのが，「立憲主義のゲーム」のルールである。それは，もともとは，「個人としての良心の命令に抗ってでも憲法の拘束に服さなければならない義務を公権力担当者に課すことが許されるためには，その官職としての在職に何らかの意味での自由意思の関与があることが必要である」というものであった。

これを裁判官に適用するなら，任官時に，憲法と法律に従う旨を宣誓するなどしていれば，内心においては実定法秩序に懐疑的な裁判官であっても，実定法に拘束されることが正当化されるのではないか，という具合になる。このゲームは，本来公権力担当者が参加すべきものであった。しかし，市民が法に拘束されるべき局面でも，類似のゲームが成り立つことがありそうである。そこでゲームのルールを拡張して適用してみるなら，手形法の表示主義的解釈論についても，田中のように，意思とは無関係の債務であると説明するのではなく，直接に債務負担の意思はなくとも，手形制度を利用する意思があることをとら

つつある現時に於て手形取引に於ては殊に此のことが必要とせらるる。不用意なる手形行為者の為めに毫も非難せらるべき点なき手形取得者が犠牲にせられてはならない。私は敢て此の説に左祖せんと欲するものである」（田中耕太郎『手形法小切手法概論』〔有斐閣，1935年〕143〜144頁）。田中のこの見解に対して我妻栄が強い賛意を示していた（我妻栄『近代法における債権の優越的地位』〔有斐閣，1953年〕48〜50頁）ことは，注50）および対応本文との関係で，注記しておく意味があるだろう。

44) たとえば，「我等は自己の確信に反して説教する牧師を軽蔑する。然し我等は自己が反対の法律感情を懐抱するに依って法への忠誠の道を践み迷はざる裁判官を尊敬する。何となれば，ドグマは信仰の表現としてのみ価値があるが，法律は正義の沈澱としてのみに止まらず，法的安定の道具として価値があるからであり，殊に斯くの如きものとして裁判官の手に委ねられてゐるからである」（田中耕太郎『法哲学 一般理論下』〔春秋社，1964年〕に収められた「司法官論」〔同書514頁〕に，ラートブルフの言として肯定的に引用されている）。

45) 蟻川恒正「立憲主義のゲーム」ジュリスト1289号（2005年）79頁。

46) 蟻川恒正〈通過〉の思想家——サンフォード・レヴィンソンの憲法理論」藤田＝高橋編・前掲注37) 687頁以下参照。

え，その意思に債務負担の根拠を求めることが考えられるだろう。[47]

　それでは，命令された謝罪はどうか。名誉毀損を行った者に対して謝罪広告を命ずることは，日本社会の伝統であったようだし，少なくとも日本の裁判所が実際に使用している準則である。とはいえ，たとえば，人が，日本の裁判権のもとで生活することを自らの意思で選択した以上，日本の裁判所で使用されている準則——名誉毀損をした者は謝罪を命じられる——も自らの意思によって引き受けた，などと説明することは，牽強付会というものだろう。もちろん，制定法が明示的に謝罪広告命令を定めていれば説明は容易だし，そうでなくても，カトリック的な思考によるなら，所与の法秩序の構成部分として受容すべきだということなのかもしれない。

　なお残る問題もある。入江意見に戻ろう。入江は，田中とは，表示と内心との関係のとらえ方が異なる。入江によれば，本件におけるような謝罪広告が掲載されたら，掲載されたところ（表示）が加害者の真意（内心）であると一般に信じられてしまうという（謝罪意思なき謝罪行為を想定しない）。加害者が，名誉毀損とされた「演説の内容は真実であり」，自らの「言論は国民の幸福の為に為されたものとの確信を持つて」いるにもかかわらず，謝罪広告が広告主の謝罪の意思そのものを表示すると解さざるをえないとすれば，入江意見がいうとおり，その掲載を強制することは，加害者の「確信」に反する行為を強制することを意味し，「憲法19条の良心の自由を侵害し，また憲法13条の個人の人格を無視することとならざるを得ない」ように思われるのである。[48]

---

47)　鈴木竹雄『手形法・小切手法』（有斐閣，1957年）139頁は，手形行為に必要な意思表示の程度について，「手形行為が成立するためには，それが手形であることを認識し又は認識すべくして，その上に署名したことを要するとともに，それをもって足りると解すべきではないかと思う」として，この要件が満たされれば，署名者は，手形債務を負うという。

48)　「このような上告人名義の謝罪広告が新聞紙に掲載されたならば，それは，上告人の真意如何に拘わりなく，恰も上告人自身がその真意として本件自己の行為が非行であることを承認し，これについて相手方の許しを乞うているものであると一般に信ぜられるに至ることは極めて明白であつて，いいかえれば，このような謝罪広告の掲載は，そこに掲載されたところがそのまま上告人の真意であるとせられてしまう効果（表示効果）を発生せしめるものといわなばならない。」（民集10巻7号795頁）「自己の行為を非行なりと承認し，これにつき相手方の許しを乞うということは，まさに良心による倫理的判断でなくて何であろうか。」（同頁）「……その者が承服しないところを，その者の良心の内容であるとして表示せしめるがごときことは，恐らくこれを是認しうべき何らの根拠も見出し得ないと思うのである。」（民集10巻7号796頁）

(2) 行為の解釈

　田中意見と入江意見とでは，行為の解釈の仕方も，違っている。田中は，行為と内心とを切り離していた。謝罪の意思がなくても，謝罪は可能であり，社会はそれを謝罪と受け取るはずだとする。これに対し，入江は，行為と内心とを一体とみる。すなわち，「表示が意思を作出する[49]」。自らの名義で謝罪行為をした場合には，自らの意思により謝罪したものと理解されるのである。

　田中の徹底的な二元論——行為と内心との切断——は，日本の民法学における法律行為解釈に関する伝統的通説とも符合する。すなわち，「法律行為の内容を確定する（法律行為の解釈）に当っては，個人の内心の意思を離れてその表示の有する客観的の意義を判断し，かつその判断に当っては，条理に重大な役を努めさせなければならない[50]」。

　これに対して入江の見方は，行為者の意思を離れて法律行為の内容を確定することを嫌う日本の民法学における異説に連なるように思われる[51]。行為の解釈についての以上のような図式によれば，本件における真の問題は，思想良心の自由の侵害の有無というよりは，裁判所が，謝罪を拒む当事者に対し，謝罪の儀式——日本の伝統的社会規範に適合することを表現する行為——を要求することの是非であるようにみえてくる。あらためて，本件で問われるべき真の問[52]

---

49) 蟻川・前掲注20) 87頁。
50) 我妻栄『新訂民法総則（民法講義Ⅰ）』（岩波書店，1965年）238頁。
51) 田中と入江の対立図式は，心裡留保（民法93条「意思表示は，表意者がその真意ではないことを知ってしたときであっても，そのためにその効力を妨げられない。ただし，相手方が表意者の真意を知り，又は知ることができたときは，その意思表示は，無効とする。」）の説明に関しても相似物を見いだすことができる。通説（田中）は，民法93条本文において，意思表示の効力が生じる理由を，信頼責任によって説明する（自覚的な説明の例として，石田喜久夫編『現代民法講義1民法総則』（法律文化社，1985年）127～128頁〔磯村保〕参照）。すなわち，心裡留保による意思表示には，表示に対応する意思がないけれども，相手方が表示を信頼しており，表意者は，自ら意思なき表示を行った責任があるから，表示どおりの効力を認めてよい，というわけである。これに対して，同法93条本文は，あくまで表意者の意思に基づく効果である。本心が異なる（留保した真意を持っている）ならば表示すべきであり，表示されなかった意思には法的効果が与えられないのが本則だという，入江を思わせる見解もある（原島重義『民法学における思想の問題』〔創文社，2011年〕83～84頁）。後者の見解は，民法学の領域において異説にとどまっているように思われる。
52) 類似するかのような事案において，同様に，「真の問題」を捕まえようとしたものとして，小学校校長の職務命令——音楽科教諭に対して入学式において「君が代」伴奏を命じたもの——に関する最高裁判所第三小法廷平成19年2月27日判決（民集61巻1号291頁）に付された藤田宙靖裁判官の反対意見がある。「多数意見は，本件で問題とされる上告人の『思想及び良心』の

題とは何だったかと思う。問題は，本当に，思想良心の自由に対する侵害の有無，ないし憲法 19 条によって保障される内心の範囲なのだろうか。

2 再び，問題の所在

(1) 客観説？

この点について，田中補足意見は，次のように述べる。

「国家が判決によつて当事者に対し謝罪という倫理的意味をもつ処置を要求する以上は，国家は命ぜられた当事者がこれを道徳的反省を以てすることを排斥しないのみか，これを望ましいことと考えるのである。これは法と道徳との調和の見地からして当然しかるべきである。しかし現実の場合においてはかような調和が必ずしも存在するものではなく，命じられた者がいやいやながら命令に従う場合が多い。もしかような場合に良心の自由が害されたというならば，確信犯人の処罰もできなくなるし，本来道徳に由来するすべての義務（例えば扶養の義務）はもちろんのこと，他のあらゆる債務の履行も強制できなくなる。又極端な場合には，表見主義の原則に従い法が当事者の欲したところと異る法的効果を意思表示に附した場合も，良心の自由に反し憲法違反だと結論しなければならなくなる。さらに一般に法秩序を否定する者に対し法を強制すること自体がその者の良心の自由を侵害するといわざる

内容を，上告人の有する『歴史観ないし世界観』（すなわち，「君が代」が過去において果たして来た役割に対する否定的評価）及びこれに由来する社会生活上の信念等であるととらえ，このような理解を前提とした上で，本件入学式の国歌斉唱の際のピアノ伴奏を拒否することは，上告人にとっては，この歴史観ないし世界観に基づく一つの選択ではあろうが，一般的には，これと不可分に結び付くものということはできないとして，上告人に対して同伴奏を命じる本件職務命令が，直ちに，上告人のこの歴史観ないし世界観それ自体を否定するものと認めることはできないとし，また，このようなピアノ伴奏を命じることが，上告人に対して，特定の思想を持つことを強制したり，特定の思想の有無について告白することを強要するものであるということはできないとする。〔中略〕しかし，私には，まず，本件における真の問題は，校長の職務命令によってピアノの伴奏を命じることが，上告人に『「君が代」に対する否定的評価』それ自体を禁じたり，あるいは一定の『歴史観ないし世界観』の有無についての告白を強要することになるかどうかというところにあるのではなく〔中略〕，むしろ，入学式においてピアノ伴奏をすることは，自らの信条に照らし上告人にとって極めて苦痛なことであり，それにもかかわらずこれを強制することが許されるかどうかという点にこそあるように思われる。」（民集 61 巻 1 号 301〜302 頁。傍点引用者）。

を得なくなる。」

　田中は，最終的には，判決をもってしても内心に立ち入ることはできないから謝罪広告命令による良心の自由の侵害はありえないとしたのだが，この件りには，そうした結論に至った心裡をみてとることができる。すなわち，人が，「いやいやながら命令に従う」諸場面において，逐一，良心の自由の侵害＝憲法違反があるとしたのでは法秩序が維持できない。人の思想や良心はさまざまであるが，それらをすべて憲法上保障されるべき思想良心の自由とするのは，憲法の解釈として適切でないというわけである。実際，田中意見は，憲法19条の思想良心の意義を，狭くとらえている。
　とはいえ，1人1人のさまざまな思想良心について，それらの軽重を問わず，憲法上も保障されるべきだという意見に，正面から反論することは，それほど容易ではない。

(2) 主観説？

　憲法学は，しばしば，人権の内容の不明確さ，外延の曖昧さに対する嫌悪を表明する。たとえば，いわゆる新しい人権について，「明確な基準もなく，裁判所が憲法上の権利として承認することになると，裁判所の主観的な価値判断によって権利が創設されるおそれも出てくる。そこで，憲法上の権利と言えるかどうかは，特定の行為が個人の人格的生存に不可欠であることのほか，その行為を社会が伝統的に個人の自律的決定に委ねられたものと考えているか，そ

---

53) それが，田中意見の最終段落（「要するに本件は憲法19条とは無関係であり，この理由からしてこの点の上告理由は排斥すべきである。憲法を解釈するにあたつては，大所高所からして制度や法条の精神の存するところを把握し，字句や概念の意味もこの精神からして判断しなければならない。私法その他特殊の法域の概念や理論を憲法に推及して，大局から判断をすることを忘れてはならないのである。」〔民集10巻7号791頁〕）のいわんとするところではないかと思う。
54) 「私は憲法19条の『良心』というのは，謝罪の意思表示の基礎としての道徳的な反省とか誠実さというものを含まないと解する。又それは例えばカントの道徳哲学における『良心』という概念とは同一ではない。同条の良心に該当するゲウイツセン（Gewissen）コンシアンス（Conscience）等の外国語は，憲法の自由の保障との関係においては，沿革的には宗教上の信仰と同意義に用いられてきた。しかし今日においてはこれは宗教上の信仰に限らずひろく世界観や主義や思想や主張をもつことにも推及されていると見なければならない。憲法の規定する思想，良心，信教および学問の自由は大体において重複し合つている。」（民集10巻7号789頁）。

の行為は多数の国民が行おうと思えば行うことができるか，行っても他人の基本権を侵害するおそれがないかなど，種々の要素を考慮して慎重に決定しなければならない」などといわれる。

　しかし，「主観的な価値判断」を避けながら，「種々の要素を考慮して慎重に」，人権の内容・範囲を決定することは，なかなか困難な職務である。法の解釈適用にあたる者は，「いやいやながら命令に従う」こともやむなしとする場合と，人権の主張を承認すべき場合とを，切り分ける難しさから逃れることはできまい。

お わ り に

　ここまで，田中耕太郎を鏡として，樋口陽一の助けも借りつつ，近代の像をさぐるべく，さまよってきた。田中における法や人間のイメージは，本稿でみた限り，比較的単純であるように思われた。田中にとって，法は所与である。自然法に適合する法律や裁判は正しい。人間は，これらに当然に服すべきである。そして，田中において，法は人間の外面のみに関係する。法への服従の場面にせよ，法律関係形成の場面にせよ，人間の内面に照らせば，当人に不満の残る場合もある。しかし，よほどのことがない限り我慢するほかない。内面はいつも自由なのだから……といった具合である。これに対抗するイメージ──近代法？──は，法の正統性なり拘束力の根拠を客観的な正しさ──たとえば唯一絶対の神──でなく，人間自身に求めているように思われた。人間自身というのは，たとえば，当人が，自発的に法を遵守するとか，自由な議論によって決定するとか，立憲主義のゲームを遂行することである。それ以外に，何らかの正しいことがあるのかどうかはわからない。こうした行為は，とりあえず形だけのもの──内心は別だということ──ではなく，人間の思想と一体不可分のものととらえられていたようである。どちらのイメージを前提にするかによって，「真の問題」も異なってくるだろう。民法学説──具体的には我妻栄──が田中耕太郎における法や人間のイメージを共有しているかもしれないこ

55）　芦部信喜（高橋和之補訂）『憲法〔第 6 版〕』（岩波書店，2015 年）121～122 頁（傍点原文）。

とも記憶にとどめておきたい。

ところで,「近代」については,「『近代立憲主義』を『個人の尊厳』にまでつきつめ,憲法学の中核に据えたのは,樋口陽一である。」という蟻川恒正の言がある。しかし,初期の樋口の著作においては,「個人」や「個人の尊厳」が樋口自身の憲法学の中核とされていたとはいえないように思う。「にまでつきつめ」という表現には,研究の継続による結晶化の意味合いがあろう。樋口は,ルネ・カピタン――とくにそのナチス法研究(ナチスの思想を,個人主義を否定する点で近代否定とみる)――などを養分として,「個人の尊厳」を中核化し,その中身を明らかにしつつある,というべきか。

樋口は,時とともに蟻川と接近しつつあったように思う。「人権」については,個人に照準を合わせ,個人を桎梏から解放するバラ色のイメージが一方の極にあるとすれば,他方の極として,尊厳に照準を合わせ,徹底的な自己拘束ないし自ら設定した義務を全うする――苦しい――というイメージが蟻川によって具体化されてきていたとみられるところ,樋口も,今にも,人権を,自己拘束なり義務の観点から語り出しそうな地点に近づいていたようにも感じられた。

ところが,ごく最近の論考において樋口は,蟻川が「『個人の尊厳』の『個人』よりむしろ『尊厳』を問いつめることによって『権利論一辺倒の日本の憲法論』を批判した」ことについて,それが「自ら好んで戦いにくい戦場を選ぶような議論」であって,「危うい」議論であると評した。樋口は,この「危うい」議論こそが,「憲法学の基礎体力を強固なものとする」ものであることを

---

56) 蟻川恒正『憲法的思惟――アメリカ憲法における「自然」と「知識」』(創文社,1994 年) 12 頁注(23)。
57) そうしたプロセスを私に感じさせるものとして,樋口陽一『権力・個人・憲法学――フランス憲法研究』(学陽書房,1989 年) 第 1 章(「現代法思想における個人主義の役割」)(初出,1979 年)。「自分自身が書いてきたことの変化あるいは不変化」に関する樋口の考察(樋口陽一「学説の『一貫』と『転換』――『学説と環境』再論」樋口ほか編著『国家と自由・再論』〔日本評論社, 2012 年〕1 頁)も,樋口自身の思考を動態的にとらえる点で,本稿と共通する。
58) 小粥太郎『日本の民法学』(日本評論社, 2011 年) 53 頁注 2。
59) 蟻川恒正「尊厳と身分」石川健治編『学問/政治/憲法 連環と緊張』(岩波書店, 2014 年) 219 頁〔とくに 261~264 頁〕。
60) 樋口陽一『加藤周一と丸山眞男 日本近代の〈知〉と〈個人〉』(平凡社, 2014 年) 142~151,180 頁。

認めつつも，あらためて——たとえ「護教の学」と揶揄されたとしても——，桎梏からの解放，バラ色の「個人の尊厳」イメージを強調する方向に転じたようにみえる[61]。

　近代の思考，少なくとも樋口陽一の思考は，蟻川のいうように「個人の尊厳」を核としており，遠方から観察する限りは不動のようではあるけれども，向き合うものに応じて姿を変えるのだろうか。「個人の尊厳」は，これを捕まえようとしたとたんに，するりと手元から逃げてしまうもののように思えてくる。同時に，私が「個人の尊厳」に安心立命を求めようとしていたという感覚におそわれ，神なき近代において無意識のうちに頼れるものを求めようとしたかのような自身の性分にいやおうなしに向き合わされる。自身で考えることを，より深く考えることを，強いられているようで苦しい。

　樋口は，先の国会（第189回常会）で審議された安全保障関連法案に対して強い懸念を表明してきたが，国会議員に対して，法案に反対すべきだと述べるのではなく，「選出母体にも政党にも拘束されず，良心にもとづき討論に参加し，評決をするのが憲法上の国会議員の姿」であると述べた（にとどめている）ことが報道されている[62]。このメッセージは，本来，受け手を非常に苦しめるはずのものであると思う。

　　［追記1］　脱稿後，蟻川恒正「『命令』と『強制』の間——最高裁判例に潜在する『個人の尊厳』」同『尊厳と身分——憲法的思惟と「日本」という問題』（岩波書店，2016年）185頁に接した。またしても謝罪広告請求事件の入江意見を俎上に載せ，「個人の尊厳」を具体の相において抉り出してみせる。暗中模索を繰り返すにとどまった本稿筆者には，とりわけ眩い論文であった。
　　［追記2］　脱稿後，小島慎司「日本における制度法学の受容」高見勝利先生古稀記念『憲法の基底と憲法論——思想・制度・運用』（信山社，2015年）に接した。同論文とくに273頁は，田中耕太郎の裁判官論などに関する本稿とは異なる見方を，丹念な論証によって提示している。

---

61) 樋口陽一「『自ら好んで戦いにくい戦場を選ぶような議論』をすることについて」全国憲法研究会編『日本国憲法の継承と発展』（三省堂，2015年）2頁〔とくに4〜6頁〕。この樋口論文について，蟻川は，「重く受け止めたい」と反応している（蟻川恒正「日本国憲法における『国家』と『人間』——『個人の尊厳』と9条」法律時報87巻9号〔2015年〕11頁注26）。
62) http://www.asahi.com/articles/CMTW1508270400001.html（2015年10月22日閲覧）。

文学裁判とふたつの近代批判
―― 『チャタレイ夫人の恋人』事件判決

駒 村 圭 吾

I 文学裁判あるいは裁判の文学性

1 ひとつの証言

裁判長 それで結局この本を読んでどういうことがわかりましたですかね。今まで知らないでおつて新しく覚えたことは，何でもよいです。この本でどういうことがわかりましたか，大さつぱに。

曾根 性というのは今まで私たちには恐ろしいとか，ただわからない，そういうような問題が具体的によくわかりましたし，それから人間の性という問題が，人間のネーチュアーとして極めて美しいものであることを感じました。

上の証言は[1]，昭和 26（1951）年 10 月 24 日に行われた，いわゆる『チャタレイ夫人の恋人』事件第 1 審の公判準備手続において採取されたものである。証人は，都立竹台高校 3 年生の曾根千代子（当時 18 歳）であった。この早熟の女子高校生は，D. H. ロレンス著・伊藤整訳の『チャタレイ夫人の恋人』（昭和 25 年（1950 年），小山書店）（以下，本件訳書と略す）を読む以前に，作家にして英文

---

1) 小澤武二編『「チャタレイ夫人の恋人」に関する公判ノートV』（河出書房，1952 年）293〜294 頁。

学者である吉田健一のロレンス論を読了しており、また、東京大学で開催されていた詩歌学会という公開講座に参加し、そこで知り合った国文学者・吉田精一との交流の過程で、彼に『チャタレイ夫人の恋人』の読後感想文を送りつけている。後に本件に関わることになる吉田精一は、曾根の解釈に肯定的に応じるとともに、この曾根書簡を被告人・伊藤整に披瀝して、裁判に役立てることを提案した。こうして、上記証言が成立するはこびとなったのである。

およそ現在の"意味の秩序"の水準からすると少しどうかと思われるほどに露骨かつ執拗な質問を裁判官から浴びせられ、その果てに語られた上記の曾根証言は、やや意味不鮮明のところがあるものの、質問に当たった当の裁判長によって再確認され、後に弁護人たちによって称賛されることになる、その趣意は、大要、「今まで性を汚れたものと思っていたが、本件訳書を読んで、性は美しいものであると感じた」という覚醒と昇華の表明にある。この証言に関し、本件弁護人にして後に最高裁判事となる環昌一は、その最終弁論で「検察官折紙つきの当代の良識といわれる諸名士の証言を伺ったときの、いらだたしい心持が、特に曾根証人の証言せられるのをきいていて、逞しい生長を遂げつつあ

---

2) 曾根書簡の一部は、伊藤整『裁判（上）』（晶文社、1997年）389～390頁で確認できる。
3) 性行為の実態についてこと細かに尋ね、本件訳書に性的興奮を感じたかどうかの確認を畳み掛ける裁判官の"過酷"な誘導的尋問を経て、本文に引用した証言がもたらされたのである。その"過酷"なやりとりのうち、比較的穏当な箇所を引用しておく（小澤編・前掲注1）289頁）。
「裁判長　これに一番関心を持つた、読んでいるうちに何か感動、強く云えば或る衝撃、そういうような感動とか衝撃を受けたというような点はありませんでしたか。
曾根　全然ありません。
裁判長　いろゝゝな性行為の描写、ああいうところを読んだときもそう強い感動とかショック、衝撃とか、そういうものは受けなかつたですか。
曾根　全然受けません。
裁判長　奇異の感じ、珍らしいという、ちよつと奇異の感じを受けませんでしたか。そういうのはどうです。
曾根　全然受けません。
裁判長　「アラッ」というようなことは。
曾根　そういうことはありません。」
4) チャタレイ事件第1審判決における曾根証言の要約を正確に引用しておく。「私は1年前から性は恐しい、汚いものと思うようになり、自分の存在がつまらなく思えたので、何とかしてこの考えを直そうと考え出した頃に本訳書を手に入れて読んだところ性は美しいものであると思ふようになつた。私はロレンスの考え方に同感して居るが、今後もロレンスの思想が私の考え方の根本になると思ふ。この書の性描写の部分は花を構成している花弁の一枚々々をはつきり書いたというように受取つたので、それがないと花の幻影はわかつても花を構成している雄蕊、雌蕊の存在がわからないと同じである」（高刑集5巻13号2538～2539頁）。

る若い世代を身近に感じ，ロレンスの偉大さを痛感」したと言い切っている。また，特別弁護人を務めた福田恆存の最終弁論に至っては，「曾根千代子証人によっても明らかなごとく，中込検察官の文学理解力は高等学校3年生に劣るのだ」と喝破した。

チャタレイ事件こそは，後にも先にも比類なき"文学裁判"であった。イギリス文学の訳書が刑法によって裁かれたという意味での文学裁判であったことはもちろん，当時の名だたる作家，文学者，心理学者はもちろん市井の人々も証人として参加し，特別弁護人には先の福田恆存のほか中島健蔵という大物評論家を配して，まさに総動員の布陣で臨んだのがこの事件である。そして，主任弁護人に任じられた正木ひろし弁護士は，戦時下において公然とファシズムを批判する個人誌『近きより』を発行し，同誌の寄稿者であった長谷川如是閑，内田百閒をはじめとする作家や批評家と広い交流を持つ，反骨の言論人でもあった。これらの登場人物が織りなす，本件訳書ならびに原著，さらには，作者であるD.H.ロレンスをめぐる甲論乙駁は，それ自体が文学的論争であるが，かかるアレンジメントの中，並居る有識者証人がもたらした幾多の言説を，一介の女子高校生の証言が凌駕してしまうという点においても，本件は"文学的"であったのである。

---

5) 伊藤整『裁判（下）』（晶文社，1997年）92頁。
6) 伊藤・前掲注5）199頁。
7) チャタレイ事件に匹敵する"文学裁判"にはもちろん，サド『悪徳の栄え』事件がある。そこでも，当代の文学者が総動員され，特別弁護人に埴谷雄高，白井健三郎を配し，さらに，弁護人を務めた大野正男，中村稔の両弁護士は，第一高等学校の卒業であり，1940年代末，共に同人誌「世代」（1946年7月から1953年2月）に参加している。「世代」は，第1高等学校生を中心に立ち上がった純文学同人誌で，飯田桃（筆名：木下三郎，宮本治，いいだもも），加藤周一，中村真一郎，福永武彦，中野徹雄，吉行淳之介，清岡卓行，日高晋（筆名：浜田新一，由利健），竹山道雄，等々が参加している（その一端は，中村稔『私の昭和史・戦後篇（上）』〔青土社，2008年〕81頁以降，春木眞巳「吉行淳之介『原色の街』と軍国主義──同人誌『世代』と，竹山道雄のナチス批判からの影響」同志社国文学61号258頁〔2004年〕を参照）。中村は，後に日本近代文学館の館長となり，大野は，チャタレイ事件における弁護人・環昌一と同様，後に最高裁判事となる。なお，大野は，弁護士時代に作家の大岡昇平との対談で，「しかし実はいまお話に出た文学裁判が『裁判』であったのは，あのときまで〔『悪徳の栄え』事件まで─筆者注〕ではないかと思うんです」と述べている（大野正男＝大岡昇平『フィクションとしての裁判──臨床法学講義』〔朝日出版社，1979年〕10頁）。当初，筆者は，「文学裁判」（同書7頁）のもうひとつのランドマークである，この『悪徳の栄え』事件についても本稿で分析するつもりであったが，紙幅の関係上，同事件については挙げて別稿に譲ることとしたい。

2 第1審判決

　それでは，この"文学裁判"において裁判所はロレンスの文学とどのように対峙したのだろうか。第1審判決（東京地判昭和27〔1952〕・1・18高刑集5巻13号2524頁。以下，本判例集からの引用を本文注では〔第1審○○頁〕と表記する）を担当した相馬貞一裁判長，秋本尚道裁判官，および（おそらくは文学理論を強く意識していたと思われる）津田正良裁判官の辿った理路は以下のようなものであった。

　(1)　まず，本判決は，刑法175条の「猥褻」の概念につき，先例である大審院大正7 (1918) 年6月10日判決の定義（「猥褻ノ文書図画其ノ他ノ物トハ性慾ヲ刺戟興奮シ，又ハ之ヲ満足セシムベキ文書図画其ノ他一切ノ物品ヲ指称シ，従ツテ猥褻物タルニハ人ヲシテ羞恥厭悪ノ感念ヲ生セシムルモノナルヲ要ス」）と最高裁第1小法廷昭和26 (1951) 年5月10日判決の定義（「徒らに性慾を興奮又は刺戟せしめ，且つ，普通人の正常な性的羞恥心を害し，善良な性的道義観念に反するもの」）を掲げ，それに検察官・弁護人の定義を併記するのみで，独自の猥褻概念を自覚的に定義するところはない。むしろ，本判決冒頭部分は，先行判例の定義を掲げながら，それに該当する猥褻表現物が刑法的規制を受ける実質的理由とその保護法益を論じている。

　本判決の哲学は，要するに，動物と人間を区別する指標としての「理性」の強調と，その脆弱性が誘発する事態への根源的な恐怖が基礎になっている。判決はまず，「〔個体としての〕生存を完うすると共に種族を永遠に確保する為に生命の創造たる生殖行為を行ふ」ことは「生物一般の為すところ」であるが，「現在にのみ生きる生物殊に動物は本能たる性慾の導くまゝに瞬時に満足することによつて種族保続のことは終るけれども，理性に基き文化を授受し向上を続ける人間は現在に生きるのみでは足らず過去より来り，未来に及ばねばならぬのであるからその営みは本能的，瞬時的ではなく精神的，永遠的でなければ

---

8)　法律新聞1443号22頁。
9)　刑集5巻6号1026頁。

ならぬ」と説く（第1審2525頁）。人間と動物を区別する重大な特徴は，「精神生活の有無」であり，性欲を「醇化し，調整し，昇華」する「大脳の機能」なのであって，「性本能に対する理性による抑制作用は人間の人間たる所以の大本」（傍点筆者）であるとされる（第1審2526頁）。本判決には「理性」による性欲の抑制というモチーフが繰り返し登場するが，同時に，「理性」の否定や動揺への懸念も頻繁に顔を出す。すなわち，猥褻文書こそは，「理性による性慾の抑制を否定又は動揺せしめるような結果を招来するもの」であり，そうなると「乱倫となりてその人は亡び，社会の秩序は失われてついには民族の滅亡を来すに至るのである」と，あたかも預言者のごとく人間の淪落が説かれるのである（第1審2526頁）。しかもである。判決は，性欲を「最も強い慾望」とおき，さらに，それは抗いがたい「反射作用」なのであって，すなわち「（一）生殖線を中心とするホルモンの働きにより心神が敏感となり複雑なる反応が起り易くなり（二）五官から来る種々なる刺戟が動機となつて性の慾望が喚起され（三）中枢神経系の働きによつて起る複雑なる精神作用」によって亢進するというのである（第1審2526頁）。このような理路から判決は次のように刑法175条による処罰根拠とその保護法益を整理する。

「所謂春本が刑法第175条に該当する猥褻文書とせられることは異論のないところであるが，かゝる文書が猥褻文書として排除せられるのは，これによつて人の性慾を刺戟し，興奮せしめ，理性による性衝動の制御を否定又は動揺せしめて，社会的共同生活を混乱に陥れ，延いては人類の滅亡を招来するに至る危険があるからである。従つてかゝる結果を招来する危険のある文書は所謂春本であると否とを問わず刑法第175条の猥褻文書として排除することが，社会的共同生活の幸福を確保する所以であるといふべきである。」（第1審2530頁）

---

10) ここのくだりは，猥褻の同義語として「官能」の語が用いられることの意味を明らかにしてくれる。それは，猥褻のもたらす堕落の連鎖が，「官能」の原義に忠実に，まさに「生体反応」として人間の肉体に内在するメカニズムが生み出す不可抗力によってもたらされる，というものである。第1審判決の強迫観念的トーンに照らせば，猥褻よりも官能の語を用いる方が適切かもしれない。「官能」の語には，「ワイセツ」などという表現には還元できない，事の本質を表面化させる語感がある。

以上から，本判決が拠って立つ前提は明らかであろう。猥褻表現に対する刑事規制を基礎づける保護法益として判決が念頭に置いているのは，近代的なるものの表徴である「理性」それ自体である。「人間が人間たる所以の大本」たる理性を否定し動揺させ，個人・社会・民族の「滅亡」に導く恐るべき敵こそは猥褻表現なのである。なぜ恐るべき敵なのか。それは，猥褻表現に接すると「反射作用」としての性欲が「生殖腺」「五官」「中枢神経系」を通じて不可避的に亢進されるからである。つまり，人倫の基礎たる「理性」は，猥褻表現の刺激によって発動される"生体の論理"の前には極めて脆弱であるとの見方が前提となっていると思われる。かかる読解は，判決のトラウマ的・預言者的言辞によって裏書きされていると言えよう。

(2)　それでは，本件訳書は春本と同様に猥褻文書に該当するのだろうか。
　判決は，「本件訳書の存在意義」と題して，法廷にもたらされた膨大な証言と証拠ならびにその他の文献的資料の諸断片を駆使し，ロレンスの遍歴と彼の文学史上の位置づけ，そして『チャタレイ夫人の恋人』の作品としての地位を検証する。この点，判決は，ロレンスという作家については，「ロレンスは文化の崩壊と人類の危機と，そしてまた個人の，言葉どほり生老病死のさまざまな悩みのなかに，彼は常に思ひ返され，考へ直される魅力ふかい存在である」との評（志賀勝）等を引きながら，「20世紀の英文学を研究する為にはロレンスの作品を読むことがかなり重要なることといふべきである」と評価している（第1審2536頁）。同様に，『チャタレイ夫人の恋人』については，海外での評価も含めて賛否とも両極端に分かれていることを指摘しつつも，「英文学殊にロレンスを研究する人々にとつては価値あるものとして遇せらるべきものであることは認め得るのであるから，本書は英文学殊にロレンスを研究する人々より奪ふことは出来ないと云ふべきである」とする（第1審2538頁）。
　ところが，判決は，「然るところ，本件訳書はかゝる研究家にのみ与ふるものとして出版せられたものではなく，一般読者に対して無制限に購読せしめんとして出版せられたものであるから，英文学やロレンスの研究家以外の者に対する関係について更に考察しなければならない」（第1審2538頁）とし，先の曾根証言を筆頭に研究家以外の諸証言を概観した結果，その評価が分かれる点

を挙げて，桑原武夫『文学入門』に拠りながら，作品の伝達可能性を担保する「共通なもの」に本作が欠けていることを強調する。この点を補強するために，判決は，英文学者・中橋一夫の『二十世紀の英文学』の次の箇所を引用する（第1審2542〜2543頁）。

「ロレンスの神秘的な哲学のすべてはこのエゴイズムの粉飾にすぎないように私にはおもわれる。彼の哲学を展開しているその作品を読むことによつて人々は既成の秩序の否定に共鳴する。彼らはこれに代る新しい秩序をロレンスに期待する。そして一見したところ彼の生命の哲学はこれをあたえてくれているようにみえる。しかしそれは新しい秩序ではない。ただロレンス一個人のエゴイズムの姿をかえた出現にほかならぬ。大衆はその真相には気がつかないかもしれない。だが彼らはそれが彼らの求める秩序ではないことを直観している。その直観が彼らの示す疑惑と不安として吐露されるのである。」[11]

エゴイズムの粉飾が言い過ぎであるにしても，本作は「ロレンスと同じ問題を悩んで居る人々のみが共鳴するものである」（土居光知）と判決は見たのである（第1審2543頁）。

ここで判決は，心理学者・波多野完治が相良守次に依拠して行った証言を取り上げている。それによれば，読書は，一般に「素地」の上に浮き出される「図柄」が，読み進むに従って反転する作用をもたらすものであり，本作も性的描写が「図柄」としてまず目に留まるが，それが徐々に蓄積され，最後にはロレンスの性の哲学が「図柄」となり，それ以外のものは「素地」に解消されていくのであって，「性的描写の部分は一時的には『図柄』となるが段々と『素地』の方に入つて行き『図柄』として残ることはない」（第1審2544頁）。しかし，そのような反転作用は，曾根証人等のような一部の読者にしか起こらない（第1審2546頁）。ロレンスの性の思想・哲学は，性的描写の中に「探し絵」（同頁）のように記述されているため，一般の読者にはその読解は困難である，と判決は言うのである。

---

11) 中橋一夫『二十世紀の英文学』（研究社出版，1950年）127頁。

こうして，図柄と素地を反転させ，性描写から性の哲学を読解する力のない一般読者との関係において，本件訳書を猥褻物と認定する方向が固まっていくが，ここで突如として，都立小石川高等学校長・沢登哲一の証言が取り上げられる。判決は「然るところ沢登証人は少数の生徒に教育的な立場から読書指導をして，共に勉強するのであれば意味があると思ふが，それには生徒や教師その他いろいろの条件がうまく行かなければ出来ないことであると供述したのである」（第1審2549頁）と述べ，本件訳書の猥褻性について次のような結論に達したのであった。

　「このことからすれば，条件にして本訳書を理解するに適するものであれば，その性的描写により刺戟を受くるも，理性によりその性的興奮を制御し得ないような結果を招来せしめない場合もあり得るものと解すべく，本訳書はかかる条件下の読者に与うることは有意義であるとしなければならぬ。従つて本訳書は条件の如何によりその理解を異にせられるものであるから，猥褻文書に頗る類似（紙一重といふべきもの）したものといふべきである。」（第1審2549頁）（傍点筆者）

　(3)　では，この紙一重の作品は一般読者との関係でどのように評価すべきなのか。判決は，まず，毎日新聞社と文部省統計数理研究所が行った「読者世論調査」を引きながら，当時の読書人口において20歳未満を含む29歳までの「青少年」がほぼ半数を占めることから，本件訳書の読み解かれ方は青少年を主たる対象として想定すべきであるとし，その上で，当時の戦後解放の波の中，街娼があふれる混乱した社会状況下にあって「思慮の不十分なる青少年に於ては性的衝動について理性による制御力を著しく鈍化せしめられて居るものと解すべきである」とした（第1審2552～2553頁）。
　文学研究家にとっては思想・哲学の書であるが，他方で，青少年にとっては理性を破壊せしめる堕落の書になる，本件訳書のこの「紙一重」的性格に照らせば，次に問われるべきは「本訳書が出版発売に当つてどのように取扱われたか」であると判決は言う（第1審2557頁）。要するに，ここにおいて，本件訳書の猥褻性の判定は，作品の内容ではなくその出版販売方法に照準して行われ

ることになったのである。この点，判決は，①本件訳書が上下2分冊で販売されたことは，上巻だけを購入する読書傾向のあることと，それ故に，作者の作品に込めた意図を全体として読解することを困難足らしめ，さらに，分買によって気安く購入できることになり，そのことが本件訳書を誤読させる要因になっていること，②広告が愛欲描写の苛烈なること，ロレンスが死期を間近に控えていたことを強調したため，読者をして，本件訳書をなりふり構わぬ「低俗なる性慾小説と速断する」傾向を助長したこと，③「文学作品は作者の人格の現われであるから，その作品は個別的に読むべきでなくその一生を通じ，全体として見るべきものであ」るから，発表の順序に従い出版がなされるべきであったのに，この点について何らの配慮もしなかったこと，④性的好奇心を煽るアンケート葉書がはさまれていたこと，を挙げて論難するのである（第1審2557〜2563頁）。

かくして，判決は，「叙上の如き環境下に販売せられたる本訳書は，読者の性慾を刺戟し，性的に興奮せしめ，理性による性の制御を否定又は動揺するに至らしめるところのものとなり，ここに刑法第175条に該当する所謂猥褻文書と認めらるるに至るのである」と判断したのであった（第1審2565〜2566頁）。

(4) 以上を前提に，判決は，翻訳者である伊藤整，出版者である小山久二郎の両被告の刑事責任を論ずる。「叙上の如く本訳書は小山被告の手により猥褻文書として販売されたものである」から伊藤被告については共犯として加功したかどうかが問題となる，とする（第1審2566頁）。この点，伊藤被告は，①完訳したが出すかどうかは小山書店に一任すると言ったこと，②小山書店に「広告はカストリ雑誌のように煽情的な感じを絶対に出さないようにしてくれ。誤解されるから」と注意したこと，③あえて「思想的な固苦しさ」を出すため直訳体を取ったこと，等に照らせば，「本訳書を正しく読みとるものを読者と想定し，これらの人々にのみ買われることを希望し」たと言えるので，法律上の加功はなく，無罪と判断した（第1審2556〜2557頁）。対して，小山被告に対しては，本件訳書が「所謂春本とは異なり本質的には刑法第175条の猥褻文書とは認め得ないものであるが，叙上のような環境下に本訳書が販売されたことによつて，猥褻文書とせられたるものと認むる」と判断した。ただし，同時に，

「営利のみを追究したものではなく,多数の読者にこの書を与えることによって,より警世的効果をも生ずるとの信念」に出たものであるから,「悪辣なる出版者に科すべき懲役刑」で臨むのではなく,罰金刑を選択するとした(第1審2568〜2569頁)。

3 控訴審判決

控訴審判決(東京高判昭和27〔1952〕・12・10高刑集5巻13号2429頁。以下,本判例集からの引用を本文注では〔控訴審○○頁〕と表記する)は,第1審における諸証言・諸証拠を再度羅列し,作品の評価と位置づけを検証した上で,猥褻の定義については先述の大審院大正7年判決と最高裁昭和26年判決にならうと述べつつも,かかる猥褻概念の敷衍・補足を行っている。

(1) 判決は,「『猥褻文書』たるには,徒らに,性慾を刺戟又は興奮せしめるに足る描写又は記述の記載があることを要する……」と説き起こし,猥褻の概念定義を分節的に明らかにしてゆくが,それと並行して刑法175条等の猥褻犯罪の保護法益に言及する。その中で,控訴審判決に特徴的なのは,第1審判決と異なり,「公然性」や「一般社会人の良識又は社会通念」といった,本件上告審判決でお馴染みの諸概念が登場した点である。控訴審判決は,性慾が生物としての人間の本能であり,人類存続の基礎をなすものと見るが,「本能たる性質上不羈奔放に陥る虞がある」ので,人間生活の他の行動と同じく「社会的制約」を受け,かかる制約を通じて人間は「性的秩序ともいうべき一定の社会生活上の秩序を形成している」とした(控訴審2443頁)。そして,かかる性的秩序につき,次のように言う。

「この性的秩序の態様は,時と処を異にするに従い,幾多の相違変遷があったにもせよ,近代文明社会においては,性行為が男女両性の間に無秩序に行わるべからざること,性的行為を公然行うべからざること,性的行為についてこれを公然行つたと同一の効果を生ずる虞ある程度に描写又は記述した文書図画を公表すべからざること等をその内容と為すものであることは,否定

し得ないところである。」(控訴審2443頁)(傍点筆者)

　ここに、後に上告審判決において性行為非公然性原則として定式化される規律原理が登場してきている(ただし、性行為そのものの公然遂行と並んで、性行為を公然と行ったと同一の効果を生ずる文書図画の公表にもはっきりと言及している点に注意)。そして、判決は、「右のような性生活に関する社会的制約が、……性的秩序として侵すべからざるものとして保護されていることは、刑法第174条乃至第182条及び第184条の規定の存することによつて明らかである」(控訴審2443頁)と述べて、かかる性的秩序に基づく社会的制約を死守することが保護法益だと断定するのである。

　(2)　次に、控訴審判決は、ある文書に、徒に性欲を刺戟または興奮せしめる猥褻性があるか否かは「一般社会人の良識」＝「社会通念」に照らして判断すると言う。そして、それは「個々人の認識の集合又はその平均値を指すものでなく、これを超えた集団意識を指すものである」ので、特定の個人がそのような集団意識に反する意識を持ったとしても、「かかる個々人が存在することによつて、一般社会人の良識又は社会通念たることを否定されることのないこともいうまでもないところである」とした(控訴審2445頁)。先述の曾根証人のごとき読者を考察対象から一律に排除すると言うのだろう。
　しかし、(1)で述べた「性的秩序」に関する「一般社会人の良識又は社会通念」も不動のものではなく、時代や社会によって変わり得る。では、猥褻概念もその流動の中に解消されていくのだろうか。控訴審判決は次のように整理した。

「近代社会においては、政治、経済、文化の進渉に伴い、性に関する一般社会人の良識又は社会通念は、盲目的無批判的な性的行為の秘密性の厳守から漸次意識的批判的な正しい性の解放に向つて進んで行くような傾向にあるものと解し得られ、その限度において、次第に『猥褻文書』を認める範囲を減縮して行く結果を招来することは窺われるが、前記説明のように、これにも一定の超ゆべからざる限界があり、社会生活において、個人の性器若しくは性的行為を公然表示し、又は公然表示したと同一効果を生ずべき、個人又は小説

等の作中の人物の性器若しくは性的行為の露骨詳細な描写又は記述を公然表示することは許されないものと解すべきである。」(控訴審2446頁)(傍点筆者)

　近代的なるものを受容した社会では，性を神聖視する盲目的・無批判的社会通念も開明的・批判的なそれに漸次変化して，「性の解放」に至るという"発展法則"が肯定的に語られ，そのプロセスで猥褻文書の認定範囲も減縮することが予見されている。しかし，そのような"近代"社会でも，「一定の超ゆべからざる限界」がある，と上記引用部分は言う。つまり，社会通念にも不変不動の条件が付されており，それは，引用部分の末尾から明らかなように，性行為非公然性原則である。この性行為非公然性原則こそは，(1)で引用した判示部分で示されていた，「幾多の相違変遷」を乗り越えて妥当する「性的秩序」である。繰り返しになるが，性行為非公然性原則は，判決が好意的に評価する"近代"にとっても「超ゆるべからざる限界」として存在しているのである。

(3)　以上のような敷衍・補足を経て，後の上告審判決でも踏襲される定義を控訴審判決は組み立てた。すなわち，猥褻文書を認定するには，①「徒らに性慾を刺戟又は興奮せしめるに足る記載がある結果」，②「普通人即ち一般社会人の正常な性的羞恥心を害し且つ善良な性的道義観念に反するものたることを要する」のであって，③これらの要件の充足を「一般社会人の良識又は社会通念」に照らして客観的に判断しなければならない。
　それでは，判決は，文書の文学性とかかる猥褻性の関係をどのように定式化したか。控訴審判決は，文学も社会生活を基盤とするところから一定の制約を受けることを前提に次のように述べた。

「尤も，文学書の芸術性がその内容の一部たる性的描写による性的刺戟を減少又は昇華せしめて，猥褻性を解消せしめ，或いは，その哲学又は思想の説得力が性的刺戟を減少又は昇華せしめて猥褻性を解消せしめる場合があり得ることは考えられるのであつて，かかる場合には，多少の性的描写があつても，『猥褻文書』に該当しないこととなるのである。しかし，文学書の芸術性やその哲学又は思想の説得力が未だその内容の一部たる性的描写による性

的刺戟を減少又は昇華せしめるに足りない場合もあり得べく，かかる文学書は，未だもつて『猥褻文書』の域を脱しないものというべきである。」（控訴審2448～2449頁）（傍点筆者）

　ここに判決は，文学の「芸術性」や哲学・思想の「説得力」が性的刺戟を「減少又は昇華」させ，結果，猥褻性を「解消」してしまうことがあり得ることを認めた。しかし，「芸術性」や「説得力」が「減少又は昇華」をもたらさない場合があることも指摘している。このことを受けて，控訴審判決は，後の上告審判決を予見させるセリフ，すわなち「要するに，文学書としての芸術的価値があることと，当該文学書が猥褻性を持つこととは，全く別個の問題であ」る（控訴審2449頁）と述べたのである。芸術的価値があることと猥褻性があることを「全く別個の問題」と言い切ったものの，上に引用したように「減少又は昇華」という表現で両者が相殺関係に立ち得ることを一方では承認したわけであるから，芸術性と猥褻性は人間を通じその実存的位相において交わることを前提としているはずである。

　かくして，控訴審判決は，上記の相関関係と，哲学・思想を「生きた人間の行為として表現する」（控訴審2450頁）という文学の宿命から，本件訳書も結局のところ，その「性的描写は余りにも露骨詳細であるためこれによる過度の性的刺戟が解消又は昇華されるに至つておらず，その芸術的価値又は原作者の意図の如何にかかわらず，文学において許される前記説明の一定の限界をも超えているものと解することができる」（控訴審2451頁）として，猥褻文書該当性を認めたのである。

　ここにおいて控訴審が，文学の芸術性と文書の猥褻性を「全く別個」と言い

12）　加えて，控訴審判決は，性の具体的事実に触れながらも普遍的原理との関連でそれを記述する「科学書」と異なり，文学書は必然的に与える刺激の度合いが強くなるとする。「一般的にいつて，文学は，人生のあらゆる分野を探究しながらも，これを生きた人間の個別的な具体的事件として表現し，一般社会人に与えるのである。即ち文学においては，その根本において哲学，思想を探究し，これを一般社会人に説得しようとする意図がある場合でも，これを生きた人間の行為として表現するのである。一般社会人は，これらの表現から，生きた人間の行為を見るが如く，聞くが如き印象を受けるのである。それ故，科学書の客観的な記述と比較すると，性器，性交，性感覚に関する表現から受ける性慾の興奮度又は刺戟度が強いこととなるのである」（控訴審2450頁）（傍点筆者）。

つつも，他方で，両者の相関関係を認め，前者が後者を「減少又は昇華」させるという，いわゆる「昇華説」を採用したのは，明らかに曾根証言を意識したものである。判決は，上で引用した「減少又は昇華に至っていない」との認定を下した直後,「原判決引用の証人曽根千代子，同吉田精一，同峯岸東三郎，同岩淵辰雄らの供述記載中に，右認定と反する趣旨の記載があることは，前記認定を左右するに足る程有力なものということはできない」と急ぎ付加して，「一般社会人の良識又は社会通念は，個々人の意識とは別の集団意識であつて，個々人がそれに相反する意識を持つことは何ら妨げとならぬことは既に説明したとおりである」と一蹴している。専門家である文学者吉田と評論家岩淵を除けば，市井の人として「一般社会人」の中にいるはずの曾根千代子と峰崎東三郎が寄せた証言は，猥褻認定のためにはどうにかして対処しておくべき証言であった。2(1)で見たように，第1審判決は，本件翻訳書の猥褻描写から性の哲学を読み取る「反転作用」は曾根証人のような一部の読者にしか起こらないと述べていた。かかる「反転作用」の典型例である曾根証言は，控訴審判決の言う「昇華」に該当し，本件訳書を「露骨ではあるが官能に直かに訴えることはな」いとした農村青年・峰崎の証言は，「減少」に対応していると言えよう。

(4) なお,「叙上の如き環境下（読者層の構成，戦後の社会情勢，本件訳書の販売方法及び広告方法の不当等）に販売せられたる本訳書は，……理性による性の制御を否定又は動揺するに至らしめるところのものとなり，ここに刑法第175条に該当する所謂猥褻文書と認められるに至るのである」として，特定の販売方法によって本件訳書がはじめて猥褻文書になったかのような構成を原判決がとった点について，控訴審判決は，「もとより，読者層の構成，戦後の社会情勢

---

13) 「昇華説」については，大野正男『裁判における判断と思想——判決分岐点の追究』（日本評論社，1969年）81頁，83頁注3)。
14) 峰崎東三郎は農村で自作農を営む青年であるが，かなりの読書経験を有し，地域で同人誌も発行する人物であると同時に享楽的生活にも理解のある証人であった（伊藤・前掲注2) 313〜316頁)。彼の証言の概要は，第1審判決によれば，大要,「私は本訳書を読んで人間は自然でなければいけないという純粋な人間から生れて来た思想を感じた。私は前に三笠版のものを読んだが，三笠版になくて本訳書にあるところの性描写は非常に露骨ではあるが官能に直かに訴えることはなく，極めて知的に，科学的に，心理的に書いてあつて不真面目なものを感じさせない」（第1審 2539頁）というものであった。

等の環境は,『猥褻文書』を判定すべき基準たる一般社会人の良識又は社会通念を定めるにあたつては参酌さるべきものであるけれども,被告人小山久二郎の本件訳書の販売方法及び広告方法の不適当であつたことは,『猥褻文書』を判定するにあたつて考慮さるべき環境には該当しない」としてその誤りを指摘した (控訴審 2452〜2453 頁)。

したがってまた,文書の猥褻性は「当該文書自体の記載を前記基準に照らして決すべきもの」である以上,また,「飜訳行為と出版販売行為との両者が協力してそれぞれ分担するところを完了しなければ当該飜訳書の出版販売は実現し得ないのであるし,飜訳者は特別の事情の存しない限り,自己の飜訳がそのまま出版販売されることを知悉しているもの」である以上,翻訳者・伊藤被告も,小山被告と同様に,有罪と判断されることとなったのである (控訴審 2453 頁,2458〜2459 頁)。

4　小括(1)── 上告審判決と文学裁判の帰趨

長くなってしまったが,第1審・控訴審の両判決は,いずれも,象徴的に言えば,"曾根証言にいかに対峙するか"という主題の下に展開された文学裁判の記録として読むことが可能であろう。

近代的なるものの基底的概念である「理性」をそこかしこに引用する第1審判決は,人間の官能を刺激し,その生体反応を挑発する猥褻表現物を「理性」の大敵とみなして,それが帰結し得る事態を「民族の滅亡」「人類の滅亡」といった禍々しい予言的表現で強調する。しかし,他方で,法廷にもたらされたロレンス論,文学論,そして読解の反転作用を身をもって証す曾根証言の前に,「条件」や「環境」次第では本件訳書が読者に適切に提供されれば,「理性によりその性的興奮を制御し得ないような結果を招来せしめない場合もあり得る」として,文書に猥褻性を与えるのは専らその出版や広告の方法であるとの結論に達したのである。

対して,控訴審判決は,第1審の文学的考察を継承しつつも,芸術性と猥褻性の切断を試みようとした。そして,曾根証言のごとき特殊な読解が刑法解釈に影響しないように,個々人の意識と切り離された集団意識としての「一般社

会人の良識又は社会通念」を前面に出したが，それでもやはり曾根証言の前に，「文学書の芸術性」や「哲学又は思想の説得力」が「性的刺戟を減少又は昇華せしめて，猥褻性を解消せしめ」る場合があることを認めざるを得なかったのである。しかも，控訴審判決は，「近代文明社会」「近代社会」にあっては，性に対する盲目的・無批判的態度が漸次，開明的・批判的なそれに変化して「性の解放」に至るという，ある意味で「理性」による近代的読解の発展法則を下敷きにしながら，それを述べていたのである。

このように両判決とも，ロレンスおよびロレンスの文学をめぐる証言等に真摯に耳を貸すことを通じて，曾根証言をそれぞれのやり方で受容したと言えよう。

では，最高裁はどうであったか。上告審判決（最大判昭和32〔1957〕・3・13刑集11巻3号997頁。以下，本判例集からの引用を本文注では〔上告審○○頁〕と表記する）は，「本書が全体として芸術的，思想的作品であり，その故に英文学界において相当の高い評価を受けていることは上述のごとくである」（上告審1008頁）と述べて，第1審判決および原判決の認定を否定しない。その上で，最高裁はかの有名な判示を行った。

「しかし芸術性と猥褻性とは別異の次元に属する概念であり，両立し得ないものではない。猥褻なものは真の芸術といえないというならば，また真の芸術は猥褻であり得ないというならば，それは概念の問題に帰着する。」（上告審1008頁）（傍点筆者）

このような前提の上に，上告審判決は，「芸術的面においてすぐれた作品であつても，これと次元を異にする道徳的，法的面において猥褻性をもっているものと評価されることは不可能ではない」のであって，「作品の芸術性のみを強調して，これに関する道徳的，法的の観点からの批判を拒否するような芸術至上主義に賛成することができない」から，「高度の芸術性といえども作品の猥褻性を解消するものとは限ら」ず，「芸術といえども，公衆に猥褻なものを提供する何等の特権をもつものではない」と述べている（上告審1008頁）。要するに，芸術も「道徳・法」連合の前にはその特権性を主張できないと言うの

である。曾根証言のプレゼンスも「芸術至上主義」として一掃され，次のごとき解釈態度が表明される。

「猥褻性の存否は純客観的に，つまり作品自体からして判断されなければならず，作者の主観的意図によつて影響さるべきものではない。」（上告審1009頁）

ここに言う「作品自体」とは文学的産物としての"作品"ではない。上告審判決は，「さて本件訳書を検討するに，その中の検察官が指摘する12箇所に及ぶ性的場面の描写は，そこに春本類とちがつた芸術的特色が認められないではないが，それにしても相当大胆，微細，かつ写実的であ」り，社会通念上許容された限界を超えているので，「猥褻文書」に該当すると判断している。つまり，上告審判決の言う「作品」とは，"作品"ではなく，「12箇所に及ぶ性的場面の描写」であり，要するに"テクスト"を指している。思えば，刑法175条にも「猥褻ノ文書」とあり，テクストそのものを指示する構成要件が立てられているのは誠に含蓄が深かったと言うべきか。

結局，上告審判決では，曾根証言も，作者ロレンスも，そして"作品"そのものも放逐され，テクストだけが残されたのである。

5　小括(2)——裁判の文学性

チャタレイ事件とその裁判は，極めつけの"文学裁判"であったと本節の初めの方で述べたが，以上の各審級の概観を経て，ここでは次の二点を付け加えておきたい。

(1)　まず，第1に，諸判決の対照が，そのまま文学理論の発展過程を投影している点である。

第1審判決と控訴審判決は，それらが依拠せざるを得なかった，当時を代表する文学者・作家・心理学者たちの諸証言および彼らの筆になる文献から組み立てられたもので，ロレンス論と『チャタレイ夫人の恋人』の文学的評価を十

二分に反映したものであった。そこで展開された文学的考察は、文学理論の範疇で言えば、「作家論」・「作品論」に属する。ロレンスがどのような人物であり、どのような遍歴を持つのか、ロレンスの性の哲学・思想がどのようなもので、それが『チャタレイ夫人の恋人』を含む諸実作にどのように反映されているのか、ロレンスおよび『チャタレイ……』の文学上の位置づけはいかなるものだったのか等々をめぐる諸考察を、ある部分は拒絶し、他の部分は受容するという形で咀嚼し判決の論理を組み立てている。

　他方で、上告審は、芸術性と猥褻性が次元を異にし、そうであるが故に両立し得るという前提に立つことにより、「作家論」も「作品論」も放逐してしまった。既に指摘したように、残ったのはテクストだけである。これは文学理論における「テクスト論」に相同するものである。白樺派的感性に依拠した充足せる自我とエゴイズムに始まり則天去私へと至る漱石的自我の振幅を背景に、「近代的自我とは何か」という問題設定の下に歩み出した近代日本文学であったが、その問いの渦中で、近代的自我を人格主義＝ヒューマニズムと結びつけた白樺派的感性が、やがて作家という特殊な人格の探究としての「作家論」を文学理論の主流に押し上げていく。「作家論」は、1970年代に「作品論」に変化し、80年代には「テクスト論」に取って代わられる。その後、構造主義の台頭、ポスト構造主義の登場に言語論的転回と、文学理論も盛衰が激しいが、少なくとも、チャタレイ事件の諸判決は「作家論」「作品論」から「テクスト論」へという文学理論の変遷と対照することを可能にする構成を持っていた（先取りしていた？）と言えよう。

---

15) 作家論、作品論、テクスト論という文学理論の変遷につき、石原千秋『読者はどこにいるのか――書物の中の私たち』（河出書房新社、2009年）19～38頁を参照。なお、石原の作家論・作品論の登場過程は、大学のあり方、とりわけ文学部のあり方の変化が転轍となっており、興味深い。

16) もっとも、テクスト論を「作者の死」と結びつけたロラン・バルトによると、「読者の誕生は『作者の死』によってあがなわれなければならない」（ロラン・バルト〔花輪光訳〕『物語の構造分析』〔みすず書房、1979年〕89頁）。また、作者の死は同時に「批評家」の存在もゆさぶることになる（同87頁）。バルトに倣えば、作者と批評家の死の後に、テクストとともに読者が誕生しなければならないはずである。最高裁の「テクスト論」にいちゃもんをつけるとしたら、原判決も大切にしていた曾根証言を放逐することによって、「読者」それ自体を判例理論から追放してしまった点に対してであろう。「読者」の問題を再度主題化するのは、『悪徳の栄え』事件最高裁判決における色川幸太郎反対意見であるが、本稿ではこれ以上言及する余裕がない。

(2) 第2に，最高裁判決の筆致の文学性（？）についてである。その全部を掲記することはしないが，例えば，後に散々批判の的となる次の言説を見てほしい。

「かりに一歩譲つて相当多数の国民層の倫理的感覚が麻痺しており，真に猥褻なものを猥褻と認めないとしても，裁判所は良識をそなえた健全な人間の観念である社会通念の規範に従つて，社会を道徳的頽廃から守らなければならない。けだし法と裁判とは社会的現実を必ずしも常に肯定するものではなく，病弊堕落に対して批判的態度を以て臨み，臨床医的役割を演じなければならぬのである。」（上告審1007頁）

かかる"上から目線"をなぜこのような筆致で描く必要があったのか。筆者はかねがねその点に疑問を持ってきた。「倫理的感覚が麻痺」，「道徳的退廃」，「病弊堕落」，「臨床医的役割を演じなければならない」といった，それこそ"文学的"表現を用いて，なぜ「社会通念」を「規範」と措き，かつ裁判官によるその「臨床医的役割」を強調したのか。以上の疑問に対する回答の一半はⅡで提示するが，いずれにしても，ここには法の文学に対するある種の特殊感情が図らずも吐露されているように筆者には感じられる。科学の知に対置される「臨床の知」[17]の領域を法が，文学や芸術を押しのけて，独占しようとする意志ないし焦りが垣間見られる[18]。

この点，作家の大岡昇平は，文学に造詣の深い弁護士・大野正男（後に最高裁判事）との対談において次のような興味深い指摘をしている。少々長いが引用しておきたい。

---

17) 中村雄二郎『臨床の知とは何か』（岩波書店，1992年）。
18) 大野正男が作家・大岡昇平と行った対談『フィクションとしての裁判』が公刊されているが，同書の副題は「臨床法学講義」であった（大野＝大岡・前掲注7）。大野は，法社会学者・石村善助の著作から借用したこの「臨床法学」の語を用いて，裁判の現場で生起する人間劇に臨み，また，裁判というフィクションに必然的に伴う「空白部分」を埋める，新たな法学の在り方を提起している。それを受けて，大岡は，「伺っていると，フィクションというものが裁判の中心にもあるのであれば，われわれは同じ領域で人間というものにかかわっているわけで，裁判というものが，こんなにわれわれと同じ場所で悩んでるのかと驚きました」と応じており，まさに「臨床」という視点において，裁判と文学の「同業同文」的関係を指摘している（大野＝大岡・前掲注7）226頁，242～248頁）。

「裁判所が猥褻問題でも文士の表現を評価してくれて目の敵にするのは，両方とも知識人であるということではないですか。両方とも言説を行う職業であるから，同業嫌悪みたいなものがあって，それで文学作品ばかり狙われるんじゃないか，というひがみをもっているんですね。このごろ文学論でレトリックということがよく言われるんですが，レトリックのもとは弁論ですからね。ロラン・バルトの『旧修辞学便覧』という本が最近翻訳されたんですが，その最初のほうに，「修辞学は所有権の訴訟から生まれた」とある。紀元前485年ごろシチリア島のシラクサで起こったんですね。土地の所有権をめぐって土地から多数の陪審員が出る。それを論破するための「雄弁」がレトリックで，本国のアテナイへ逆輸入されたということです。植民地の現地の陪審員，つまり普通人を説得するための技術だったわけです。フランスにも法衣貴族があり，詩人や劇作家と，王様の寵を争った。だから同業者間の争いではないかということです。」[19)]

　法と文学は普通人を説得する技術として寵愛を争った同業者であり，法学と文芸批評もテクストを解釈するという営みにおいて同業者であった。最高裁は，猥褻表現裁判というトポスを舞台に，文学者と文学作品（「作家論」と「作品論」）を"異次元"に退けることを通じて，テクストの作者とその人格を主題化する傾向を排除し，テクストそれ自体の解釈という地平に勝負の土俵を引き戻した。しかし，他方で，上告審判決が文学的とも言い得るレトリックを駆使して，独自の人間観・世界観を開陳したのは，文学芸術の挑戦に対抗しようとする，大岡の指摘するところの背景に根差す，特殊感情のなさしめるところであったのかもしれない。それほどにチャタレイ裁判は"文学裁判"であったわけである。が，最高裁のあの筆致は，それとは異なる次元における，ある対峙がもたらしたものであり，その対峙は憲法学にとってはより深刻なものであった。それを次に概観しよう。

---

19)　大野＝大岡・前掲注7）84頁。引用文中のバルトの見解は，ロラン・バルト（沢崎浩平訳）『旧修辞学便覧』（みすず書房，2005年）8頁，15～16頁。なお，19世紀末のドイツにおける文芸と法学（国法学）の関係について述べるものとして，ミヒャエル・シュトルアイス（和仁陽訳）「反体制文芸とリベラル国法学」海老原明夫編『法の近代とポストモダン』（東京大学出版会，1993年）所収がある。

II ふたつの近代批判

1 法廷に立つロレンス？——福田恆存

(1) チャタレイ事件において対峙していたものは何か。言うまでもなく、それは『チャタレイ夫人の恋人』という作品と刑法175条であるが、前者の背後に立っているのは、出版者・小山と翻訳者・伊藤を介した、D.H.ロレンス自身とその思想であったことは言うまでもない。注目すべきは、被告の特別弁護人として中島健蔵と福田恆存という著名評論家が就いた点である。ここで、ロレンス研究を自己の評論活動の出発点に置いた福田にスポットライトを当てるのは不当ではなかろう。

福田恆存は、はなから被告人を憲法21条の名のもとに弁護する気はなかった。彼はいわゆる文化人批判の一環として「みんな深刻な顔をして大きな問題にとりくんでゐるあひだに、小さな問題は、とりかへしのつかぬままに、……つぎつぎと消え去つていきます」と述べた後に、本件弁護を回顧して次のように言う。

「当時、私にとつては、ロレンスの『チャタレイ夫人の恋人』が問題でした。あれは猥褻文書ではない。したがつて罰せられてはならない、それだけです。だが、多くのひとにとつて、あの本そのものはどうでもいい、問題は「言論の自由」が危殆に瀕してゐるといふことでした。これはをかしい、と私はおもつた。「言論の自由」の主張は『チャタレイ夫人の恋人』のためにあらねばならないので、『チャタレイ夫人の恋人』が「言論の自由」のために利用さるべき性質のものではありません。」[20]

評論「一匹と九十九匹と」（昭和22〔1947〕年）において文学と政治の截然た

---

20) 福田恆存『日本を思ふ』（文藝春秋, 1995年) 195頁。

る区別を唱えた福田は、第１審において担当検察官の文学読解能力が高校３年生にも劣ると喝破して、曾根証言一個（1匹？）のために弁護を展開せんとするかのような気迫であった。「みづからがその１匹であり、みづからのうちにその１匹を所有するもののみが、文学者の名にあたひする」と同評論で宣言した福田は、その５年後に、曾根証人を、そしてロレンスを弁護するために法廷に立ったのである。彼が、弁護したものは、上記の意味での文学の使命そのものであったが、同時に、それは、ロレンスの思想に触発された彼自身の近代批判の擁護でもあった。

(2) 福田が第１審法廷で行ったロレンスの作品と思想の弁護は、大要、以下のようなものであった。

まず、福田は、猥褻なるものが成立するには性を秘密のうちに隠蔽していることが必要である、と説く。ロレンスの言葉によれば「穢らしき小さな秘密」を現代人がそれぞれに内在させていることを前提にしなければ、猥褻なるものは成立せず、ロレンスこそはかかる穢れた秘密が自己のうちに宿っていることに人一倍苦悩した、とされる。ロレンスは性の解放・放縦化を唱導したかのような誤解がはびこっているが、まったくそうではなく、むしろ潔癖すぎるほどに「結婚の神聖」「結婚の永遠性」を希求したのであって、性の科学（マリー・ストープス）に対しては性を小手先で「消毒」しようとするものにすぎず、躍動的な性をも封殺してしまうと批判したのである、と福田は弁護する。性の秘密を表面的に消毒し、懊悩を隠蔽し、平静を偽装する現代人の欺瞞をロレンスは告発しているのであり、性の神聖を自己の全人生を賭して追究したのであって、そのような視点からすれば、彼の文学が猥褻なのではなく、「現代文明が、或は現代文明のもとにおけるわれわれの生き方が『猥褻』である」、と福田は断じたのであった。

---

21) 福田恆存「一匹と九十九匹と」千葉俊二＝坪内祐三編『日本近代文学評論選［昭和篇］』（岩波書店、2004年）363頁。
22) 伊藤・前掲注5) 166～167頁。
23) スコットランドの植物学者にして女性運動家であり、強力な産児制限論者。
24) 伊藤・前掲注5) 167～169頁。
25) 伊藤・前掲注5) 176頁、187頁。

では、なぜかかる自己欺瞞が蔓延するのだろうか。この点についてのロレンスの思想を福田は彼の『黙示録論』(*Apocalypse*（1930）)に求める。福田によれば、こうである。キリストは完全無欠な愛の宗教を説いたが、それは精神の貴族主義者には可能であるけれども、誰にでも実行可能なわけではない。人間の意志とは、自己の欲望を抑え、克己を果たすものであるが、それは自己を抑えつけるだけでは済まない。他者ひいては物質まで抑えつけ支配しようとする。この意志の克己性と覇権性の二分論は、『黙示録論』の中でロレンスが定式化した2つの自我、つまり神に従属することにより真の自律性を獲得しようとする「個人的自我」と、支配し支配されることを求める「集団的自我」、に相応する。一個人に両者が内在しかつ葛藤しているにもかかわらず、キリストの完全なる愛は、前者によって後者を否定することを求めた。キリストは「余り偉すぎたがゆえに、俗人に不可能な教を説いたから悪かったのだ」。すなわち、「12使徒たちはクリストを崇拝したかった。そして自分たちの首領と見なしたかった。が、クリストは神の前にすべては平等であり、愛に区別のないことを説き、彼らの支配者になることを拒絶した。ところが、人間のうちには尊敬する人物に従いたい、支配されたいという気もちがあり、その気もちが愛と平和の名のもとに拒絶されると、当然謀反する」。ユダが接吻という愛のしるしをもってキリストを裏切ったのはそれを象徴している。かかる呪詛に溢れた預言こそが、黙示文学の、そして旧約聖書『黙示録』の本質であり、ロレンス『黙示録論』の概略である。

以上を、福田は、法廷において、次のような実に平易な表現で要約する。

「ロレンスのいいたかったことは明らかであります。それは『無理をするな』ということであり『嘘をつくな』ということであり、『民衆に無理を強い、嘘で彼らを押さえつけておくと、やがては恐ろしい復讐がくるぞ』ということにほかなりません。」[28]

---

26) D.H.ロレンス（福田恆存訳）『黙示録論』（ちくま書房、2004年）。福田による初訳は1951年に白水社から公刊されているが、その時の邦題は『現代人は愛しうるか』であった。一見陳腐な邦題ではあるが、本書の内容と福田の問題意識からすれば、発問形式をとったことも含めて、含蓄があったように思われる。
27) 以下、伊藤・前掲注5) 174〜177頁、179〜180頁、186〜187頁。

「恐ろしい復讐」とは何か。それはロレンスが暴こうとした人間の自己欺瞞とその横溢という事態にとどまらない。それは愛と信仰を強要することによって，愛と信仰が偽装されるだけでなく，ついにその実体そのものが消失してしまうということである。つまり，「意志が押さえつけるべき対象たる実体を失ってそれ自身で空廻りすること」であって，かかる実体を失った空虚な意志が自己充足の粉飾をひけらかすことこそ，「ロレンスに言わせれば『猥褻』なので」あると福田は言う。『チャタレイ夫人の恋人』の冒頭にロレンスが「現代は本質的に悲劇的な時代である」と書いたのはかかる空疎な自己充足の悲劇を描こうとしたことを意味するに他ならない。そして，個人的自我の空疎化が失ったものを回復するには，原始生命と融合し創造の神秘に参加するしかない。本件作品において，ロレンスが，「現代の機械文明とその母胎をなすキリスト教的精神主義」を象徴するクリフォードを否定し，躍動的な性の交歓を通じて原始生命に参加し得たコンスタンスと森番メラーズを肯定した意味もそこにある，と福田は最終弁論を閉じるのであった。[29]

(3) 以上のロレンス弁護は，ロレンス『黙示録論』によって開眼した福田年来の近代批判と深く結びついている……と言うよりも，それそのものとさえ言えるだろう。[30] 絶対者たる神への従属をもって自律性を獲得する個人的自我に向って，愛を強要し，集団的自我を遠ざけたキリストの過誤と同様の過誤が近代にも見出せるというのが福田の思想である。すなわち，「ぼくたちは……直接たがひにたがひを愛しえない。なぜなら愛はそのまへに自律性を前提とする。が，断片に自律性はない。ぼくたちは愛するためになんらかの方法によって自律性を獲得せねばならぬ。近代は個人それ自體のうちにそれを求め，そして失敗した」（傍点筆者）。[31]

---

28) 伊藤・前掲注5) 176頁。
29) 以上，伊藤・前掲注5) 176〜177頁，186〜190頁。
30) ロレンスの近代批判の概略は次の諸業績に譲りたい。岡本英敏『福田恆存』（慶應義塾大学出版会，2014年）15〜87頁，浜崎洋介『福田恆存 思想の〈かたち〉』（新曜社，2011年）第1章・第2章，中村保男『絶對の探求――福田恆存の軌跡』（麗澤大学出版会，2003年）第1章。
31) 福田恆存「ロレンスⅠ」『福田恆存評論集・第15巻 西歐作家論』（麗澤大学出版会，2010年）54〜55頁。加えて福田は言う。「断片が自律性を強要し，その不完全性をあくまで統一體として強辯するのだ。結果の不幸は火を見るよりもあきらかである」と（同55頁）。

福田の近代批判は，おそらく『近代の超克』を意識して書かれたと思われる評論「近代の宿命」(1947年11月) に集約されている。

　この「近代の宿命」における彼の近代批判はこうである。近代は中世を暗黒の時代と見てむしろ古代と結ぼうとしたが，実は近代と中世は断絶していない。では，中世とはいなかる問いと格闘したのか。完全無欠の愛を説いたイエスであったが，彼の中に既に政治があった。イエスの意図した政治学とは「他を支配したり他から支配されたりする政治ではなく，自己を完全に支配する政治である」。しかし，「神と二人きりでゐる彼にはもはや政治すら不要であつた」のであり，世俗の人々はこれを理解できず，それがユダを通した謀反を招いた。したがって中世の神学は別の政治学を必要とした。「ここにスコラ哲学は，他を支配したり他から支配されたりする自己と神にのみ従属する自己とを峻別したイエスの政治学とはべつに，この両者のあひだに一致と融合とを招来せしめる政治学を意図し，そのためにギリシアの合理主義を援用することになつた」。中世は「イエスの無責任の尻ぬぐひに終始した」のである[32]。

　スコラ哲学を集大成したトマス・アクィナスの問題設定は「ことのほか近代的意味をもつもの」であり，本質的に言って，「現代ヨーロッパの課題はトミズムの自然法が提出したものから一歩も出てゐはしない」。結局のところ，近代は，個人的自我と集団的自我の神の下での合一という，トマス主義が設定した枠組とその企みを継承しており，エラスムスもルターもその手のひらの上に乗っているに過ぎない，と福田は見る[33]。すなわち，「近代とは分離した二つの自己を分離したなりに合理化しようとこころみる時代」(傍点筆者) であり，18世紀の啓蒙主義・合理主義の時代を通じて，否19世紀といえども「神はその後もながく生きつづけた」のであって，「現代もまた依然としてイエスの尻ぬぐひに終始してゐる」(傍点筆者) と福田は説く[34]。

　(4) それでは福田自身は，近代が宿命として負った中世以来の問題設定にどのように応ずるのだろうか。福田の理路と展望は次のようなものであった。支

---

32) 以上，福田・前掲注20) 130～131頁。
33) 福田・前掲注20) 125～126頁, 131～135頁。
34) 引用順に，福田・前掲注20) 134頁, 124頁, 135頁。

配し支配されることを求める，個人と個人の間に生ずる対立矛盾は社会契約論によって解消される。各個人がその全自然権を一人の代表者あるいは社会に委ね，それらの「意思」を各人の「意思」とする，この社会契約の構成において，個人の純粋性は，例えば，信仰の自由の保障や契約の任意性の徹底などを通じて留保される。理性の万能性を信じ，集団的自我および社会そのものを合理化できると考えたルソーであったが，彼において，また社会契約論者において，個人の純粋性の問題は解消され得るのだろうか。集団的自我と個人的自我の間に「それぞれの個性に応じた均衡を企てるもの」としての「精神の政治学」は不要になるのか。そうではない。ルソーも「社会を合理性において見たのではなく，不合理と観じたがゆゑに，その合理化に乗り出したのだ」。だとすれば，「精神の政治学はむしろかれにとつて生涯の課題であつた」[35]。

こうして，福田は真正な意味における「精神の政治学」を何が担うべきかについて議論を進める。福田は，社会を合理性によって組織運営する物質の政治学を担うのは，社会契約における受託者つまり「政治」であり，他方，精神の政治学を担うのは「文学」である，とする。文学の使命とは，「個人の領域に対する社会の蚕食に対抗し，あくまで個人の純粋性を維持しようとつとめる」ことである[36]。福田は言う。

「18世紀の合理主義が社会秩序の合理性を信じ，さらにその合理化，組織化の可能性を信じたとき，その過程のうちに支配＝被支配の自己が解消されていつたのであるが，はては個人の純粋性そのものすら理性のまへに雲散霧消するのを見て狼狽した…（略）…。自然は合理的であり，社会は理性的である。が，個人は —— 個人の精神もまた，合理化の対象でありうるか。…（略）…。ヨーロッパの近代文学の成立した場も，じつはここにあつたのである。」[37]

---

35) 以上，福田・前掲注20) 145～149頁。福田は，「ぼくは，かれが『懺悔録』を書いたといふことに，すなはち社会合理化の意図に破れ，つひに個人の側にたてこもつて，文学に救ひを求めたといふ事実に，ひとびとの注意を喚起したいのである」と言う（同158頁）。
36) 福田・前掲注20) 152～159頁。
37) 福田・前掲注20) 155頁。

個人の特殊性ではなく，その純粋性を社会による浸食から救い出すことが文学の使命であり，精神の政治学の役割である。「個人と社会との対立を個人の側から解かうとして，しかも神を信じないとき，文学のほかにいかなる方法が見いだせようか」。こうして，福田は，99匹を政治に委ねつつ，1匹を(曾根証人の純粋性を)救い出すために，ロレンスとその著作つまりは文学を弁護した。そして，既に見たように，第1審判決は，近代を象徴する概念である「理性」の立場から文学と対峙し，「理性による性衝動の制御を否定又は動揺せしめ」る猥褻文書を憲法の保護対象から放逐したのである。

2　カトリシズム──田中耕太郎

(1)　それでは，福田＝ロレンスに最高裁はどのように対峙したのだろうか。最高裁判決と第1審判決を対照させた場合，テクスト上の違いとしてまず目を引くのは次の部分である。

「およそ人間が人種，風土，歴史，文明の程度の差にかかわらず羞恥感情を有することは，人間を動物と区別するところの本質的特徴の一つである。」(上告審1004頁)(傍点筆者)

これに対応する部分を第1審判決から拾うとすれば，次の箇所であろう。

「性本能に対する理性による抑制作用は人間の人間たる所以の大本であり，これにより倫理が起り，文化も栄えるのである。性慾という最も強い慾望に於いて克己の実を挙げてこそ人間として万物に誇り得るのであつて，自然のままの慾望に引きづられるのでは何等動物と選ぶところはないのである。この理性による性慾の抑制を否定又は動揺せしめるような結果を招来するものは人類の幸福を阻害するものであるから断乎としてこれを社会より排除しなければならぬ。」(第1審2526頁)(傍点筆者)

---

38)　福田・前掲注20) 158頁。

両テクストの対照から明らかなのは，人間と動物を区別する「本質的特徴」ないし「人間たる所以の大本」を共通の主題にしつつも，（Ⅰ2(1)で既に若干触れたところであるが）第1審判決はそれを「理性」に求めているのに対して，上告審判決は「理性」を「羞恥感情」に置き換えている点である。上告審判決は，上に引用した箇所に直ちに続けて，「羞恥感情」につき，「羞恥は同情および畏敬とともに人間の具備する最も本源的な感情である。人間は自分と同等なものに対し同情の感情を，人間より崇高なものに対し畏敬の感情をもつごとく，自分の中にある低級なものに対し羞恥の感情をもつ。これらの感情は普遍的な道徳の基礎を形成するものである」（上告審1004頁）と概説している。「羞恥感情」は，人類同胞に対する同情の念や，「人間より崇高なもの」（傍点筆者）に対する畏敬の念と同様に，「普遍的な道徳の基礎」のひとつを成すとされた。ここに潜んでいるのは，明らかにある種の宗教観念であり，もっと言えば，創世記における人間堕落の根本的瞬間にアダムとイブの間に生じた「羞恥感情」を想起させるものである。つまり，猥褻規制の基底的な理由が，「理性」を防衛する必要から，「原罪」の贖いに移ったと見ることができる。

　以上のような上告審判決の基本姿勢の背景に控えているのは，当時の最高裁長官，田中耕太郎の思想・哲学，なかんずく彼のカトリシズムとそれに基づく自然法論である。チャタレイ事件上告審判決が，田中耕太郎長官の筆によるものであることは衆目の一致するところであるが，彼の，ついに流行ることのなかった，自然法論が本判決にどのように結びつくのかを，深く掘り下げる十分な余裕と能力は本稿にはない。ここではいくつかの観測を以下に列記するにとどめる。

　(2)　周知の通り，田中は，新憲法の基礎には自然法が据えられていると見た。[39] 神権的支配を目論む旧体制に対し，カトリック教徒として取った批判的スタンス故に誹謗中傷を受けた田中にとって，新憲法の制定という大転換は自己の信[40]

---

39)　田中耕太郎『法律哲学論集／第4巻平和の法哲学』（有斐閣，1954年）52頁，同『田中耕太郎著作集6法哲学・自然法』（春秋社，1966年）182頁。
40)　田中耕太郎『増補　法と宗教と社会生活』（春秋社，1957年）4頁の改訂再販序によると神社問題で極右の攻撃に20年間さらされた，とある。

仰に客観的・制度的な可視化を施すための好機と映ったはずである。が，それだけではない。次のような事情も背景にはあったと思われる。チャタレイ事件の第1審判決が昭和26年（1951年）で，上告審判決は昭和32年（1957年）である。新憲法が施行されて5から10年であるから，まだまだその運用は安定しておらず，依然として模索が続いていた時代と言ってよかろう。この時期，憲法21条上の権利どころか違憲審査権それ自体どのように使いこなしていいのかまだまだ未知数であり，実際，チャタレイ事件の主任弁護人・正木ひろしが選択したメインの憲法的争点は，憲法13条の「公共の福祉」論であった。正木は，GHQ草案段階では「一切ノ日本人ハ其ノ人類タルコトニ依リ（by virtue of humanity）個人トシテ尊敬セラルヘシ」とあったことを根拠に，「公共の福祉」概念の基礎にはヒューマニティが据えられるべきであって，同概念は人類そのものの幸福と繁栄の水準で解釈すべきであると主張した。人類の向上進歩と「人類の多年にわたる自由獲得の努力の成果」（憲法97条）こそが人権保障の内容である以上，性道徳についてもかかる人類の試行錯誤と進歩を阻害してはならないと述べて，正木はロレンス作品の擁護を図ったのである。[41]

憲法13条の「公共の福祉」という"秩序"が自由主義の徒によって揺るがされようとしている，しかも，普遍的法原理による世界法の樹立を目論んだ田中自身にも親和的な「人類」という視点を潜脱して……。加えて，ロレンス＝福田連合は，キリストの完全無欠な愛を欺瞞だとして呪詛を吐き，トマスの思考枠組を利用しながら，カトリック的秩序に挑戦を企てようとしている……。本件で展開されたかかる諸言説を受けて，田中は一層，自己のカトリシズムに由来する道徳原理と法秩序を鮮明にしておく必要に迫られていたと見てよいだろう。しかも，司法の頂点に君臨する最高裁長官として，それを明らかにできるのである。チャタレイ事件は田中にとってまさに千載一遇のチャンスであった。

---

41) 正木の各審級における弁論と上告趣意は，家永三郎＝佐伯千仭＝中野好夫＝森永英三郎編『正木ひろし著作集I』（三省堂，1983年）326頁以下に収められている。加えて，駒村圭吾「ロレンスからサドへ――あるいは，文学裁判から憲法裁判へ」阪本昌成先生古稀記念『自由の法理』（成文堂，2015年）771〜785頁。

(3) 若き日に内村鑑三の薫陶を受け，無教会派キリスト教から出発した田中であったが，後に妻・峰子の影響と岩下壯一神父の手ほどきでカトリックに改宗する。田中自身のうちに内蔵されていた，體験の共同性，祈りの客観性，可視的な協同體，真理の可視化を標榜する意志が，彼をしてカトリシズムへの改宗に至らしめたと言える[42]。それは同時に，田中をして「長い間苦しんだ私が，此處三四年來の信仰の轉換と共に漸く法及び法學に積極的の意味が認め得られ」[43]たと言わしめ，法学者という職業と彼自身の信仰との間に強固な内的連関を打ち立てることを可能にしたのである。それはまた，教会，国家，法という現実界の秩序構造を考察することが信仰の実践となるのだ，との確信を田中にもたらした。

自己の内面観察を深めれば，それが普遍的人間性の自覚に通ずることを信じた田中[44]の方法論は，「一個の具体的生活者として自己の内面に世界全体を映し出す」[45]というものであった。したがって，田中の自然法論も「市井の平凡人」の生活や常識と一致することを理想としたが，他方で，田中は「人間の二元性」，つまり当為と存在，物質性と宗教性，現実と理想の「決して會ふことなき並行線」を半ば悲観論者として冷静に捉えていた。が，それでも，かかる二元的平行線は「信仰に因りて漸次接近し來る」[46]と信じていたのである。社会生活の分裂や無秩序もこの人間の二元性の反映に他ならない。したがって，田中は，「問題は制度の改革に非ず又人類の外部的行為の抑制に非ずして，人間の内心に於ける罪悪の撲滅に帰着」（傍点筆者）し，「個人の霊的救済が社会全体の救済の第一歩でなければならぬ」[47]（傍点筆者）とするのである。しかし，事はそう簡単には行かない。やはり，「法なければ人間は更に禽獣の方向に堕落して行くであろう」と田中は観測する。そこで，彼は，主義主張や利害の妥協を担当する「政治」と異なる役割を「法」に与える。田中は，社会生活と規範・

---

42) このあたりの分析は，半澤孝麿「思想形成期の田中耕太郎――地上における神の国の探求」日本政治学会編『日本における西欧政治思想』（年報政治学〔1975年度〕）（岩波書店，1976年）を参照されたい。
43) 田中耕太郎『法と宗教と社會生活』（改造社，1927年）2頁。
44) 田中・前掲注43) 325頁。
45) 半澤・前掲注42) 224頁。
46) 田中・前掲注43) 39頁。
47) 田中・前掲注43) 64頁。

理想の関係について，例えば，「規範は外部より加はる力でなければならぬ」と語り，また，「社會理想は外部より社會に示されなければならぬのであり，社會はその方向に進化して行く」べきものであって，かかる外部は「上より來るべきもの」とするのである。ここに田中の「法」のイメージが開陳されていると見てもいいだろう。

このような田中の思想・信仰とそれに基づく自然法論を通して，チャタレイ事件上告審判決を眺めてみると，再掲になるが，やはり次に挙げる部分が注目に値する。

「かりに一歩譲つて相当多数の国民層の倫理的感覚が麻痺しており，真に猥褻なものを猥褻と認めないとしても，裁判所は良識をそなえた健全な人間の観念である社会通念の規範に従つて，社会を道徳的頽廃から守らなければならない。けだし法と裁判とは社会的現実を必ずしも常に肯定するものではなく，病弊堕落に対して批判的態度を以て臨み，臨床医的役割を演じなければならぬのである。」（上告審1007頁）

田中の言う「内心に於ける罪悪の撲滅」や「個人の霊的救済」の衝迫は，上記判決文の中の「倫理的感覚が麻痺」，「道徳的頽廃」，「病弊堕落」という言い方に現れていると解される。そして，「社会的現実」と対峙する「法と裁判」は，田中の思想にある「外部から加はる力」＝「上より來るべきもの」として，本判示により"規範"とその担い手という位相を与えられたのである。つまり，一方で，「市井の平凡人」の生活と良識に対し期待を寄せる田中は，「社会通念」の語によって，それを判決理論中に招き入れざるを得なかったが，他方で，それを「社会通念の規範」（傍点筆者）との表現を用いて，規範の位相に据え直し，「市井の平凡人」の生活常識に対して放たれる"外部入力"へと変換した。外部入力を行うのは裁判官である。道徳的頽廃の「臨床医」を演じる裁判官の"上から目線"はこのような田中の思想・信仰の当然の帰結であった。

---

48) 田中・前掲注43) 59〜61頁。

3 福田と田中

(1) 実は,福田恆存と田中耕太郎は対質をしたことがある。

文芸誌『心』(昭和32〔1957〕年9月号)に田中は,「『法は最小限度の道徳』ということについて」という小論を寄稿した。これは,チャタレイ事件上告審判決の,これもまた論争的な判示部分,つまり「法は単に社会秩序の維持に関し重要な意義をもつ道徳すなわち『最少限度の道徳』だけを自己の中に取り入れ,それが実現を企図するのである」とのくだりに対して寄せられた,主として「文壇人や評論家」からの批判に応答するための文章であった。判決が下されて数か月後に,最高裁長官の任にありながら,判決批判に対する反論に筆を執ったのである。同稿において田中は,調整問題を解決するための「社会的技術」を一方の極に置く"法の領域"と,内心における価値判断を核心とする"道徳ないし宗教の領域"を分けつつ,両者の重なる場面,つまり内心が外部に現れる場面で,法が価値判断をせざるを得ない"重合領域"のあることを指摘し,そこでは,「市井の平凡人……(略)……でも守っていける程度の道徳」つまり「最小限度の道徳」が法の世界に「帰化」するのだ,と応答した。[49]

これに対して,福田は翌月号で「法は道徳に非ず」と題する批判論稿を書いた。福田は,まず,法は最小限度の道徳であるばかりでなく,最小限度の「論理」を備えていなくてはならない,と切り出す。そして,法とは,最小限度の政治でもあり,経済でもあり,芸術でもあって,要するに,最小限度の何々をすべて包摂したもので,純粋な法というものはあり得ない。いずれにしても,田中においても最小限度の「論理」という命題だけは否定できないはずであり,そうだとするとチャタレイ判決は「論理的弱點」がある,と福田は言う。すわなち,「最小限の……」という修辞法を施すことがまさに,法が道徳そのものではないことを裏書きしている,と。また,福田は,田中論稿では,最小限度の道徳につき,「市井の平凡人……(略)……でも守っていける程度の道徳」とされているが,その程度のものは「常識」ないし「約束」であって道徳とい

---

49) 田中耕太郎「『法は最小限度の道徳』ということについて」『象牙の塔から』(春秋社,1962年)所収,特に14頁。

う表現を与えるのは不適切である，と批判する。福田は言う。「實は『最少限度』といふ言葉と『道徳』といふ言葉との結びつきが，妙なのである。両者は本質的には，つながらぬものなのだ。なぜなら，道徳は，本來絶對的な美德とかゝはるものだからだ。それは質の世界であつて，量や限度の世界ではない」と。そして，彼は，「田中氏は『チャタレー夫人の戀人』を法の外に追放し，道徳の手に引渡すべきだった」と結論するのである。

　これに対し，田中は，同誌翌月号に「福田恆存氏に答える——法と道徳について」を公表して反論を試みている。まず，田中は，福田の批判が凡百の批判と異なり，「福田氏のような，まともの批判にでっくわすと，それに対してきわめて自然に答えたいという気になるのであ」り，「自分にとっても積極的な意義がある」と評価する。その上で，田中は，自身が道徳につき「実念論的立場すなわち善悪・正不正は国家や個人以上のものとして客観的に存在し，国家も個人も認めなければならないという考え」に立つことを明らかにし，自身の「自然法」の立場では，「国家は制定法によって客観的道徳を承認し，これを強行する役割を演ずる」として，祈りや信仰の客観化，真理の可視化を通じて，「神の国」が客観的秩序として現れ出でるという，田中年来の思想をここでも表明する。さらに，田中は，「私の理論的立場とカトリックの世界観との結びつきを否定することはできない」と告白し，これと先の実念論的道徳観がおそらくは結びついて，福田が最小限の道徳は道徳の名に値せず「約束」というレベルのものだと言い放ったのに対し，ある意味開き直って，「神や人に対する愛はクリスト教においてはすべての道徳の本源とされている。したがって，殺人や盗人の禁止も具体的な道徳であることは十戒をもち出すまでもない。それを習俗(コンヴェンション)を思わしめるような『約束』という言葉でもって表現することは適当でな」いと，違和感を繰り返し表明している。あたかも「道徳」に込められたある種の聖性を福田によって侵されたかのような苛立ちを見せる田中であったが，しかし，道徳の絶対性故にそれを文学に委ねよと迫る福田もまた，それ

---

50)　以上，福田恒存「法は道徳に非ず」『心』（昭和32〔1957〕年10月号）11～16頁。
51)　田中耕太郎「福田恆存氏に答える——法と道徳について」『象牙の塔から』（春秋社，1962年）所収，特に28～29頁。
52)　田中・前掲注51) 37～38頁。

に込める強力な意味付けにおいて田中に優るとも劣らない。

(2) 以上の対質をどのように受け止めるべきか。論点は多岐にわたり，しかも根深いので，そう簡単に整理はできない。ここでは次のことを指摘しておくにとどめたい。

田中耕太郎は，宗教秩序をあずかる（カソリック）教会と，世俗秩序をあずかる国家が，それぞれのミッションにつき完結した秩序体として，来るべき「神の国」を客観化・可視化する役割を並行的に果たすという世界像を描いている[53]。田中の世界では，法と裁判は，神の愛に根拠を置く"最小限度の道徳"に由来する客観的秩序を形成・維持する役目を担う。チャタレイ事件上告審判決では，その理が，「社会通念」を発見・維持することを通じて，道徳的退廃から社会を救出する裁判官の「臨床医的役割」に反映された。最高裁は，"権利の秩序"を超えて，その背後にある"意味の秩序"の直接的な形成者として，しかも，「病弊」を治し「健全」を回復するという臨床医のレトリックを用いて，意味の病を治癒し，性を管理する規律訓練型の生権力（bio power）としてふるまうべきことを明らかにした。しかも，猥褻該当性を，「事実認定」の問題ではなく，「法解釈すなわち法的価値判断」とおき，社会通念の探索を裁判官自身の規範形成的な任務に据えたのである。立法者ではなく，裁判官が意味秩序の形成者として立ち上がるということは，かなり重大な事態である。法≒道徳，裁判官≒聖職者（意味の病の臨床医）という図式が胚胎していると言えよう。

対して，福田恆存は，個人的自我と集団的自我の均衡を図るための「精神の政治学」を文学に委ねることを求めていた。福田が依拠するロレンスが，純粋に結婚の聖性と永遠性を希求する一方で，性交と不倫を徹底して露骨に描き，福田はそこに原始生命との融和の瞬間を見出した。猥褻表現を堕落としか見ない田中に対して，ロレンス・福田連合は，露骨な性描写の中にあたかもパルマコン（pharmakon）の両義性（「毒」と「薬」の双方を同時に意味する）を見出すかのような脱構築の読解を試みている。少々荒っぽい整理を示すならば，個人を

---

53) 田中・前掲注 43) 180〜197 頁，266〜270 頁。

基底とする近代的なるもの（あるいは近代立憲主義なるもの）をめぐり，田中はプレモダン的に，福田はポストモダン的に批判を加えていると言えなくもない。

けれども，両者の間に，非敵対的なある種の同志愛が漂っているのも事実である。田中は福田の批判を「まともな」それとして好意的に捉えている。福田は，田中批判の末尾を「法の権威よりも，神の名にかけて，田中氏があの判決を撤回する奇蹟は起こらぬものであらうか」と結び，それに対して田中は「これを文学的表現として受け取る」と応じている。エールの交歓と言ってはいいすぎかもしれないが，両者には通ずるものがありそうである。そもそも，福田はプロテスタンティズムよりもカトリシズムを買っているようなところがあるし，教養ある母親と無骨な父親の間に生まれ，ピューリタン的な道徳を身に着けていたロレンスも時折カトリシズムに対する共感を隠さない。

おそらく，田中も福田もその依拠する問題設定に共通のものがあると思われる。田中は，既に見たように，当為と存在，物質性と宗教性，現実と理想に引き裂かれた「人間の二元性」を「決して會ふことなき並行線」と捉えながらも，カトリシズムによってそれを乗り越え，「神の国」の建設に合一することを究極的な到達点と置いて，それへと向かう客観的秩序としての国家・法・裁判に，猥褻表現をはじめとする文学を服せしめようと考えている。福田もまた，二元性あるいは二律背反の宿命を人間に看て取りつつ，「ぼくにとって，真理は究極において一元に帰一することがない。あらゆる事象の本質に，矛盾対立して永遠に並行のまゝに存在する二元を見る」とし，「ひとは二律背反をふくむ彼自身の人格の統一を信じてゐないのだろうか。もし信じているゐるならば，なにをこのうへ知性による矛盾の解決を求むることがあらうか」と述べるのである。かかる二律背反に苦悩する人々を救うのは福田にとって法や国家ではなく，文学である。

要するに，田中も福田も，その帰結と方向性は相違するものの，（福田が整理するところの）トマス主義の課題設定を共有していると言えるだろう。そして，

---

54) 福田・前掲注50) 16頁，田中・前掲注51) 43頁。
55) 大平章＝小田島恒志＝加藤英治＝橋本清一＝武藤浩史編『ロレンス文学鑑賞事典』（彩流社，2002年) 242頁〔武藤浩史執筆〕。
56) 福田・前掲注21) 350頁。
57) 福田によれば，「トマスは自然法の樹立によつて，自然のみならず，自然物のひとつである人

それはおそらく,「近代の宿命」として,近代立憲主義それ自体もまた共有しているはずのものかもしれない。

Ⅲ　表現の自由——結びにかえて

(1)　以上,縷々述べてきたように,チャタレイ事件は,ロレンスの作品を挟んで,田中耕太郎と福田恆存が——その共闘可能性も潜在させつつ——対峙するという思想的構図を背景に持つ。チャタレイ事件は間違いなく憲法21条の表現の自由の問題ではあったが,刑法175条の解釈がほとんどを占め,憲法21条そのものへの言及に乏しいのは,違憲審査権にまだ慣れ親しんでいない時期の判決であったこと,憲法上の争点が主任弁護人・正木ひろしのヒューマニティ論を主軸とした「公共の福祉」観をめぐるものを中心としたこと,等の要因が考えられる。が,思想的問題水準から見れば,近代立憲主義の象徴のひとつである表現の自由が,田中と福田＝ロレンスによるふたつの近代批判の対峙図式に挟撃されて,そのプレゼンスを示し得なかった点が大きかったと見るべきであろう。

しかし,判決は,文学テクストでも思想テクストでもあり得るが,それは第一義的には法テクストであり,したがってまた法テクストとして読まれなければならない。稿を閉じるに当たり,法テクストとりわけ憲法のテクストとして上告審判決をどう読解すべきかについて若干の言及を行いたい。

チャタレイ判決以降の判例の流れは,周知の通り,「芸術性によってわいせつ性が緩和・解消されうることを事実上認める傾向にある」[58]。昭和44 (1969) 年の『悪徳の栄え』事件判決では,「芸術性・思想性が,文書の内容である性[59]

間の社会をも貫く合理性を予測し,神の摂理を分有することが許された人間は,神の意図する調和の世界を現出すべく一切の人間的ないとなみを秩序づけてゆくものと考へ」た,とその自然法論を整理する。そして,かかる自然法の企てを「人間と自然との対立を解決しようとしたばかりでなく,個人のうちにある肉体と神の摂理の分有者である精神との対立に,さらに法則と自由との対立,社会と個人との対立,地上国家と教会の対立に対してあらかじめ備へようとこころみ」るものであるとする。福田・前掲注20) 125～126頁。

58)　憲法判例研究会編『判例プラクティス・憲法〔増補版〕』(信山社,2014年) 136頁〔曽我部真裕執筆〕。

59)　最大判昭和44 (1969)・10・15刑集23巻10号1239頁。

的描写による性的刺戟を減少・緩和させて，刑法が処罰の対象とする程度以下に猥褻性を解消させる場合がある」と判示し，また，「猥褻性の有無は，文書全体との関連において判断されなければならない」と述べるに至っている。続く，昭和55（1980）年『四畳半襖の下張』事件判決[60]も，同様の方向を採用し，それらを判断する尺度として「その時代の健全な社会通念」（傍点筆者）を用いるとし，道徳秩序の相対性を承認している。このような方向は，「伝統的なわいせつの定義を外見上維持しつつ，総合判断の中で」「軌道修正」を行う，裁判官のある種の巧緻のなせるわざとも言えよう。[61]

しかし，言及されることが少なくなったとは言え，チャタレイ事件大法廷判決が変更されず，先例として君臨している以上，上述のような「軌道修正」は，本来，チャタレイ判決と整合的に説明できなければならない。もっと言えば，チャタレイ判決のテクストの中に，軌道修正の契機を読み取らなければならない。

(2)　ひとつの可能性は，「徒らに性欲を興奮又は刺戟せしめ…」（傍点筆者）という猥褻の概念定義に付された強調句にある。「徒らに」の意味については，既に本件控訴審判決が，「この『徒らに』とは，『過度に』という意味である」（控訴審2447頁）という解釈を提示しており，ある種の過剰表現に限定しようとしていたところである。これに関して注目すべきなのは，控訴審判決が，この「徒らに」＝「過度に」という強調句の実質的含意について，第1審判決が猥褻性概念を画定するために示した「理性による制御を否定又は動揺するに至るもの」という条件を指して，当該第1審判決が「〔従来の〕最高裁判所の判決の定義中の『徒らに』の部分を具体的に説明したものと解せられ」る（控訴審同頁），と述べている点である。この「理性による制御」の否定・動揺をもたらす文書という条件は，第1審判決が，問題の文書が理性的な読解を可能ならしめる環境下で提供される場合には猥褻文書とは認定できないと判示した，その基礎を成す発想である。だとすれば，「徒らに」＝「過度に」＝「理性による制御を否定又は動揺するに至るもの」という連関をチャタレイ最高裁判決のテ

---

60) 最二小判昭和55（1980）・11・28刑集34巻6号433頁。
61) 宍戸常寿『憲法 解釈論の応用と展開〔第2版〕』（日本評論社，2014年）91頁より抜粋。

クストを手がかりにして解釈的に掘り起こすことができれば，それは，第1審判決が採用している，ビンディング（K.Binding）が唱えた意味での「相対的猥褻概念」[62]の導入に途を開き得るかもしれない。[63]

また，「徒らに」＝「過度に」の解釈によっては，ここに全体的考察による性描写の過剰性の希釈化や，芸術性や思想性による性描写の過激性の緩和などの可能性を読み込むことができよう。こうして，後継の最高裁判決の「軌道修正」を先例たるチャタレイ判決のテクストに着床させる道筋が見えてくる。

(3) もうひとつの可能性は，「性行為の非公然性の原則」である。これについては，性行為そのものと性描写ないし性表現を混同しているのではないかとの観点から批判が加えられてきた。[64]その点を，当のチャタレイ最高裁判決に付された真野毅裁判官の意見がやや皮肉を込めて指摘している。真野意見は，「性行為の非公然性の原則に反するとは，性行為を公然と実行するということに帰着する」と断言し，その上で，「本訳書はもとより生き物ではないから，公然であろうと秘密であろうと，訳書そのものが性行為を実行することはありえないことである」と揶揄した。さらに，「本訳書の性的場面の描写は，性行為を公然と実行している場面をえがいたものではない」から「この意味においてはどこにも，性行為の非公然性の原則に反するかどはないはずである」と畳み掛ける（上告審1017頁）。

---

62) ビンディングの相対的猥褻概念については，団藤重光『刑法綱要各論〔第3版〕』（創文社，1990年）325～326頁，中山研一『わいせつ罪の可罰性——刑法175条をめぐる問題』（成文堂，1994年）73～74頁。なお，第1審判決に陪席し，おそらくその理論的支柱を支えたと目される津田裁判官は，後に明確に相対的猥褻概念を指示する立場を採っている。津田正良「猥褻文書の近代的考察」法曹時報11巻5号（1959年）1頁。なお，駒村・前掲注41）789～792頁も参照されたい。津田裁判官の理論も含めて，その後の猥褻概念の変遷については挙げて今後の課題としたい。

63) 「徒らに」という語に，それだけの解釈的余地を認めるのは困難であるという声が聞こえてきそうであるが，しかし，この語には単なる強調句を超えた位置づけがなされている。実際，『悪徳の栄え』最高裁判決の調査官解説〔坂本武志執筆〕は，「『いたずらに』ということばをいかしていきたいと思うのである」との意を表明し，「先人は，いたずらに『いたずら』ということばを使用したわけではないであろうから」と述べている（最判解刑事篇昭和44年度515頁）。執筆者は個人的意見と断っているものの，調査官解説なので，単なるシャレではないだろう。

64) 憲法判例研究会編・前掲注58）136頁〔曽我部〕，参照。筆者もかつてこのような観点からの疑問を呈したことがある。駒村圭吾『ジャーナリズムの法理——表現の自由の公共的使用』（嵯峨野書院，2001年）274頁。

ところが，この真野意見，必ずしも評判がよろしくない。チャタレイ事件上告審判決が下された直後，宮沢俊義は，ジュリスト誌の「時の問題」において判決コメント，正確に言うなら，判決を批判する文学者・評論家の言説に対する反論コメントを掲載している。コメントの中で宮沢は，文学者たちには評判のいい真野意見に触れ，「ワイセツの『文書』を問題にしている以上，多数意見が性行為の『文書』による表現ないし描写を問題にしていることは明瞭で，訳本の性行為実行能力などをここにもち出すべき理由は，少しもない」と批判し，「言葉の揚足とりにしても，あまりに下らない」と切って捨てている。⁶⁵⁾

このような錯綜した状況をどのように受け止めるべきか。確かに，性行為そのものと，その描写ないし表現は異なるものである。しかし，性行為非公然性原則にとっては，性行為を"公然化"させない点に重点が置かれているのであって，行為そのものを公道上で行うことと，それを映像・写真・録音・文書で公然化させることとは，利用される媒体の違いに過ぎない（公道上での性行為の実行が，路上を"舞台"とした表現行為だとして）。実際，Ⅰ3(1)で見たように，本件控訴審判決は，性行為非公然性原則につき，「近代文明社会においては，性行為が男女両性の間に無秩序に行わるべからざること，性的行為を公然行うべからざること，性的行為についてこれを公然行つた同一の効果を生ずる虞ある程度に描写又は記述した文書図画を公表すべからざること等をその内容と為すものである」（控訴審2443頁）と述べて，本原則の公然性の広がりについて一歩踏み込んだ解釈を示している。

最高裁の性行為非公然性原則については，その"行為"の要素と同様に，あるいはそれよりもむしろ，"公然性"の要素に注目する必要があるだろう。前者については，行為と表現の峻別という方向での憲法21条解釈を，アメリカの判例や学説を参酌しつつ，果たしてかかる二分論が成立するのか，二分論の背後にある実質的論拠は何か，等その可能性を模索することが，引き続き，試みられてもよいだろう。他方，公然性ないし公然化の再解釈は，憲法学の領域で十分に行われてきたとは思われない。⁶⁶⁾それは，実践的な次元では，販売方法

---

65) 宮沢俊義「チャタレイ裁判について」ジュリスト129号（1957年）22頁。
66) この点，刑法学は自覚的である。内田文昭＝長井圓は，「従来，判例も学説も『猥褻』概念の限定化と明確化にのみ傾注してきたが，むしろ『公然』概念こそ限定的に再構成されるべきであ

やゾーニングあるいは対象読者層の選定等の論点の考察を要求するだろう。また，理論的な次元では，近代市民社会がいかなる公私区分を想定するかという問いにつながってゆくだろう。公然性の概念は，空間的概念である。近代が想定する市民社会において，果たして"意味の秩序"を法が整序すべきか，するとしたらいかなる秩序なのか，といった考察を背後課題として，それを具体化する空間構想をにらみながら，上述の実践的施策の可能性を検証することになろう。

そのような観点から判例を眺めてみると，既にいくつかの萌芽が散見できる。例えば，ポルノカラー写真事件判決[67]に付された補足意見において団藤重光裁判官は，性風俗の維持についてそれを「社会環境」の問題であるとおき，その上で，性表現規制を美観風致になぞらえて，「物理的・視覚的な美観にかぎらず，風俗的にいかがわしい商品等が世上に氾濫することのないようにして，いわば精神的社会環境ともいうべきものを保護することが許されないはずはないであろう」と述べている。この団藤補足意見は，本論点が空間論的性格を有するものであることを示唆するものと言えよう。また，夙によく知られているように，メイプルソープ事件判決の多数意見は，「本件写真集は，写真芸術ないし現代芸術に高い関心を有する者による購読，鑑賞を想定して……」と述べて，表現の受領者である「対象読者層」を問題にしている。

それぞれの当否は措くとしても，これらの言説を判例法理としてみた場合，「公然性」概念の再構成によって，それらがチャタレイ判決のテクストそのものと解釈的に整合するのかしないのか，を改めて問う必要があろう。

(4)　諸判決のテクストに現れた各種の言説は，判例の蓄積の上に浮かび上がるひとつの法理として整合的に解釈される必要がある。それが判決というテクストとその解釈の宿命であろう。引用されることが少なくなったチャタレイ判決（とりわけ性行為非公然性原則）であるが，暗渠の中に横たわる解釈の網の目

　　る」と述べている（内田文昭＝長井圓「性表現と刑法」石原一彦＝佐々木史朗＝西原春夫＝松尾浩也編『現代刑罰法大系4』〔日本評論社，1982年〕272頁）。
67)　最一小判昭和58（1983）・10・27刑集37巻8号1294頁および最一小判昭和58（1983）・10・27判時1097号136頁。

をもう一度掘り起こし，果たして，脈流がきちんと接続しているのか，それとも切断されているのかを常に確かめなければならない。それが法テクストとしての判決を作り込み，解釈する場合に，作成者と解釈者に課されるミッションである。

とは言え，暗渠を暗渠にしたまま，チャタレイ判決以後の「軌道修正」は行われている。それをどう評価するかは別として，それがこの問題領域における表現の自由の成長戦略であった。大岡昇平との対談の中で，大野正男は，「文学裁判が『裁判』であった」のは『悪徳の栄え』事件までであったと述べている。[68] その時代の錚々たる文学者・評論家が，法廷に証人として立ち，また，弁護人を務めるという文壇総力戦のごとき文学裁判は確かにその後あまり見かけない。だが，それは，文学の衰退でも文学者の敗北でも何でもない。暗渠で近代と通ずる表現の自由の戦略であり，また，それを支えた裁判官たちの巧緻≒狡知のなせるわざだと見るべきであろう。法廷から文学を追い出したのは，表現の自由それ自体であったのである。

---

68) 大野＝大岡・前掲注7) 10頁。

憲法判例のなかの家族
――尊属殺重罰規定違憲判決と婚外子法定相続分規定違憲決定

渡 辺 康 行

はじめに

(1) 1980年代後半ごろから，「近代家族」とは何か，「近代家族」と日本において第二次大戦前まで妥当していた「家」制度とはいかなる関係にあるかについて，法史学，社会学，フェミニズム論などの諸学問分野において，多くの研究が行われてきた。それらによって，「近代家族」では家父長制原理が働いていたこと，「家」制度は西欧市民社会の「近代家父長制」と前近代的な「封建遺制」との複合形態だと位置づけられ得ることなどは，一般的な理解となった。[1]

(2) この視点から，憲法学上の議論を振り返る。日本国憲法24条は，「婚姻」が「両性の合意のみに基いて成立」すること，「夫婦が同等の権利を有すること」（1項），婚姻および家族に関する事項にかかわる法律は，「個人の尊厳と両性の本質的平等に立脚して」（2項）定められるべきこと，を規定する。この規定は，「家」制度を廃止し，新しい家族制度を構築することを要請するものだった。他方で，日本国憲法制定に当たって総司令部案が作成される過程における「シロタ草案」に含まれ，また制定議会において社会党議員および保守

---

1) 概観として，三成美保「国家・市民社会・家族――『近代家族』の再定位」田中真砂子ほか編『国民国家と家族・個人』（早稲田大学出版部，2005年）57頁以下。フェミニズムによって国家と家族という公私の二元論が批判されたが，このことと憲法学が従来論じてきた公私二元論との関係については，渡辺康行「憲法の役割についての考え方――公私区分論の現在」横田耕一＝高見勝利編『ブリッジブック憲法』（信山社，2002年）18頁以下を参照。

派議員によっても提案された家族保護規定は、結局採用されなかった[2]。これらのことから、日本国憲法に関する初期の代表的註釈書はこう説明する。憲法24条は「家族生活における個人の尊厳と両性の平等を要求し、封建的家族制度における家のため、男子のための拘束から、個人特に婦人を解放することを目的とする。この点で、第13条の個人尊重及び第14条の法の下の平等の立法を通じての私人間の身分関係、家族生活関係における発現にほかならない」。「この意味で、次条以下が積極的な生存権的人権の確認であるのと対立する[3]」。

（3）その後の憲法解釈学において、1960～70年代には、社会権を重視した当時の憲法学の風潮を背景として、憲法24条を社会権と位置づける見解が現れた[4]。しかし学説の多数は、憲法24条を憲法14条の特別法的位置にあるものと見てきた[5]。さらに、同条を13条と14条の特別法的に捉える見解も唱えられている[6]。これら条文の相互関係の理解の仕方については、改めて後で扱う（Ⅲ1、Ⅲ4(5)、Ⅲ6）。またこれらとは異なり、「人的結合の自由」や「共同生活に関する権利」という類型を立て、結社の自由の特別規定として24条を位置づける見解も登場している[7]。

（4）憲法24条2項は、「個人の尊厳と両性の本質的平等」という憲法制定当時としては先進的な規範を掲げたが、実際の家族生活は「近代家族」の段階にあるという、「大きな隔たり」が生じた[8]。その後、「近代家族」の家父長制的性

---

2) 憲法24条の成立過程や、民法上の「家」制度廃止の方針決定の過程に関する詳細な研究として、和田幹彦『家制度の廃止』（信山社、2010年）。憲法学の文献としては、辻村みよ子『女性と人権』（日本評論社、1997年）210頁以下、君塚正臣「日本国憲法24条解釈の検証——或いは『「家族」の憲法学的研究』の一部として」関西大学法学論集52巻1号（2002年）3頁以下、を挙げておく。

3) 法学協会編『註解日本国憲法　上』（有斐閣、1953年）471頁。

4) 鵜飼信成『新版　憲法』（弘文堂、1968年）130頁以下、有倉遼吉編『基本法コンメンタール新版　憲法』（日本評論社、1977年）110頁〔影山日出弥執筆〕など。

5) 伊藤正己『憲法〔第3版〕』（弘文堂、1995年）253頁、佐藤幸治『日本国憲法論』（成文堂、2011年）207頁、野中俊彦ほか『憲法Ⅰ〔第5版〕』（有斐閣、2012年）302頁〔野中〕など。

6) 辻村みよ子『憲法〔第5版〕』（日本評論社、2016年）170頁など。これは、注10)の本文で紹介する24条に関する位置づけと対応する見解である。

7) 初宿正典『憲法2　基本権〔第3版〕』（成文堂、2010年）311頁以下、渋谷秀樹『憲法〔第2版〕』（有斐閣、2013年）461頁以下。学説の整理として、君塚・前掲注2)16頁以下が、若干古くなってはいるものの、詳細で参考となる。

8) 若尾典子「『女性の人権』への基礎視角——川島武宜氏と渡辺洋三氏の家族論をめぐって」名古屋大学法政論集109号（1986年）269頁。

格を指摘する前述したような学問動向を憲法理論・思想の次元において早期に採り入れ，影響力をもったのは樋口陽一の所論である。24条は，「旧日本に特有の『家』制度を否定し，西洋近代型の家族を，憲法上の公序として強制する，という意味を持った」だけではない。13条以外の個別の条文では，「24条でだけ，あらためて『個人の尊厳』をうたっている。そこには，近代憲法のいわば総論的『個人』主義にとって，家族が，その原理が貫徹しない飛び地だったことへの，批判的見地をよみとることが，可能ではないか」。「家族にかかわる領域で『個人』を本気でつらぬこうとする見地からすれば，憲法24条は，ワイマール憲法の家族保護条項とは反対に，家族解体の論理をも……含意したものとして，読むことができる」，というのである。議論を呼んだのは，樋口が「家族解体の論理」と表現したことである。例えば辻村みよ子は，むしろ24条を「個人尊重主義を徹底することによってそれ〔近代家族：引用者〕をも超越する『超（脱）近代的』で多様な現代型家族……を許容しうる時代先取り的性格をもっていた」，と積極的に位置づけた。

(5) 日本国憲法13条，14条，24条が「個人の尊厳と両性の本質的平等」を規定したことに伴い，戦後すぐに下位法も再編された。例えば，刑法では妻とその相手の姦通だけを犯罪としていた規定の削除（昭和22年法124号）などが，民法では親族編・相続編の全面改正（昭和22年法222号）などが行われた。しかし，刑法や民法の規定のなかにも，日本国憲法との適合性が疑われる規定が残った。そのため，それらの合憲性を争う訴訟が繰り返し起こされてきた。それらに関する憲法判例において，裁判所・裁判官はいかなる家族観をもって憲法判断を行ってきたのか。本稿は，このことを尊属殺重罰規定の合憲性（Ⅰ）と，婚外子法定相続分規定の合憲性（Ⅱ）に関する訴訟を素材として分析した

---

9) 樋口陽一『憲法と国家――同時代を問う』（岩波新書，1999年）107〜111頁。同様の趣旨は，既に，同『憲法』（創文社，1992年）258〜260頁などで示されていた。樋口の所論は，個人・国家・中間団体の関係の捉え方という問題関心から行われたものである。この視角を踏まえて政治思想史的に家族論を研究した，渡辺康行「家族と憲法――政治思想史的アプローチの試み」樋口陽一編『講座 憲法学4 権利の保障【2】』（日本評論社，1994年）163頁以下も参照。同論文の時期遅れの姉妹編として，本稿は書かれている。

10) 辻村・前掲注2) 215頁。なお，「個人の尊厳」は，「個人の尊重」（憲法13条）や「人間の尊厳」（ドイツ基本法1条）と同義かについては，議論がある。同書では，「憲法24条の『個人の尊厳』とは『個人の，人間としての尊厳』の趣旨」（214頁），と解されている。

い。その後で，両事件を比較しながら若干の考察を試みる（Ⅲ）。それを通じて，判決のなかにおける近代的なるものの受容と拒絶を読み解く，という本書の企画趣旨に応じたい。もちろん，憲法裁判は家族観だけで決着がつくわけではない。上記の2つの問題は，そもそも24条ではなく14条に関する事案として判断され，平等判例における代表的な判決となっている。そのため，それらの判例に現れた平等審査の手法についても付随的に考察したい[11]。また近年の憲法学は，24条2項を立法者に制度構築を委ねる趣旨だと解した上で，その裁量を審査する手法を探ってきた。この関心から，最後に，最高裁が24条について立ち入った解釈論を初めて示した夫婦同氏規定合憲判決のもつ意義についても，簡単に言及したい。

Ⅰ 尊属殺重罰規定と「尊属に対する尊重報恩」

1 昭和25年尊属傷害致死罪合憲判決

(1) 刑法200条（平成7年法91による削除前）は，「自己又ハ配偶者ノ直系尊属ヲ殺シタル者ハ死刑又ハ無期懲役ニ処ス」，と規定していた。この規定は，「殺害の対象が尊属という特定の身分関係に立つ者である場合について，刑を加重したもの」であり，同法199条の普通殺人に対する「特別規定」である。尊属に対する罪を「加重的構成要件」としたものとしては，他に尊属傷害致死罪（205条2項），尊属遺棄罪（218条2項），尊属逮捕監禁罪（220条2項）があった[12]。

(2) これらの規定の憲法14条1項適合性が初めて最高裁で判断されたのは，尊属傷害致死罪についてであった。被告人（22歳）が実父（53歳）と雑談中，

---

11) 尊属殺重罰規定訴訟と婚外子法定相続分規定訴訟には，大法廷による合憲判決の約20年前後の後に違憲判決が出された，といった共通点もある。なお本稿と近似する問題関心から書かれた研究として，岡本修文「『家族』像についての憲法学的一考察——非嫡出子相続分差別規定判決と尊属殺等重罰規定判決を一素材として」愛知論叢60号（1996年）1頁以下がある。
12) 刑法学上の一般的な説明として，大塚仁ほか編『大コンメンタール刑法 第8巻』（青林書院，1991年）86頁〔金築誠志執筆〕。

弟用のオーバー生地を無断で持ち出したのではないかと決めつけられた上，付近にあった鋳物鍋や鉄瓶を矢継ぎ早に投げつけられたので，かっとなってそれらを次々と投げ返したところ，実父の頭部に当たり頭蓋骨折等の傷害を与え，死亡するに至らしめた。検察官はこれを尊属傷害致死罪で起訴したが，一審は刑法205条2項を違憲と判断した。当該規定は，「子に対して家長乃至保護者又は権力者視された親への反逆として主殺しと並び称せられた親殺し重罰の観念に由来するものを所謂じゅん風美俗の名の下に温存せしめ来つたものであつて」，「法律上の平等を主張する右憲法の大精神に抵触する」，という理由である。そこで刑法205条1項の傷害致死罪を適用するとし，被告人は平素温順勤勉であるのに対し，被害者は短気一徹で粗暴の習癖があり家族の忍従により離散を免れていた状態だったといった事情を勘案して，懲役3年執行猶予3年に処した。[13] 14条1項適合性審査としては，後の判例のように，別異取扱いの合理性ではなく，人を区別すること自体を違憲と判断したごとくである。

　(3)　この判決に対して，検察は跳躍上告した。最高裁は13対2で当該条項を合憲とし，原判決を破棄して事件を地裁に差し戻した。その平等解釈は，こうである。①憲法14条は「人格の価値がすべての人間について平等であり，従つて人種，宗教，男女の性，職業，社会的身分等の差異にもとづいて，あるいは特権を有し，あるいは特別に不利益な待遇を与えられてはならぬという大原則を示したもの」である。しかし，「法が，国民の基本的平等の原則の範囲内において，……各事情を考慮して，道徳，正義，合目的性等の要請より適当な具体的規定をすることを妨げるものではない」。尊属傷害致死重罰規定は，それに当たる。判決の家族観が読み取れるのは，次のくだりである。②「夫婦，親子，兄弟等の関係を支配する道徳は，人倫の大本，古今東西を問わず承認せられているところの人類普遍の道徳原理，すなわち学説上所謂自然法に属するもの」である。③当該規定の「主眼とするところは被害者たる尊属親を保護する点には存せずして，むしろ加害者たる卑属の背倫理性がとくに考慮に入れられ，尊属親は反射的に一層強度の保護を受けることあるもの」，と解された。[14]

　この判決が判旨①で，14条1項の解釈について，「大原則」審査と「具体的

---

13)　福岡地飯塚支判昭和25・1・9刑集4巻10号2070頁参照。
14)　最大判昭和25・10・11刑集4巻10号2037頁。

規定」の適切性審査を分けたことは，後年，別異取扱いの正当化審査に関して，佐藤幸治により「第1関門」「第2関門」審査と呼ばれて，継承されたものである。[15] おそらくそこには，一審の判断枠組みからの影響がある。違いは，一審が刑法205条2項の目的につき，最高裁とは異なる評価をしたことにより，人を区別すること自体を違憲としたことにあった。[16] 平等審査の手法に関しては，後述する昭和48年判決が「目的」と「手段」について判断しているのに対して，この時期の裁判所にはその発想はなかったことも確認できる。

(4) これに対して真野毅裁判官の反対意見は，「従来の孝道は，家族制度の基本であり，一種の権力支配関係である家長制の基礎であ」ったが，「新しい孝道は，人格平等の原則の上に立つ」ものでなければならないとすることから，尊属を加重的構成要件とする諸規定を「平等の大原則に反し」違憲だ，と論じたものである。穂積重遠裁判官の反対意見は，「道徳原理をどこまで法律化するのが」適当かという観点から論じ，「特別規定によって親孝行を強制せんとするがごときは，道徳に対する法律の限界を越境する法律万能思想であつて，かえつて孝行の美徳の神聖を害する」，という。多数意見の側からこれらに反撃するのが斎藤悠輔裁判官の意見である。その基本的見地は，「人倫の大本，人類普遍の道徳原理を刑法上尊重することが何故に封建的であるのか」，というものだった。[17] この時期における最高裁多数派裁判官の家族観は，「家」制度的なものから完全に脱してはいなかったことを，典型的に示す見解である。

(5) 尊属殺重罰規定については，上記の10月11日判決を援用した合憲判決が，その2週間後にあった。ただしそこでは，かっこ書で，「尤も，刑法200[18]

---

15) 例えば，佐藤・前掲注5) 208〜209頁。この学説の位置づけについて，さしあたり，渡辺康行「平等原則のドグマーティク——判例法理の分析と再構築の可能性」立教法学82号 (2011年) 46〜47頁。

16) 戸松秀典『プレップ憲法〔第4版〕』(弘文堂，2016年) 67頁。

17) 刑集4巻10号2037頁 (2041頁以下)。斎藤裁判官は，多数意見とは異なり，破棄自判すべしとするものだった。同裁判官の表現はきわめて過激だったため，裁判官訴追委員会が「最高裁の品位を傷つけるのではないか」として調査に乗り出したが，不起訴となった。野村二郎『最高裁全裁判官』(三省堂，1986年) 36〜37頁。宮沢俊義『憲法Ⅱ——基本的人権〔新版〕〔再版〕』(有斐閣，1974年) 297頁は，「裁判官が，判決書の中で，このようなパリザンボウ的表現を用いて平然としているという事実は，そこに表現された神権天皇制的憲法観とともに，特に指摘されるに値いしよう」，と述べていた。

18) 最大判昭和25・10・25刑集4巻10号2126頁。

条が，その法定刑として『死刑又は無期懲役』のみを規定していることは，厳に失するの憾みがないではないが，これとても，犯情の如何によつては，刑法の規定に従つて刑を減軽することはできる」としていたのは，後述する昭和48年判決の伏線になる。

2 昭和32年「配偶者ノ直系尊属」の「限定解釈」判決

(1) 夫が病死したあと，急に冷たくされたことを恨み，被告人は，亡夫の父親およびその家人を殺害せんと決意し，猫いらず入りの饅頭などを差し出して毒殺しようとしたが，毒物混入の事実を発見され未遂に終わった。これにより起訴された事案の一審は，尊属殺未遂とした上，心神耗弱を認め，酌量減軽を加えて，懲役3年6月に処した。[19] 二審もこれを維持した。[20] しかし最高裁は，刑法200条の「配偶者ノ直系尊属」とは「現に存する配偶者の直系尊属を指す」のであり，本件は刑法199条を適用すべき場合に当たると解して，原判決を破棄し事件を差し戻した。7対4の判決である。その理由は，「現行民法728条2項は，夫婦の一方が死亡した場合，その血族と姻族関係を存続させるかどうかを生存配偶者の意思にかからしめた」が，「このような生存配偶者の意思によっていずれとも定まる関係にある場合において，道義的感情の問題は別として，妻と亡夫の直系尊属との関係に本来の親子関係と同様な重罰規定を適用すべき合理的根拠はな」い，ということだった。[21]

(2) 尊属傷害致死罪合憲判決から約6年半後の判決だったが，当時の裁判官のうち6人はこの32年判決にも関与していた。25年判決では（実体法上の論点に関して）多数意見に与した斎藤裁判官は，ここでは反対意見を書いた。「わが民族の社会観念においては，直系姻族親就中本件のような夫の父母若しくは外祖父母のごときは直系血族親と同視され，それが従来の慣習であり，あたりまえの人情であつた」，という観点からのものである。これに対して25年判決では反対意見だった真野裁判官は，ここでは多数意見となる。反対意見に対して，

---

19) 高松地判昭和26・11・28刑集11巻2号846頁参照。
20) 高松高判昭和27・12・23刑集11巻2号847頁参照。
21) 最大判昭和32・2・20刑集11巻2号824頁。

「従来の『家』制度的良風美俗の見地をぬけきらず，いたずらに封建思想的な上下の系列である縦の関係として卑属の直系姻族たる尊属に対する道徳を観念論的に漫然と強調する」ものだ，と痛烈な批判を返した。宮沢俊義は，この判決を「さきの判決の少数意見（真野・穂積両裁判官）の精神にしたがったもの」で，「最高裁判所の考え方がここで少し変った」，と評していた。しかし，昭和32年判決の多数意見が真野裁判官のような「近代家族」観を共有していたかは，必ずしも明らかではない。むしろ昭和25年の尊属殺重罰規定合憲判決のかっこ書も認めていた，「尊属殺の現象の実体（その原因は，殺される側にある場合が多い）をみると，死刑又は無期懲役という法定刑は重きに失する」ため，刑法200条の適用対象を限定しようとした実務的考慮からする解釈論であり，その観点で昭和48年判決の先駆となるものだった。

3　昭和48年尊属殺重罰規定違憲判決

(1)　判例変更をもたらした事案は，14歳のときに実父から破倫の行爲を受け，以後10余年間，夫婦同様の生活を強いられ，5人の子どもまでできるという悲惨な境遇にあった被告人が，実父を絞殺し，自首したというものである。一審は，「権威服従の関係と尊卑の身分的秩序を重視した親権優位の旧家族制度的思想に胚胎する差別規定」だとして刑法200条を違憲とし，199条に該当するとした。その上で過剰防衛と心神耗弱等を認めて，刑を免除する判決を行った。これに対して二審は，一転して刑法200条を適用し，過剰防衛も認めな

---

22)　刑集11巻2号824頁（829頁以下）。25年判決では多数意見だった裁判官のうち，田中耕太郎，小谷勝重両裁判官も反対意見を執筆している。これに対して島保，藤田八郎両裁判官は，いずれの判決においても多数意見に与している。
23)　宮沢・前掲注17）298頁。戸松・前掲注16）103頁なども同旨。小林直樹『憲法判断の原理　上巻』（日本評論社，1977年）253頁は，「昭和25年の判決にみられた特殊な『自然法』論はここでは著しく後退している」，という。
24)　吉川由己夫「判解」『最高裁判所判例解説刑事篇　昭和32年度』（法曹会，1968年）128頁。
25)　なおこの判決後に出された，広中俊雄『尊属の概念』（1959年），現在，同『民法論集』（東京大学出版会，1971年）233頁以下は，「尊属という概念は血族に限って用いられる概念であって，姻族についてもそのまま用いられうる概念ではない」，という。この見解によれば，「姻族たる尊属」はあり得ない，ということになる。例えば，大塚ほか編・前掲注12）98～99頁〔金築〕，石村修「尊属殺人事件」同ほか編著『時代を刻んだ憲法判例』（尚学社，2012年）127～128頁。
26)　宇都宮地判昭和44・5・29刑集27巻3号318頁参照。

かったが，心神耗弱と酌量減軽をして懲役3年6月に処した。

(2) 最高裁は14対1で従来の判例を明示的に変更して，刑法200条を違憲無効と判断した。その上で，原判決の確定した事実を前提として199条を適用し，心神耗弱と情状を酌量して，懲役2年6月執行猶予3年と自判した。多数意見による憲法14条1項適合性審査の枠組みは，およそ次のようである。

①憲法14条1項後段列挙事項は例示であること，平等の要請は合理的な根拠の有無により判断すること，という現在に至るまでの判例の立場を確認する。その上で刑法200条につき，「特に同条が配偶者の尊属に対する罪をも包含している点は，日本国憲法により廃止された『家』の制度と深い関連を有していた」こと，諸外国では尊属殺重罰規定を廃止または緩和しつつあることなどにかんがみて，「刑法200条の憲法適合性につきあらためて検討することとし」た，という。②「刑法200条の立法目的は，尊属を卑属またはその配偶者が殺害することをもつて一般に高度の社会的道義的非難に値するものとし，かかる所為を通常の殺人の場合より厳重に処罰し，もつて特に強くこれを禁圧しようとする」ものである。その上で多数意見の家族観がうかがえる判旨が続く。③「親族は，婚姻と血縁とを主たる基盤とし，互いに自然的な敬愛と親密の情によつて結ばれていると同時に，その間おのずから長幼の別や責任の分担に伴う一定の秩序が存し，通常，卑属は父母，祖父母等の直系尊属により養育されて成人するのみならず，尊属は，社会的にも卑属の所為につき法律上，道義上の責任を負うのであつて，尊属に対する尊重報恩は，社会生活上の基本的道義というべく，このような自然的情愛ないし普遍的倫理の維持は，刑法上の保護に値する」。尊属殺は，「それ自体人倫の大本に反し，かかる行為をあえてした者の背倫理性は特に重い非難に値する」ため，同条の「立法目的」には「合理的な根拠」がある，という論旨である。

---

27) 東京高判昭和45・5・12刑集27巻3号327頁参照。
28) 最大判昭和48・4・4刑集27巻3号265頁。この判決からの引用は，本文に頁数を記す。なおこの判決は，先に示した昭和32年判決を，「情状特に憫諒すべきものがあつたと推測される事案において，合憲性に触れることなく別の理由で同条の適用を排除した事例」の1つとして挙げている（267頁）。この判決について，渡辺康行「尊属殺重罰と法の下の平等――尊属殺重罰規定判決」長谷部恭男ほか編『憲法判例百選Ⅰ〔第6版〕』（有斐閣，2013年）60頁も参照。

しかし，④「刑法200条は，尊属殺の法定刑を死刑または無期懲役刑のみに限つている点において，その立法目的達成のため必要な限度を遥かに超え，普通殺に関する刑法199条の法定刑に比し著しく不合理な差別的取扱い」であり，憲法14条1項に違反する（266～271頁）。

(3) この判決では，6名の裁判官によって意見が書かれている。それらは，普通殺人と区別して尊属殺人に関する規定を設け，別異取扱いをすること自体を違憲とするものである。そしてその理由づけにおいて，それぞれの裁判官の家族観が示されている。例えば田中二郎裁判官は，尊属殺重罰規定を「旧家族制度的倫理観に立脚するものであつて，個人の尊厳と人格価値の平等を基本的な立脚点とする民主主義の理念と牴触する」ものとして違憲だ，とする。その上で，昭和25年判決の穂積反対意見と近似して，次のようにも論じられる。

「私も，直系尊属と卑属とが自然的情愛と親密の情によつて結ばれ，子が親を尊敬し尊重することが，子として当然守るべき基本的道徳であることを決して否定するものではなく，このような人情の自然に基づく心情の発露としての自然的・人間的情愛（それは，多数意見のいうような『受けた恩義』に対する『報償』といつたものではない。）が親子を結ぶ絆としていよいよ強められることを強く期待するものであるが，それは，まさしく，個人の尊厳と人格価値の平等の原理の上に立つて，個人の自覚に基づき自発的に遵守されるべき道徳であつて，決して，法律をもつて強制されたり，特に厳しい刑罰を科することによつて遵守させようとしたりすべきものではない」（279頁）。

(4) この判決で唯一の反対意見となった下田武三裁判官が多数意見と異なるところは，尊属殺に対する加重の程度が極端にすぎるか否かは「価値判断にかかるものであり」，立法府が到達した結論である「実定法規を尊重することこそ……三権分立の趣旨にそう」，と考える点にある。これに対して「立法目的」にかかわっては，多数意見と同じく，「自然的情愛ないし普遍的倫理の維持尊重の観点に立つて，尊属に対する敬愛報恩を重視すべきもの」として「立法上

の配慮を施すことは」失当ではない，というのである（299～308頁）。

(5) 以上のように，多数意見の8裁判官は刑法200条の「立法目的」を「尊属に対する尊重報恩」の維持とし，それに合理的な根拠があるとした。この事件の主任であった岡原昌男裁判官の補足意見によると，刑法200条が「往時の『家』の制度におけるがごとき尊属卑属間の権威服従関係を極めて重視する思想を背景とし」ていることは認めるが，「かかる性格は，……その法定刑が極端に重い刑のみに限られている点に露呈されている」，という（273頁）。

これに対して意見を書いた6裁判官は，200条の「立法目的」を「旧家族制的倫理観」に基くなどと見た上で，普通殺と尊属殺を区別すること自体が違憲だと判断した。「立法目的」の理解の仕方やそこに示された家族観という点では，8裁判官と反対意見を書いた下田裁判官がむしろ共通していた。そしてそれらは，昭和25年判決を基本的に引き継ぐものであるのに対して，6裁判官は25年判決の一審や真野・穂積反対意見以来の系譜に繋がるものだった。[29]

4　小　結

(1) 昭和25年判決と48年判決の間には，これまで確認してきたように，家族観という点では大きな差異はない。これに対して憲法14条1項適合性審査の手法は，かなり異なる。25年判決は，48年判決の用語でいえば，「立法目的」に「合理的な根拠」があることから，直ちに刑法205条2項の合憲性を導いた。それに依拠した同年の尊属殺重罰規定合憲判決が，かっこ書で加重の程度を立法政策の問題だとしたことは（Ⅰ1(5)参照），「手段」審査の萌芽とも見得る。[30] これに対して48年判決は，「目的」と「手段」について「二段構え」で法律の合憲性を審査し，多数意見は刑法200条の刑の加重の程度という「手段」について「著しく不合理」であるため違憲だ，と判断したのである。[31]

---

29) 小林・前掲注23) 257頁以下，石村・前掲注25) 137頁，中川淳『家族と法律――かわりゆく夫婦・親子関係をめぐって』（有信堂高文社，1991年）202～203頁など。なお，多数意見の石田和外裁判官，意見を書いた田中二郎裁判官と下村三郎裁判官は，かつて当該条項の合憲判決に加わっており，48年判決で見解を変更したものである。参照，最二小判昭和39・5・29裁判集刑事151号273頁〔LEX/DB 25349848〕，最三小判昭和42・11・21裁判集刑事165号71頁〔LEX/DB 25355744〕。

30) 田尾勇「判解」『最高裁判所判例解説刑事篇　昭和48年度』（法曹会，1975年）127頁。

(2) 尊属殺重罰規定が違憲とされた後，尊属傷害致死罪の合憲性が再び争われた。昭和49年の最高裁判決は，48年判決多数意見の「手段違憲」説を前提としつつ，尊属傷害致死罪の加重の程度は著しいものではないため，「合理的根拠に基づく差別的取扱いの域を出ない」，として合憲と判断した。またその後もその結論は維持されたが[33]，「目的違憲」説からは，当然多くの批判がなされてきた。

これらの判決の事案のなかには，生存配偶者の直系尊属に対する傷害致死の事例も含まれる[34]。しかし，48年判決も認めるように，尊属に対する罪を「加重的構成要件」とする刑法規定が「配偶者の尊属に対する罪をも包含している点は，日本国憲法により廃止された『家』の制度と深い関連を有していた」（Ⅰ3(2)①参照）。さらに，「自然的な敬愛と親密の情」（Ⅰ3(2)③）にも濃淡のあるはずであり，そうした事例にまで昭和48年判決をそのまま当てはめた判断には疑問がある[35]。この当時の最高裁多数派裁判官にも，「家」制度的な観念が残存していた，ということであろうか。

Ⅱ　婚外子法定相続分規定と「法律婚の尊重」

1　平成7年婚外子法定相続分規定合憲決定

(1) 第二次大戦後，民法の親族編・相続編は，日本国憲法の趣旨に適合するように全面改正された。しかし，憲法適合性が疑問とされる規定もいくつか残っていた。そのなかの1つが，「嫡出でない子の相続分は，嫡出である子の相

---

31) 田尾・前掲注30) 143頁。さらに，本稿Ⅲ2(1)をも参照。
32) 最一小判昭和49・9・26刑集28巻6号329頁。48年判決の多数意見に加わっていた岸盛一裁判官は49年判決でも多数意見であり，48年判決で反対意見だった下田裁判官は49年では意見を書いた。これに対して，48年判決で意見を書いていた大隅健一郎裁判官は，刑法205条2項を違憲とする反対意見を述べた。
33) 最三小判昭和50・11・28判時797号156頁（坂本吉勝裁判官の反対意見），最一小判昭和50・11・20判時797号153頁（下田裁判官の意見および団藤重光裁判官の反対意見），最二小判昭和51・2・6刑集30巻1号1頁など。
34) 前掲注33) 最三小判昭和50・11・28や，前掲注33) 最二小判昭和51・2・6の事案。
35) 野坂泰司『憲法基本判例を読み直す』（有斐閣，2011年）101〜102頁など。

続分の二分の一」と規定する民法900条4号ただし書前段（平成25年法94による改正前）だった。この規定は民法旧規定1004条を受け継いだものであるが、戦後の民法改正時にも異論があった条項である。近年の研究によれば、この規定は法律婚の尊重と婚外子の保護の調整を図ったものであり、「婚姻の尊重という立場から婚外子に相続権を否定する見解と、平等原則の下に相続権の差別を否定する見解との妥協として成立した規定だ」とされる。学説上は、当初は合憲とする見解が多かったが、1980年代後半ごろから違憲説も増してきた。

(2) 上記規定の合憲性が裁判上初めて争われた事案は、こうである。被相続人Aは一人娘のため、家の後継者としての婿養子を選ぶことを目的として試婚が繰り返された。婚姻に至らなかった相手方Bとの間に出生した子の相続人の1人であるXが、Aの遺産分割の際に嫡出子である子Yらと比して法定相続分に差別を設ける民法900条4号ただし書前段を違憲とし、均等な遺産相続を求めた。一審は、「法定相続分の割合を如何に定めるかはその国の立法政策の問題」だとして、簡単に合憲と判断した上で、それに基いた遺産分割審判を行い、二審もそれをそのまま認めた。しかしその後、別の事案に関し、東京高裁が当該規定について2つの違憲決定を行った。そのため、上記の事案に対する最高裁の判決が注目されることになった。

(3) 最高裁は10対5で、民法900条4号ただし書前段の合憲性を認めた。多数意見は、およそ次のようである。

① 「現在の相続制度は、家族というものをどのように考えるかということと密接に関係しているのであって、その国における婚姻ないし親子関係に対する規律等を離れてこれを定めることはできない」ことなどを考慮する必要が

---

36) 二宮周平「婚外子の相続分差別は許されるのか(1)」戸籍時報614号（2007年）37～38頁、同「最高裁大法廷相続分差別違憲決定の意義と民法改正」自由と正義65巻3号（2014年）9頁など。
37) 野山宏「判解」『最高裁判所判例解説民事篇　平成7年度（下）』（法曹会、1998年）650頁以下、飯田稔「非嫡出子相続分差別規定違憲決定」亜細亜法学49巻1号（2014年）56頁以下など。
38) 静岡家熱海出審平成2・12・12民集49巻7号1820頁参照。
39) 東京高決平成3・3・29民集49巻7号1822頁参照。
40) 東京高決平成5・6・23判時1465号55頁、東京高判平成6・11・30判時1512号3頁。いずれの事件においても、上告はなされなかった。
41) 最大決平成7・7・5民集49巻7号1789頁。この決定からの引用は、本文に頁数を記す。

あるため，「相続制度をどのように定めるかは，立法府の合理的な裁量判断にゆだねられている」。②「法定相続分の区別は，その立法理由に合理的な根拠があり，かつ，その区別が右立法理由との関連で著しく不合理なものでなく，いまだ立法府に与えられた合理的な裁量判断の限界を超えていない」限り，憲法14条1項に反しない。③「本件規定の立法理由」は，「法律婚の尊重と非嫡出子の保護の調整」であり，それには「合理的な根拠がある」。④「本件規定が非嫡出子の法定相続分を嫡出子の二分の一としたことが，右立法理由との関連において著しく不合理であり，立法府に与えられた合理的な裁量判断の限界を超えたもの」とはいえない（1790～1796頁）。

(4) この決定には5名の裁判官の補足意見が付いている。そのなかで，可部恒雄裁判官のそれは，14条1項適合性審査のあり方および当該規定と「家」との関係について，多数意見を文字通り補足するものである。

①「相続分に差等を設けても婚外子（非嫡出子）の出生を妨げることはできないとする議論がある」が（ちなみに，この決定の反対意見はこうした議論はしていない―引用者），「今ここで論ぜられているのは，この両者の扱いを必ずしも同等にしない（相続分に差等を設ける）ことが，果たして法律婚を促進することになるかという，いうなれば安易な目的・効果論の検証ではなく，およそ法律婚主義を採る以上，婚内子と婚外子との間に少なくとも相続分について差等を生ずることがあるのは，いわば法律婚主義の論理的帰結ともいうべき側面をもつ」。②「『家』の制度は，むしろ血統の維持・承継のため婚外子を尊重するものであり，嫡出子と非嫡出子との間の相続分についての差等の問題が，『家』の制度と無関係であることは」，明らかである（1796～1798頁）。

(5) これに対して，中島敏次郎裁判官など5裁判官による反対意見が対抗する。それは，「婚姻を尊重するという立法目的については何ら異議はないが」，「出生について何の責任も負わない非嫡出子をそのことを理由に法律上差別することは，婚姻の尊重・保護という立法目的の枠を超えるものであり，立法目

的と手段との実質的関連性は認められず合理的で」ない，というものである（1804〜1809頁）。

(6) この決定の結論は10対5であったが，前述した可部裁判官を除く，大西勝也，園部逸夫，千種秀夫，河合伸一各裁判官の補足意見は，当該規定の合理性に疑問を示しつつも，その改正は立法に委ねるという趣旨のものだった。そのため，「実質においては6対4対5」であり，「将来裁判官が交代することにより多数少数が逆転する可能性を秘めている」，と見られることもあった。

ところが，その後の最高裁では，判例集に登載されているものでは5件の判断がなされたが，いずれも合憲という結論だった。もっとも，いずれの判決においても当該規定を違憲とする反対意見が付されており，次に扱う最高裁大法廷決定自身が認めるように，とりわけ平成15年3月31日判決以降は，「その補足意見の内容を考慮すれば，本件規定を合憲とする結論を辛うじて維持したもの」，であった。

2 平成25年婚外子法定相続分規定違憲決定

(1) 上述のような状況の下で，最高裁による違憲判断があるのは時間の問題と考えられていた。しかもこの時期には，下級審段階で，民法900条4号ただし書前段，およびこれを準用する民法1044条を法令違憲または適用違憲とする判決が続出していた。大法廷決定の対象となった事案は，平成13年に死亡したAの遺産相続につき，Aの嫡出である子（その代襲相続人を含む）である相手方らが，（法律婚と競合する婚外関係により出生した）Aの嫡出でない子らに

---

42) 米倉明「非嫡出子の法定相続分差別は違憲か」法学セミナー490号（1995年）9頁，高見勝利「非嫡出子相続分規定大法廷決定（最高裁平成7年7月5日）を読む──【憲法の立場から】」法学教室183号（1995年）22頁，岡本・前掲注11) 11頁など。
43) 最一小判平成12・1・27判時1707号121頁，最二小判平成15・3・28判時1820号62頁①事件，最一小判平成15・3・31判時1820号62頁②事件，最一小判平成16・10・14判時1884号40頁，最二小決平成21・9・30判時2064号61頁。
44) 最大決平成25・9・4民集67巻6号1320頁（1329頁）。この決定からの引用は，本文に頁数を記す。さしあたり，渡辺康行「民法900条4号ただし書前段の合憲性」速報判例解説（法学セミナー増刊 新・判例解説Watch）14号（2014年）23頁以下を参照。
45) 違憲判決として，大阪高決平成23・8・24判時2140号19頁。適用違憲判決として，東京高判平成22・3・10判タ1324号210頁，名古屋高判平成23・12・21判時2150号41頁。

対し，遺産分割の審判を申し立てた事件である。一審は，民法900条4号ただし書前段を平成7年決定に依拠して合憲とし，それに基いて遺産を分割する審判を行い[46]，二審もこれを承認していた[47]。これに対して最高裁は，参加した裁判官の全員一致で，当該規定を違憲と判断した。

(2) その要旨を，平成7年決定との異同を意識しながら紹介しよう。

　この決定も，平成7年決定と同様に，①「相続制度をどのように定めるかは，立法府の合理的な裁量判断に委ねられている」，という。しかし，「この事件で問われているのは，このようにして定められた相続制度全体のうち，本件規定により嫡出子と嫡出でない子との間で生ずる法定相続分に関する区別が，合理的理由のない差別的取扱いに当たるか否かということであり，立法府に与えられた上記のような裁量権を考慮しても，そのような区別をすることに合理的な根拠が認められない場合には，当該区別は，憲法14条1項に違反する」，と問いを設定するところが，新しい。さらに続けて，②法定相続分の定めは諸般の事柄を「総合的に考慮して決せられるべきものであり，また，これらの事柄は時代と共に変遷するものでもあるから，その定めの合理性については，個人の尊厳と法の下の平等を定める憲法に照らして不断に検討され，吟味されなければならない」というのは，判断の変更を示唆する。

　その上でこの決定は諸事情を吟味していくのであるが，本稿の観点からは家族観の変化について論じている箇所が注目される。③「昭和22年民法改正の経緯をみると，その背景には，『家』制度を支えてきた家督相続は廃止されたものの，相続財産は嫡出の子孫に承継させたいとする気風や，法律婚を正当な婚姻とし，これを尊重し，保護する反面，法律婚以外の男女関係，あるいはその中で生まれた子に対する差別的な国民の意識が作用していたことがうかがわれる」。しかし，その後は，「婚姻，家族の形態が著しく多様化しており，これに伴い，婚姻，家族の在り方に対する国民の意識の多様化が大きく進んでいることが指摘されている」。④それにもかかわらず本件規定の改正が実現されていない理由としては，「家族等に関する国民の意識の多様化がいわれつつも，

---

[46] 東京家審平成24・3・26民集67巻6号1345頁参照。
[47] 東京高決平成24・6・22民集67巻6号1352頁参照。

法律婚を尊重する意識は幅広く浸透している」ことが述べられる。

　しかし、⑤本件規定の合理性は、「種々の要素を総合考慮し、個人の尊厳と法の下の平等を定める憲法に照らし、嫡出でない子の権利が不当に侵害されているか否かという観点から判断されるべき法的問題であり、法律婚を尊重する意識が幅広く浸透しているということ」などは、「上記法的問題の結論に直ちに結び付くもの」ではない。⑥本件規定の合理性に関連する「種々の事柄の変遷等は、その中のいずれか1つを捉えて、本件規定による法定相続分の区別を不合理とすべき決定的な理由とし得るものではない」。しかし、それらを「総合的に考察すれば、家族という共同体の中における個人の尊重がより明確に認識されてきたことは明らか」である。⑦「法律婚という制度自体は我が国に定着しているとしても、上記のような認識の変化に伴い、上記制度の下で父母が婚姻関係になかったという、子にとっては自ら選択ないし修正する余地のない事柄を理由としてその子に不利益を及ぼすことは許されず、子を個人として尊重し、その権利を保障すべきであるという考えが確立されてきている」。⑧「以上を総合すれば、遅くともAの相続が開始した平成13年7月当時においては、立法府の裁量権を考慮しても、嫡出子と嫡出でない子の法定相続分を区別する合理的な根拠は失われていた」（1322〜1331頁）。

　(3)　この決定は、尊属殺重罰規定に関する昭和48年判決とは異なり、従来の判例を明示的に変更するものではない。そうではなく、「種々の事柄の変遷等」によって、「家族という共同体の中における個人の尊重がより明確に認識されてきた」ことから、「遅くとも平成13年7月当時において、憲法14条1項に違反していた」、とするものである。最高裁がついに違憲決定に踏み込んだ背景には、当該規定を違憲とした場合に法的安定性を害するという懸念に、判決の遡及効を限定するという形で一応の回答を用意できた、と考えたことにある。[48]

───────────────
48)　本決定にも関与していた竹内行夫裁判官は、注43) で挙げた平成21年判決の補足意見で、「本件規定は、違憲の疑いが極めて強い」としつつ、「最高裁判所が、過去にさかのぼった特定の日を基準として」、本件規定を違憲とした場合には「法的安定性を害することが著しい」という懸念を示して、「立法による解決が望ましい」と述べていた（判時2064号63頁）。

3 小 結

(1) 憲法14条1項適合性審査に関して，平成7年決定は，「立法理由に合理的な根拠」があるか，「区別が右立法理由との関連で著しく不合理なもの」でないか，を「二段構え」で審査した（Ⅱ1(3)②参照）。これに対して平成25年決定は，「区別」に「合理的な根拠」があるかどうか，という審査を行った（Ⅱ2(2)①参照）。平成25年決定が「立法理由ないし立法目的を明示しなかった趣旨」については，担当調査官による解説が興味深い。「本件規定の立法理由として，平成7年大法廷決定は，法律婚の尊重と嫡出でない子の保護の2点を挙げるが，嫡出でない子の相続分を嫡出子の2分の1とする本件規定が嫡出でない子の『保護』の意味を持つといえるのは，嫡出でない子には相続権を与えないという考えもあることを当然の前提にした，法律婚の尊重と表裏の考え方によるものにほかならず，嫡出でない子の保護という立法理由は，独立した意味を持たない」。「本来の立法目的としては，法律婚の尊重のみが挙げられるべき」だが，その合理性については，「本決定が当然の前提としていることは明らかであり，殊更この点を明示する意義は乏しい」。そのため本決定は，「法律婚主義の下で本件規定により本件区別を設けることの合理性の有無」という観点からの判断を示した，というのである。[49]

(2) この解説に関して，ここでは2つのことを確認することによって，次節における検討の手掛かりとしたい。第1は，家族観に関する。最高裁は一貫して，「法律婚の尊重」を合理的な根拠のある立法理由ないし立法目的だと考えてきた，という説明がなされたということである。その上で，両決定の間に違いはあるのか，が問われる。第2は，憲法14条1項適合性審査の手法に関する。最高裁は，平成25年決定において「二段構え」の審査手法を採らなかったように見えるのは，第1段階の立法理由の合理性が明らかだからだ，というのである。さらに上席調査官によって，「判例変更をせずに，その後の諸事情の変化により合憲から違憲への変化があったとする判断をしていることも，合

---

[49] 伊藤正晴「時の判例」ジュリスト1460号（2013年）92頁。同旨，尾島明「嫡出でない子の法定相続分に関する最高裁大法廷決定」法律のひろば66巻12号（2013年）37頁。

憲性判断に関する判示の仕方に影響している」、という解説もなされている。しかし、この決定の岡部喜代子裁判官の補足意見が、「婚姻共同体の保護自体には十分理由があるとしても」、本件区別は「もはや相当ではない」と「二段構え」で論じていることが既に（1337～1340頁）、この解説が必ずしも説得的でないことを示しているように思われる。

III 平等審査と家族観

1 憲法13条, 14条1項, 24条

(1) 「はじめに」でも概述したように、「家族の問題を憲法学的に検討する際の出発点は、言うまでもなく憲法24条」だとされている[51]。しかし、尊属殺重罰規定違憲判決も、婚外子法定相続分規定違憲決定も、憲法14条1項との関係での判断だった。憲法条文間の緊張に関する近年の学説上の議論については後述するとして（III4(5)）、ここではその前提となる諸条文の競合的保障に関する、従来の判例による論じ方を確認したい。

(2) 昭和48年尊属殺重罰規定違憲判決だけではなく、昭和25年尊属傷害致死罪合憲判決も、憲法14条1項適合性について判断していた。しかし、他の条文との抵触も問題となり得るという意識は、当時からあった。例えば昭和48年判決における田中二郎裁判官の意見は（I 3(3)参照）、憲法13条前段が「個人として尊重される」と規定する意味を、「個人の尊厳を尊重することをもつて基本とし、すべての個人について人格価値の平等を保障することが民主主義の根本理念であり、民主主義のよつて立つ基礎であるという基本的な考え方を示したものであつて」、14条1項は「これと同一の趣旨を示したもの」と解する。ここから、14条1項後段について、「列記事項に直接該当するか否かにかかわらず、個人の尊厳と人格価値の平等の尊重・保障という民主主義の根本理念に照らして不合理とみられる差別的取扱いは、すべて右条項の趣旨に違反

---

50) 尾島・前掲注49) 37頁。同旨、伊藤正晴「判解」法曹時報68巻1号（2016年）312頁。
51) 辻村・前掲注2) 210頁。

する」，という見解を示した（刑集27巻3号276〜277頁）。この立場は，14条1項の内容が13条前段によって充塡される，と解するものであろう。また田中意見は，「日本国憲法は，封建制度の遺制を排除し，家族生活における個人の尊厳と両性の本質的平等を確立することを根本の建前とし（憲法24条参照）」ており，「この憲法の趣旨に徵すれば」尊属殺重罰規定は「前叙の旧家族制度的倫理観に立脚するものであつて，個人の尊厳と人格価値の平等を基本的な立脚点とする民主主義の理念と牴触する」と論じつつ，「直接には憲法14条1項に違反する」，という（278〜279頁）。こうして，24条の趣旨も14条1項に読み込まれる。田中二郎裁判官が，尊属に関する特別の規定を設けること自体が14条1項に反すると論じた背景には，以上のような思考があった。[52]

(3) これに対して，同判決の多数意見の前提を垣間見るためには，担当調査官による解説が参考になる。まず憲法13条については，「概括的抽象的一般条項であって，直接に法令の違憲無効を来たすべき性質が稀薄である」，という。[53] また憲法24条2項の「離婚並びに婚姻及び家族に関するその他の事項」については，「民事上の関係を指すものと解すべく，親族間の犯罪行為に対する処罰の方法までを直接にその対象としているもの」ではない，という。[54]

こうして多数意見では，この事件では憲法13条，24条とは切り離されて14条1項が単独で作用する，と理解された。田中二郎裁判官の意見と多数意見の，これら諸条文の相互連関にかかわる理解の違いは，区別すること自体を違憲とするか否かという重要な違いを導く伏線となっているように思われる。

(4) 婚外子法定相続分規定を合憲とした平成7年決定は，日本における相続制度の歴史を概観するに際して，「婚姻，相続等を規律する法律は個人の尊厳と両性の本質的平等に立脚して制定されなければならない旨を定めた憲法24条2項の規定に基づき……家督相続の制度が廃止され，いわゆる共同相続の制度が導入された」（民集49巻7号1791頁）と記述する箇所で，24条2項に言及

---

52) 類似する学説上の見解として，宮沢俊義（芦部信喜補訂）『全訂　日本国憲法』（日本評論社，1978年）197頁，266頁など。さらに前掲注3）も参照。
53) 田尾・前掲注30）147頁。もっとも，この判決以前に，最高裁は，憲法13条から「個人の私生活上の自由の1つとして，何人も，その承諾なしに，みだりにその容ぼう・姿態……を撮影されない自由」を導き出していた。参照，最大判昭和44・12・24刑集23巻12号1625頁。
54) 田尾・前掲注30）147頁。このことは，それまでの最高裁でも確認されていた。参照，最大判昭和29・1・20刑集8巻1号52頁。

する。しかし，民法900条4号ただし書前段の合憲性は，もっぱら14条1項との関係で審査された。

これに対して，5裁判官の反対意見は，憲法13条前段を受けて憲法24条2項があり，「その趣旨は相続等家族に関する立法の合憲性を判断する上で十分尊重されるべき」であるとして立法裁量審査論を示すと共に，憲法14条1項は「個人の尊厳という民主主義の基本的理念に照らして，これに反するような差別的取扱を排除する趣旨」だとして，恐らくは田中二郎裁判官の意見を暗黙のうちに踏まえた判示を行っている。

(5) 平成25年決定も平成7年決定と基本的に同様であり，憲法24条は相続制度の歴史を叙述する際に引用されるものの，婚外子法定相続分規定の合憲性はもっぱら14条1項との関係で審査される。しかし，この決定における平等審査の特徴の第1は，憲法24条2項を想起させる「個人の尊厳と法の下の平等を定める憲法に照らし，嫡出でない子の権利が不当に侵害されているか否かという観点から判断されるべき法的問題であ」ることが強調されることである（Ⅱ2(2)⑤参照）。第2に，憲法13条前段を踏まえたと思われる「家族という共同体の中における個人の尊重がより明確に認識されてきたこと」，「子を個人として尊重し，その権利を保障すべきであるという考えが確立されてきている」ことが，当該区別に合理的な根拠がないと結論するに当たり，決め手とされていることである（Ⅱ2(2)⑥⑦参照）。

この決定は，「個人の尊厳」（24条2項）と「個人の尊重」（13条前段）を区別せずに，それぞれを14条1項適合性審査において活用している。この点で，尊属殺重罰規定違憲判決に際しての田中二郎裁判官の意見（Ⅲ1(2)参照）の系譜にある。違いの1つは，田中意見が「民主主義の根本理念」といった戦後啓蒙的思考様式をまとっていたのに対して，平成25年決定ではそれはなくなっていることである。2つは，田中意見では「個人の尊厳と人格価値の平等の尊重・保障という民主主義の根本理念に照らして不合理とみられる差別的取扱いは」すべて14条1項の趣旨に違反するという形で，条文の間の結合が明確であったことである。これに対して平成25年決定では，「個人の尊重がより明確に認識されてきた」ことが14条1項解釈にいかに組み込まれているのかが，読み取り難いものとなっている。この決定における「個人の尊厳」の使い方に

対して,「全方位的にその規範的コントロールを及ぼすに至る可能性」が懸念されているのは,この点にかかわる。

(6) これに対して,学説上は,憲法24条2項は,「憲法13条・14条の原則を家族生活の場面に具体化したもの」であり,「家族法の制定改廃に関する立法府の義務違反の問題はこの規定から直接導かれる」という指摘や,民法900条4号ただし書前段は「『個人の尊厳』に立脚して制定されなければならない以上」,憲法24条2項との関連でも十分検討すべきだという指摘があったことが,想起されるべきであろう。前述した平成7年決定の反対意見,およびこのような学説の動向が,夫婦同氏規定合憲判決（Ⅲ6参照）に影響を与えているのかもしれない。

2 「二段構え」の審査手法と審査の密度

(1) 平等原則適合性は,論理を分節化するならば,まず憲法14条1項が保障対象とする別異取扱いがあるかどうかを確認し,それがあるという場合には当該別異取扱いが正当化できるかどうか,という2段階で審査される。本稿が素材としている尊属殺重罰規定や婚外子法定相続分規定では,別異取扱いがあることは明らかなので,第1段階の審査は暗黙のうちに済まされている。別異取扱いの正当化審査に当たって,尊属殺重罰規定違憲判決は,「立法目的」に「合理的な根拠」があるかどうか,「立法目的達成の手段」が「著しく不合理」

---

55) 蟻川恒正「婚外子法定相続分最高裁違憲決定を読む」法学教室397号（2013年）113頁。蟻川が田中二郎裁判官の意見を高く評価するのは,理解できる。同『「命令」と『強制』の間」同『尊厳と身分——憲法的思惟と「日本」という問題』（岩波書店,2016年）225〜226頁（注5),231〜232頁（注25)。

56) 辻村みよ子『ジェンダーと法〔第2版〕』（不磨書房,2010年）178頁。

57) 初宿・前掲注7) 318頁,渡邉泰彦「判批」判例評論665号（2014年）5頁。さらに,潮見佳男「婚外子相続分差別違憲決定とその効力」私法判例リマークス49号（2014年）69頁も参照。

58) さしあたり,渡辺・前掲注15) 44頁以下,渡辺康行ほか『憲法Ⅰ 基本権』（日本評論社,2016年）137頁以下〔渡辺〕参照。

59) 憲法14条1項が保障対象とする別異取扱いがないとして,基本的に第1段階の審査で決着をつけた判決として,最一小判平成25・9・26民集67巻6号1384頁がある。この判決は,婚外子法定相続分規定違憲決定の射程が及ぶかが注目された,出生の届出に係る届書に嫡出子又は嫡出でない子の別を記載すべきとする戸籍法49条2項1号の憲法14条1項適合性について判断したものである。

かどうかを,「二段構え」で審査した（Ⅰ3(2)②〜④参照)。この目的・手段審査という形式の下で,実際に行われたのは,「人の区別の可否」(尊属殺を刑の加重要件とする罪を設けること)と「区別（別異取扱い）の程度」(刑の加重の程度)の甚だしさの審査だった。[60]

(2) 平成7年婚外子法定相続分規定合憲決定でも,「二段構え」の審査が行われていた。しかし,その内実は尊属殺重罰規定違憲判決と同じではない。尊属殺重罰規定違憲判決の審査手法をそのまま踏襲すれば,「婚内子と婚外子の区別が目的,婚外子の法定相続分を婚内子の同等でも4分の3でもなく2分の1としたことが手段とされ」て,その程度の甚だしさが審査されるはずであった。[61]しかし,平成7年決定は「立法理由」を「法律婚の尊重と非嫡出子の保護の調整」として捉え,「区別」を婚外子の相続分を婚内子の2分の1とする法定相続分の定めと把握した上で,それぞれの合理性を審査したのである。さらに,担当調査官は,この審査は目的・手段審査とは異なることを述べている。「本件規定は相続制度という民事法の基本制度の基本的な骨格の一部を成す規定であって,特定の行政目的実現のために具体的な基本的人権の行使に当たると目される行為（例えば思想の表現行為）を直接禁止する規定であるという図式で本件規定をとらえることは困難である」,ためだとされている。[62]

また審査の密度は,「立法理由に合理的な根拠」があるか,「区別が右立法理由との関連で著しく不合理なもの」でないか,と定式化されていた（Ⅱ1(3)②参照)。

(3) ところが平成25年決定は,この「二段構え」の審査を行わず,「区別」に「合理的な根拠」があるかのみを判断した。当該規定の「立法理由」に関する審査がなされなかったことに関して,担当調査官は,先にも触れたように（Ⅱ3(1)参照),「法律婚の尊重」に合理的な根拠があることにつき,「本決定が当然の前提としていることは明らかであり,殊更この点を明示する意義は乏しい」からだ,という。また学説では,「2013年決定は,『相続制度全体』をより正面から打ち出すことによって,『制度準拠的思考』としての色彩を1995年

---

60) 渡辺・前掲注28) 61頁。
61) 宍戸常寿『憲法　解釈論の応用と展開〔第2版〕』(日本評論社, 2014年) 112頁。
62) 野山・前掲注37) 671〜672頁。可部裁判官の補足意見も,この趣旨である（Ⅱ1(4)参照)。

決定以上に強めている」ため,「全体のなかの部分たる当該規定のなかに,さらに目的と手段(ないし『区別』)を分節するという発想に向かわなかったのは,むしろ当然である」, という分析もなされている。しかし平成25年決定は,「相続制度全体」から「法定相続分に関する区別」を切り出すことによって,制度形成の裁量の広さを避けたものである(Ⅱ2(2)参照)。むしろ,立法理由の審査を明示しないことにより,「1995年決定に傷をつける可能性を最小限にしようとしたため」,であるように思われる。

これに対して,「本件では,目的から見て区別が合理的関連性を有するかではなく,端的にその区別を使うこと自体がよいかどうかという審査に収れんしているのではないか」, という見方も出されている。たしかに,判断対象が立法不作為や処分の場合を典型として,目的・手段が分かち難いため,「二段構え」の審査が適合しない事案はある。しかし,民法900条4号ただし書前段の事例は,これまでそうした類型のものではない,と扱われてきた。平成7年決定も,目的・手段審査ではないけれども,「立法理由」と「区別の立法理由との関連性」という「二段構え」の審査は行っていた。平成25年決定が平成7年決定と全く異なった審査枠組みを採る必要は,なかったように思われる。

(4) 憲法14条1項適合性審査に関して最も参照に値するのは,平成25年決定は明示的な言及を行っていないものの,国籍法違憲判決である。この判決も,国籍法3条1項(平成20年法88による改正前)の14条1項適合性について,

---

63) 蟻川・前掲注55) 111頁。
64) 山崎友也「民法が定める非嫡出子相続分区別制を違憲とした最大決平成25年9月4日について」金沢法学56巻2号(2014年) 175~176頁も,「『制度準拠的思考』は本決定よりもむしろ平成7年大法廷決定の方により顕著に表れている」, と指摘する。
65) 蟻川・前掲注55) 111頁,渡辺・前掲注44) 24~25頁。
66) 髙橋和之ほか「《座談会》非嫡出子相続分違憲最高裁大法廷決定の多角的検討」法の支配175号(2014年) 16頁〔宍戸常寿〕。伊藤・前掲注50) 312頁も同旨。再婚禁止期間違憲判決(最大判平成27・12・16民集69巻8号2427頁)における千葉勝美裁判官の補足意見は,「民法900条4号ただし書前段については,その立法理由について法律婚の尊重と嫡出でない子の保護の調整を図ったものとする平成7年の大法廷決定……の判示があり,その趣旨をどのように理解するかということも検討した上での平成25年大法廷決定の説示がある」のに対し,民法733条については「立法目的が単一で明確になっているため」,「立法目的・手段の合理性等の有無を明示的に審査するのにふさわしい」, と述べている(2446頁)。この説明が,立法目的が「単一で明確になっている」事例では「二段構え」の審査が行われるという趣旨を含むのであれば,平成25年決定に関する調査官の解説とは異なるだけでなく,さらに検討する余地があるように思われる。
67) 渡辺・前掲注15) 49頁。

「二段構え」の審査手法を示していた。憲法10条の規定は，国籍の得喪に関する要件を「どのように定めるかについて，立法府の裁量判断にゆだねる趣旨」である。その法律によって生じた区別が14条1項に反しないかは，「立法目的に合理的な根拠」が認められるか，「その具体的な区別と上記の立法目的との間に合理的関連性」が認められるか，により審査される。ここで「合理的関連性」という，尊属殺重罰規定違憲判決や婚外子法定相続分規定合憲決定よりも審査密度の濃い定式が用いられた理由は，2つある。第1は，日本国籍が「我が国の構成員としての資格であるとともに」，「基本的人権の保障，公的資格の付与，公的給付等を受ける上で意味を持つ重要な法的地位」でもあるからである。第2に，「嫡出子たる身分を取得するか否か」は，「子にとっては自らの意思や努力によっては変えることのできない父母の身分行為に係る事柄である」ためである。[68]

平成25年決定には，こうした審査密度を高める判示は見られず，単に「区別」に「合理的な根拠」があるかの審査がなされている。これは，「婚外子という身分は『自らの意思や努力によっては変えることのできない』ものであるけれども，婚内子と同等の法定相続分を有する地位は国籍取得と同等の『重要な法的地位』には満たない」ため，審査密度を高めることはできない，と考えたからだと推測され得る。[69]

3 「事情の変化」

(1) 審査密度を高めたわけではない平成25年決定が，平成7年決定とは異なり，民法900条4号ただし書前段を違憲とするに際して詳論しているのは，

---

[68] 最大判平成20・6・4民集62巻6号1367頁。再婚禁止期間違憲判決に関する調査官の解説は，民法733条は「男女の性別」による区別ではあるが，「身体的差異」を理由とする区別であるため，「区別そのものではなく」，むしろ『『婚姻をするについての自由』の重要性と，本件規定がこれを直接的に制約するものであるという事柄の性質を十分に考慮して，立法目的・手段の合理性を検討すべき」という趣旨だと述べている。加本牧子「時の判例」ジュリスト1490号（2016年）90～91頁。これは，国籍法判決と同様に，審査密度を高める要因を挙げる趣旨と思われるが，事案が違うため，国籍法判決とは考慮する要素を異にしている。

[69] 蟻川恒正「最高裁判例に現われた『個人の尊厳』——婚外子法定相続分最高裁違憲決定を読む」（2014年），現在，同・前掲注55）166～167頁。

「本件規定の合理性に関連する……種々の事柄の変遷等」(民集67巻6号1330頁)が生じた，ということである。「事情の変化」を考慮に入れる判決は少なくないが，そのなかで平成25年決定の論理は独特なものである。

(2) 尊属殺重罰規定違憲判決は，刑法200条と「家」制度との関連性や，諸外国で尊属殺重罰規定が廃止または緩和されつつあること，「改正刑法草案」にも尊属殺重罰の規定はないことなどにかんがみて，「刑法200条の憲法適合性につきあらためて検討する」という形で，論を展開した(Ⅰ3(2)①参照)。この判示を理解する際に参考となるのが，岡原昌男裁判官の補足意見である。それによると，違憲立法審査権は立法府の判断を尊重して行使されるのが望ましいが，①「特定の法規の内容が，立法の沿革，運用の実情，社会の通念，諸国法制のすう勢その他諸般の状況にかんがみ，かなりの程度に問題を有し，その当否が必ずしも立法政策当否の範囲にとどまらないのではないかとの疑問」をいだく場合や，②「時代の進運，社会情勢の変化等に伴い，当初なんら問題がないと考えられた規定が現在においては憲法上の問題を包蔵するにいたっている」ことが疑われる場合もありうる。そういう場合は，裁判所が当該規定の憲法適合性に立ち入って検討を加えるべきだ，というのである(刑集27巻3号274〜275頁)。多数意見は，岡原裁判官の挙げる2つの事情を組み合わせた形で，憲法適合性につき「あらためて検討する」とした。調査官は，この判示につき，「既存の大法廷判例およびこれに引き続く諸判例をくつがえして法律の違憲が結論される場合であるため，特に慎重を期して」のことであり，「法律の合憲性が問題となる場合には常にかかる判示をすべきものとする趣旨では」ない，と解説する[70]。このことには，さらに，同判決が現行法律を違憲と判断した最初の事例だったということも要因として働いていることだろう。確認すると，この判決では，「事情の変化」は裁判所が憲法適合性審査について検討する契機として用いられていた[71]。

---

70) 田尾・前掲注30) 142頁。
71) 櫻井智章「事情の変更による違憲判断について」甲南法学51巻4号(2011年)154頁，蟻川恒正「婚外子法定相続分最高裁違憲決定を書く(2)——平等違反事案の起案」法学教室400号(2014年)133頁。これに対して，下村三郎裁判官の意見は，当裁判所はこれまで尊属殺重罰規定を合憲と判断してきたが，「その後の時世の推移，国民思想の変遷，尊属殺人事件の実情等に鑑みれば」，尊属殺人に対する処罰規定を存置し，その刑を加重することは「合理的な根拠」を失った，という論じ方をしていた。

(3) 婚外子相続分規定合憲決定における5裁判官の反対意見は、「事情の変化」に関する異なった用法を採用した。つまり、法律が制定された当時には合憲と評価されたものであっても、「その後の社会の意識の変化、諸外国の立法の趨勢、国内における立法改正の動向、批准された条約等により、現在においては、立法目的の合理性、その手段との整合性を欠くに至ったと評価されることはもとよりあり得る」(民集49巻7号1807頁) という形で、「事情の変化」は憲法適合性審査のなかに組み込まれた。これに対して大西裁判官の補足意見 (園部裁判官も同調) は、「非嫡出子の相続分をめぐる諸事情は国内的にも国際的にも大幅に変容して、制定当時有した合理性は次第に失われつつあ」ることを認めながらも、改正は「立法政策」に委ねられた。千種・河合裁判官の補足意見も同趣旨であった (1800~1804頁)。立法者が「事情の変化」に対応する措置を講じない場合に、裁判所はいかなる判断をすべきかは、基本的な争点であり続ける。

(4) 平成25年決定では、「事情の変化」に関する2つの用法が並存している。第1は、法定相続分の規定は諸般の事柄を総合的に考慮して決せられるべきであり、また「これらの事柄は時代と共に変遷するものでもあるから、その定めの合理性については、個人の尊厳と法の下の平等を定める憲法に照らして不断に検討され、吟味されなければならない」(Ⅱ2(2)②参照)、というものである。これは、尊属殺重罰規定違憲判決における違憲審査を開始するための用法に近い。しかし第2に、それに続けて「種々の事柄の変遷等」を詳述するのは、平成7年決定の反対意見の用法に近似する。このことに対しては、「様々な事情の変化は、どこまでも『事実問題 (quaestio facti)』であり、『事実問題』である限り、憲法判断という『法的問題 (quaestio juris)』の論拠」とはならない、[72]という批判がある。

(5) 「事情の変化」を判決の論証に組み込むことに関する一般的問題については、ここでは立ち入らない。[73]本稿は、これまで扱った判決、とりわけ平成

---

72) 蟻川・前掲注71) 133頁。
73) 櫻井・前掲注71) 145頁以下、小山剛『「憲法上の権利」の作法〔第3版〕』(尚学社、2016年) 260頁以下、渡辺ほか・前掲注58) 84頁以下〔渡辺〕など。法律の合理性を支えていた事実が「時の経過」に従って変化し、法律の合理性がなくなることはあり得るため、本文で示した「事情の変化」の第2の用法も否定できないと思われる。どの程度の変化がおこれば違憲となる

25 年婚外子相続分規定違憲決定が用いた「種々の事柄の変遷等」に関する論証方法に限定して考察する。

　この決定が，法定相続分規定を不合理と判断するために挙げた事実は，「昭和22年民法改正時から現在に至るまでの間の社会の動向，我が国における家族形態の多様化やこれに伴う国民の意識の変化，諸外国の立法のすう勢及び我が国が批准した条約の内容とこれに基づき設置された委員会からの指摘，嫡出子と嫡出でない子の区別に関わる法制等の変化，更にはこれまでの当審判例における度重なる問題の指摘等」である。そしてこれらを「総合的に考察すれば」，「家族という共同体の中における個人の尊重がより明確に認識されてきたことは明らかである」から，法定相続分の区別に「合理的な根拠」が失われた，と論じたのである（民集67巻6号1330〜1331頁）。これに対して，「法律婚を尊重する意識が幅広く浸透しているということや，嫡出でない子の出生数の多寡，諸外国と比較した出生割合の大小」は，「法的問題の結論に直ちに結び付くもの」ではない，ともされている（1328頁）。つまり，この決定は考慮に入れる社会的事実や意識を「個人の尊厳と法の下の平等を定める憲法に照らし，嫡出でない子の権利が不当に侵害されているか否かという観点」から選別する一方，そうして選別した事実や意識によって「個人の尊重がより明確に認識されてきた」ことを基礎づけている。ここには循環があるように思われる[75]。もちろん，「立法の合理性をめぐっては，それを支える事実と，逆にそれを掘り崩す事実の両方が併存することも珍しくない」[76]。事実を契機とする論証方法を採用する場合には，「無限に多様な諸事実の中から何を選び出してくるか」は，「先行理解なしには決せられない」[77]ため，不可避的に生ずる循環ではある。

(6)　なお，「今回の違憲判断が，国民意識というワンクッションをかませる

か，いつから合憲から違憲となるかは確定し難いが，裁判所は判断基準時に違憲となっていたことを示せば足りる。「事情の変化」に対応した方策を検討すべきなのは，第1次的には立法部であるが，それが相当期間に渡り怠られている場合，裁判所はその違憲性につき判断できるという構成もあり得るものである。

74) これらの事実と婚外子相続分規定の「合理性」の関係を疑問視する見解として，山崎・前掲注64) 180〜184頁，田中佑佳「婚外子法定相続分差別規定の違憲性」阪大法学64巻2号（2014年）557頁など。

75) 渡辺・前掲注44) 25頁。

76) 大石和彦「判批」筑波ロー・ジャーナル15号（2013年）116頁。

77) 飯田・前掲注37) 96頁（注87）。

ことによって，家族法における他の憲法上の論点に直接波及しないようにしている」という見方もある。この点に関しては，「婚外子の相続分についても，平等化に賛成の人は世論調査でそんなに多いわけではない」，ことも指摘される。しかし，「法が強いメッセージを送ってしまった結果，国民意識もこうなってしまったという問題と，夫婦別姓の問題とを分けるために，ダイレクトに個人の尊重とは言わず，国民意識を挟んでいる」，という読み方が示された。もっとも，法がメッセージを送った結果かどうかは，判別するのが難しい事柄である。

4 「人の区別」(別異取扱い)の理由自体の違憲可能性と家族観

(1) 尊属殺重罰規定を違憲と判断した昭和 48 年判決は，「人の区別」(尊属殺を刑の加重要件とする罪を設けること) の理由 (立法目的) を合憲とした。違憲としたのは，「別異取扱いの程度」(刑の加重の程度) の甚だしさのためであった。その「人の区別」の理由を合憲とした際に，多数意見は，尊属殺重罰規定が「日本国憲法により廃止された『家』の制度と深い関連を有していた」ことを認めつつも，「尊属に対する尊重報恩は，社会生活上の基本的道義」だとする家族観を示していた。これに対して，例えば田中二郎裁判官の意見が，当該規定は「旧家族制度的倫理観に立脚するもの」だという観点から，むしろ「人の区別」の理由自体を違憲とすべきだ，という見解を示した (Ⅰ3(3)を参照)。前述した「二段構え」の審査でいえば (Ⅲ2を参照)，多数意見は 2 段目で，意見の側は 1 段目で違憲と判断したわけである。学説では，当時から「人の区

---

78) 髙橋ほか・前掲注66) 11頁〔宍戸常寿〕。
79) 髙橋ほか・前掲注66) 22頁〔榊原富士子〕。
80) 髙橋ほか・前掲注66) 22頁〔宍戸常寿〕。なお，平成 27 年 12 月 16 日の 2 つの大法廷判決では，再婚禁止期間規定を違憲とする際にも，夫婦同氏規定を合憲とする際にも，「国民意識」は根拠とされなかった。再婚禁止期間違憲判決は，医療や科学技術の発展により再婚禁止期間に一定の幅を設けることを正当化することが難しくなったこと，離婚件数および再婚件数が増加するなどにより再婚についての制約をできる限り少なくする要請が高まっている事情が認められることなどを挙げて，判決基準時までには 100 日超過部分は違憲となっていた，と判断している (民集 69 巻 8 号 2427 頁〔2436～2438 頁〕)。これは，具体的な数字が示されてはいないものの，平成 25 年判決よりは堅実化した論理の運びである。むしろ，平成 25 年決定が特殊な論証方法だったように思われる。

別」の理由（立法目的）を違憲とする立場が圧倒的に多かったし，違憲判決後かなり時間はかかったが，尊属加重規定は現在ではすべて立法上削除されているため，争点は解消している。

(2)　これに対して，婚外子法定相続分規定が「家」制度とかかわりがないことについては，平成7年の合憲決定における可部恒雄補足意見（Ⅱ1(4)②参照）が指摘するところである。ただし，平成25年の違憲決定は，昭和22年民法改正の際に，「『家』制度を支えてきた家督相続は廃止されたものの，相続財産は嫡出の子孫に承継させたいとする気風や，法律婚を正当な婚姻とし」，「法律婚以外の男女関係……の中で生まれた子に対する差別的な国民の意識」があったことを指摘していた（Ⅱ2(2)③参照）。[81]

(3)　また当該規定が「家」制度とは関わりがないとしても，平成7年決定の多数意見は，「夫婦関係に親子関係を包含させた『家族』モデル」（モデルA）を採用しているのに対して，反対意見は「夫婦関係から親子関係を独立させた『家族』モデル」（モデルB）を採用している，とする見解もある。「モデルAにおいては，婚姻は夫婦間に生まれてくる子の地位に関する合意を含んだ約束として理解される」。これに対して，「モデルBにおいては，婚姻は婚姻，親子は親子，両者は別々の法律関係として理解される。親子関係が存在する以上は子の地位に相違なく，したがって，相続分も同等であるはずであるというわけである」。[82]

(4)　平成7年決定は，民法900条4号ただし書前段の「立法理由」を「法律婚の尊重と非嫡出子の保護の調整」としたのに対して，平成25年決定は，その立法理由を明示しなかった。ここで2つの問題がある。第1は，「法律婚の

---

81)　学説のなかで，可部補足意見を高く評価し，平成25年決定の叙述を「ミスリーディング」と批判するのは，水野紀子「家族のあり方と最高裁大法廷決定」法の支配175号（2014年）68頁以下。

82)　大村敦志「判批」法学協会雑誌114巻12号（1997年）1566頁。木村敦子「婚外子相続分違憲決定に関する一考察」水野紀子編著『相続法の立法的課題』（有斐閣，2016年）98頁以下は，さらに，平成7年決定では「家族モデルA」が採用されていたのに対して，平成25年決定では「家族モデルB」が採用された，と論じている。中林暁生「婚外子法定相続分規定違憲決定」論究ジュリスト17号（2016年）94頁も同旨。本稿は，この家族モデルの違いよりは，大村の用語を借りれば，「アンチモダン」「プロトモダン」「ポストモダン」の家族観の対立に関心を向けている。参照，大村敦志「日本民法の展開(1)民法典の改正──後二編」広中俊雄＝星野英一編『民法典の百年 Ⅰ』（有斐閣，1998年）177〜178頁（注109）。

尊重」を立法理由とすることの副次的効果にかかわる。この点を指摘したのが，平成7年決定における5裁判官の反対意見である。つまり，「本件規定は，国民生活や身分関係の基本法である民法典中の一条項であり，強行法規でないとはいえ，国家の法として規範性をもち，非嫡出子についての法の基本的観念を表示しているもの」であり，「同じ被相続人の子供でありながら，非嫡出子の法定相続分を嫡出子のそれの二分の一と定めていることは，非嫡出子を嫡出子に比べて劣るものとする観念が社会的に受容される余地をつくる重要な一原因となっている」[83]，というのである。スティグマ論は，この反対意見のように，「立法理由」の違憲性を帰結するはずのものである。[84]しかし平成25年決定では，「本件規定の存在自体がその出生時から嫡出でない子に対する差別意識を生じさせかねないことをも考慮すれば，本件規定が上記のように補充的に機能する規定であることは，その合理性判断において重要性を有しない」[85]，という文脈で使われた。つまり，平成7年決定が本件規定の補充規定性を，「区別」が立法理由との関連性で「著しく不合理」でないとするために用いたこと[86]を否定するために，使用された。スティグマ論を「立法理由」自体の合理性判断という場面で用いた場合，平成7年決定と完全に衝突してしまうだけではなく，民法900条4号ただし書前段は制定当初から違憲だったという結論になりかねないからであろう。

(5) 第2は，「法律婚の尊重」を立法理由とすることの本来的効果にかかわる。つまり，「『尊重すべき法律婚』とは何なのかが改めて問われることになる」[87]，という問題である。様々な形態で共同生活する人々が存在する現代社会において，「婚姻の脱特権化」が語られることがある。[88]典型的には，同性カッ

---

83) 民集49巻7号1789頁（1807頁）。反対意見は，本文の論拠から，本件規定の立法目的が非嫡出子保護であるというのは合理性がないと論ずるのであるが，立法目的を「法律婚の尊重」とした場合であっても「合理性」はない，という趣旨を含む論理だと思われる。
84) 憲法学説上は，スティグマの議論は，区別自体の違憲性をいう場面で使われてきた。太田裕之「婚外子の法定相続分差別と憲法」同志社法学64巻7号（2013年）353〜354頁，およびそこで引用されている諸文献。この反対意見は，他方で，Ⅱ1(5)で紹介したように，「立法目的と手段との実質的関連性」がないという主張も行っており，論旨がやや未整理な印象がある。
85) 民集67巻6号1320頁（1330頁）。
86) 民集49巻7号1789頁（1794頁）。
87) 齊藤笑美子「婚外子相続分区別と憲民関係」法律時報85巻5号（2013年）45頁。
88) 二宮周平「家族法改革の展望」辻村みよ子編『かけがえのない個から──人権と家族をめぐ

プルと憲法 24 条の保障が問題となる。ジェンダー法学の内部でも，この点について見解は一致していないようである。一方で，「憲法 13 条を根拠にライフスタイルについての自己決定権を最大限に認める場合には，24 条との衝突は避けられないものとなり，13 条と 24 条との対抗関係（例えば同性婚を 24 条で保障していると解するか否か）などを問題とせざるをえない場面が出現する」，と説く見解がある。[89] 他方では，「24 条 1 項が，同性婚を排除するような公序の規定として読まれる必要はない。『両性の平等』と『個人の尊厳』以外に，立法者が尊重すべき憲法上の公序を 24 条から見いだせず，それらの公序が同性カップルと対立すると考えるのは困難だからである」，という見解もある。[90]

平成 25 年決定は，明示的に立法理由を語らなかったことで，こうした議論には一応開かれたものとなった。しかし，「法律婚の尊重」は当然に前提とされていると解説されたことからは，「婚姻の脱特権化」の方向とは異なる立場を維持するものであることが読み取れる。他方で，この決定が「家族という共同体の中における個人の尊重」という認識の浸透を鍵概念としたことは，意図しないものであろうが，「婚姻の脱特権化」への萌芽も内包していたといえなくもない。

5　家族のなかの「弱者」の保護

(1)　（近代型）「家族の解体」あるいは「現代型家族」という論理と現象が現れることに対抗して，家族のなかでの「弱者」を保護する必要性も語られるようになった。

その 1 つの素材は，尊属殺重罰規定違憲判決である。この判決をめぐっては，「尊属に対する尊重報恩」か「人格価値の平等」かという点に議論が収斂してしまったが，「父親が 14 歳の実の娘を姦淫したことから始まる当該事件の事実関係が示しているように，これは典型的な家庭内暴力＝性的虐待の事案」であ

る法と制度』（岩波書店，2011 年）218 頁以下，吉田克己『市場・人格と民法学』（北海道大学出版会，2012 年）132 頁など。
89)　辻村・前掲注 56) 178 頁。
90)　齊藤笑美子「自己決定と親密圏」ジェンダーと法 9 号（2012 年）101 頁。

る。そのため,「本件は,実父を殺さざるをえないほどの虐待を受けていながら国家からも誰からも放置されていた被告人を,はたして国家が処罰することが正当なのか,という視点から再構成すべき」というのである。「プライバシーの権利として,国家の立ち入ることのできない『聖域』を保障することは」重要だが,「『プライバシー』の名のもと,その『聖域』内部での『弱肉強食』を放置していないか」に注意が必要だ,と論ぜられるのである。

(2) 同様の問題関心から,同じく刑法200条を違憲とした一審と最高裁との論理構成の違いにも着目された。一審は,当該事案に刑法199条を適用し,過剰防衛と心神耗弱等を認めた上で刑を免除した(Ⅰ3(1)を参照)。こう判断することにより,地裁は「被告への処罰を断念し,彼女に対する国の責任をそれなりに明らかにした」。これに対して高裁判決は,急迫な侵害もなく,「防衛の意思がないばかりでなく,却つて攻撃の意思があつた」と認定して過剰防衛を認めず,刑法200条を適用して実刑判断となった。最高裁は,この高裁の認定した事実を基本的には受け入れた上で,執行猶予の途を探り,違憲判断を行った。こうして,「性暴力／ドメスティク・バイオレンスの被害者が加害者として裁かれる構造的問題は,地裁判決ではそれなりに受けとめられたものの,高裁／最高裁によって,封印されることになった」,と主張されるのである。

(3) 婚外子法定相続分規定をめぐっても,前提とする家族観は異なるが,類似した視点からの議論がある。つまり,日本において,家族法領域に対する憲法の働きかけに際して,「国家が私人間,とりわけ家族間に介入することによって,基本的人権を守る義務があるという憲法的要請が前面に出ることはなかった」,という問題意識である。ここから,「現代では,遺産をもっとも必要とするのは遺産に老後の生活を依存する生存配偶者」であり,「とりわけ被相続

---

91) 高井裕之「家族をめぐる憲法理論の分析——公序再編論の立場から」京都産業大学論集24巻4号（社会科学系列11号）（1994年）106頁。
92) 高井裕之「憲法における法的思考——尊属殺重罰規定をめぐって」田中成明編『現代理論法学入門』（法律文化社,1993年）208〜209頁。
93) 若尾典子「『女性の人権』をめぐって——ジェンダーに敏感な視点からの判例分析」公法研究61号（1999年）107頁。
94) 若尾・前掲注93）107〜108頁。本稿が着目してきた平等審査の手法という点では,一審は「目的違憲」説によるものだった。
95) 水野紀子「最高裁婚外子相続分差別違憲決定と婚姻制度」東北ローレビュー1号（2014年）19頁,同・前掲注81）71〜72頁など。

人夫妻の住居が主たる遺産であった場合，遺された妻の老後の居住権すら危うくなる。残念ながら生存配偶者保護の立法的な是正がないまま，本決定によって非嫡出子の相続分が増加した」ことが批判されるのである。また「相続における婚内子の優遇が諸々の清算として意味を持ちうる」[97]，という見解もある。[96]

(4) こうした見解に対しては，「本当に，婚姻の尊重・保護と婚外子の相続分差別は対抗関係に立つのだろうか」，という異論が出されている。生存配偶者の居住利益の保障に関しても，「この問題は，相続に関する一般的な問題であ」り，「生存配偶者と婚内子の間でも，例えば，先妻の婚内子と後妻との間で居住をめぐる紛争が起こることは考えられ」，「婚外子の相続分の平等化に固有の問題ではない」，という見解である。また，「家族関係が多元・多様化している現在，特定の婚姻モデルを基準として憲法上の平等原理を相続規律において修正する合理性」が失われているならば，「平等というルールに回帰するしかない」[99]，という反論も多くなされている。さらにこうした論争に対しては，それぞれについてどの程度の事例が存在するかという調査がなされているのか，[100]というもっともな疑問が出されている。家族のなかの「弱者」を保護する必要は，当然にある。しかしそのことと，婚外子の法定相続分差別規定を維持しなければならないこととは，やはり別の事柄であるように思われる。[101][98]

6 夫婦同氏規定合憲判決からの再考察

(1) 平成27年12月16日に，家族に関する重要な2つの大法廷判決があっ

---

96) 水野・前掲注95) 26頁。
97) 西希代子「婚外子法定相続分違憲決定」法学教室403号（2014年）56頁。
98) 二宮周平「婚外子の相続分差別は許されるのか（4・完）」戸籍時報621号（2007年）13～15頁。潮見・前掲注57) 69頁も，「法律婚の尊重や婚姻家族の保護の要請には」，「配偶者の法定相続分や個々の相続人の寄与分としてどれだけの割合を保障するのが憲法24条の理念に適うのかという文脈で対応すべき」という。さらに，「財産相続制度の下で，嫡出子という出自に結びつけられた価値を」，「独自の価値として相続制度に組み込むことは，憲法24条の改正を抜きにして，解釈論として無理」だ，と論ずる。
99) 渡邉・前掲注57) 5～6頁，床谷文雄「判批」私法判例リマークス47号（2013年）74頁以下，棚村政行「婚外子相続分差別違憲決定」自由と正義65巻1号（2014年）103頁など。
100) 高橋ほか・前掲注66) 27頁〔高橋和之〕。
101) これに対して水野紀子「婚外子相続分差別違憲決定」法律時報85巻12号（2013年）2頁は，「婚姻保護の強化」と「非嫡出子差別」が「相互に連関している」ことを強調している。

た。旧民法下では，氏は「家」の名称だったが，現行民法は「家」制度を廃止するとともに，750条で夫婦の同氏を定める。この規定に関する合憲判決から[102]，これまでの議論を再考したい。

夫婦同氏規定違憲訴訟における第1の争点は，民法750条が「氏の変更を強制されない自由」を不当に侵害するため憲法13条に反しないか，であった。判決は，「氏は，婚姻及び家族に関する法制度の一部として法律がその具体的な内容を規律しているものであるから，氏に関する上記人格権の内容も……法制度をまって初めて具体的に捉えられるもの」だ，という理解を示す。その上で，「家族は社会の自然かつ基礎的な集団単位」であるから，「個人の呼称の一部である氏をその個人の属する集団を想起させるものとして一つに定めることにも合理性がある」と述べつつ，そもそも「婚姻の際に『氏の変更を強制されない自由』が憲法上の権利として保障される人格権の一内容」ではないとして，憲法13条違反の主張を退けた。ただし，「婚姻前に築いた個人の信用，評価，名誉感情等を婚姻後も維持する利益等は……憲法24条の認める立法裁量の範囲を超えるものであるか否かの検討に当たって考慮すべき事項」だ，とされた（2587～2590頁）。

この判決による憲法上の権利と制度に関する判示に対しては，「名前自体は，国家により創設された制度ではなく，社会の中で自生的に成立したもの」だ，という根本的な批判がある[103]。本稿が注目したいのは，最高裁が念頭においている家族は，「夫婦及びその間の未婚の子」あるいは「養親子」であり（2588～2589頁），それが「社会の自然かつ基礎的な集団単位」だと述べられたことである。（近代型）「家族の解体」あるいは「現代型家族」について語られる現在の状況のなかで，こうした「近代的小家族」観の自然性を，最高裁があえて書き込んだ意図が問われる[104]。

---

102) 最大判平成27・12・16民集69巻8号2586頁。この判決からの引用は，本文中に頁数を記す。
103) 高橋和之「同氏強制合憲判決にみられる最高裁の思考様式」世界879号（2016年）144頁。
104) なお自民党の日本国憲法改正草案24条1項は，「家族は，社会の自然かつ基礎的な単位として，尊重される。家族は，互いに助け合わなければならない」，と規定する。改憲草案と最高裁判決との符合について，杉原里美「家族のかたち　最高裁がなぜ踏み込む」朝日新聞2016年2月11日付け朝刊。自民党草案の家族条項について，若尾典子「家族」民主主義科学者協会法律部会編『改憲を問う――民主主義法学からの視座』（日本評論社，2014年）98頁以下。もっとも

(2) 第2の争点は，民法750条が憲法14条1項に反しないか，である。判決は，「夫婦同氏制それ自体に男女間の形式的な不平等が存在するわけではない」と簡単に判断した。これはつまり，別異取扱い自体がないという判断である（Ⅲ2(1)を参照）。別異取扱いの正当化審査がなされていないのは，そのためである。その上で，夫の氏を選択する夫婦が圧倒的である現状に，「社会に存する差別的な意識や慣習による影響があるのであれば，その影響を排除して夫婦間に実質的な平等が保たれるように図ることは，憲法14条1項の趣旨に沿うもの」であり，「後記の憲法24条の認める立法裁量の範囲を超えるものであるか否かの検討に当たっても留意すべきもの」である，という（2590～2591頁）。

　この判示に対しても，96％の夫婦が男性の氏を選択しているという結果は，「誰が見ても選択の機会の自由な行使の結果」ではないため，14条1項に反するという批判がある。[105] ここでは，「機会の実質的平等」という，本稿がこれまで扱ってきた形式的平等に関する審査とは位相を異にする論点が問われていることに，留意したい。判決に対する上記の批判はもっともと思われるが，原告側もこの論点を上告段階で初めて主張したことが示すように，14条1項の平等は基本的に形式的な平等を意味するという，従来の判例法理の壁が厚いことは自覚していた。この主張により，最高裁に問題を発見させ，24条2項に関する判示を引き出した，という点に意義があったと言えよう。

　(3) 第3の争点は，本件規定が憲法24条1項に反しないか，である。判決は，「本件規定は，婚姻の効力の一つとして夫婦が夫又は妻の氏を称することを定めたものであり，婚姻をすることについての直接の制約を定めたものではない」，という。さらに，「ある法制度の内容により婚姻をすることが事実上制約されることになっていることについては，婚姻及び家族に関する法制度の内容を定めるに当たっての国会の立法裁量」審査に際して考慮すべきだ，という（2592頁）。

　「家族は，社会の自然かつ基礎的な単位」という表現は，国際人権規約自由権規約23条1項にも見られる。参照，二宮周平「夫婦の氏と個人の尊重──最高裁大法廷判決に寄せて」時の法令2000号（2016年）52頁。
　105)　高橋・前掲注103) 146頁。中里見博「夫婦同氏訴訟最高裁大法廷判決」法学教室431号（2016年）35頁，巻美矢紀「憲法と家族──家族法に関する二つの最高裁大法廷判決を通じて」論究ジュリスト18号（2016年）90～91頁なども同旨。

これに対して，岡部喜代子裁判官の意見（桜井龍子，鬼丸かおる裁判官が同調）は，「夫婦が称する氏を選択しなければならないことは，婚姻成立に不合理な要件を課したものとして婚姻の自由を制約するもの」だ，としている（2604頁）。学説でも，「国家の定める婚姻制度は，基本的には婚姻の自由の制限と捉え，それがなぜ正当かをきちんと説明する必要がある」，と説かれることがある[106]。これは憲法上の権利と制度の関係という論点にかかわるため，後述したい。

　(4)　第4の争点は，当該規定の憲法24条2項適合性である。判決は，「憲法24条2項は，具体的な制度の構築を第一次的には国会の合理的な立法裁量に委ねるとともに，その立法に当たっては，同条1項も前提としつつ，個人の尊厳と両性の本質的平等に立脚すべきであるとする要請，指針を示すことによって，その裁量の限界を画したもの」，と理解する。さらに，その要請・指針は，「憲法上直接保障された権利とまではいえない人格的利益をも尊重すべきこと，両性の実質的な平等が保たれるように図ること，婚姻制度の内容により婚姻をすることが事実上不当に制約されることのないように図ること等についても十分に配慮した法律の制定を求めるものであり，この点でも立法裁量に限定的な指針を与えるもの」だ，とする。他方で，「特に，憲法上直接保障された権利とまではいえない人格的利益や実質的平等は，その内容として多様なものが考えられ，それらの実現の在り方は，その時々における社会的条件，国民生活の状況，家族の在り方等との関係において決められるべきものである」，とされた。こうした観点から，夫婦同氏制は，「個人の尊厳と両性の本質的平等の要請に照らして合理性を欠く制度」ではないため，24条に反しない，と結論された（2592〜2595頁）。

　この判決が，24条2項について立法者に制度構築の裁量を認めるとともに，その限界を画するものだと位置づけたことは，婚外子法定相続分規定違憲決定が暗黙裏に含んでいた趣旨を明示化する判断である。さらに，判決が「憲法24条には憲法13条や14条1項の範囲にとどまらない固有の意義があることを認め」た上で，「当該法律が制約する特定の基本的人権と対置される立法目

---

106)　高橋・前掲注103) 147頁。

的とを確定してこれに限定して検討を加えるといった手法ではなく，当該法制度の趣旨や同制度を採用することにより生ずる影響等につき広く検討を加えることによって憲法適合性を判断」する見解を示したことも[107]，注目できる。

ここでは，先にも触れたように，「国家の定める婚姻制度は，基本的には婚姻の自由の制限と捉え，それがなぜ正当かをきちんと説明する必要がある。もし不必要な制限であれば，その制限は憲法違反」だ[108]，という根本的な批判がある。また立法裁量審査についても，判決は，「個人の尊厳と両性の本質的平等」という「定式が日本国憲法の根本原理だという理解はとら」ず，「単に立法裁量の限界を画する『指針』程度の抽象的な規定にすぎないと解して」おり，「憲法上直接保障された権利とまではいえない人格的利益」や「両性の実質的平等」は，「『憲法上の権利』性を否定された単なる利益にすぎないから，立法裁量において『総合的に考慮』する際の一考慮要素に格下げされた利益にすぎ」なくなる，という批判がある[109]。

これに対し岡部喜代子裁判官の意見は，おそらく多数意見の判断枠組みを前提とした上で，諸事情を総合的に考慮した結果，民法750条は「個人の尊厳と両性の本質的平等の要請に照らして合理性を欠」く，と判断したものである。

(5) 憲法上の権利のなかには，具体的内容や行使方法が立法者による制度構築に依存するものがあることについては，近年，盛んに議論がなされてきた[110]。これに対して婚姻制度については，対をなす特定の権利が見つけにくい，と整理されることもあった[111]。夫婦同氏規定合憲判決は，判例上おそらく初めて憲法24条を前面に出しただけではなく，こうした問題を論ずるための重要な素材

---

107) 畑佳秀「時の判例」ジュリスト1490号（2016年）102頁。
108) 髙橋・前掲注103) 147頁。
109) 髙橋・前掲注103) 148頁。同旨，戸波江二「夫婦同氏を要求する民法750条の違憲性（2・完)」早稲田法学91巻2号（2016年）25頁，中里見・前掲注105) 36～38頁など。
110) さしあたり，渡辺康行「立法者による制度形成とその限界——選挙制度，国家賠償・刑事補償制度，裁判制度を例として」法政研究76巻3号（2009年）249頁以下，渡辺ほか・前掲注58) 82頁以下〔渡辺〕。
111) 駒村圭吾『憲法訴訟の現代的転回——憲法的論証を求めて』（日本評論社，2013年）295頁。また「氏の変更を強制されない自由」にしても，「婚姻の自由」にしても，「さしあたりは法制度とは切断可能な他の自由とは性質が異なる」と考える立場からも，「制度の周縁にはめ込まれた権利」が「制度の軌道修正を促す」途を探ることが説かれている。参照，石埼学「夫婦同氏訴訟——民法750条の合憲性」速報判例解説（法学セミナー増刊　新・判例解説Watch）18号（2016年）34頁。さらに，巻・前掲注105) 94～95頁。

を提供し，憲法判例のなかで家族を論ずる新たな観点を示したものである。

　ある権利が制度構築に依存していることを認めることが，「制度優先思考」を直線的に導くわけではない。権利に対する制限と構成できる場面もあれば，制度構築の裁量を枠づけできる場面もある。夫婦同氏規定合憲判決は，そのような方向で発展させる余地を含んでいるもの，と受け取りたい。またそのような方向性からは，婚外子法定相続分規定も憲法 14 条 1 項だけでなく，24 条 2 項適合性が問われるべきではなかったか，という疑問も再浮上してくる。

結びに代えて

　本稿で扱った尊属殺重罰規定や婚外子法定相続分規定の合憲性は，立法目的ないし立法理由の理解に表れた家族観だけで判断されるものではない。むしろそれを正面に出さずに，立法理由と「区別」との関連性，または「区別」自体の合理性の場面で論じた方が，合意が形成されやすいものかもしれない。実際にも最高裁は，そうした戦略を採用している。しかし最高裁の判決から，それが前提としている家族観は読み取ることはできる。そしてそれは，「尊属に対する尊重報恩」を説いた昭和 48 年判決と，「法律婚の尊重」を自明の前提としつつ，「家族という共同体の中における個人の尊重」という認識の浸透を説いた平成 25 年決定との間では相当に変化している。さらに，家族のなかでの「弱者」保護の方向へと進むかあるいは，「家族の解体」ないし「多様な現代型家族」を許容するところまで進むかは，第一次的には立法部の判断事項であろう。立法部による家族制度の構築に関して，憲法上の権利に対する制約があると構成できる場合，あるいは現在の制度が立法裁量の枠を超えている場合については，裁判所がそれを統制しなければならない。夫婦同氏規定合憲判決は，そのような事例だったのではないか。最高裁はその手がかりは示したものの，

---

112) 上田健介「夫婦同氏制を定める民法 750 条の合憲性」法学教室 430 号（2016 年）126 頁, 辻村みよ子『憲法と家族』（日本加除出版, 2016 年）281 頁。

113) 婚姻家族を重視する代表的論者も，「夫婦同氏強制が，家族の絆となるよりもむしろ婚姻障害となり，婚姻が崩壊する方向に機能することを危惧する」観点から，民法 750 条を違憲だと論じている。水野紀子「夫婦同氏を定める民法 750 条についての憲法 13 条, 14 条 1 項, 24 条の適合性」家庭の法と裁判 6 号（2016 年）16 頁以下。

機会を逸してしまったように思われる。さらにそれだけでなく，最高裁は「夫婦及びその間の未婚子」からなる「近代的小家族」を想定しつつ，「家族は社会の自然かつ基礎的な集団単位」だと位置づけた。この判決が，「家族という共同体の中における個人の尊重」と異なった方向性をもつのかが問われる[114]。とは言え，平成27年の最高裁が24条論という本来の土俵に上がったことは注目できる。「近代的小家族」観を維持した上でも，それに完全には収まりきらない家族に対する配慮に関して，最高裁が示した萌芽的な審査手法を発展させることが，憲法学にとっての課題だと思われる。

---

114) 中里見・前掲注105) 38頁。石綿はる美「『家族』の呼称としての氏と婚姻の効力としての夫婦同氏」論究ジュリスト18号（2016年）84頁も，両判決が「中心に考える『家族』の像は同じであるとしても，その周辺の家族への考慮が異なっている」，という。平成25年違憲決定と平成27年合憲判決の多数意見・補足意見に共通して参加している裁判官は4人のみであり，長官も交代しているため，ニュアンスの違いは生じ得ることであろう。

論拠としての「近代」
——三菱樹脂事件

林　知　更

I　主　題

　我々の目の前には，今，基本的人権規定の意義と妥当範囲をめぐるふたつのテクストがある。この両者の関係を我々がいかに受け止めたらよいのかが，以下の行論の主題である。

　〔A-1〕「基本権が第一義的には個人の自由の領域を公権力の侵害から保護するものであることは疑いえない。基本権は市民の国家に対する防御権である。……しかしながら，〔憲法〕は価値中立的な秩序であろうとはしておらず〔判例引用略〕，その基本権の章において客観的な価値秩序をも定立したのであり，まさにここに基本権の効力の原則的な強化が表現されている〔文献引用略〕，ということも同様に正しい。この価値体系は，社会的な共同体の中で自由に自らを発展させる人間の人格とその尊厳を中心に置いており，それは憲法上の基本決定として法のすべての領域で妥当しなければならない。立法，行政及び司法は，ここから方針と衝撃を受け取るのである。それ故この価値体系は当然民法にも影響を与える。いかなる民法上の規定もこの価値体系と矛盾してはならず，あらゆる規定はこの価値体系の精神において解釈されなければならない。」[1]

---

1)　BVerfGE 7, 198 [204f].

〔B-1〕「憲法の右各規定は，同法第三章のその他の自由権的基本権の保障規定と同じく，国または公共団体の統治行動に対して個人の基本的な自由と平等を保障する目的に出たもので，もつぱら国または公共団体と個人との関係を規律するものであり，私人相互の関係を直接規律することを予定するものではない。……私人間の関係においては，各人の有する自由と平等の権利自体が具体的場合に相互に矛盾，対立する可能性があり，このような場合におけるその対立の調整は，近代自由社会においては，原則として私的自治に委ねられ，ただ，一方の他方に対する侵害の態様，程度が社会的に許容しうる一定の限界を超える場合にのみ，法がこれに介入しその間の調整をはかるという建前がとられているのであつて，……憲法上の基本権保障規定をそのまま私人相互間の関係についても適用ないしは類推適用すべきものとすることは，決して当をえた解釈ということはできないのである。」[2]

今，このふたつのテクストを前にして，我々を第一に捉えるのは，両者の間の明瞭な差異であろうと思われる。

前者（A）は，ドイツ連邦共和国で連邦憲法裁判所がその創設から現在まで過去60余年に下した判決の中で，恐らく最も有名な事件であるリュート判決（1958年1月15日，BVerfGE 7, 198）の一節である。ナチス期に体制擁護のプロパガンダ映画を多く撮って名を挙げた映画監督ハーラン（Veit Harlan）が，戦後映画界で復権を企てるのに対して，ハンブルク州広報室長であるリュート（Erich Lüth）はハーランの映画へのボイコットを公衆に呼びかける（1950年）。経済的損害を恐れる映画会社がリュートに対して起こした差止めの訴えをハンブルク地裁が認容したのを受け，リュートは連邦憲法裁判所に憲法異議の訴えを提起する。これに対して下された本判決は，表現の自由と対抗する法益との調整という事案の構造（本判決はリュートに対する基本権侵害を認定し，民主主義社会における表現の自由の擁護という見地から見ても重要な一先例となる）を超えて，戦後ドイツ憲法史に対して消えない刻印を与えることになった。それは，その後のドイツ基本権論の飛躍的発展を導いた法史上の転轍点，もしくは一種の

---

2) 最大判昭和48・12・12民集27巻11号1543頁。

論拠としての「近代」

「ビッグバン」とみなされていくことになるのである。

それから遅れること 15 年，日本の最高裁判所は 1973 年にある有名な判決を下す (B)。1960 年代，戦後秩序の安定化と同時に，体制の保守性や政治的閉塞，戦争責任を負うことなく社会の指導層に納まった旧世代などへの新しい世代の反発が，対抗文化の登場とも相俟って様々な形で世界的な広がりを見せていった。青年は，学生運動をしていた経歴を隠してある企業に就職するが，これが露顕し，3カ月の試用期間の終了後に本採用の拒否を通告される（1963 年）。思想・良心の自由の侵害を主張して勤務関係存在の確認とこの間の賃金の支払を求める彼の訴えに対して最高裁が下した本判決（いわゆる三菱樹脂事件。最大判昭和 48・12・12 民集 27 巻 11 号 1536 頁）は，結論自体は必ずしも画期的とは評されえない（それは原告勝訴の原審判決を破棄し，原告の思想・良心の自由の主張を退けつつ，解雇権の行使の適切性の判断について原審に差し戻した）。が，それは少なくとも理論的に見て憲法上重要な態度決定を含むものとして学説等に受け止められた。とは言え，最重要判例としての位置づけとは裏腹に，こちらは巨大な路線転換もしくはいかなる「ビッグバン」も生むことなく終わる。それは，本判決の直前，主に労働基本権の領域で 1970 年前後に展開された烈しい路線闘争の後に保守化した最高裁が，爾後安心して引用していくことのできる権威として，静かに苔むしていったようにも見える。

ふたつの判決は，異なる国で，大きく異なる時代背景の下，全く異なる事実関係から生み出され，その後もおよそ共通性が見出しがたいほどに異なる判例法上の命運を辿っていった。実際，〔A-1〕〔B-1〕の引用を恐らく素人が卒然と読んでも，その文体や，文章に込められた一種のパトスには，一見して明らかと言いうるほどの違いがある。が，これほどに違いのある両者は，これまで日本の憲法学説によって，要するに内容的にはほぼ同一の立場を主張する判例として受け止められてきた。

そこには恐らく全く理由がないわけではない。とりわけ，この両判決を改めて読み直すなら，ここには上述の内容的な面での差異を超えて，なお一定の共通性，どこか次元の似た部分があるようにも思われる。それは一言で言えば，両判決の論証作法が持つ大上段な構え，いわば「乱暴」なまでの理論性の高さである。〔A-1〕がその論証の柱に据えるのは，憲法の定める基本権が「客観

的な価値秩序」を構成する，という洞察である。他方，〔B-1〕の議論を支えるのは，我々の「近代自由社会」が「私的自治」の原則こそを柱とする，という理解であった。すなわち裁判所がここで取り組むのは，既存の判例が厚く蓄積する中で，事案の区別等のテクニックを用いながら，従来の判例法理の枠組みを与件として目の前の事案をいかに適切に解決するか，ではない。既存の判例法理を超えた原則的な判断を導くために，ほぼ更地から，基本権の本質とは何か，近代社会の構成原理とは何か，といった巨大な理論的問いへと遡及する点にこのふたつのテクストの共通の特質があるとすれば，ここにそれぞれの判例が示す共通の「世代」的特質——いわば各国の戦後憲法の自己形成期ないし青年期に特有の相貌——を読み取ることは，必ずしも不可能ではないように思われる。

　日本の憲法論は，明瞭な対立と，にも拘わらず存する一定の共通性との両面に彩られたこのふたつの判例を，どのように自らの体系のうちに位置づけようとしてきたのか。そこでの理解のあり方の中に，日本で憲法を論じるという営みが持ついかなる特質が現れているのだろうか。以下で本稿が取り組むのは，従来の通説的見解を「異化」することで，我々の現状と今後の可能性を探るための，ごくささやかな試みである。

　問題に取り組むための最初の入り口は，「間接効力説」にある。以下，検討しよう。

II　私人間効力論の磁場

1　私人間効力という論点設定

　ふたつの判例を結ぶ共通点は，両者が共に人権の「私人間効力」に関わる事例として理解されうる点にある。憲法が定める基本的権利の諸規定，とりわけ

---

3) この論点に関する学術文献は，過去半世紀以上の間に，膨大な分量にまで増大している。本稿では，「テクストとしての判決」に直接語らしめるという本書の趣旨にも鑑み，また煩雑さを避ける意味も含めて，学術文献の引用は必要最小限度にとどめるという方針を採る（邦語文献のみ

自由権規定は，主観的公権の一種，すなわち国家に対する個人の権利を定めるものとして理解するのが基本的な考え方となる。これに対して私人と私人の相互関係は，民法を始めとする諸法律によって規律される。ここには時として社会的格差の拡大や弱者の搾取・抑圧など種々の問題が生じるが，これは立法者による法律の制定と行政・司法によるその解釈・適用によって対応すべきだ，というのが原則的な考え方とされる（例えば労働者の保護のために労働法が，消費者の保護のために消費者法が立法・判例等によって形成されていったように）。

　もっとも，我々の有する正義の観念に照らして，重要な自由や利益が不当に制約されながら，既存の法律や判例等によっては十分に救済されない事例も生じうる。裁判所がここでなお当事者の救済を試みる場合，そのための可能な武器のひとつとして考えられるのが，憲法の人権規定である。もし憲法の基本的権利に関する諸規定が，国家と私人の関係のみでなく私人相互間の関係についても一定の規範的要請を含んでいると解釈できるならば，裁判所は憲法の法律に対する優位に基づき，私人間関係に関する既存の法律・判例を憲法を根拠に補充ないし修正しうることになる。

　この，人権規定がどこまで私人間に効力を及ぼすのか，という問題は，1950年代のドイツで大きな争点とされ（ドイツでは通例「第三者効力」と呼ばれる），これに刺激される形で日本でも活発に議論されることになった。A判決とB判決はともに，それぞれの国でこの問題に対して裁判所が原則的な立場を示したものと受け止められたのである。両判決に対する上記の伝統的理解を支える第1の前提は，この点に存する。

2　三つの基本的立場

　ところで，この私人間効力という論点については三つの立場が対置されるのが通例である。第1の立場は無効力説であり，これは人権規定の効力が原則として私人間には及ばないとする原則的な立場に固執する。

　これを採らない場合，第2に考えられるのは，人権規定が私人間に直接効力

でなく欧語文献も同様である）。

を及ぼす，とする理解であろう。これがいわゆる直接効力説であり，ドイツでは初期の連邦労働裁判所がこの立場を主張した。それは例えば，以下のような形で現れる。

〔C〕「憲法の基本権のうち，全てではないにしても一連の重要なものは，単に国家権力に対する自由権を保障するのみではなく，社会生活の秩序原理でもあるのである。これは，基本権からより詳細に展開されるところの範囲において，市民相互の法関係に直接の意味を有する。それ故私法上の協定，法律行為，行動は，具体的な国家秩序・法秩序の秩序構造，公序（ordre public）と呼びうるものと，矛盾するものであってはならないのである。」（連邦労働裁判所 1954 年 12 月 3 日判決）[4]

〔C〕は，勤務中に政治活動を行ったために解雇された労働者が勤務関係存在の確認を求めて訴えた事例で，かような私人間の紛争にも憲法上の基本権規定が効力を有することを述べた部分である（但し結論としては，表現の自由，法の下の平等のいずれについても，原告の主張を退けている）。連邦労働裁判所はかくして，労働関係の法的紛争に基本権規定の効力を拡大していく。例えば同一の労働に対して男女間で賃金に格差を設ける労働協約・労働契約が，憲法の平等規定（ボン基本法 3 条）に違反して無効と判断される（1955 年）[5]。また 1957 年には，実習看護師が在任中に結婚した場合は退職する旨の労働契約上の規定が，基本法 6 条 1 項（婚姻と家族の保護），1 条 1 項（人間の尊厳），2 条（自由な人格発展への権利）を侵害して無効であると判断された。具体的構成としては，ドイツ民法（BGB）134 条が「法律による禁止に抵触する法律行為は……無効である」と定めており，憲法がこの「法律による禁止」を直接に定めているものと解釈されるのである[6]。

同様に不法行為法の領域でも，BGB823 条 1 項は「故意または過失によって，

---

4) BAGE 1, 185 [193].
5) BAGE 1, 258. 但しこれは，基本権規定の直接効力に関する先例（前掲注 4）の説示を引用しつつも，第一義的には労働協約が実質的意味の「立法」に当たることを理由に基本権規定を直接に適用している。
6) BAGE 4, 274.

他人の生命，身体，健康，自由，財産もしくはその他の権利を違法に侵害した者は，これによって生じた損害を賠償する義務を負う」，と定めており，憲法が私人間の権利を直接に付与していると解する場合には，形式上はこれを通して不法行為法上の保護を受けうることになる。連邦通常裁判所が一般的人格権を導出するに際して，かかる直接効力説的な発想を長く採用していたことはよく知られる。

〔D〕「今や基本法が，人間の尊厳の尊重を求める権利（1条）と，自由な人格発展への権利を，他人の権利を侵害せず憲法的秩序や人倫法則に反しない限りで（2条），全ての人から尊重されるべき私的な権利としても承認した後には，一般的人格権は憲法上保障された基本権と見なされなければならない〔文献引用略〕。」（連邦通常裁判所 1954 年 5 月 25 日判決）[7]

かくして連邦労働裁判所は，自らの先導するかような基本権保障の私人間への拡大という趨勢の中，先の 1957 年判決の中で，連邦憲法裁判所と連邦通常裁判所に向けて意気軒昂に次のように述べる。

〔E〕「当法廷は，この連邦憲法裁判所の判決〔BVerfGE 6, 55〕の中に，市民相互の法関係に対する根本規範としての基本権の作用についての自らの判例が確認されたのを見出す。」「連邦通常裁判所も同様の立場に立っている。」（連邦労働裁判所 1957 年 5 月 10 日判決）[8]

もっとも実際には，この考え方に対しては様々な疑念が提起されることになる。私人が国家と同様に基本権に拘束されると解することは，憲法上の権利の基本的性格の変質であり，私人の自由を損ないリベラルな秩序を変質させるのではないか，という疑念が提起されうる。また，この考え方は伝統的な私法の自律性の観念と衝突し，これまでの法秩序の構造を動揺させる，等の問題も指摘される。

---

7) BGHZ 13, 334 [338].
8) BAGE 4, 274 [277].

結局，連邦憲法裁判所は1958年のリュート判決でこの連邦労働裁判所の立場を退け，より穏やかな形で基本権の効力を私人間に及ぼす方法を選ぶことになった。これが第三の立場たる間接効力説である。〔A-1〕は，憲法が「価値秩序」であり，民法の規定がこの「価値体系の精神」に従って解釈されるべきことを主張している。その趣旨は更に次のように敷衍される。

　〔A-2〕「客観的規範としての基本権の法的内容は，私法においてはこの法領域を直接に支配する諸規定を媒介にして展開される。……かような基本権によって影響された民法の行為規範から生じる権利義務についての私人間の争訟は，実体的にも手続的にも民事上の法的争訟にとどまる。解釈・適用されるのは民法である。たとえその解釈が公法，すなわち憲法に従うべきものであるとしても。」[9]

　具体的にはリュート判決では，リュートによる映画のボイコットの呼びかけが，BGB826条「善良の風俗に反する態様で，故意に他人に損害を与えた者は，損害を賠償する義務を負う」に違反するか否かが争われた。しかし，この「善良の風俗」は，解釈を必要とする抽象概念である。判決は，これを憲法の「価値体系の精神」，具体的には民主主義社会における表現の自由の意義を斟酌して解釈することによって，リュートの不法行為責任を認定した原審判決を破棄した。民法上にはこのような一般条項が他にも存在しており（例えば法律行為ならBGB138条1項「善良の風俗に反する法律行為は無効である」など），基本的に憲法の価値はこれらの規定を通じて私法に充填される，ということになる。かくして連邦憲法裁判所は，連邦労働裁判所の急進的な立場とはやや異なる地点に着地することになった。[10]

　この，無効力説・直接効力説・間接効力説という学説三分論の枠組みが，上記の伝統的理解を支える第2の前提である。

---

9) BVerfGE 7, 198 [205f.].
10) BVerfGE 7, 198 [204].

3 議論の磁場の形成

かくして，私人間効力論という論点設定と，そこでの学説三分論というマトリックスが，議論の基本的な枠組みを設定する。もし私人間効力という主題が現代国家にあまねく見られる普遍的問題に関わるものであり（経済社会が私的自治の中から種々の社会問題を生み出すことは，既に19世紀から広く知られた現象である），もしそこで可能な以上の考え方が純粋に論理的な区分に基づくものであるとするならば（無・直接・間接という三つ以外にいかなる選択肢が存在しえようか？），ドイツと日本との間に区別を置く必要などどこにもない，ということになろう。

従ってここでは，日本国憲法の基本的人権について上記三説のうちいずれを採用するべきなのか，また日本の最高裁はこの中でどの説を採用しているのか，という形で学説の議論が展開されていくことになる。

まず後者に関して言えば，三菱樹脂事件は，既に引いた〔B-1〕の判示で，直接効力説には与しないことを言明する。これだけでは無効力説なのか間接効力説なのかわからないが，判決はその次の節の中で次のように述べる。

〔B-2〕「私的支配関係においては，個人の基本的な自由や平等に対する具体的な侵害またはそのおそれがあり，その態様，程度が社会的に許容しうる限度を超えるときは，これに対する立法措置によつてその是正を図ることが可能であるし，また，場合によつては，私的自治に対する一般的制限規定である民法1条，90条や不法行為に関する諸規定等の適切な運用によつて，一面で私的自治の原則を尊重しながら，他面で社会的許容性の限度を超える侵害に対し基本的な自由や平等の利益を保護し，その間の適切な調整を図る方途も存するのである。そしてこの場合，個人の基本的な自由や平等を極めて重要な法益として尊重すべきことは当然であるが，これを絶対視することも許されず，統治行動の場合と同一の基準や観念によつてこれを律することができないことは，論をまたないところである。」[11]

この部分は丁寧に読めば，実は必ずしも憲法上の人権規定の効力を述べているわけではないのだが，「民法1条，90条や不法行為に関する諸規定等の適切な運用」への言及は，間接効力説を想起させるところもある。このために，従来の多数説はこれを根拠に判決に間接効力説を読み込むとともに，〔A〕判決と同様に間接効力説を採用した筈であるにも拘わらず私人間での基本的人権の保障に対して消極的な最高裁の態度を批判してきた（他方で別の立場は，そもそも判例が間接効力説を採用しているという理解自体の困難を指摘する）。

　以上の枠組みに従う限りでは，この問題領域での最大の争点は，我々が無効力説・直接効力説・間接効力説のうちいずれを採用するべきか，という点に置かれることになる。これはしばしば，「国家からの自由」という「近代的」な基本権像に対して修正を加えるべきか否か，加える場合にはいかなる理路によってどこまでか，という問題として置き換えられる。三菱樹脂事件が「近代自由社会」や「私的自治」の観念を自らの論証の支えとする（〔B-1〕）以上，これに応接する上で問われなければならないのは，我々の社会の構成原理とここでの基本権の意義をいかに理解すべきかである。私人間効力論がしばしば「社会的権力によって脅かされる個人」という像を描いてきたこととも併せて，ここでは「近代」的な憲法原理（公私の区分，個人主義など）に対する「現代」的な変容（公私区分や人間像の変容など）の是非が争われることになる。

4　いくつかの疑問

　以上の枠組みは，それなりにわかりやすく明快で，安定的であるように見える。かような理解が最近までわが国の解釈論を支配してきたのも，驚くに値しない。リュート判決と三菱樹脂事件をともに間接効力説に立つものとして同視するのも，仮に〔B-2〕部分の解釈に同意するならば，それとして成り立ちうる考え方でもある。

---

11)　民集27巻11号1544頁。
12)　但し以下では，日本の私人間効力論に関する伝統的理解として，多くの教科書・体系書で共有された枠組みや共通了解を念頭に置いて議論する。この間に膨大な量にまで蓄積した個別の学術論文までをも視野に入れるなら，学説の議論は言うまでもなくもう少しニュアンスに富んではいる。

論拠としての「近代」

　にもかかわらずここには，この枠組みでは十分に説明されないいくつかの疑問が残されるように思われる。最大の疑問は，最初に触れたように，両判決がそれぞれの国で辿った判例法上の命運が，同一の論点に関して同じ立場を明らかにした判例にしてはあまりにも異なりすぎている点である。リュート判決は，次節でも改めて述べるように，私人間効力論を超えて，基本権論全体にとって極めて重要な意義を持つ判決と見なされることになった。他方，三菱樹脂事件は，基本権論全体どころか，私人間効力という論点だけに限っても，果たしてどこまで最高裁の原則的な考え方を示したリーディングケースと言えるのか，実のところ疑問を禁じえない。すなわち一方には，翌年の昭和女子大事件のように，三菱樹脂事件を先例として引用しつつ，大学と学生との間の法的紛争において基本的人権規定が関連性を持つことを否定し，これを一切顧慮することなく事案を解決した事例が存在する。他方で，女子若年定年制事件が，女子の定年を男子よりも低く定めたある会社の就業規則を公序良俗（民法 90 条）違反で無効と判断するに際して，かっこ書ながら明示的に憲法 14 条 1 項に言及するように，私人間の紛争であるにも拘わらず憲法に言及する事例もある。かように，無効力説であるかのように見える判例から実質的に直接効力説ともさほど径庭ないかに見える判例まで，よく見ると実は一貫性の疑われる一連の判例群が存在しており，これを全体としていかに整合的に説明しうるかは，現在学説に課せられた難題となっている。三菱樹脂事件は，私人間効力をめぐる争いを部分的にしか解決しなかったのである。

　伝統的理解が有する非常に明快でかつ安定的な枠組みの背後に，実はこれによっては十分に説明されない諸問題が隠されている。もしこのように言うことが仮に許されるとすれば，このことが我々に示唆するのは，かような伝統的理解の明快さが，実は何か重要な問題を視界から排除し，見ないようにすることで成り立っているのではないか，という疑いであるように思われる。そこで我々は次に，三菱樹脂事件の比較対象としてのリュート判決を，わが国の伝統的理解とは少し異なる角度から眺めてみなければならない。

---

13)　最三小判昭和 49・7・19 民集 28 巻 5 号 790 頁。
14)　最三小判昭和 56・3・24 民集 35 巻 2 号 300 頁。
15)　リュート判決の意義と背景に関しては，とりわけ次の研究書が多くの情報と知見を与える。

III　リュート判決再訪——またはリュートから見た三菱樹脂

1　「転轍」の意義

〔F〕「憲法の基本権諸規定が体現するのは一個の価値秩序であり，『これは基本権の効力が原則的に強化されたことの表現であって』，憲法上の基本決定として法の全ての領域に妥当するのである（リュート判決 BVerfGE 7, 198 [205]，また当裁判所の確立した判例〔以下引用略〕）。給付的（gewährend）な国家活動の領域におけるように，立法者がより大きな形成の自由を有する場合でも，基本法の特別な価値決定はこの自由を制限する。……基本法5条3項もまた，そのような価値決定を含むものである。……この価値決定が意味するのは，予め定まった学問の固有領域に対する国家の侵害の拒絶のみではない。それはむしろ，文化国家として自らを任ずる国家が，自由な学問という理念を引き受けその実現に協働する責任を負うことを含むのであり，保護を与え促進する形で，この自由の保障が空洞化することを防ぐように積極的に行動することを国家に義務づける。」（ドイツ連邦憲法裁判所1973年5月29日判決）[16]

〔G〕「これに対して，本件手続や判例及び学術文献で争われた問題，すなわち胎児自身に基本権能力〔基本権享有主体性〕があるか，それとも権利能力及び基本権能力が欠けているために憲法の客観的諸規範によって『のみ』その生命への権利を保護されるのか，という問題については，答えを決める必要はない。連邦憲法裁判所の確立した判例によれば，基本権諸規範は個人の国家に対する主観的防御権を含むのみでなく，同時に客観的な価値秩序をも体現するものであり，これは憲法上の基本決定として法の全ての領域に妥当し，立法，行政及び司法に方針と衝撃を与えるのである（リュート判決 BVerfGE 7,

---

Thomas Henne, Arne Riedlinger (Hg.), Das Lüth-Urteil aus (rechts-) historischer Sicht, 2005.
16)　BVerfGE 35, 79 [114].

198〔205〕，大学判決35, 79〔114〕及びそこでの註記を参照）。国家が生成中の生命を法的に保護する義務を負っているか否か，そうだとしたらどの範囲においてか，という問題は基本権諸規範の客観法的内容から既に明らかにされうる。」（ドイツ連邦憲法裁判所1975年2月25日判決）[17]

　リュート判決は，ドイツ連邦憲法裁判所のその後の判例において，重要な意義を持つ先例として扱われていく。それも，私人間効力の領域を超えて，である。〔F〕〔G〕はその中でも重要な例のふたつである。〔F〕はいわゆる大学判決（1973年）の一節である。ニーダーザクセン州の大学法が定める大学の意思決定の組織・手続が基本法5条3項の定める「学問の自由」を侵害するとして，大学の教授・講師らが提起した憲法異議の訴えに対して，連邦憲法裁判所はその請求を部分的に認容し，同法の一部を違憲と判断した。この際に憲法裁は，この「学問の自由」が国家による侵害からの自由を大学の研究者に付与するのみでなく，国家が自由な学問を保護するために人的・財政的・組織的な資源を提供し，また公的資源で設立運営される学術組織では自由な学問活動が維持されるために適切な組織上の措置を講じることを要求している，と論じている。〔F〕はこの意味で「学問の自由」の規範内容を拡大するに際して，先例としてリュート判決〔A-1〕を援用する。

　他方〔G〕は，基本権保護義務という観念を確立したことで有名な第一次堕胎判決（1975年）の一節である。それまで存在した妊娠中絶に対する刑事罰を大幅に緩和する刑法改正に対して，それが胎児の生命に対する権利を侵害しているとして提起された抽象的規範統制手続において，憲法裁判所は基本法2条2項1文の「生命への権利」と1条1項の「人間の尊厳」から，胎児を保護する国家の義務を導出し，これに抵触する刑法の改正規定を違憲無効とした。〔G〕は，この保護義務が胎児の人権享有主体性の問題とは独立に根拠づけられうることを論証する部分であり，ここで判決はリュート判決の〔A-1〕部分と大学判決の〔F〕部分を援用することで，保護義務をリュート判決以来の「価値秩序」論の射程の中に位置づける。

---

17)　BVerfGE 39, 1〔41f.〕.

これらの引用は，リュート判決がドイツの判例法上いかなる意味を持つものとして受容されたかを，雄弁に物語っている。ボン基本法の基本権規定は自由権を定めた諸規定を中心としているが，これら諸規定が実は対国家的な防御権を超えた内容を含むものであることを判例法上確立したのがリュート判決（〔A-1〕）であり，この突破口（「価値秩序」としての憲法）から，私人間効力のみでなく，組織・手続への要請（〔F〕）や配分参加，基本権保護義務（〔G〕）などの具体的な諸要請が導かれる，という論理的な連関になる。リュート判決が基本権論の拡大をもたらした「転轍点」，「ビッグバン」と呼ばれる所以である。
　もっとも他方，この防御権を超えた規範内容（「基本権の客観法的内容」と呼ばれていく）が，裁判所の事例ごとの判断の積み重ねによって種々雑多で一貫性のない寄せ集めに陥ることは，その正当性という見地からも避けなければならない。そこでこの「基本権の客観法的内容」の全体を理論的に整序し，首尾一貫した形で説明し正当化する試みが求められることになる。基本権保護義務論によって私人間効力を説明し根拠づける，近時日本でも有力に主張される考え方は，こうした脈絡の中に位置づけられるものと考えられる。
　このことは，日本の私人間効力論との関係で重要な洞察を我々に与える。まず第1に，リュート判決が果たしたような基本権論上の「転轍点」としての役割を，三菱樹脂事件は明らかに果たしていない（それは〔A-1〕と〔B-1〕を見比べるだけでも明瞭である）し，それは最高裁の他の判例についても同様である。端的に言って，日本の最高裁判例には「ビッグバン」は起きなかったのである。リュート判決と三菱樹脂事件を共に「間接効力説」だとする括り方は，この極めて重要な点を覆い隠してしまう。
　第2に，基本権保護義務による私人間効力の基礎づけという考え方は，この「転轍」を経た上で初めて成り立つものであり，いわば「ビッグバン」以降の問題状況を前提とした議論であるように思われる。ドイツで私人間効力を基本権保護義務から説明できるからといって，同じことが日本で当然に成り立つわけではない。そもそも日本では，基本権保護義務自体が実定憲法上の要請として認められているわけではないのだから。かような議論は日本においては，「あるべき法」を提唱するものではあるが，「現にある法」を説明するものではなく，そのようなものとしてその説得力を判断すべきであろう（もちろん，「二

重の基準」論を含め,判例の採用しない解釈論は多数存在するし,「あるべき法」を語ることが学説の重要な任務の一部であることは言うまでもない)。

　従って我々は,ドイツ由来の間接効力説をドイツの最新バージョンへとアップデートする,という作業の前に,より根本的な問いに取り組まなければいけない。何故ドイツではこのような「転轍」が生じたのか。同じように私人間効力を論じながら,何故日本ではその中から同様の「転轍」が生じなかったのか。我々は今からでもこの失敗した「転轍」をやり直すべきなのだろうか。

2　実体的解釈の制度的文脈

　何故ドイツではリュート判決によって,後の判例・学説の言う「基本権の客観法的内容」が発見されたのか。この問いに取り組むに際して,そもそも法解釈が法の「発見」なのか「創設」なのか,という古い法哲学上の問いを想起しておくことは,無益ではないと思われる[18]。憲法の定める基本的人権の本質が何かについて,唯一の正解があり,裁判官はそれを「発見」するのだ,という立場に立つ場合には,事態はそれほど難しくない。もしドイツ連邦憲法裁判所がこの正解を「発見」したのであれば,彼我の基本的人権が本質的に同じものである限り,日本の最高裁もそれを取り入れるべきであり,もし最高裁の目が曇っているならば蒙を啓かなければならない(逆に,ドイツ連邦憲法裁判所が誤った答えを採用してしまったのであれば,我々はそれに惑わされずに他に正解を探らなければならない),ということになろう。これに対して,裁判官は法解釈を通して法を創設する,という立場に一時的に立って眺めてみるなら(かような法哲学的争いに解決を与えることは本稿の課題ではない。ここでは,それぞれの立場が提供する視座の違いが問題である),事物の違う側面が見えてくる。ドイツ連邦憲法裁判所は,基本権についてのそれまでにない新しい理解を,有権解釈によって創出した。何故彼らは敢えてそのような決して自明でないことをしたのだろうか？

　まず想起されるのは,日本と大きく異なるドイツの裁判制度の存在である。ドイツでは,連邦通常裁判所,連邦行政裁判所,連邦労働裁判所等を頂点とし

---

18) 例えば参照,ミシェル・トロペール(南野森編訳)『リアリズムの法解釈理論』(勁草書房,2013年)。

た法律審の諸系列と並んで，憲法上の争いの解決を独占的に担う連邦憲法裁判所がこれらと独立に存在する，という構造が採られている。連邦憲法裁判所が事案について判断しうるためには，それが単なる法律問題ではなく憲法問題として構成され，適法な手続によって憲法裁判所へと持ち込まれなければならない。つまり憲法裁判所は，自らの権限を拡大するためには，憲法上の争いとして扱われうる事項の範囲を拡大することが便宜に適うことになる。言い換えれば，憲法裁判所はかような組織・権限の配置によっていわば基本権の射程拡大へのインセンティヴを与えられている，と言いうるように思われる（また，そうであるが故に，逆に基本権の実体的内容が拡大を遂げた後は，それが憲法裁判所の権限の過剰をもたらす危険性に警戒が払われる）。

実際に，1951年の創設以来，ドイツ連邦憲法裁判所は1950年代を通して，政治部門を含め他の国家機関との関係で自己の地位をいかに確立するかに腐心することになる。私人間効力という問題は，連邦通常裁判所など私人間の争訟を扱う法律審の判断を憲法裁がどこまで審査しうるかという，裁判所間の権限問題と密接に関係する。加えるに，私法の一般条項の解釈という私人間効力論の中心問題は，法史的文脈から見て当時とりわけセンシティヴな論点であったことが指摘されている。民法の一般条項は，ナチス支配下で既存の法秩序をナチス的世界観から再解釈する上で重要な役割を果たしたが，戦後になると一転して，連邦通常裁判所によって「自然法の再生」が行われる際の舞台のひとつとなる。超実定的な自然法が法律解釈を規制する理念として通常裁判所によって持ち出されるのに抗して，憲法裁判所が自らの指導的地位を貫徹するためには，自然法ではなく実定憲法の中にこそ法秩序全体を指導する基本原理が含まれていることを弁証する必要があった，と指摘される。[19]

リュート判決の制度的・精神史的背景に関するこれらの指摘は，その適否や射程についてなお慎重な歴史的検討が必要ではあるが，[20]ここに示される実体的

---

[19] Vgl. Oliver Lepsius, Die maßstabsetzende Gewalt, in: Matthias Jestaedt, Oliver Lepsius, Christoph Möllers, Christoph Schönberger, Das entgrenzte Gericht, 2011, S. 159ff., 194-196.

[20] この説明は，連邦憲法裁判所による憲法の射程拡大を後押しした要因を指摘するものとしてある程度までは説得的であるが，例えば連邦労働裁判所や連邦通常裁判所が一定の限度で直接効力説的な立場を取った理由は説明せず（連邦労働裁判所については人的な要因として次注も参照），問題状況の多面的な解明の必要性はなお残るように思われる。

解釈の制度的文脈という観点は，我々の主題にも極めて重要な示唆を与えるように思われる。私人間効力論について言われる無効力説・間接効力説・直接効力説という三説は，ここでは単純な並列関係にあるわけではない。私人間の争訟に対して憲法の基本権規定が何の関連性をも持たないのか，それとも憲法がここで何かを要求しているのか，という分岐点こそがこの文脈では決定的に重要である。もし基本権規定が私人間に効力を発揮することが認められるのであれば，その際の理論構成や効力の程度はこれとの関係では二次的な問題にすぎないとも言える。換言すれば，無効力説と間接効力説・直接効力説との間には深い断絶が存在するが，間接効力説と直接効力説との距離は比較的小さい[21]（それはまた，基本権保護義務論のような全く新しい立場からの再構成に対しても開かれており，そもそも間接効力説か直接効力説かという枠組みで議論しなければならないこと自体が必ずしも自明でない），と考えることができる。この断崖を跳び越えるためにこそ，憲法裁判所は「価値秩序」論のパトスを必要としたのであり，その「基本権規定は対国家的防御権を超えた内容を持つ」という原理的立場は，私人間効力論にとどまらない射程を獲得するのである。

　日本における私人間効力論が置かれた文脈は，これとは全く異なる。アメリカ型の付随的違憲審査制を採用し，法律上の争訟を裁定する裁判所が事案の解決に必要な限度で憲法判断を行う仕組みの下では，裁判所はドイツ連邦憲法裁判所のようには，自らの権限を確保するために事案を憲法問題へと構成する必要には迫られていない。むしろ裁判所は，無理に憲法論に頼らずとも，法律解釈が許す範囲で事案を自分たちの好きなように解決することができる。ここではドイツとは逆に，無効力説と間接効力説との差異はさほど決定的ではないと考えられる。裁判所が私法を適用して事案を解決する際に，そこでの私法規定の解釈を法律内在的な解釈として提示するか，憲法による影響を受けたものとして提示するかは，ある意味で説明の仕方の違いにすぎないとも言えるからである。裁判所は，自らの論証を補強するために憲法という論拠に言及するのが

---

21) 従って，直接効力説の主唱者にして連邦労働裁判所の初代長官であったニッパーダイ（Hans Carl Nipperdey）の研究者が，むしろ彼の直接効力説がリュート判決の登場を準備したという側面に注意を喚起するのは，正当であるように思われる。Thorsten Holstein, Um der Freiheit willen - die Konzeption der Grundrechte bei Hans Carl Nipperdey, in: Thomas Henne, Arne Riedlinger (Hg.), FN 15, S. 249ff., bes. 260.

便宜だと思えばそうすればよいし，不要だと思えばしなくてもよい（付け加えるなら，憲法上の基本権規定が自由権を中心とするが故に，基本権規定から防御権を超えた内容を導くために一種の「ビッグバン」を必要としたドイツとは異なって，日本国憲法は既に社会権規定を有し，また15条4項，18条，28条など一部の規定は私人間で直接に効力を有すると考えられている。更には，「基本権」という概念を用いるドイツと違って，憲法自身が「基本的人権」という概念を用いる日本では，前国家的な理念としての人権が有する全方位性の観念が実定憲法上の「基本的人権」へと意識的または無意識的に流入することが比較的容易であるとも解される。以上の意味で，憲法がいかなる基本的人権像を想定しているか，という面から見ても，無効力説と間接効力説の間に存するハードルは日本ではドイツほどには高くないものと考えられる)[22]。

　これに対して，直接効力説の場合には事情がいくらか異なるように思われる。私法上の争いで当事者の一方が人権規定の直接効力を主張するとき，それは相手方の主張する法律上の権利・利益を覆しうる一種の「切り札」として提示される場合が少なくないものと推測される（三菱樹脂事件の高裁判決[23]はこうした視角から理解することができる）。この主張を認めることは，裁判所が法律解釈を通じて事案を柔軟に解決する自由が，憲法によって一定の限度で制約されることを意味する（対抗する相手方もまた人権の直接効を主張する場合には，対立する人権同士の相互調整という形で裁判所がなお自由な判断の余地を持つことになるとしても）。この意味で，人権規定一般に直接効を認めることは，裁判所の柔軟な事案解決に一定の不都合を生じる可能性がある（もっともこのことは，私人間における人権が「切り札」でなく制限に服することを認める場合には，大幅に相対化されようし，またこれはあくまで限定された形で人権規定から直接的な効果を導くことをも全面的に否定するほど強い論拠ではないと考えられるが)[24]。

---

[22] わが国で近年有力に主張されている新しい無効力説（後掲注32）の文献等を参照）は，ここでなお無効力説と間接効力説の間に決定的な差異を見出そうとする議論であり，論争的な問題提起としての意義は疑いえないものの，日本の問題状況に適合しているか疑問が残り，この意味では多分に観念的な印象を与える。むしろかかる対立軸の立て方自体は上述の意味で極めてドイツ的であり，新無効力説はあたかもドイツ的問題状況を前提としながらその中でドイツとは別の道を行こうとする議論であるかのようにも見える（従って基本権保護義務論とは，対極的な立場であるにもかかわらず話が噛み合うことになる）。結局のところ，新無効力説は自らがSchreckbildとして描き出すドイツに無意識に影響されていないか，検討の必要があろう。

[23] 東京高判昭和43・6・12判時523号19頁。

[24] この意味で，直接効力説の復権の可能性を指摘する論者の今後の議論がどのように展開して

論拠としての「近代」

　このように考えると，日本においてもまた，無効力説・間接効力説・直接効力説という三説は単純な並列関係にあるわけではないことがわかる。しかしその関係はドイツとは異なる。ここでより重要なのは，当該事件で事案に直接に適用される法条が何であり，問題となる人権規定に直接効を認めるか否かである。それを認めないのであれば，無効力説と間接効力説との差はある意味で程度の違いにすぎない。三菱樹脂事件は，〔B-1〕が雄弁に語るように，直接効力説に依拠して事案を解決した原審判決の立場を拒絶した点にこそ眼目を有する判決であり，裁判所はこれによって自らの法律解釈による事案解決のフリーハンドを確保するのである（〔B-2〕の趣旨はこうした観点から理解することができる）。その先で，裁判所の論証の中で憲法が一般にいかなる役割を果たすべきかという問題は，三菱樹脂事件によってもその後の事件によっても未だ十分な解決を与えられておらず，これは先に触れた判例のこの点での一貫性のなさに現れているように思われる。

　かくして我々は，冒頭に掲げたリュート判決のテクスト〔A-1〕と三菱樹脂事件のテクスト〔B-1〕の間に存在する距離の正体を，以前より明瞭に理解することができる。敢えて標語的に述べるなら，リュート判決は第一義的には無効力説をこそ否定した判決であり，三菱樹脂判決は第一義的には直接効力説をこそ否定した判決である。両者は，異なる文脈の中で，異なる意味を持つものとして発せられた判決であった。「どちらも同じ間接効力説ではないか」，という捉え方は，この重大な差異を覆い隠してしまう。

3　「仮想空間」から「小さな憲法学」へ？

　以上の検討は，従来の通説的見解の持つ明快さが，何を視野の外へと追いやることで成立していたのかをも，明瞭に浮かび上がらせるように思われる。仮に人権の理念が普遍的であり，これが社会的権力を含めた諸々の社会関係によって脅かされているという状況もまた広く世界的に見られるのだとしても，この人権を憲法上の権利へと実定化した諸規定が法秩序の中でいかなる機能・役

　　いくかが注視される。参照，石川健治「隠蔽と顕示」法学教室337号（2008年）40頁以下。

割を担うことになるかは，国ごとに必ずしも同じではない。とりわけここでは，裁判所が基本権規定を解釈する際の制度的文脈が小さくない影響を及ぼすと考えられる。人権規定が私人間効力を有するか否かという問題は，諸個人の社会関係が不可避的に法によって形作られる中，この法の内容を形成するに際して誰がいかなる発言権を有するか，という問題との関係をも考慮に入れて検討されなければならない。我々の伝統的理解が恐らくは半ば意図的に視界から排除していたのは，権利の問題が実は同時に権限の問題でもある，という洞察であるように思われる。[25]

我々の「間接効力説」──それはある面で三菱樹脂判決をリュート判決に引きつけて解釈する試みと言い換えることもできる──は，この重要な問題を捨象することで成り立っているために，恰も国境を超えて普遍的に通用する議論であるかのような外観を呈しながら，その実はドイツの法状況をも日本の法状況をも適切に説明することに成功していない。この点で従来の通説的見解の綻びが徐々に露呈されつつあることは，近年における私人間効力論の活性化の一因にもなっているものと推測されるが[26]，そこでの百家争鳴というべき学説状況は，議論の混乱を解くよりも，むしろ問題状況をますます見通しがたいものにしているようにも感じられる。もし仮に従来の伝統的理解が上述の意味で一種の空中楼閣であったと言いうるならば，それが空中楼閣にとどまった根本的な原因を克服することに成功しない限り，その上に増改築を加える試みもまた同様の空中楼閣に陥ってしまう。そこでの議論は時として，「論者の拠って立つ憲法観・人権観」が様々に語られるためのヴァーチャルな「仮想空間」の観を呈するようにも感じられるところである。[27]

ここから脱するために考えられる方策のひとつは，私人間効力論をまずは伝統的な「間接効力説」の軛から解放することであると思われる。日本の判例状

---

25) 但しこの点への視角をも含む論攷として参照，棟居快行「私人間適用」同『人権論の新構成』（信山社，1992年）1頁以下。

26) リュート判決以後，約半世紀におけるドイツの憲法発展が，我々の長年の同床異夢を醒まさせる効果を持ったことは疑いえない。参照，芦部信喜「人権論50年を回顧して」同『宗教・人権・憲法学』（有斐閣，1999年）217頁以下。

27) 理論的次元での議論の活況と，解釈論上の実益の乏しさとの落差を指摘する例として参照，長谷部恭男『続・Interactive 憲法』（有斐閣，2011年）10頁以下。西村裕一「社会的権力への懐疑」木村草太＝西村裕一『憲法学再入門』（有斐閣，2014年）178頁以下〔180～182頁〕。

況に鑑みても、憲法の定める基本的人権の全体について、三説の中からただひとつを法秩序が選択しなければいけない、という前提自体が実は必ずしも自明でない。既に触れたように、日本国憲法の一部の規定（15条4項、18条、28条など）は私人間で直接に効力を有すると考えられている（もしそうであるとすれば、例えば男女間の賃金差別の事例のような明らかに悪質な差別などに対して、憲法が私人間にも直接妥当する公序を設定している、と仮に考えることは、憲法全体の趣旨から見てそれほど整合性を欠くと言えるだろうか）。自由権においても、例えば私人間における表現の自由とプライバシー権の対立・調整が普通に語られ、憲法学が論じるべき主題として定着していることからも看取されるように（当の三菱樹脂事件判決自身が、憲法22条、29条に言及しながら企業の「契約締結の自由」を語っていることはよく知られる）、私人間の争いを人権の相互調整として捉える見方は（法技術的にどう見るかは別として）少なくとも直観的なレベルではかなりの程度まで受け入れられている。換言すれば、「憲法上の権利＝対国家的な防御権」という等式の拘束力がそこまで強くないところでは、私人間の法秩序と憲法の関係は、良い意味でも悪い意味でももう少し多様かつ融通無碍でありうるのであり、それはまた、時として明瞭な原理・原則を欠いたものとなる危険と表裏一体でもある。

　「私人間効力」という主題が日本で現在我々に突き付けている問いは、このある意味で明解さを欠いた問題状況の中で、憲法が法的に果たしうる最適な役割をいかに実現することができるのか、という点にあるものと考えられる。かような課題に取り組む上で、従来の三分論（とりわけ「間接効力説」）が必ずしも十分な成果を挙げていないとすれば、我々が今なしうるのは、ひとまず「1958年のドイツ」の拘束から自由に、我々の置かれた問題状況をもう一度冷静に見直してみることかもしれない。そこで課題となるのは、例えば広く私人間の法的争訟で判例が憲法をどのように用いている、もしくは用いていないかを内在的に分析すると共に、諸利害の適切な調整をもたらす上で憲法上の観点がいかなる場面でいかなる役割を果たしうるか、もしくは果たしえないかを探っていくことであろうと思われる。こうした試みがどこまでの成果を挙げうるかは未だ見通せないが、それは憲法の規範内容の拡大によって裁判所の権限を拡大するというドイツの問題状況とは逆に、むしろ裁判所による利害調整のあ

り方を憲法上の観点を助けとして合理化し枠づける試みとしての意味を持つことになろう。[28]

ここで問われるのは，従来の学説の普遍主義思考を，それぞれの国における文脈をより重視した思考へと軌道修正することであるとも言えようし，あるいは様々な「憲法観・人権観」の飛び交う「大きな憲法論」から，具体的な諸問題の解決に密着した「小さな憲法論」への転換であると捉えることもできるかもしれない。[29]

4　老いていく憲法？

以上に辿ってきた，冒頭のふたつのテクストをめぐる脈絡は，我々に何を示唆しているのだろうか。この物語の主題ははっきりしている。そこにあるのは，憲法（とりわけその人権規定）の法体系全体における役割をいかに考えるか，という問いである。ドイツ連邦共和国は，転轍点としてのリュート判決などを通して，これを大幅に拡大する道を選んだ（しかも私人間効力の領域を大きく超えて）。他方で日本では，本来憲法上の原理に拘わるものとして扱うべき問題が裁判所の論証過程でそれとして明示的に摘出されず，法律レベルの議論の中に潜ってしまう傾向，いわば「日本国憲法の過小な配分」（奥平康弘）が指摘されて久しい。我々の「間接効力説」は，ドイツ風の枠組みを助けとして，これとは違った方向性を与えようとする試みのひとつとしての意味を持っていたものと考えられる。それはしかし，もし本稿の分析が正しいとすれば，結局最高裁判例の保守的立場に打ち勝てなかったのみではなく，ドイツと異なる日本の制度的文脈に対して必ずしも十分適合しない部分を抱えてもいた，と言うことができるように思われる。

ここに，時間の流れとともにもう一つ別種の問題が積み重なる。それは，「憲法」が徐々に老いていく，という問題である（ここでは「憲法」は，憲法典の

---

[28]　宍戸常寿「私人間効力論の現在と未来」長谷部恭男編『人権論の再定位3　人権の射程』（法律文化社，2010年）25頁以下。宍戸常寿『憲法　解釈論の応用と展開〔第2版〕』（日本評論社，2014年）94頁以下。

[29]　参照，棟居快行「『小さな憲法論』の試み」同『憲法学の可能性』（信山社，2012年）15頁以下。

意味ではなく，憲法をめぐる実践の総体として理解されたい）。初めに述べたように，内容的には大きく異なる〔A-1〕〔B-1〕に通底するのは，その議論の「若さ」であると感じられる。それは，判例法の蓄積がまだ浅い中，射程の大きな原理的問題に答えを与えるために，裁判所が更地から敢えて高度に理論的な論拠を議論の基軸に据える点に特質を有している。こうした論証作法は，しかし何時いかなる場所でも成立するものではない。ドイツでも，ひとたびパラダイムが選択されその上に判例が厚く堆積していくにつれて，憲法裁判所の論証が過去の判例への自己言及的な閉じた性格を強めていく傾向が指摘される。同様の理は，恐らく日本にも当てはまろう。判例がその転轍点で自らの選んだ経路の中で徐々に老成していく時，以前の「青年期」に存在したかもしれない多様な可能性をもう一度想起させることで新たな方向性を探ろうとすることは，独特の困難を伴うことになるとしても不思議はない。「1958 年のドイツ」から日本を照射する試みが少しずつその自明性を喪失しているとしたら，それはかような消息とも恐らく完全に無縁ではあるまい。このことはまた，判例の議論の中に「近代」を読み解こうとする本書に通底する試みが，そもそもいかなる前提の下で成り立ちうるのかについて，細心の注意を払うべきことを我々に要求するように思われる。理論性の高い原理的論拠が（顕在的・潜在的の両面で）いかなる役割を果たすかは，多分に文脈依存的な問題でもある（もちろん，ここには法文化的な要因も作用することは言うまでもない。長く判例法主義の伝統を有するアメリカの方が，判例の蓄積の中でなお自由な原理的論究を行う術に長けていることは疑いえない）。

　かような状況に照らすなら，我々が上述の二重の意味で，今よりも「小さな憲法論」への転換を迫られつつあると予測することには，一定の理由があるかもしれない。とは言え，そこでは従来の学説上の議論のうち，かような解釈論上の洗練によっては汲み取られない「剰余」が取り残されはしないか，がなお問題とされうる。もしそこに何か充たされないものが残るとしたら，その正体は何なのか。これが，本稿に残された最後の問いである。

Ⅳ　日本憲法学の「近代」

〔H〕「……1789年の人権宣言の基礎にある理念が，ビュルドー教授のいうように，『国家の権力を個人権によって限定するという理念』であったこと，またアメリカ連邦憲法の人権保障規定が，わずかの例外を除き，『政府の行為を支配するもので個人の行為には適用されない』と考えられていることは，人権宣言一般の本質的特色を示すものだといえる。けれども，人権の本質が，このように国家権力に対する市民の防御権であるとか，人権と私権との間に理論的な関係が存在しないという理由によって，直ちに人権保障規定の私人間における効力を全面的に否定することはできない。国家に抵抗し統治者を制約する手段と考えられた自由の理念は，かつての地歩を失い，ある場合には国家の干渉と統治者の活動が自由の保障手段として大きな意義をもつに至ったし，さらに，かつてはもっぱら公権力による侵害の脅威の下にあった個人の自由は，国家だけでなく，とくに社会的な権力（soziale Mächte）によって，より多くより広汎に脅かされるという新しい事態が現出しているからである。このように，20世紀の社会的環境が近代的な人権の宣言された18世紀末のそれと様相を全く異にしていること，ここに，それに適応する新しい人権理論への強い要請が生じる最大の理由があろう。」(芦部信喜)[30]

〔I〕「私法と公法の二元論，したがって私的自治への憲法価値の不介入，という図式は，社会と国家を対置する『近代』像のもとでは，ごく自然に受け入れられてきた。しかし，そのような『近代』像は，実は，自明のものだったわけではない〔引用略〕。……そのような私的自治がおこなわれる社会が成り立つための条件が，フランス革命――したがってそのシンボルとしての1789年宣言――によって提示されていた，という関係がここでは重要である。何よりも，そのような『社会』は，宣言16条が『権利の保障が確保されず，権力の分立が定められていない社会はすべて，憲法を持たない』との

---

30)　芦部信喜「人権保障規定の私人間における効力」同『現代人権論――違憲判断の基準』(有斐閣，1974年) 3頁以下〔4頁〕。

べる条件を，充たしていなければならない。この文言で，『憲法』を持つ主体が『社会』とされていることに，注意が向けられてよいし，17ヵ条から成るこの宣言に，普通に『国家』を指して用いられる Etat という言葉が一ヵ所も出てこないことも，留意に値する。ここでは，諸個人によって自然権の保全を目的としてとり結ばれる『政治的結合（＝ポリスという結合）association politique』……とは，国家であると同時に『社会』なのであった。」（樋口陽一[31]）

〔J〕「〔ドイツ流の間接適用説の下では，〕憲法は，前憲法的な『倫理的価値』を保護するために国家権力を組織する規範であり，基本権規定は国家がその任務を遂行するにあって侵してはならない国民の権利を掲げたもの，というのではなく，あるいは，そのようなものに尽きるものではなく，全社会の基礎として社会内のあらゆる関係において妥当すべき法的価値をも宣言したものという性格を帯びることになる。後者の憲法観・人権観は，徹底すれば近代的な立憲主義の観念を逆転し，憲法・人権が権力をではなく，国民を拘束するものへと転化するモメントを秘めており，看過することのできない重大な意味を持つものと言わざるをえない。」「私がここで提案したいのは，日本においては特殊ドイツ的な行き方に安易に与する前に，立憲主義の論理を貫徹する努力をしてみるべきではないかということである。」「たしかに，現代憲法においては，憲法観・人権観が次第に変化を見せており，憲法の形式的最高性に着目して，全法秩序に妥当すべき価値をそこに書き込もうという発想が生じてきていることを否定する気はない。私の議論は，そのような傾向に抗して，日本国憲法の解釈としては，可能な限り立憲主義の論理を貫く努力をしようということである。」（高橋和之[32]）

学説の議論にしばしば看取されるのは，その文体に籠もる一種独特のパトスの存在である。それは，技術性の高い醒めた法律論とは何か本質的な点で異な

---

31) 樋口陽一『国法学──人権原論』（有斐閣，2004年）116〜119頁。
32) 高橋和之「『憲法上の人権』の効力は私人間に及ばない──人権の第三者効力論における『無効力説』の再評価」ジュリスト1245号（2003年）137頁以下〔142, 144, 145頁〕。

るものを含んでいる。ここに見られる「近代」ないしは「立憲主義」という主題のうちに現れているのは、人権の古典的理念が現代的状況の中でなおいかなる意義を持ちうるかに関する政治哲学的な問いであるかもしれないし（〔H〕）、個人・社会・国家の関係を我々がいかなる意味論的な枠組みで把握すべきかに関する憲法＝国制論的な問いであるかもしれないし（〔I〕）、判例がしばしば自己言及的に先例の設定した枠組みへと自閉していく傾向を有する（また教科書的な標準学説も同様に規格化された「通説」の再生産へと向かう傾向を有する）のに対して、我々が潜在的には常に国家、憲法、人権といった根本概念に関する原理的選択の前に立っていることを想起しようとする論争的な問いかけであるかもしれない（〔J〕）。かような問題意識は、いずれもそれ自体としては疑いもなく正当である。原理的次元での大きな問いを、日本社会に生起する具体的な問題との関係で主題化しうる点に、憲法論の有する魅力のひとつが存してきたことは否定できない。憲法学がかような諸問題をすべて自らのディスコースから消去するとしたら、それは干からびて魅力のないものとなろう。

　とは言え、私人間効力をめぐる伝統的な議論をそのままの形で継続することがもはや困難であることは、以上の検討からも明らかであるように思われる。基本的人権の本質に関する様々な議論の背後には、この点に関する正しい理解こそが私人間効力に関する正しい憲法解釈を導くのであり、逆に正しい憲法解釈を行うためには正しい憲法観・人権観に到達しなければならない、という想定が存在したものと推測される。しかしながら、本稿が確認したところの伝統的理解の破綻が我々に示しているのは、この意味での理論と解釈は、相互に完全に無関係ではありえないとしても、少なくとも伝統的理解が想定するような形で単純かつ直接的に結合しているわけではない、という洞察であるように思われる。「近代」も「立憲主義」も、それだけでは直ちに我々の問題に答えを与えない。憲法解釈論が今後「小さな憲法論」としての精緻化と洗練を進めていくことが予測される中、この中に完全には吸収されない上述の「大きな」問題意識をどのような形で継承することができるかは、未だ十分には明らかになってはいない。

　ここで問われるのは、憲法論が自らのディスコースの構造をいかに再編し、従来の憲法論の中に存在した本質的要素を有意義な形で救い出すことができる

のか，という困難な課題であると考えられる。あるいは我々は成功しないかもしれない。あるいは従来の居心地の良い「仮想空間」が学説という小宇宙の中になお存続することになるのかもしれない。その時，三菱樹脂事件は，それが判例法上の「転轍」をもたらしたが故ではなく，それが私人間効力をめぐる解釈論上の争いに終局的な解決を与えたが故でもなく，それが「近代自由社会」や「私的自治」についての言説を論証の中心に据えるものであるが故に，憲法学説が「近代」や「立憲主義」を語り続ける際の不可欠の対話の相手として，なお重要な地位を占めていくことになるものと思われる。

＊本稿の短縮されたヴァージョンは，「論拠としての「近代」——私人間効力論を例に」との題で林知更『現代憲法学の位相——国家論・デモクラシー・立憲主義』（2016年，岩波書店）にて先に公表されている。本稿は，この短縮前の草稿に対して，最終段階で更に筆を加え，議論の一定の深化を試みたものである。前稿と論旨が重なる点につき，読者のご諒解を願う次第である。

裁判官と行政官
——猿払事件最高裁判決

蟻 川 恒 正

序

　他の全ての最高裁判決と同様，猿払事件最高裁判決もまた，時代のなかに置かれたテクストである。本稿は，この，それ自体は何らの補足の必要も見ない当然の事理を，同最高裁判決に採用された或るひとつの観念に焦点を当てることによって，証明しようとするものである。

1

　以下において焦点を当てる猿払事件最高裁判決〔最大判昭和49・11・6刑集28巻9号393頁〕に採用された或るひとつの観念とは，「国民の信頼」という観念である。この観念は，猿払事件最高裁判決多数意見のなかに，6回にわたり，現われる。
　順に取り出そう。
　第1の例は，「公務のうちでも行政の分野におけるそれは，憲法の定める統治組織の構造に照らし，議会制民主主義に基づく政治過程を経て決定された政策の忠実な遂行を期し，もっぱら国民全体に対する奉仕を旨とし，政治的偏向を排して運営されなければならないものと解されるのであつて，そのためには，個々の公務員が，政治的に，一党一派に偏することなく，厳に中立の立場を堅持して，その職務の遂行にあたることが必要となるのである。すなわち，行政

の中立的運営が確保され，これに対する国民の信頼が維持されることは，憲法の要請にかなうものであり，公務員の政治的中立性が維持されることは，国民全体の重要な利益にほかならないというべきである。したがつて，公務員の政治的中立性を損うおそれのある公務員の政治的行為を禁止することは，それが合理的で必要やむをえない限度にとどまるものである限り，憲法の許容するところであるといわなければならない」(399頁)(傍点引用者)という個所である。

　第2・第3の例は，「そこで，まず，禁止の目的及びこの目的と禁止される行為との関連性について考えると，もし公務員の政治的行為のすべてが自由に放任されるときは，おのずから公務員の政治的中立性が損われ，ためにその職務の遂行ひいてはその属する行政機関の公務の運営に党派的偏向を招くおそれがあり，行政の中立的運営に対する国民の信頼が損われることを免れない。また，公務員の右のような党派的偏向は，逆に政治的党派の行政への不当な介入を容易にし，行政の中立的運営が歪められる可能性が一層増大するばかりでなく，そのような傾向が拡大すれば，本来政治的中立を保ちつつ一体となつて国民全体に奉仕すべき責務を負う行政組織の内部に深刻な政治的対立を醸成し，そのため行政の能率的で安定した運営は阻害され，ひいては議会制民主主義の政治過程を経て決定された国の政策の忠実な遂行にも重大な支障をきたすおそれがあり，このようなおそれは行政組織の規模の大きさに比例して拡大すべく，かくては，もはや組織の内部規律のみによつてはその弊害を防止することができない事態に立ち至るのである。したがつて，このような弊害の発生を防止し，行政の中立的運営とこれに対する国民の信頼を確保するため，公務員の政治的中立性を損うおそれのある政治的行為を禁止することは，まさしく憲法の要請に応え，公務員を含む国民全体の共同利益を擁護するための措置にほかならないのであつて，その目的は正当なものというべきである。また，右のような弊害の発生を防止するため，公務員の政治的中立性を損うおそれがあると認められる政治的行為を禁止することは，禁止目的との間に合理的な関連性があるものと認められるのであつて，たとえその禁止が，公務員の職種・職務権限，勤務時間の内外，国の施設の利用の有無等を区別することなく，あるいは行政の中立的運営を直接，具体的に損う行為のみに限定されていないとしても，右の合理的な関連性が失われるものではない」(400～401頁)(傍点引用者)という個

所である。
　第4の例は,「次に,利益の均衡の点について考えてみると,……公務員の政治的中立性を損うおそれのある行動類型に属する政治的行為を,これに内包される意見表明そのものの制約をねらいとしてではなく,その行動のもたらす弊害の防止をねらいとして禁止するときは,同時にそれにより意見表明の自由が制約されることにはなるが,それは,単に行動の禁止に伴う限度での間接的,付随的な制約に過ぎず,……他面,禁止により得られる利益は,公務員の政治的中立性を維持し,行政の中立的運営とこれに対する国民の信頼を確保するという国民全体の共同利益なのであるから,得られる利益は,失われる利益に比してさらに重要なものというべきであり,その禁止は利益の均衡を失するものではない」(401頁)(傍点引用者)という個所である。
　第5の例は,「ところで,第一審判決は,その違憲判断の根拠として,被告人の本件行為が,非管理職である現業公務員でその職務内容が機械的労務の提供にとどまるものにより,勤務時間外に,国の施設を利用することなく,かつ,職務を利用せず又はその公正を害する意図なく,労働組合活動の一環として行われたものであることをあげ,原判決もこれを是認している。しかしながら,本件行為のような政治的行為が公務員によってされる場合には,当該公務員の管理職・非管理職の別,現業・非現業の別,裁量権の範囲の広狭などは,公務員の政治的中立性を維持することにより行政の中立的運営とこれに対する国民の信頼を確保しようとする法の目的を阻害する点に,差異をもたらすものではない。右各判決が,個々の公務員の担当する職務を問題とし,本件被告人の職務内容が裁量の余地のない機械的業務であることを理由として,禁止違反による弊害が小さいものであるとしている点も,有機的統一体として機能している行政組織における公務の全体の中立性が問題とされるべきものである以上,失当である。郵便や郵便貯金のような業務は,もともと,あまねく公平に,役務を提供し,利用させることを目的としているのであるから(郵便法1条,郵便貯金法1条参照),国民全体への公平な奉仕を旨として運営されなければならないのであつて,原判決の指摘するように,その業務の性質上,機械的労務が重い比重を占めるからといつて,そのことのゆえに,その種の業務に従事する現業公務員を公務員の政治的中立性について例外視する理由はない。また,前述の

ような公務員の政治的行為の禁止の趣旨からすれば，勤務時間の内外，国の施設の利用の有無，職務利用の有無などは，その政治的行為の禁止の合憲性を判断するうえにおいては，必ずしも重要な意味をもつものではない。さらに，政治的行為が労働組合活動の一環としてなされたとしても，そのことが組合員である個々の公務員の政治的行為を正当化する理由となるものではなく，また，個々の公務員に対して禁止されている政治的行為が組合活動として行われるときは，組合員に対して統制力をもつ労働組合の組織を通じて計画的に広汎に行われ，その弊害は一層増大することとなるのであつて，その禁止が解除されるべきいわれは少しもないのである」(402〜403頁)(傍点引用者)という個所である。

　第6の例は，「ところで，国公法102条1項及び規則による公務員の政治的行為の禁止は，上述したとおり，公務員の政治的中立性を維持することにより，行政の中立的運営とこれに対する国民の信頼を確保するという国民全体の重要な共同利益を擁護するためのものである。したがつて，右の禁止に違反して国民全体の共同利益を損う行為に出る公務員に対する制裁として刑罰をもつて臨むことを必要とするか否かは，右の国民全体の共同利益を擁護する見地からの立法政策の問題であつて，右の禁止が表現の自由に対する合理的で必要やむをえない制限であると解され，かつ，刑罰を違憲とする特別の事情がない限り，立法機関の裁量により決定されたところのものは，尊重されなければならない」(404〜405頁)(傍点引用者)という個所である。

2

　以上の6箇所の引用部分をつなげれば，猿払事件最高裁判決の考え方のアウトラインを線描することができる。だが，猿払事件最高裁判決の考え方のアウトラインについては，幾つかの旧稿で扱っているので，この稿では特に触れな

---

1) 蟻川恒正「国公法二事件最高裁判決を読む」法学セミナー58巻2号（2013年）26頁，同「社保庁職員事件最高裁判決を読む」世界840号（2013年）188頁，同「国公法二事件最高裁判決を読む（1）（2）」法学教室393号（2013年）84頁，395号90頁，同「合憲であることの定型的論証としての猿払基準」高橋和之先生古稀記念『現代立憲主義の諸相（下）』（有斐閣，2013年）369頁。

い。

　国家公務員法102条1項は，国家公務員が「政治的行為」をすることを禁止する。これは，表現の自由（憲法21条）に対する制約であるといいうるが，猿払事件最高裁判決において，表現の自由の対立利益とされているのは，公務員の「全体の奉仕者」性（憲法15条2項）である。そこでは，国家公務員が「政治的に，一党一派に偏すること」，つまり，「国民の一部に対する奉仕」となることが否定され，「厳に中立の立場を堅持して，その職務の遂行にあたることが必要になる」とされている。これが，第1の例にいう「行政の中立的運営が確保され，これに対する国民の信頼が維持されることは，憲法の要請にかなうものであ〔る〕」ということの意味である。

　だが，「行政の中立的運営が確保されることは，憲法の要請にかなうものであ〔る〕」では，なぜいけないのだろうか。

　どんなに饒舌に見える場合であっても，最高裁は，自身が無用と考える言辞は弄さない。最高裁は，ときに傍論において重要な憲法判断を述べることがあるが，傍論は，狭い意味での先例部分には残せないけれども何としても記しておきたいことを最高裁が記述する，周到に計画された形式である。事は，傍論に限らない。「行政の中立的運営が確保されることは，憲法の要請にかなうものであ〔る〕」とせず，敢えて「行政の中立的運営が確保され，これに対する国民の信頼が維持されることは，憲法の要請にかなうものであ〔る〕」と述べた最高裁には，そう述べる必然性があったと想像するよりほかはない。なぜ，「行政の中立的運営が確保され〔ること〕」に加えて，「〔行政の中立的運営〕に対する国民の信頼が維持されること」まで述べなければならなかったのか。そのヒントは，第3の例，第4の例，第6の例にある。

　第3の例，第4の例，第6の例が共通して語っているのは，「国民全体の共同利益」である。「国民全体の共同利益」とは，では，何か。その実体は必ずしも明らかではない。ただいえることは，それが「国民の信頼」を指しているということである。

　「国民の信頼」とは，その内容が必ずしも明らかではない「国民全体の共同利益」にその実体を充填するために必要とされ，導入された観念である。では，内容が必ずしも明らかではないにもかかわらず「国民全体の共同利益」が判決

理由中に記されたのはなぜだったのか。それは，最高裁が，憲法上の権利のなかでもとりわけ重要であるとされる表現の自由に対する対立利益を「国民」概念に依拠して構成する必要に迫られたためである。そこでの政治的行為の禁止が直截には「公務員のみに対して向けられている」ものであるにもかかわらず，公務員の政治的行為を禁止することによって失われる利益が「国民全体にとつて重要な利益」であると解される以上，公務員の政治的行為を禁止することによって得られる利益もまた，それ自体「国民全体にとつて重要な利益」として構成されるのでない限り，国家公務員法102条1項訴訟における基本的な利益の布置を，利益較量を要すべき実質的意味のあるものとして，観念することはできないと考えられたはずである。国家公務員法102条1項訴訟においては，既に見たように，一方で，表現の自由（憲法21条）と，他方で，公務員の「全体の奉仕者」性（憲法15条2項）とが，対立関係に立たされている。表現の自由に対する対立利益は，したがって，本来，公務員の「全体の奉仕者」性である。これを法益化したものが「国民全体の共同利益」にほかならない。

　尤も，最高裁が「国民全体の共同利益」を語るのは，これが初めてではない。猿払事件判決の前年に，最高裁は，全農林警職法事件判決〔最大判昭和48・4・25刑集27巻4号547頁〕で，「国民全体の共同利益」を援用している。しかも，全農林警職法事件判決において，最高裁は，公務員の争議行為を禁止する論拠として「国民全体の共同利益」を援用するだけでなく，「このような禁止された公務員の違法な争議行為をあおる等の行為をあえてすることは，それ自体がたとえ思想の表現たるの一面をもつとしても，公共の利益のために勤務する公務員の重大な義務の懈怠を慫慂するにほかならないのであつて，結局，国民全体の共同利益に重大な障害をもたらす虞れがあるものであり，憲法の保障する言論の自由の限界を逸脱するものというべきである」（傍点引用者）と述べることによって，「国民全体の共同利益」を表現の自由に対する対立利益として援用する可能性にも，既に道筋をつけていた。この導線の上に成立したのが，猿払事件最高裁判決における「国民全体の共同利益」である。

　それならば，なぜそのような公務員の表現の自由に対する対立利益として，「国民全体の共同利益」をいうだけでなく，さらに「国民の信頼」までを持ち出さなければならなかったのか。いいかえるなら，なぜ「国民全体の共同利

益」をいうだけでは足りないと考えられたのか。

　この点についていうならば，ひとつには，公務員の争議行為を禁止する論拠である「国民全体の共同利益」を公務員の政治的行為を禁止する論拠にそのまま転用することに対して，最高裁が躊躇を覚えたということがあるだろう。明らかに事案類型を異にするふたつの事案に対して，「判断枠組み」をかたちづくる上での基底をなす政府利益を，事案類型の差違に頓着せず，全く共通の観念で表象して能事足れりとすることに対する，法律論の立て方としての躊躇である。

　加えて，もうひとついうとすれば，それは，猿払事件最高裁判決が「国民の信頼」を語る際に常に伴っている言葉があるということにかかわる。その言葉とは，「行政の中立的運営」である。第1の例から第6の例までを順次見るならば，「行政の中立的運営が確保され，これに対する国民の信頼が維持されること」（第1の例），「行政の中立的運営に対する国民の信頼」（第2の例），「行政の中立的運営とこれに対する国民の信頼」（第3ないし第6の例）となっている。これらの例にいう「国民の信頼」を，「国民の信頼」を使わず，「国民全体の共同利益」で表現するとしたら，「行政の中立的運営が確保され，これに対する国民全体の共同利益が維持されること」，「行政の中立的運営に対する国民全体の共同利益」，「行政の中立的運営とこれに対する国民全体の共同利益」となって，言葉としてしっくり来ない。端的にいえば，「行政の中立的運営」と「国民全体の共同利益」とが疎遠で，両者の関係がどうなっているかが些か不分明なのである。猿払事件最高裁判決は，公務員の「全体の奉仕者」性を一般職の国家公務員に即して「行政の中立的運営」に置き直しているが，公務員の政治的行為の禁止が憲法15条2項を媒介に「行政の中立的運営」と結びつくとして，そこにいう「行政の中立的運営」が如何なる意味で「国民全体にとつて重要な利益」となるのかは，「国民全体の共同利益」というだけでは，実は明瞭でない。

　以上を約言するならば，次のようになる。一方で，公務員の「全体の奉仕者」性を「国民全体にとつて重要な利益」として構成する必要から「国民全体の共同利益」の観念が導入される。他方で，単に「国民全体の共同利益」というだけでは，公務員の「全体の奉仕者」性の本判決における表現である「行政

の中立的運営」との関係を明瞭に表象できない。ここに、公務員の「全体の奉仕者」性を「国民全体にとつて重要な利益」として必要充分に構成すべく、「行政の中立的運営とこれに対する国民の信頼」という定式化が要請され、「国民の信頼」の観念が召喚されるに至った消息がある。

　だが、「国民の信頼」の観念は、どこから召喚されたのであろうか。

3

　猿払事件最高裁判決が下された1970年代前半は、日本の司法にとって、大きな試練の時代であった。1969年に自衛隊ミサイル基地建設に関する長沼事件をめぐり、札幌地裁で平賀書簡問題が発覚した。自衛隊を違憲とする第一審判決が出されると、一部マスコミと結びついた自由民主党の一部政治家による「偏向」裁判キャンペーンが起こり、それを契機として、長沼事件第一審判決の裁判長福島重雄が所属していたリベラルな傾向が強いと目される裁判官たちの自主的研究集団であった青年法律家協会・裁判官部会（以下「青法協」と略す）所属の裁判官への誹謗・中傷が広く政治問題化した。これを受けて、同年11月には、最高裁が事態の収拾に乗り出し、最高裁事務総局付青法協会員判事補に対し青法協から退会するよう勧告を出し、翌1970年1月には、最高裁事務総局付青法協会員判事補全員が退会した。同年4月、第22期司法修習生3名（うち2名が青法協会員）の裁判官任官が拒否される。1971年に入ると、自由民主党が、党大会において、同年度の運動方針に裁判官の青法協加入への非難を盛り込んだ。このため、最高裁は、秘密裡に司法行政事務協議会を開催し、青法協加入裁判官対策について協議するなど対応に追われた。同年3月、第23期司法修習生7名（うち6名が青法協会員）の任官が拒否されるとともに、宮本康昭判事補の再任が拒否される。1972年3月、金野俊雄裁判官が最高裁に抗議して再任願を撤回、同4月、事前に任官願を撤回した3名を除き、第24期司法修習生3名（うち2名が青法協会員）の任官が拒否される。1973年には、第25期司法修習生2名（2名とも青法協会員）の任官が拒否され、1975年には、第27期司法修習生4名（うち2名が青法協会員）の任官が拒否される。1974年には、福島重雄裁判官が東京地裁への異動命令を受ける[2]。このような騒然とし

た情勢のなかで，1974年11月6日，猿払事件最高裁判決は下されたのである。

　想像するに，当時においては，徹底して傍観者を決め込むのでない限り，裁判官には，この問題に関して，ふたつの構えがあったと思われる。ひとつは，自分がその当局者であろうとなかろうと，司法行政の側から問題に接近する立場であり，もうひとつは，これも自ら青法協に加入しているか否かによらず，あるいは，より広く，自分がその渦中に引き込まれるおそれがあると感じていると否とにもかかわらず，政治的色彩を有する団体に加入しようとする側，ないしは，政治的活動をしようとする側に立って問題に接近する立場である。このふたつの立場は，限界局面において，両立しうる。しかし，そのことは，差し当たり問わない。猿払事件最高裁判決多数意見に与した最高裁判事の多くが青法協問題に対し前者の立場から接近したことは間違いない。

　ここに，猿払事件最高裁判決における「国民の信頼」観念の拠って来る源に連なる水脈がある。その象徴ともいうべき文書が，最高裁事務総長岸盛一名義で出された「最高裁判所事務総長談話」である。1970年4月8日，最高裁は，「最高裁判所事務総長談話」を発表して，（任官拒否への不服に応答する文脈で青法協への言及をしているほかは）団体名こそ名指しはしないものの，青法協問題に対する「最高裁判所の公式見解」を示している。その全文は以下の通りである。「裁判官の任用について，差別待遇があると22期司法修習修了者の代表が主張しているそうであるが，裁判官志望の某君らが不採用になつた理由は，人事の機密にぞくすることなので，一切公表することはできない。ただ，同君らが青法協会員であるという理由からではない。／なお，一般的問題としてであるが，裁判官は，その職責上からして，特に政治的中立性が強く要請されているのは，当然のことである。そしてこの中立性は，裁判官の法廷における適正な訴訟指揮権や法廷警察権の行使を通じ，窮極においては，裁判によつて貫かれるべきことである。しかしこれと同時に，裁判は，国民の信頼の基礎の上に成り立っているものであり，したがつて裁判官は，常に政治的に厳正中立であると国民全般からうけとられるような姿勢を堅持していることが肝要である。裁判官が

---

2) 「戦後の裁判所，裁判官をめぐる主な動向」（小林克美監修）守屋克彦編著『日本国憲法と裁判官――戦後司法の証言とよりよき司法への提言』（日本評論社，2010年）455〜460頁を参照した。
3) 「最高裁判所事務総長談話」法の支配20号（1971年）48頁。

政治的色彩を帯びた団体に加入していると，その裁判官の裁判がいかに公正なものであつても，その団体の構成員であるがゆえに，その団体の活動方針にそつた裁判がなされたとうけとられるおそれがある。かくては，裁判が特定の政治的色彩に動かされていないかとの疑惑を招くことになる。裁判は，その内容自体において公正でなければならぬばかりでなく，国民一般から公正であると信頼される姿勢が必要である。裁判官は，各自，深く自戒し，いずれの団体にもせよ，政治的色彩を帯びる団体に加入することは，慎しむべきである」（傍点引用者）。

「国民の信頼」が，ここに，「政治的中立性」の要請と相伴って，登場していることが知られる。そこで語られているのは，裁判官が「政治的色彩を帯びる団体」に加入する行為は，司法に対する「国民の信頼」を害するのではないかという問題である。この問題は，1970年代前半において，当時の司法行政の在り方をめぐり，法律家たちの間で熾んに論議された問題であった。はたして，猿払事件最高裁判決中に同種の表現が実に6箇所にわたって現われる「行政の中立的運営とこれに対する国民の信頼」という観念は，青法協に加入するなどの行為が裁判官の「政治的中立性」と司法に対する「国民の信頼」に対し如何なる影響を及ぼすかをめぐって論議された1970年代前半における裁判所をめぐる同型の問題の裡に，その水源を辿ることができるものであった。

裁判官ないし司法に関して語られていたはずの「国民の信頼」は，ここにおいて，国家公務員一般ないし行政に関しても語られうる観念へと転化したのである。そこに見られるのは，端的に，司法から行政への「国民の信頼」観念の《転移》である。

たしかに，最高裁の判例史を見る限り，一般職の国家公務員による「政治的行為」を禁止する国家公務員法102条1項の立法趣旨ないし立法目的としては，「行政の中立的運営」が語られこそすれ，「行政の中立的運営とこれに対する国民の信頼」が語られることは，1974年の猿払事件最高裁判決までは一度もなかった。この領域における猿払事件以前の最も代表的な最高裁判例としては，ほぼ同一の判断を示した1958年のふたつの判決がある[4]。このうち，同年4月

---

4) 最大判昭和33（1958）・3・12刑集12巻3号501頁，最大判昭和33（1958）・4・16刑集12巻6号942頁。

16日の判決は、「国家公務員法の適用を受ける一般職に属する公務員は、国の行政の運営を担任することを職務とする公務員であるからその職務の遂行にあたつては厳に政治的に中正の立場を堅持し、いやしくも一部の階級若しくは一派の政党又は政治団体に偏することを許されないものであつて、かくしてはじめて、一般職に属する公務員が憲法15条にいう全体の奉仕者である所以も全うせられ、また政治にかかわりなく法規の下において民主的且つ能率的に運営せらるべき行政の継続性と安定性も確保されうるものといわなければならない」と述べるとともに、「特別職に属する公務員のうちに、政治的行為の制限を受けていない者（例えば内閣総理大臣，国務大臣）等のあることを挙げ、一般職公務員との間に差別あることを云為するが、これら特別職に属する公務員は、その担任する職務の性質上、その政治活動がその職務となんら矛盾するものでないばかりでなく、かえつて政治的に活動することによつて公共の利益を実現することをも、その職分とする公務員であつて、前示のごとく、政治と明確に区別された行政の運営を担当し、この故につよくその政治的中立性を要求される一般職に属する公務員とは著しくその性質を異にする」と述べている。そこに、「国民の信頼」の観念への言及はない。「国民の信頼」観念の《転移》は、猿払事件最高裁判決において遂行されたと見るべきである。

　だが、そうであるとすれば、次に、ひとつの問いを提起しなければならない。それは、「国民の信頼」は、そもそも裁判官ないし司法に関してであるからこそ問われるべき観念であったのであり、国家公務員一般ないし行政に関してであれば問われるべき観念であるとはいえないのではないか、という問いである。先に紹介した「最高裁判所事務総長談話」は、この点について、重要な示唆を与える。「最高裁判所事務総長談話」は、次のように述べる。「裁判官は、その職責上からして、特に政治的中立性が強く要請されているのは、当然のことである。そしてこの中立性は、裁判官の法廷における適正な訴訟指揮権や法廷警察権の行使を通じ、窮極においては、裁判によつて貫かれるべきことである。しかしこれと同時に、裁判は、国民の信頼の基礎の上に成り立つているものであり、したがつて裁判官は、常に政治的に厳正中立であると国民全般からうけとられるような姿勢を堅持していることが肝要である」。ここには、裁判官の「政治的中立性」と裁判に対する「国民の信頼」とが、少なくとも差し当たり

は，異なる機能に仕える別個の原理であることが暗示されている。「政治的中立性」が，裁判官の職責によって要請されているとすれば，「国民の信頼」は，統治機関である裁判所の正統性根拠とみなされているのである。そうであるとしたら，統治機関としての裁判所の正統性根拠である「国民の信頼」は，国家公務員一般ないし行政に対して《転移》することのできないものといわなければならない。なぜなら，国民の代表機関である国会や一般的にはその国会（内閣の対国会責任）を介して国民とつながる行政と違い，裁判所は，裁判の独立という基本原理からの論理的帰結として「国民」からも独立であるという特性を有するが故に，「国民」との間に原則としては何らの原理的つながりをも持つことができず，したがって，その統治行動に対しては「国民」からの支持を得ること自体が極めて困難となるところに，統治機関である裁判所の正統性根拠として「国民」の「信頼」の確保が必要であるという命題が成り立つのであって，かかる特性を共有しない行政に対してまで「国民の信頼」の確保が必要であるという命題を推し及ぼすことは，統治機関である裁判所の正統性根拠として「国民の信頼」の確保が必要であるとした趣旨そのものを没却するものであり，相当ではないと解されるからである。

　このように考えるならば，猿払事件最高裁判決が「国民の信頼」観念を司法から行政へと《転移》させたことは適切ではなかったということになる。

　だが，もうひとつの考え方も成り立つ。それは，猿払事件最高裁判決は確かに「国民の信頼」観念を司法から行政へと《転移》させたけれども，《転移》の過程を通じて，「国民の信頼」という観念に変性が生じたとする考え方である。行政に適用される場合において，「国民の信頼」観念は，国会・内閣による基本決定のもと，行政組織内部にあっては上司等からの指揮・命令に従って職務を遂行することを通して「政治的中立性」が確保されることに対する「国民の信頼」の観念へと変性したと解するのである。こう解すれば，司法から行政に「国民の信頼」観念が《転移》したことに伴う国家公務員法102条1項の立法趣旨ないし立法目的における変化を最小限に見積もることが論理上可能となる。猿払事件最高裁判決によってなされた「国民の信頼」観念の《転移》は，少なくともこの段階では，必ずしも特筆すべき事象ではない。

4

　だが,「国民の信頼」観念の司法から行政への《転移》には, 重大な問題が随伴している。それは, 一般職の国家公務員が何らかの政治的行為をした場合に, 当該行為が「行政の中立的運営とこれに対する国民の信頼」を害したという判定はどのようにして行われるか, という問題である。

　この問題に入る前に, まず, 裁判官が何らかの政治運動をした場合に, 当該行為が裁判の中立的運営と裁判に対する「国民の信頼」を害したという判定はどのようにして行われるか, という問題から考察することとする。

　この問題に精密な考究の筆を及ぼしたのが『法曹時報』23巻1号所収の論考「法曹倫理——特に裁判官倫理について」[5]である。著者は, 当時現職の最高裁判所長官であった石田和外である。石田は,「特に, 近時, ……裁判所においては, 裁判官の政治的団体への加入の問題をめぐり, その政治的中立性の倫理に関して, 内外ともに多くの論議がかわされていることは周知のところである」と述べ, 固有名には言及せぬものの, 青法協問題に触れ,「右のような事例は, やはり法曹倫理についての関心の薄い土壌のゆえに生起したものであり, 国民の法曹に対する尊敬と信頼とをつなぎとめ, 法の支配のいっそうの徹底を図るためにも, 法曹倫理の解明は現在の急務たるを失わないものといえよう」（傍点引用者）と語って, 表題の主題に関する考究を開始する。1961年に成立した西ドイツの連邦裁判官法に論及して, 石田は,「同法第39条には,『独立の維持』として,『裁判官は, その職務の内外を問わず, また政治的活動に際しても, その独立に対する信頼が危くされることのないように行動しなければならない』旨規定されている」こと,「西ドイツにおいては, この規定の制定と, その解釈をめぐって, 裁判官の政治的中立性に関する多くの議論がなされた」ことを紹介する。例えば前記39条とは異なる定めをした1958年政府法律案が連邦議会で否決された経緯に関連づけて, 石田は,「裁判官の政治的行動に対」して「広汎な法律上の制限」が規定されることが「拒否され」,「立法府

---

[5]　石田和外「法曹倫理——特に裁判官倫理について」法曹時報23巻1号（1971年）1頁。

は，裁判官に対し多大の信頼をよせ，裁判官活動と政治活動とを一方では一致させ，他方では分離させるために必要な礼儀作法は，裁判官自らが作り上げていくであろうと考え，裁判官がその政治的行動に際して，その官職の尊厳とその独立に対する信頼を忘れてはならないとする警告を採用」（傍点引用者）し，その結果，「現行の39条が成立した」と断ずる。そうして，「裁判官は，その職務の内外を問わず，また政治的活動に際しても，その独立に対する信頼が危くされることのないように行動しなければならない」とのみ定める連邦裁判官法39条は，拒否された1958年政府法律案とは異なり，規律が薄いが，にもかかわらず，「裁判官の政治活動が全く無制約になったというわけではもちろんなく，むしろ，法は，裁判官が，政治活動に際して，自主的にその職務にふさわしい節度と抑制を持することを，一層厳しく要求しているものであると理解されるべきである」と論ずる。これは，裁判官の政治運動に関しては，法律で制限するのではなく，裁判官自身が「自主的にその職務にふさわしい節度と抑制を持すること」が唯一の制限方法であるべきであるとする立場であると目される。但し，「政党活動のうち，許容されるものとされないものとを区別することは困難であり」，「許容されないものとされる政党政治的行動を，裁判官自らが拒否し，従ってそうした自己規制への違反は，懲戒法上の結果を伴わないとすることが望ましいであろう」と述べている点からは，法律によって裁判官の政治運動の自由に制限を加えることに対して強く謙抑的であろうとする石田の基本姿勢があらためて知られる反面，その議論には，裁判官の政治運動の自由というよりは，政治運動をするか否かを判断する自由，より踏み込んでいえば，政治運動を「裁判官自らが拒否」する責任を肯認する議論というべき側面が濃厚に存する。裁判官は積極的政治運動をしてはならないと規定する日本の裁判所法52条に視野を転じた石田は，「裁判官は，このような法律的措置をもって，裁判の公正を担保するに充分であるとしてこれに安住することが許されるであろうか。法律は，最低の倫理であるといわれる。前述したように，法律の立ち入ることができず，立ち入るべきでない分野においても，職業倫理として，その職業人が，自らを制約しなければならない行動規範が存するのである」と述べる。続けて，「そのように考えると，裁判の独立が保障されているわが国の裁判官も，裁判の公正の維持のために，西独の裁判官と同様の，厳し

い中立保持義務が要請されているものというべきである」と述べた上で,「裁判が公正であるというについては, 裁判の内容自体が公正であるばかりでなく, その公正が国民一般から信頼され, いささかも疑惑を持たれない姿勢を堅持することが肝要なのであるから, 裁判官自身もまた, その言動において細心の心づかいをしなければならない。裁判官にも表現の自由が尊重されなければならないことは言うまでもないが, 裁判官の職業倫理として, おのずから抑制しなければならない事柄があろう」と述べる。そうして,「今日の社会は, 種々の価値観, 利害の激しい対立を包蔵している。かような時代にあっては, 裁判官の一挙手一投足が社会の注目を浴び, 政治的な色づけをされて毀誉褒貶の対象となる。今日ほど, 裁判の公正とそれに対する国民の信頼を確保するに困難な時代はない。それゆえに, 裁判官には, 政治的中立性に対する配慮が一層厳しく要請されているというべきである」と結論する。石田の論考もまた,「政治的中立性」ないし「公正」性に対する「国民の信頼」という観念が本来は裁判所に関して語られるべきものであったことを教示するものといえよう。

　ところで, 石田の立場は, 裁判官の「政治的中立性」ないし裁判の「公正」性を維持することを法律に固有の任務としない点で, 裁判官の政治運動の自由を尊重する議論のようにも見える。法律による制限に替えて「自主」規制を説く点も, 裁判官個人の政治運動の自由を擁護する徹底した立場ではないにせよ,「コォル」(樋口陽一)[6]としての裁判「官職の尊厳とその独立に対する信頼」を守らせることを通じて, 裁判官の自由と責任を尊重しようとする立場であるようにも見えなくはない。けれども, 石田の立場は, そのような立場からは決定的に離れている。なぜであろうか。

5

　「法曹倫理」と題された論考の先に見た結論に続けて, 石田は, 名指しはしないものの, 明らかに青法協問題を対象としながら, その問題に直截適用する

---

[6] 樋口陽一「"コォル(Corps)としての司法"と立憲主義」同『憲法 近代知の復権へ』(初出2000年)(平凡社, 2013年) 190頁。なお, 参照, 蟻川恒正「尊厳と身分」同『尊厳と身分――憲法的思惟と「日本」という問題』(岩波書店, 2016年) 70頁注82。

「結論」を以下の如く提示している。「政治的色彩を帯びた団体に裁判官が加入していると、その裁判官の裁判がいかに公正なものであっても、政治的色彩をもったものとして国民からうけとられるおそれがあることは何人もこれを否定できないであろう。自らは、政治的色彩を帯びた団体の構成員として、その政治的主張を支持する立場を明らかにし、その統制の下にありながら、裁判においては、その団体の構成員たる立場と関係なく、全く独自に判断を下しているものであるというような主張は、一般国民からは、容易に受け入れられるものではないのである」。「裁判官の職務は、極めて重大であり、それゆえに、裁判官に要請される倫理もまた極めて厳しい。しかし、我々はそれを桎梏として感じるべきではなく、我々の崇高な任務の遂行のために、裁判官にかけられた十字架として誇りに思うべきであろう」。ここでも、後段は、裁判官職の「コオル」性を重視する上記の如き立場を標榜するもののように映じはするけれども、前段と相俟って後段を捉えるならば、石田のいう裁判「官職の尊厳とその独立に対する信頼」が果たしているのは、「その裁判官の裁判がいかに公正なものであっても」政治的色彩を帯びた団体に加入している裁判官は所詮は色のついた判断をする者と見られるほかはないのであるから、そういうことにならないように、政治的色彩を帯びた団体には凡そ近づかないに如くはないという態度へと裁判官を押し込める鋳型の役でしかない。「裁判官にかけられた十字架」は重いと考えれば考えるほど、政治運動に境を接する全ての行為から裁判官は無限に遠ざかっていくしかなくなる。「裁判官の職務は、極めて重大であ〔る〕」と言い、「我々の崇高な任務の遂行」と言う石田においては、裁判「官職の尊厳とその独立に対する信頼」は、それを守ることを通じて、裁判官の自由と責任を尊重するためのよすがたりえず、政治運動の自由をどこまでも押し戻すことによって裁判官に跼蹐を強いる立場とのみ親和的である。

　石田の立場は、このような立場内在的な理解から問題にしうるだけでなく、当該立場の社会的実践性という見地からも問題とすることができる。ここでは、1971年の最高裁判所長官の見解（石田の上記論考）が、先述した1970年の最高裁判所事務総長談話（岸の見解）と、完全に軌を一にしていることに注目しておきたい。両見解を対照させるため、該当個所を順次引用する。

　まず岸から。

「裁判官が政治的色彩を帯びた団体に加入していると，その裁判官の裁判がいかに公正なものであつても，その団体の構成員であるがゆえに，その団体の活動方針にそつた裁判がなされたとうけとられるおそれがある。かくては，裁判が特定の政治的色彩に動かされていないかとの疑惑を招くことになる。裁判は，その内容自体において公正でなければならぬばかりでなく，国民一般から公正であると信頼される姿勢が必要である」。

次に石田から。

「政治的色彩を帯びた団体に裁判官が加入していると，その裁判官の裁判がいかに公正なものであっても，政治的色彩をもったものとして国民からうけとられるおそれがあることは何人もこれを否定できないであろう。自らは，政治的色彩を帯びた団体の構成員として，その政治的主張を支持する立場を明らかにし，その統制の下にありながら，裁判においては，その団体の構成員たる立場と関係なく，全く独自に判断を下しているものであるというような主張は，一般国民からは，容易に受け入れられるものではないのである」。

両見解の等質性は，争う余地のないものであろう。

ここで特に問題とすべきは，石田が裁判官の政治運動の自由を支える判断指針として裁判官の職業倫理を強調しながら，そこにいう裁判官の職業倫理を最高裁判所の司法行政によって代替させている点である。このことは，ふたつの側面から問題とすることができる。

第1は，司法行政は職業倫理の本来の担い手たりえないということである。一般に，専門職の職業倫理は，当該コオルによって形成・修正・是正される過程を経て正統性を獲得するものである。コオルは，それ自身は職業特権身分集団であるが，その内部関係は，相互に対等な「同僚（colleague）」集団というべきものであるところに，コオルのコオルたる最も基本的な特質が存する。裁判官職は，元来，上命下服の関係に立たない徹底した対等・平等な関係によって紀律されるべきものであるが，日本の司法制度においては，累次の改革を通じて，裁判官相互の「同僚」性は次第に弱められることとなった。

第2は，あえて贅言を尽くさないが，職業倫理の本来の担い手たりうる裁判官の自主的研鑽のための諸団体をほかならぬ最高裁自身が「粛清」したということである。

このうち第1の点についていうなら，最高裁による司法行政には，裁判官の職業倫理に関して一定の役割を果たすことが暗黙に期待されている面がないとはいえないが，だからこそ，そのことの功罪を問題とする必要があるように思われる。先述の長沼事件での札幌地裁所長平賀健太による事件担当裁判長福島重雄への書簡の手交の如きは，事件当時においては，「先輩の助言」として受容するのが礼儀だとする受け止め方が司法部内には根深くあったといわれる。裁判事務そのものにかかわるこうした介入でさえ「先輩の助言」で済ませることのできる「職場」であれば，職業倫理の教示を裁判所の上司がすることに潜む権力的契機が嗅ぎとられることなく消極的に受容される事態が起きても少しも不思議はない。この点で気になるのは，岸による最高裁判所事務総長談話が1970年4月に公表された後の同年の或る座談会で，東京地裁判事中村治朗が，「青法協問題に関連していろいろな出来事が起って来ましたが，そういう状況の下で最高裁がああいう声明を出し，あるいは石田最高裁長官がああいう談話をしたということが，これが実は裁判官に対する上からの締めつけだ，一種の裁判に対するコントロールだ，そういう意味で個々の裁判官の持っている裁判官の職務上の独立に対する裁判所内部における上からの圧力の行使だという主張が一方にある」けれども「極端に言えば，最高裁判所長官が談話でどのようなことを言われようと，……それほど裁判官にシリヤスに響くものとは私は考えないのです。それほど裁判官というものは弱いものではないと私は思います[7]」と述べていることである。権力に対する許容限度は，権力行使の対象者の権力包容度によって画されるべきものではない。

　この後まもなく最高裁判所首席調査官となり，1974年の猿払事件最高裁判決を最高裁判所首席調査官として迎えた中村と，猿払事件最高裁判決の時点では最高裁判所長官を既に退官していたものの，猿払事件最高裁判決多数意見を形成する新しい人員構成の最高裁を実質的に作り上げたというべき石田と，先の最高裁判所事務総長談話を公表し，その後自らも最高裁判所判事となって猿払事件最高裁判決多数意見に参加した岸。

　猿払事件最高裁判決とは，彼らが産み出し（石田・岸），また，不支持の態度

---

[7]　〔座談会〕奥野健一＝橋本公亘ほか「裁判官の良心について（2）」法の支配20号（1971年）23頁，30頁，34頁〔中村治朗発言〕。

を採らなかった（中村），裁判官の「政治的中立性」とこれに対する「国民の信頼」を，政治運動から身を引き剝がさせることによって，個々の裁判官に守らせることを内容とする特異な「裁判官」観を前提とした1970年代前半の最高裁による司法行政のテクストを「行政官」の紀律に転用したものにほかならない。

跋

　一般に，裁判に関する文脈で「国民の信頼」を問題とする場合には，裁判の「中立的運営」のほかに，それと独立の「実体」として「国民の信頼」を観念することは少ない。裁判に関する文脈では，「国民の信頼」は，統治機関としての裁判所の正統性根拠として重要な位置を有するけれども，そこでの「国民の信頼」は，──法概念上は裁判の「中立的運営」ないし裁判の「公正」性と裁判に対する「国民の信頼」とは別の原理であると考えることもできるけれども──最も典型的には，裁判の「中立的運営」ないし裁判の「公正」性に対する「国民の信頼」として定式化され，しかも，その実質においては，裁判の「中立的運営」ないし裁判の「公正」性それ自体と等置されるのが通常である。なぜなら，裁判の独立をその基本原理とする裁判所は，「国民」からも独立であることが原理の突き詰めた帰結とされるから，統治機関としての正統性根拠として「国民の信頼」観念を立てはするものの，その規範内容は，裁判の「中立的運営」ないし裁判の「公正」性に還元されるとするのが，裁判の独立の原理の一般的に然らしめるところといいうるからである。

　石田が「法曹倫理」のなかで考究した，「裁判官は，その職務の内外を問わず，また政治的活動に際しても，その独立に対する信頼が危くされることのないように行動しなければならない」という西ドイツ連邦裁判官法の法条もまた，「信頼」（「国民の信頼」）保護を法で謳っているけれども，当の「信頼」がその対象をほかならぬ「独立」の価値に置いているためもあってか，石田によって，「法は，裁判官が，政治活動に際して，自主的にその職務にふさわしい節度と抑制を持することを，一層厳しく要求している」と解説されたように，そこでの「信頼」観念を実体化させてはいない。同法条に関しては，かかる法条が存

するにもかかわらず政治活動をした裁判官を懲戒権の発動から免除することは，法の謙抑として性格づけられるべきものであると解される。ところが，その謙抑によって生じた法の空隙を，法理論的には，職業倫理による自由への制約に置き換え，制度実践的には，最高裁の司法行政による自由に対する制約に置き換えて，「国民の信頼」を実体化することが，当時の西ドイツ法に学んだ石田が，翻って日本の裁判所法52条の解釈ないし運用に際して積極的に選びとった立場であった。

　これは，当時の日本にあっても，また，当時の西ドイツにあっても，独自の見解というほかないものである。現職の最高裁判所長官である石田によるこの独自説が，1970年代前半の日本において，裁判官の「政治的中立性」に対する司法行政上の立場から行政官の「政治的中立性」に対する最高裁判決の立場へと転用せしめられた過程こそ，本稿が「国民の信頼」観念の《転移》と呼ぶ規範命題上の事象の歴史的展開過程にほかならない。

　本稿が対象としたのは，この意味での，猿払事件最高裁判決前史としての猿払事件最高裁判決テクストである。

精神的観念的基礎のない国家・公共は可能か？
―― 津地鎮祭事件判決

石 川 健 治

すべて道を失うた者は，分岐点まで引き返し，そこにて
正しき道を見出さねばならない。（矢内原忠雄）[1]

序　埋もれたテクスト構造

　いわゆる津地鎮祭事件の判決言渡しが行われた 1977 年 7 月 13 日。当時の最高裁長官藤林益三は，日記にこう記している――「この事件は，信教の自由と政教分離原則に関して重要な意義を有するものであって，4 年前からわたしの念頭を去らなかった。世の批判はいかにもあれ，わたしの 45 年間の法曹生活は結局この判決に向けられていたものであり，裁判官となりまた長官となったのも，この日のために備えられたものと思えてならない」[2]。
　ここに「4 年前」とあるのには，若干の註釈を要する。彼が佐藤栄作内閣によって最高裁判所裁判官に任命されたのは（第一小法廷所属），本件上告に先立つ 1970 年，すなわち「7 年前」のことである。また，控訴審において名古屋高裁が違憲判決を下したのは 1971 年。藤林は同判決を，「大変な勉強をして，内外の文献などをよく調べて」書き上げた「学問的に相当価値のある」「画期

---

1)　矢内原忠雄『帝国主義研究』（白日書院，1948 年）「はしがき」2 頁。「日本が正しき道により て高きにいたるためには，日華事変以前，満洲事変以前，否，二・二六事件以前に目をかえして， そこに正道と邪路の分岐点を見出さねばならない」。
2)　参照，藤林益三『藤林益三著作集 2 日記――最高裁の時代』（東京布井出版，1984 年）215 頁 以下。

的な判決」だったと，のちに絶賛している。それが上告されて，ほかでもない藤林の第一小法廷に係属することになったのであるが，それは「6年前」の出来事であって，やはり平仄が合わない。

「4年前」の出来事とは何か。まずは，1973年の「紀元節（2月11日）」を期して，「上告理由書に対する答弁書（総論）」が提出されたことを，念頭におくべきだろう。名古屋高裁で違憲判決をかちとった弁護団が，再び大勉強をして提出した答弁書の第一弾。その文献リストには，M・R・コンヴィッツ『信教の自由と良心』の原書も含まれており，清水望らによる翻訳が近刊予定（実際には4月刊）であることが，そこには記されていた。このコンヴィッツの見解と彼が引用するジェファソンの名句とに魅せられ，自らの追加反対意見において直接言及するまでに至るのであるから，判決当日を迎えた藤林の脳裡に思わず立ち現れたのが「4年前」の記憶であったのは，当然といえるだろう。

これはちょうど，4月4日の尊属殺重罰規定違憲判決と，4月25日の全農林警職法事件判決が出された時期とも重なっている。石田和外長官の退官は，5月19日に迫っていた。「司法反動」と批判された石田コートの締めくくりとして，日本の最高裁としては史上はじめての違憲判断と，悪名高き「反動的」な判例変更とが，同時に行われようとしていた。

前者において，判事藤林は，尊属への尊重報恩という立法目的自体は合憲とする多数意見の理由付けに与して，田中二郎らリベラル派の目的違憲論と対抗した。後者については，もともとリベラル派の入江俊郎が主任をつとめる第一小法廷に係属していたのであったが，大法廷に回付するか否かの判断においてキャスティング・ボートを握ったのは，新任の藤林であった。第1小法廷は，3対2でリベラル派が優勢だったが，松田二郎が退任して2対2になっていたのである。藤林が公務員のストライキに対して否定的な考えをもっていたばかりに，全逓東京中郵事件判決以来の判例に反する結論となり（裁判所法10条3号），全農林警職法事件は，大法廷に回付されることになって（なお入江はまもなく退官），10数回の合議の末，8対7のスプリット・デシジョンによる歴史的

---

3) 参照，藤林益三「津地鎮祭訴訟」『藤林益三著作集8 私の履歴書』（東京布井出版，1989年）83頁，同「裁判官と良心」『藤林益三著作集3 法律家の知恵』（東京布井出版，1984年）116頁。
4) *Cf.* Milton R. Konvitz, Religious liberty and conscience: a constitutional inquiry, 1968.

な判例変更へとつながった。いずれにせよ「4年前」は，彼の最高裁でのキャリアにおいて，節目となる時期であった。

そして，同年8月4日の日記には，「清水望氏からいただいた同氏と滝沢信彦氏の共訳にかかるM・R・コンヴィッツ著『信教の自由と良心』という書物を読んだ。さすがアメリカの憲法学者である。聖書についての知識が博く，法律的にも聖書的にも教えられるところが多い。こういう書物は残念ながらわが国では得られない」という記述が現れる。[6] これは津地鎮祭事件判決の真の出生時を告げる日付である可能性がある。

藤林というインテリは，後述する通り，若い頃から原典主義を叩き込まれた人物である。コンヴィッツを読み上げたその頃は，例年通り信濃追分の別荘で過ごしていたものと推測されるが，それが「自分の関心のある信教の自由の原則にかかわる問題であった」だけに，帰京後は早速に，最高裁図書館所蔵のコンヴィッツの原本やアメリカの政教分離判例にアクセスしたはずである。職務の合間をみて，個人的に「米国の判例や文献などにあたり」始めた。[7] 彼は，終生愛読したカール・ヒルティ──このスイス人は憲法学者でもある──の仕事術（Die Kunst des Arbeitens）に倣い，[8] 多忙な裁判官業務の傍ら，スキマ時間を有効活用してコツコツと勉強を進めていた。そうした努力が，後に大法廷の視野を太平洋の彼方へと開くのに，大きく寄与したのは間違いない。

その後，首相就任を自ら「青天の霹靂」と表現した三木武夫の内閣により，弁護士出身者としてははじめての長官に指名されるという想定外の経緯により，藤林は，裁判長として，この事件に取り組むことになった。敬虔な信仰をもつ彼ならずとも，見えざる何者かの導きを感じずにはいられない展開である。難航する気配をみせていた本件についての審理が，藤林コートのもとで動き出した。しかし，合議では，意見が激しく対立して，なかなか結論を得ることがで

---

5) 参照，藤林益三「全農林警職法事件」『藤林益三著作集8 私の履歴書』（東京布井出版，1989年）73頁。他に，同「公安労働事件と私」『藤林益三著作集3 法律家の知恵』（東京布井出版，1984年）125頁以下など。
6) 参照，藤林益三『藤林益三著作集2 日記──最高裁の時代』（東京布井出版，1984年）85頁。
7) 参照，藤林益三「津地鎮祭訴訟」『藤林益三著作集8 私の履歴書』（東京布井出版，1989年）83頁以下。
8) 参照，藤林益三「幸福への道」『藤林益三著作集3 法律家の知恵』（東京布井出版，1984年）180頁以下。

きない。1977年の春先に判決を下す目算は大きく狂った[9]。それでも，決して長くはなかったその任期中に，どうにか判決まで漕ぎ着けることができたのは，疑いなく藤林長官の並々ならぬ熱意の所産である。

けれども，判決の結論は，彼の集大成として，ふさわしいものにはならなかった。リベラル派で鳴らした団藤重光（通説刑法学者）と環昌一（弁護士出身）に加え，元最高裁事務総長の吉田豊や後の最高裁長官・服部髙顯といった裁判官エリート組を自陣に引き入れるところまでは成功したが，法廷の多数派を形成するには至らず，不本意な合憲の結論を裁判長として言い渡すことが確実な情勢になった。最高裁に入って以来，常に勝ち馬に乗ってきた彼が，少数派に回るのはこれが最初で，かつ最後のことであった。

そこで藤林は，はじめて迎える敗北に一矢報いるべく，5 裁判官による反対意見とは別に，独自の反対意見を追加することを決意した。ほかの 4 人には信仰がなく，彼らの古典的リベラリズムの立場と，敬虔なクリスチャンとして著名な藤林のキリスト教的リベラリズムとの間には，やはり根本的な部分で乖離があったからである。これにより，結局，他のすべての裁判官と袂を分かつことになった。法曹生活総決算のはずの事件において，彼は完全に孤立したのである。

そうした思想的・信条的孤立の表現としての藤林追加反対意見は，ほぼ半年前に着手されていたものの，仕上げは判決直前の大型連休を利用して行われた。その経緯からもわかるように，これは，現在の法廷を説得することをもはや目的としない，未来向けの文書である。その際，彼は，論文「近代日本における宗教と民主主義」における矢内原忠雄の文章を，「本判決の有する意義にかんがみ」ほぼ原文のまま書き写す，という異例の方法を採用した[10]。著作者藤林は，「気楽に書いたようで第三者にはわからないが，信仰を持っている人間にはわかるような表現」があり得るということを，知悉している人である[11]。出来の悪い学生が文献丸写しのレポートを書くのとは違って，そこに特別の意図が込め

---

9) 参照，毎日新聞1977年7月13日夕刊第9面。
10) 『矢内原忠雄全集第18巻』（岩波書店，1964年）357頁以下。
11) 参照，藤林益三「キリスト教弾圧事件」『藤林益三著作集 8 私の履歴書』（東京布井出版，1989年）49頁以下，52頁。

られているのは間違いない。それを読み解いてみようというのが，本稿全体を通じての筆者の問題意識になっている。

　矢内原忠雄といえば，東京帝国大学経済学部教授を務めていた1937年に，当時の「ファッショ的」な日本をいったん葬って，本当の日本を再生すべきだ，と講演したことを理由に大学を追われた言論抑圧事件（矢内原事件）で知られる。その彼が，戦後まもない時期に，自身の受難の体験を踏まえて，日本社会を診断したのが当該論文である。これを藤林が再録することによって，〈矢内原忠雄・対・帝国日本〉という1937年の問題機制が，40年後の最高裁大法廷のただなかに再現されたことになる。

　矢内原論文（あるいは矢内原という屹立する個人）を光軸に据えて，反対意見をも含む判決文の総体を，将来に向けて逆照射すること。大法廷の裁判長としての立場を利して，藤林が投じた最後の一手がこれであった。反転したテクスト構造のなかで，ひとり包囲されていた藤林の姿は消え，逆に，藤林を除く裁判官全員が矢内原の精神に対峙させられることになった。

　かくして，本判決は，法廷意見・反対意見・藤林追加反対意見をそれぞれ頂点とする，トライアングルの対抗関係によって構成された，重層的なテクスト構造をもつことになった，はずであった。こうしたテクストの深層における対立構造に比べれば，既存のすべての判例評釈が注目する，法廷意見の目的効果基準とアメリカのレモン・テスト（Lemon v. Kurtzman, 403 U.S. 602〔1971〕）との対比は，あくまで副次的なものに過ぎない。[12]

　けれども，裁判ジャーナリズムは，「アガペー長官」「クリスチャン長官」とのレッテル貼りのもとに，藤林長官が退官の記念に一己の信仰を率直に告白した，ある種微笑ましいエピソードとしてのみ，この追加反対意見を取り上げた。[13]それ以上に，担当調査官の越山安久が，機敏な対応をみせた。判決直後のジュリスト誌上での解説では，テクストの形成過程を知り抜いた者にしかできない，法廷意見のすこぶる的確な内在的読解を示して，これと反対意見とを対比する

---

12) もちろん，そこにおけるレモン・テストの受容と変容は，アメリカ憲法判例が戦後日本のそれに直接影響を与えた顕著な例であって，幕末の「開国」に始まる西洋近代（法）の継受＝受容（Rezeption）の歴史のなかで，一個の興味深い問題たることを失わない。
13) 参照，朝日新聞1977年7月13日夕刊11面，読売新聞同日夕刊9面。

一方，藤林追加反対意見を事実上黙殺したのである。この論調は，越山が古巣の東京地裁に戻った時分に発表した，いわゆる調査官解説でも貫かれている。彼は，同解説のフォーマットに従い，「本判決」の要点を摘示しているが，そこでは「多数意見」と「反対意見」だけが紹介され，判決書全体の3分の1を占める藤林追加反対意見には，その存在についてすら言及されていない。わずかに3点ほどの論旨が「説明」中に織り込まれているのみであり，それ以外の行論は，他人の文章の丸写しであって，論ずるに足りないと考えられたのであろう。

もちろん，自衛官合祀事件判決の反対意見において，「『たとえ，少数者の潔癖感に基づく意見と見られるものがあつても，かれらの宗教や良心の自由に対する侵犯は多数決をもつてしても許されない』という藤林裁判官の意見（多数意見引用の昭和52年7月13日大法廷判決における追加反対意見）は傾聴すべきものと思われる」と述べた伊藤正己裁判官のような，重要な例外は存在する（最大判昭和63・6・1民集42巻5号277頁）。しかし，専門家による判例評釈は，もっぱら法廷意見の「目的効果基準」に目を奪われて，本家レモン・テストとの異同に関心を集中させたため，藤林の仕掛けは不発に終わった。むしろ，法廷意見で採用された「制度的保障論」や「目的効果基準」は，地鎮祭への公金支出の合憲性を巧みに正当化したのみならず，本稿筆者を含む若い研究者たちの関心を，本件の背景にあった「靖国問題」の文脈から，欧米の理論動向に逸らせるのに大いに力を発揮し，〈「日本」という問題〉に対する思考停止を，もたらしたのではなかろうか。

藤林による追加反対意見を，一己の信仰を告白した頗る個人的な文書であるかのように描くこの状況は，今日まで基本的には変わっていない。しかし，こ

---

14) そこでは，同追加反対意見のうち名指しでメンションされるのは，憲法20条3項にいう「宗教的活動」を最広義に解し，宗教的意義を有する一切の活動を含むとした論旨だけであり，ほかに，政教分離原則の判断を宗教的少数者の「違和感」を基準とすべきだという「見解」や『国家又は地方公共団体は，信教や良心に関する事柄で，社会的対立ないしは世論の対立を生ずるようなことはさけるべき』という意見」として紹介されるにとどまっている。ただし，後者については，「起工式の当否を考えるうえで尊重されるべきである」と述べて，一定の敬意を示すことは忘れていない。たとえ法的には合憲の起工式であっても，それを行うのが妥当かどうかは，別論だというわけである。

15) 参照，越山安久「判解」最判解民事篇昭和52年度212頁以下。

の読み方では，当の法廷意見が，一貫して藤林長官の訴訟指揮のもとで，彼への対抗言説として形成された，という側面を読み落とすことになる。他方で，名古屋高裁判決の論旨を引き継いだ反対意見の古典的自由主義と，矢内原＝藤林のキリスト教的自由主義の対抗関係を切り捨てることで，本件と自衛官合祀事件とにおいて同時代的に現れた，日本近代史における或る共通の歴史的鉱脈を見逃してしまうだろう。本稿は，そうした研究動向へのプロテストとして草された，拙い一つの試行である。

I 津地鎮祭事件判決の形成

1 渦巻く想念

この判決書全体は，多くの人々の想念が，ぶつかり合ってできたものである。

まずは，「生まれてからの体験と長い市会議員生活のなかで，憲法と地方自治を守り，筋をとおす私なりの任務」を自覚して，本人訴訟としてたったひとりの闘いを開始した，原告・関口精一の想念。「戦後神道指令で一掃されたかとみえた神社神道の儀式の温存復活は地味に陰湿にすすめられてきた」のであり，「その一つである公共建物建設に際しての地鎮祭をとらえて，この風潮の危険性を摘出し，未開拓の憲法判例をつくりあげ，伊勢靖国の闘いに参加しよう——平和運動の一つとして，憲法を暮らしに生かそう」という想いが，彼を内側からつきあげてきた。

1967年3月に出された地元津地裁の判決では，あえなく敗訴。曰く，「地鎮祭の発生原因となつた」「原始信仰は永い年月の間に近代的宗教の成立発展に

---

16) 参照，蟻川恒正「日本・国・憲法——思想の自由に鑑みて」公法研究59号（1997年）234頁以下。なお，同『尊厳と身分——憲法的思惟と「日本」という問題』（岩波書店，2016年）も，参照。矢内原における「日本」という問題については，参照，菊川美代子「矢内原忠雄の『日本的基督教』——土着化論再考」基督教研究73巻2号（2011年）91頁以下，特に98頁以下。

17) 参照，関口精一「なぜこの裁判を提起したか」津地鎮祭違憲訴訟を守る会編『津地鎮祭違憲訴訟——精神的自由を守る市民運動の記録』（新教出版社，1969年）249頁以下。これに対して，神社サイドからは，そこに関口の党派性を嗅ぎ取ろうとする向きもあった。参照，政教関係を正す会編『法と宗教』（経済往来社，1972年）259頁以下。

つれて我が国民の意識の底に沈澱し自然崇拝に起因する地鎮祭の行事，儀式だけが永年に亘り続けられるに従い漸次本来の信仰的要素を失い，形式だけが慣行として存続されているうちにいつしか地鎮祭は何らの宗教的意識を伴うことなしにただ建築の着工にはそれをやらなければ形がととのはないと言つた意味での習俗的行事として一般の国民が考えるようになつて来たものと言えよう。」「地鎮祭が右のように我が国民からこのような習俗的行事として受けとられ，且つ行なわれている以上，本件起工式もその例外である筈がなく，」「参列した殆んどの人々も神道の教義の布教宣伝とはかかわりなく，ただ工事の安全を願い従来の慣行に従いこれを実施したにすぎないことは明白である」。[18]

　この地裁判決は，ある意味で，「世間」の常識ともいうべき判断である。それでも，関口は屈することなく直ちに控訴し，「忙しい仕事の合間をぬい，てさぐりで」「資料の収集，鑑定人さがし」を行い，闘いを継続した。控訴審ではじめて弁護士がつき，『神のたそがれ──神道起工式裁判の記録』（上巻，1969年）をも刊行した。[19]

　こうした努力が，この頃から漸く，中央政治における「靖国問題」をめぐる政治運動の注目するところとなる。一方では，「元号法」と「靖国神社国営化法」をめざす，復古的な運動が当時高まりをみせていた。これは，旧憲法体制への回帰をめざす戦後第1期改憲論の流れを汲むもので，2016年現在，有力な政府応援団になっている「日本会議」に，人的にも思想系譜的にも直接つながっている。他方では，これに対する反作用が起こって政治運動化し，彼らが関口の孤独な闘いに連帯を表明したため，津市体育館の起工式をめぐる争いが

---

18)　津地裁判決が示す日本の宗教風土は，以下の通りである。「我が国においては，近代的宗教（開祖が明確で教義が体系的なものを指す。）が成立する以前においてきわめて素朴な民族宗教つまり原始信仰が存し，なかでも顕著なものとして山水木石などの自然そのものを崇拝の対象とする自然崇拝と雨風雷などの天然現象を惹き起す霊力の存在をみとめそれを畏敬崇拝する精霊信仰とがあり，前者すなわち自然崇拝の中に土地神信仰（いわゆる産土神信仰，屋敷神信仰等）が含まれていた。そしてこれら原始信仰はやがて近代的宗教の成立展開によって表面上はその影を没したかに見えるけれどもいまだ完全に影を没し切つたわけではなく，習俗化された諸行事の中にその痕跡を発見する事例が屢々存するのであり，地鎮祭はその好い例であると講学上説かれており，（これは地鎮祭を含めて広く我が国に古来から行なわれてきた習俗的行事の発生の由来ないしその実態を専ら研究対象とする学問（民俗学）上通説とされている。）当裁判所も右の見解は正しいものと考える。」

19)　自費出版。早稲田大学高田早苗記念研究図書館，静岡県立大学附属図書館谷田図書館蔵。

中央政治と連動することになった。

　1969年3月には，信教の自由の会，国民文化会議宗教部会，アジア宗教研究会が共催する形で，東京の学士会館で「津地鎮祭違憲訴訟問題研究会」が立ち上げられた。翌70年2月には，「津地鎮祭違憲訴訟を守る会」発起人総会が，東京の教文館ビルで開かれ，4月には東京・私学会館で「守る会」創立総会が行われて，全国憲法研究会のリーダー格だった行政法学者の高柳信一が，「政教分離の原則」と題して基調講演を行った。名古屋高裁が，積極的に，賛成・反対両サイドに鑑定人尋問を行ったため，津地鎮祭事件は多くの人々を巻き込んだ本格的な憲法訴訟に展開していった。地鎮祭違憲論の中心には，宗教学者・村上重良による国家神道論があった。[20]

2　名古屋高裁判決

　こうしたなか，名古屋高裁民事3部の裁判長伊藤淳吉以下3名の裁判官は，「『古事類苑』『雑祭式典範』はじめ難解な神道の原典，宗教書を読みあさ」り，「仏教，キリスト教，宗教全般について調べた」のみならず，「宗教，憲法の権威者8人の鑑定もあお」いで実によく勉強し，想いのこもった判決を仕上げた。[21]

　第1に，彼らは果敢に，憲法上の「宗教」の定義に挑戦した。曰く，「憲法でいう宗教とは『超自然的，超人間的本質（すなわち絶対者，造物主，至高の存在等，なかんずく神，仏，霊等）の存在を確信し，畏敬崇拝する心情と行為』をいい，個人的宗教たると，集団的宗教たると，はたまた発生的に自然的宗教たると，創唱の宗教たるとを問わず，すべてこれを包含するものと解するを相当とする」。[22]

---

20) 参照，昆野伸幸「村上重良『国家神道』」日本史研究616号（2013年）55頁以下。村上の立論は，今日，立場の違いを問わず，再検討の対象になっている。
21) 参照，読売新聞1971年5月15日朝刊第4面。そこに権威者8人とは，宗教学者・佐木秋夫，神社本庁教学部長・渋川謙一，東京教育大学教授・和歌森太郎（歴史学者），上智大学教授・佐藤功（憲法学），東京大学教授・高柳信一（行政法学），國學院大學教授・小野祖教（宗教学），京都大学教授・大石義雄（憲法学），早稲田大学教授・新井隆一（租税法学）の面々。
22)「これを限定的に解釈し，個人的宗教のみを指すとか，特定の教祖，教義，教典をもち，かつ教義の伝道，信者の教化育成等を目的とする成立宗教のみを宗教と解すべきでは」なく，かかる観点から考えれば，「たとえ神社神道が祭祀中心の宗教であつて，自然宗教的，民族宗教的特色があつても，神社の祭神（神霊）が個人の宗教的信仰の対象となる以上，宗教学上はもとよりわ

第2に，彼らは，民俗学を咀嚼し，単なる風俗・風習とは区別された「習俗」を定義した。それによれば，「習俗」とは，「縦に世代的伝承性をもち，強い規範性ないし拘束性を帯びた協同体の伝統的意思表現すなわち生活様式ないしそれを支えている思考様式をいい，一般に普遍性を有する民間の日常生活一般をいう」とされ，「すくなくとも，三世代以上にわたり民間に伝承されて存する定型化された慣行で，国家の規制を受けないもの」で，「これを反省したり，そのために何らの説明を施したりすることなく世代的に伝承され，抵抗なく受け容れられるものでなければならない」。

　第3に，このもとで，「宗教的儀式行事の社会習俗化現象」にアプローチする。「時代と環境と」による「推移」の結果，「宗教的意義，色彩を失つた習俗的行事」については，政教分離の原則に関係がないからである。ただし，それは，「主催者及び参列者ら各自の宗教的意識ないし信仰の有無という内心的事情のみによつて当該行為の宗教性の有無を判断すべきものではなく」，「行為の客観的，外形的基準を併せてこれを判断する」のが相当であるから，宗教上の施設外で行なわれた本件地鎮祭が宗教的行為か，習俗的行為であるかを区別する客観的な基準として，次の3点があげられる。

　（イ）当該行為の主宰者が宗教家であるかどうか，（ロ）当該行為の順序作法（式次第）が宗教界で定められたものかどうか，（ハ）当該行為が一般人に違和感なく受け容れられる程度に普遍性を有するものかどうか。

　この点，地鎮祭は，「宗教的信仰心の外部的表現であり，土地の守護神である産土神等，神に対する信心の発露として，神を祭り，神に礼拝し，工事の安全等を祈願する宗教上の儀式（神事）を神職主宰の下に執り行なつたものであつて，宗教的行為以外の何ものでもない」「宗教的潔癖感を欠く大衆の雑居的信仰構造を基にして，一般に神道式地鎮祭が日常多くみられるからといつて，直ちにこれが習俗慣行化していると即断するのは，安易に過ぎる」。

が国法上も宗教であることは明白である。個人が神社を崇敬しこれに参拝するのは，神社の建造物や神職に対してするものではなく，その背後にある神霊すなわち超人間的存在を信じてこれに礼拝するのである。人間と超人間的存在との関係が本質的にすべて宗教の問題であることは，さきに述べたとおりである（なお，神社神道に教祖，教義，教典がなく，歴史的に余り布教伝道を行なつてこなかつたのは自然的宗教に由来する通有性であり，また，わが国のほか諸外国に普及しなかつたのは民族的宗教性によるものであつて，宗教たるの性質を妨げるものではない）。

第4に、日本国憲法の政教分離原則は、「西欧諸国に行なわれている国家と教会の分離」ではなく、GHQのいわゆる神道指令を承けた「国家と宗教の分離」と捉えられるべきである。なぜなら、「欧米のキリスト教諸国と異なり、歴史的に単一の宗教が支配的地位を占めたことがなく、民族と言語が単一である反面、宗教が多元的に発達し併存していることが宗教事情の特徴」である日本では、「国家と特定宗教との結びつきを排除するため、政教分離を徹底化することにより、はじめて信教の自由を保障することができる」からである。神仏習合にみられるような、シンクレティズム（宗教的混淆主義ないし多重信仰）を特徴とする日本の宗教風土だからこそ、「国家と宗教の分離」の徹底なくして、敬虔な信仰をもつ少数者の「信教の自由」は保障されない、という理屈である。

　それゆえ、「西欧のキリスト教諸国において、国家的行事がキリスト教の司祭によつて執り行なわれているから、同様に日本においても、神社の神職が公的行事として宗教儀式を主宰する程度のことは是認されてよいと即断することはでき」ず、「政教分離国であるアメリカで、大統領就任に際し聖書を用いて宣誓する儀式等が慣行として行なわれているからといつて、歴史的背景および宗教事情を異にするわが国で、神道による儀式行事を公的に執行してよい」ということにもならないとして、アメリカ判例の直輸入を牽制している。

　もっとも、政教分離の目的については、まず、「政教分離条項は、本来基本的人権そのものではなく、国の宗教に対する根本的な政治姿勢に関する原理」であり、「信教の自由をより具体的に実現せしめる現実的手段であつて、信教の自由に対する制度的保障の原理である」とし、次に、「余りに個人的であり、神聖であり、かつ至純な」「宗教を敵視し、これを無力化することを目的とするものではなく、」「国家と宗教との結合により国家を破壊し、宗教を堕落せしめる危険を防止することを目的と」し、「国によつて定められた宗教と宗教的迫害が手をたずさえるものであるという歴史的事実の自覚の上に基礎をおいている」とされ、特殊日本的文脈を離れた理解を示している。

　そして、この観点から問題になるのは、「国又は地方公共団体の政治権力、威信及び財政を背景にして、特定の宗教が公的に宗教的活動を行なうこと自体が、その特定の宗教に利益を供与し、これを国教的存在に近づけ、他の宗教及

び反対する少数者を異端視し，疎外する間接的圧力になる」とされることと（主として保障目的の第2），「公金の支出が少額であつても」，「少数の人は自己の納付した税金を自己の信じない，又は反対する宗教の維持発展のために使用されることになり，結局自己の信じない，又は反対する宗教のために税金を徴収されると同じ結果をもたらし，宗教的少数者の人権が無視されることになる」こと（主として目的の第1）である。とりわけ「個人の尊厳を基調とする人権規定の根底にあり，信教の自由を保障する規定の基礎にある」少数者の権利の確保の観点から，「大部分の人の意識に合致するからといつた，多数決で処理するような考え方は許されるはずがな」く，「他の自由権と同様にこれを厳格に解釈すべきことは当然である」という。

こうした論理を踏まえて違憲判断を導いた名古屋高裁判決は，地鎮祭違憲論を説いてきた人々にとっては歴史的なドキュメントであり，他方で，合憲論者には大きな打撃を与えるものであった。判決から半年後の1971年11月，「政教関係を正す会」が設立され（これは今日まで活動を継続している），最高裁での逆転判決をめざした。

II 最 高 裁 へ

1 比較憲法論の位相

興味深いのは，違憲論が政教分離原則の日本的文脈（国家と宗教の分離）をもっぱら強調するのに対して，合憲論がその欧米的文脈（国家―教会関係）を強調するというねじれ現象がみられたことである。後者の狙いは，「国家と教会の分離」規定を，その国固有の「国家―教会（教団）関係」を前提とした，きわめて特殊な制度的解決のかたちとして捉えることで，「宗教的少数者」としての原告の目線が重んじられる「信教の自由」論の文脈から，「政教分離」論を引き剝がそうとするところにある。

実際，欧米においては，信教の自由は標準装備であるものの，国家と教会の完全分離をめざした国は現象としては例外的であり，政教分離を徹底せずに少

数者の信仰をまもれると考えている国の方が，実は多いのである。「国家と教会の分離」をめざしたのは，圧倒的な支配力をもつカトリック教会の存在を与件として，そこから「共和国」を自律化させようとしたフランスや，逆に英国国教会の支配から逃れて海をわたった群小の教団たちが，現状維持を欲して国教会の樹立を禁じたアメリカのように，特殊な宗教風土を前提とする場合に限られている。そして，神仏混淆の多重信仰を特色とする日本の宗教風土は，米仏いずれとも異なっている。

　しかし，そうした宗教風土のゆえにこそ，明治国家は欧州のキリスト教に相当する「国家の基軸」を欠いているというのが，旧憲法をデザインした伊藤博文の認識枠組みであった。欧州において「憲法政治」が定着した秘訣は，「独り人民の此制度に習熟せるのみならず，又た宗教なる者ありて之が機軸を為し」ているところにあり，「機軸なくして政治を人民の妄議に任す時は，政其統紀を失ひ，国家亦随て廃亡す」というのが，皇室を基軸に据えた憲法体制を設計した起草者意思であった。[23] 神仏分離を強行し，憲法の「信教の自由」規定にもかかわらず，「神社＝非宗教」論に支えられた神道式の儀礼を，臣民にあまねく要求したのも，このことと関連している。そして，そうした神道式の儀礼が，皇室祭祀と相俟って，国民個々人のかけがえのない〈生〉を「全体」に吸い上げる装置として機能し，軍国主義を演出したのであった。GHQの神道指令は，軍国主義の根絶を掲げるポツダム宣言を踏まえ，その装置として機能した部分を，神社や神道全体から抽出して，徹底的に排除しようとするものであった。そして，たとえ結果オーライであったにせよ，神道指令を含む，GHQによる一連の「戦後改革」のおかげで，日本社会に浸潤した軍国主義は見事に除去されたのは事実である。

---

23)「今憲法を制定せらるるに方ては，先ず我国の機軸を求め我国の機軸は何なりやと云ふ事を確定せざるべからず。機軸なくして政治を人民の妄議に任す時は，政其統紀を失ひ，国家亦随て廃亡す。苟も国家が国家として生存し，人民統治せんとせば，宜く深く慮つて以て統治の効用を失はざらん事を期すべきなり。抑欧洲に於ては憲法政治の萌芽せる事千余年，独り人民の此制度に習熟せるのみならず，又た宗教なる者ありて之が機軸を為し，深く人心に浸潤して人心之に帰一せり。然るに我国に在ては宗教なる者其力微弱にして，一も国家の機軸たるべきものなし。佛教は一たび隆盛の勢を張り上下の人心を繫ぎたるも，今日に至ては已に衰替に傾きたり。神道は祖宗の遺訓に基き之を祖述すとは雖，宗教として人心を帰向せしむるの力に乏し。我国に在て機軸とすべきは独り皇室にあるのみ。」参照，憲法草案枢密院会議筆記第一審会議第一読会における伊藤博文枢密院議長の演説（1888年6月18日）。

そのうち神道指令に際して尽力したのは，民間情報教育局（CIE）でこの問題を担当したW・K・バンスと，彼のインフォーマントであった宗教学者・岸本英夫（東京帝国大学文学部助教授）のコンビであった。姉崎正治（嘲風）を岳父とし宗教学の正統を継ぐ岸本は，アメリカ流の宗教心理学に依拠する学者として，講師から助教授になったばかりだったが，CIEの顧問に就任を求められ，対立する利害や価値のすりあわせに奔走した。岸本の精神的な支えとなったのは，大学時代に新渡戸稲造と内村鑑三の薫陶を受け，クェーカー（フレンド派）のキリスト者として国際的にも活動した，前田多門文部大臣だったとされる。

バンス・岸本コンビが起草した神道指令は，国教類似の「国家神道」観念を用いて問題を捉えようとしたが，国教会としての強固な組織形態をもたない「国家神道」を国家から分離するためには，日本版政教分離は「国家と宗教の完全分離」定式にならざるを得なかった。それは，戦前の「神社＝非宗教」という定式に基づく法制度の影響で，政権（すなわち国家）と教権（すなわち教会）の分離であるはずの政教分離論が，何かと「国家と宗教」の主題によって論じられがちだったのと，軌を一にするものでもあった。

そうした神道指令は，私的な信仰としての神道を救う代わりに，神道式の儀礼を公共空間から徹底的に排除するものになり，これにより「神社＝非宗教」論は完全に否定された。この神道指令に特有の厳格さが，そのまま憲法解釈論にもちこまれると，公共施設の起工式を神道式の儀礼で行うことは，いかなる意味でも許されないことになる。この立場からすれば，「地鎮祭＝習俗」論の余地を確保すべく20条・89条の規範的要請を緩和しようとする試みは，戦前の「神社＝非宗教」論への回帰にほかならない。これが原告や名古屋高裁の地鎮祭＝違憲論である。

それに対抗するためには，まず第1に，神道指令の「国家と宗教の分離」を，せめて米仏なみの「国家と教会の分離」に引き戻す必要がある。そして，それ

---

24) *Cf.* W. K. Bunce (ed.), *Religions in Japan: Buddhism, Shinto, Christianity*, 1955. バンスの前職は旧制松山高等学校教員である。参照，竹前栄治「GHQ論」中村政則ほか編『戦後日本——占領と戦後改革第2巻（占領と改革）』（岩波書店，1995年）73頁以下。
25) 参照，奥山倫明「岸本英夫の昭和20年」東京大学宗教学年報26号（2008年）19頁以下。
26) 参照，田中耕太郎「宗教と国家」末弘嚴太郎＝田中耕太郎編『法律学辞典第2巻』（岩波書店，1935年）1291頁以下。

により「分離」が幾分かでも緩和されたなら、その間隙をぬって地鎮祭＝合憲論をかちとること。戦後憲法によって歪められた政教関係を「正す」ためには、それが第一歩であると考えられた。それゆえ、政教分離原則の領野では、当初、神社サイドに立ち系譜的には尊王攘夷論の流れを汲むはずの論者が、むしろ比較憲法論の導入に熱心であった。[27]

　そして、第2に、地鎮祭に参加する一般人・平均人の意識を内観すれば、すでに習俗として受け容れられているのは明らかだと指摘して、たとえ地鎮祭の式次第は変わらず宗教性を帯びているとしても、永年の慣行となることにより参加者側の内面的な意識に生じた変化を理由に、地鎮祭の習俗性を正当化することである。しかし、地鎮祭が外形的には特定の宗教（神道）にコミットして行われている以上、他宗教のまじめな信徒に対しては、そうした外形そのものが、彼らを疎外する間接的圧力として作用する可能性を排除することはできない。

　そこで、第3に、敬虔な信仰をもつ人の高い宗教意識ではなく、地鎮祭の習俗性を疑わない日本社会の平均人の社会通念に、引照基準を移動しなくてはならない。そのためには、宗教的少数者のための信教の自由論そのものから、政教分離原則を系統的に引き剝がすための解釈枠組みが必要である。結論からいえば、そのために動員されたのが、憲法学者・田上穣治が理解するところの、制度的保障論であった。これは、あわせて、いわゆる「政教分離＝人権」説を排除する効果をも有する、一石二鳥の解釈論だと思われた。

　津地鎮祭事件最高裁判決は、いわば主観的精神の観点からは、そうした違憲論と合憲論の想いが渦巻くなかで、産出されたテクストとしてみることができる。しかし、5裁判官による反対意見は、違憲論の筋を保って、「国家と神道との結びつきにより種々の弊害が生じたにがい経験にかんがみ、神道指令の思想をも取り入れ」たものとして政教分離原則を捉え、「国家と宗教との徹底的な分離」を主張しているが、憲法上の「宗教」の定義を回避している点で、名古屋高裁判決とは大きく異なっている。他方で、合憲論を採った法廷意見は、比較憲法的文脈、とりわけアメリカの憲法判例の展開を意識することで、いわ

---

27) 参照、政教関係を正す会編『法と宗教』（経済往来社、1972年）。

ゆる目的効果基準による政教分離原則の緩和に成功しているが，欧米流の「国家と教会の分離」ではなく，神道指令の「国家と宗教の分離」定式にこだわっている点で，こちらも合憲論の筋を逸脱している。

この，最高裁判決における反対意見と法廷意見の双方にみられる"逸脱"こそが，実は，本判決における第3のそして最大の規定要因である，「クリスチャン長官」藤林益三の存在にかかわっている。そのことを論ずる前に，まずは，取りまとめに奔走した越山安久調査官の分析に耳を傾けておこう。

2　法廷意見と越山安久

津地鎮祭事件の審理は，中村治朗が主席調査官を務めた時期（1971年10月～1976年7月）と完全に重なっている。早くから将来を嘱望されていた中村は，のちに，高裁長官など管理職を経験しないまま，異例のキャリアで最高裁判事になる。学究肌で研究熱心な中村のもとで，当時の最高裁調査官室には，日頃から，アメリカ法を中心とする比較法研究に，精力的に取り組む気風がみなぎっていた。大法廷の合議で提起された問題については，当該事件の「主任裁判官が書とめておき調査官に調べさせ」るのだが，たとえば大法廷の尊属殺違憲論に関しては，調査官が「朝鮮・台湾は勿論南米アルゼンチンまでも立法例等を調べ」上げてきたのに，藤林は仰天している。本件を担当した越山安久も，そうした調査官室でも，勤勉家として通っていた人物であった。

とりわけ中村治朗のように，研究力と指導力をもつ主席調査官がいた時代のそれについていえば，担当調査官の解説に判決のすべてが書かれているとは即断しない方がよい。しかし，判決直後のジュリスト特集に越山が寄稿した判例解説の，異例といってよい熱量からいって，津地鎮祭事件判決に関する限り，彼が法廷意見のとりまとめに相当寄与したことは間違いなさそうである。

第1に，政教分離原則の位置づけをめぐって，違憲論・合憲論のいずれとも異なる整理を行っている。

まず，清宮四郎門下の憲法学者・大宮荘策による浩瀚な著作を参照して，理

---

28)　参照，藤林益三「午餐会講話――最高裁判事の日常生活」『藤林益三著作集9裁判官の良心』（東京布井出版，1994年）95頁以下，特に98頁。

論的意義における政教分離と沿革的意義における政教分離を区別する。そして，沿革的にみれば，政教分離の原則は「国家と教会の分離」を意味したのはたしかだが，「それが次第に抽象化され，国家と宗教との本質的な機能，領域が認識されるとともに……理論化され」（原文ママ），「国家と宗教との分離」と観念されるようになった，という。この社会学的な機能分化論を思わせる指摘によって，上告側の主張はいったん退けられ，むしろ名古屋高裁判決の立場が理論的に補強される。

「しかしながら」，「宗教は本来的に associational だ」という宗教学者 M・エリアーデの見解を言外に匂わせながら，「宗教はその本質上宗教団体が組織されているのが常態であるから，国家と分離されるべきものは宗教か宗教団体かを文字通り論じてみてもあまり意味のあることではない」と切り返す一方，「国家と宗教との関係は，その国の歴史的・社会的条件によって異なるのであるから，わが国におけるそれを検討しなければならないことは，当然である」と述べて，理論を沿革的意義に投げ返す。

そこにいう「歴史的条件」とは，明治国家における「国家と神道とが密接に結びつき種々の弊害を生じたこと」であり，「社会的条件」とは，「宗教が多元重層的に併存発達し，いわゆる多重信仰が行われているという宗教事情」である。越山は，「歴史的条件」については，「反対意見に詳述されているところ」に委ね，もっぱら「社会的条件」を掘り下げる。

まず「理論的に言えば」，「一つの宗教が支配的な地位を占める国家」と「多元的に宗教が併存する国家」のいずれが政教分離を必要とするかは，「問題のあるところ」だと指摘する。前者の方が「その宗教を信じない少数者に対する圧力が強くなり勝ち」で，「国家の宗教的中立性，中立主義的分離」が要請されるのはたしかだが（これはアメリカでいう strict neutral theory である），後者においても，「国家が一宗教と結びつけば，他の宗教に対する差別的圧力が強くなり勝ち」で，「宗教間の平等取扱い，国家の宗教に対する中立性，好意主義的分離」が要請されるからである。

そして，これを日米比較に結びつけ，日本では「等しく宗教が多元的に併存

---

29) 参照，大宮荘策『宗教法の研究』（八千代出版，1974年）1046頁。

するという事情にありながら、それが重層的に発展し多重信仰が行われてきたところに、アメリカ合衆国の場合との基本的な相違が」あると指摘する。それによれば、「多重信仰のもとでは、一宗教が他宗教を徹底的に排除するという思想がなく一種の宗教的寛容が存し、宗教間の対立抗争が激しくないため」、信教の自由が切実な問題として意識されないという特徴があり、「国家と宗教との結びつきを妨げようとする国民の抑止力が弱く、国家と宗教との結びつきが比較的起こり易い」ため、「宗教の重層的な発達＝多重信仰という構造をもつ」日本の宗教事情は、むしろ「国家と宗教との完全な分離を要請する要因になる」。ここまでは完璧な違憲論の論陣である。

　ところが、ここで何度目かの「しかしながら」が発動され、「現実の国家制度としての憲法の政教分離規定を理想そのままに実現することができるか」と問い直す。ここからが多数意見の合憲論の弁証である。前述の多重信仰の問題には、「政教分離原則を厳格に解すべきであるという要請を生む」側面があるとはいっても、それを理想そのままに実現すると、「ある行為が国民一般に与える影響という事実的側面においてはマイナスの効果」をもたらす側面もあるという。たしかに、法廷意見が挙げる、私立学校助成や文化財保護の分野における宗教を理由とする差別（宗教系私立学校や神社・寺社・仏像への助成の禁止）や、刑務所等における信教の自由の侵害（教誨活動の禁止）は、多重信仰の世界においては増幅される。それゆえ、「両面的な性格」を有する問題の一面のみを取り上げるべきではなく、それぞれの場面に適切に評価する必要がある、という（59頁）。

　ではどうするか。先の第2点すなわち習俗論についていえば、宗教的起源を有する行事の習俗化には、「その外形においても全く宗教的色彩を失うに至ったもの」と、「外形においては宗教的な色彩をとどめながら広く国民一般の間に定着しほとんど宗教意識を伴わずに行われるようになったもの」とがあり、後者については、「一般人の意識というものも重要な意味をもつ」から、「これを無視して判断するのは正当ではない」と述べている（58頁）。この点、多数意見は、地鎮祭が「性質上宗教性を帯びたものであること自体は否定せず」、ただ「それに対する一般人の意識を媒介として起工式の習俗化した側面に着目」したのである（59頁）。

精神的観念的基礎のない国家・公共は可能か？

　そうなると,「一般人の意識を媒介として」結論を出すことの是非が, 問題になる。これが先の第3点であるが, 越山は,「国教の樹立ないし特定宗教の公認自体は, 直ちに信教の自由の侵害を意味」しないことを理由に, 政教分離の原則は信教の自由の保障を「一層確実にする手段」に過ぎない, と指摘する。この原則を「国家制度として具体化した政教分離規定」は, なおのこと, 信教の自由とは直接関係がない（55頁）。あくまで「直接には信教の自由を侵害しないが, 将来その侵害を引き起こし易い国家と宗教との結合を防止するため」の「極めて有力であり優れた」手段であるにとどまる。

　それゆえ,「信教の自由の保障そのものは多数決をもってしても奪うことはできないが, 政教分離規定の保障にはおのずから限界があ」るのであり（57頁）,「必ずしも多数決原理を容れる余地がないとは言い切れない」（58頁）。これが, 多数意見のいうところの制度的保障説の, 内実である[30]。この点, 信教の自由の保障についてすら, 単に宗教的少数者の自由の保障だけを目的とするものではなく,「すべての信仰をもつ者, もたない者の信教の自由の保障の確保を目的とすべきもの」であることを考えれば, 政教分離規定の「内在的限界」を論ずるに際しては,「『一般人』という概念」「社会通念という判断基準」によるのが当然である（57頁）。「少数者の違和感を基準とするという見解は, 単なる理論としてはともかく, 現実の国家制度の問題として考える限りは採りえない見解である」（56頁）。

　こうして「内在的限界」を追究する段になると, それを具体的にどのように判断するかは, 当時「まだ未開拓の分野であった」と越山はいう。彼自身が引用する少なくない業績が存在していたにもかかわらず, 具体的に使える解釈論が存在しなかったということであろう。そんななか,「原審においてこの問題を掘り起こした控訴（被上告）代理人, また, これに真摯に取り組んだ原審裁判官の努力に対しては深甚な敬意を表するものである」とは, 実務家としての

---

30) これを, ワイマール期ドイツの憲法学者カール・シュミットの学説として紹介・普及させたのは, 田上穣治「宗教に関する憲法上の原則」清宮四郎＝佐藤功編『憲法講座第2巻』（有斐閣, 1963年）128頁以下, 特に135頁以下であり, 宮沢俊義『憲法Ⅱ（法律学全集第4巻）』（有斐閣, 1971年）201頁以下, などが拡散させた。本判決が採用した田上の制度的保障説論が,「つまづきの石（スカンダロン）」にものの見事に躓いたという意味で, まれにみるスキャンダラスな解釈論である点については, 石川健治『自由と特権の距離――カール・シュミット「制度体保障」論・再考〔増補版〕』（日本評論社, 2007年）で詳しく論じている。

共感にみちた,越山の最大限の賛辞である。[31]

　それでは,彼の場合は,どうしたのか。結論からいえば,アメリカ憲法判例とりわけ Lemon v. Kurtzman 判決で示された,いわゆるレモン・テストを換骨奪胎して使うことになったのであるが,事態はそれほど単純ではない。いまでは勤勉な学生なら,学部段階でもその名を耳にしているはずの著名な同判決も,当時はあまり知られていなかった。

　最も信頼するに足る文献は,公刊されたばかりの熊本信夫の学位論文であったが,惜しいことに Lemon 判決の手前で叙述が終わっている。しかも,この重量感のある労作は,今日の観点からみて整理の観点がいささか独特であり,政教分離判例における「過度のかかわり合い (excessive entanglement)」テストの存在自体も (Walz v. Tax Commission, 397 U.S. 664〔1970〕),そこから読み取ることはかなり難しい。[32]原著の公刊は 1968 年であるコンヴィッツ『信教の自由と良心』も,同様に助けにはならなかった。日本で最も早く Lemon 判決を紹介したのは,猿払事件第一審判決で注目を集めたばかりの時国康夫判事による,わずか 4 行の文章である。[33]アメリカ本国のケースブック・テキストブックも,ちょうど改訂の端境期にあたっており,Lemon 判決をはじめて明快に解説した G・ギュンター(ガンサー)のケースブック第 9 版は,Schempp 判決 (Abington School District v. Schempp, 374 U.S. 203〔1963〕) の「目的・効果」基準との対比で,Walz 判決以降の「目的・効果 + かかわり合い」テストを図式的に整理したうえで,Lemon 判決を取り上げていて明快だが,1975 年になってはじめて公刊された。[34]

　そうした状況にあって,越山は,有力ローレビューの判例紹介を手がかりに,独力でアメリカの判例集を読み進めるほかはなかったのではないか,と推測される。最高裁判所図書館所蔵の Lemon 判決原文には,おそらく越山のものではないかと思われる,2 箇所のサイド・ラインが引かれている。ひとつは,国

---

31) 参照,越山・前掲注 15) 236 頁。
32) Walz 判決の分析の末尾で,「最少の介入 (entanglements)」という小項目がたっているのみで,バーガー長官が用いた entanglements という表現を熊本はこの時点で「介入」と訳している。参照,熊本信夫『アメリカにおける政教分離の原則』(北海道大学図書刊行会,1972 年) 331 頁以下。
33) 参照,時国康夫「憲法 (アメリカ法の潮流)」アメリカ法 1973-2 号 323 頁。
34) See, G. Gunther, Cases and materials on constitutional law, 9th ed., 1975, p. 1486 f.

家と教会の分離について、最重要の先例を二つ引用しつつ（Zorach v. Clauson, 343 U.S. 306, 312〔1952〕, Sherbert v. Verner, 374 U.S. 398, 422〔1963〕）、「かかわり合いに対する司法的差止願いが承認しなくてはならないのは、政教分離の線が、『壁』であるどころか、境界がぼやけて不明瞭な、そして可変的な柵に過ぎず、個々の政教関係についてのすべての状況に依存している」と述べた箇所であり、いまひとつは、「政府の宗教とのかかわりあいが過度であるかを決定するためには、利益を受けた組織体の性格や目的について、州が与えた助成の性質について、そしてその結果生じた政府と教権との関係について、審査しなくてはならない」と判示した部分であり、いずれもケースブックにも再録された重要箇所である。

　前者は、「政教分離原則が現実の国家制度として具現される場合には、それぞれの国の社会的・文化的諸条件に照らし、国家は実際上宗教とある程度のかかわり合いをもたざるをえないことを前提としたうえで」議論しようとする趣旨に、後者は、「国家が宗教とのかかわり合いをもつことを全く許さないとするものではなく、宗教とのかかわり合いをもたらす行為の目的及び効果にかんがみ、そのかかわり合いが右の諸条件に照らし相当とされる限度を超えるものと認められる場合にこれを許さない」とする論旨に、それぞれ痕跡を残しているとみてよい。

　かくして、本判決のテストは、日本の「社会的・文化的諸条件に照らし」「信教の自由の保障の確保という制度の根本目的との関係で」国家と宗教とのかかわり合いが「相当とされる限度」という基準がまずあり、右限度を超えるかどうかを「宗教とのかかわり合いをもたらす行為の目的及び効果」によって判断する枠組みとして形成された。これに対して、Lemon 判決においてひとまず集約されたアメリカの判例理論は、目的の世俗性（secular purpose）、（宗教を助長する）第一次的効果（primary effect）の不在、過度のかかわり合い（excessive entanglement）の不在、という3点をそれぞれ独立して判断し、多くの場合、3つ目の anti-entanglement で勝負がつくテストであった。これとの比較対照において明らかになるのは、本判決の場合、anti-entanglement の要請を判断するために purpose と primary effect を審査する、という構造になっているため、アメリカでは実際上決め手になる anti-entanglement の審査が、見

事に棚上げにされた格好になっている。そうした論理構造が日本版目的効果基準を著しく緩和されたテストにしており、そこに多くの批判を寄せられることになったのだが、果たして意図的なものであったのかどうか。

この点、越山は、本件「多数意見の見解は、アメリカ合衆国連邦最高裁判所が、同国憲法修正1条の政教分離条項違反の有無の判断基準に関し、……形成してきた、目的、第一次的効果、過度のかかわり合いの基準を想起させるものがある」と認めたうえで、それと「全く同一ではない」、と強調する。他方で、「かかわり合いが相当とされる限度」というのが「ややあいまいな概念であることを免れない」ことを認め、「政教分離規定全般を通じての基礎となり」「解釈の指導原理となる概念であるから」、「ある程度抽象的なものになることはやむをえない」──判断基準は今後「各個の規定ごとに更に具体化、明確化されることが予定されている」──と開き直ってみせている（56頁）。

こうした強弁ぶりからみて、議論にそれほどの裏付けはなさそうであり、日米の宗教事情に関する如上の考察に裏打ちされた成果であるかどうかは、いささか疑わしい。いまのところ充分な論拠は得られていないので断定は避けておくが、日本版目的効果基準は、実はアメリカのレモン・テストの意図的な組み換えというよりは、それについての安定した理解が得られる前に星雲状態のまま紹介されたアメリカでの判例が、大法廷で揉まれるうちに出来上がった独自展開の産物ではないか、という仮説をここでは提出しておきたい。

III　藤林益三という要因

1　藤林益三と無教会主義

そうしたアメリカにおける政教分離判例の研究を誰より奨励していたのが、長官藤林益三であった。1907年生まれの藤林は、京都府丹波地方出身で、旧制第三高等学校から東京帝国大学法学部法律学科に進んだ。高校時代から聖書に関心があったが、決定的だったのは、弁護士としての人生を歩み始めたばかりの頃、文学者巖谷小波の三女と婚約したことである。彼女と彼女の母が、内

村鑑三門下生の無教会主義者,塚本虎二が主催する集会に出入りしており,元々関心のあった藤林は,誘われて塚本に師事することになった。二人の結婚式も塚本の司式で行われた。

塚本虎二は,1885年の生まれで,藤林とは親子ほども歳が離れている。無教会二代目と呼ばれる内村門下生たちの代表格であった。彼が内村の門を叩いたのは,東京帝国大学法科大学2年生だった1909年秋であった。まず,旧制第一高等学校時代の校長・新渡戸稲造に私淑していた10数人の学生が,新渡戸の紹介状をもって東京・柏木に棲む内村鑑三を訪ね,自邸内の聖書講堂で行われていた聖書研究会に加わった。この会は,内村によって,既存の「教友会」とは区別して「柏会」と命名された。塚本は,若干の逡巡の末,その1週間後に内村の門を叩き,第2回目の会合から柏会に加わった。同会には,前田多門,岩永裕吉,三辺金蔵,藤井武,鶴見祐輔,三谷隆正,黒崎幸吉,膳桂之助,川西實三,高木八尺,森戸辰男,そして田中耕太郎らがいた。その後,『聖書之研究』1911年10月号の「自分の事ども」欄に「本誌1年以上の購読者は出席御随意に有之候」と内村が記したのをうけて,かねて先輩の川西から誘われていた矢内原忠雄が参加し,柏会の会員になっている。併行して,既存の教友会や柏会に属しない会(白雨会)も結成され,こちらには南原繁が加わっている。

こうして,或る時期に或るまとまった人材が新渡戸と内村の薫陶を受け,のちに近代的リベラリズムを体現する知識人として,各界で一斉に活躍することになったのであった。かねてカトリックの岩下壮一が,無教会主義者の総体を「帝国最高学府往年の俊秀」と揶揄したのは[35],そうした事情による。哲学徒としてケーベル博士の薫陶をうけ,知識と信仰との背反に煩悶した岩下にとって,「東大法科出身の二三の秀才が,ほとんど時を同じくして現世的な高い地位を弊履のようにほうって福音宣伝に身をゆだねたという」「明治から大正への過渡期における日本文化史上に特筆大書すべき出来事」は,「法学とはすこぶる縁遠いわたしにさえ常に好奇心の中心点であったのである」[36]。

---

35) 参照,岩下壮一『カトリックの信仰』(講談社学術文庫,1994年) 797頁。
36) 参照,岩下壮一「イエズスと律法」『岩下壮一全集第9巻・随筆集』(中央出版社,1962年) 406頁以下。

しかし，新渡戸・内村は，帝大出身ではない。事実上の内国植民地であった北海道に設置された札幌農学校の2期生である。そのことから，彼らの思想には，いくつかの特徴が刻印されている。
　第1に，彼らのアイデンティティーは，同校初代教頭W・S・クラークが植え付けた，キリスト教信仰に裏打ちされた開拓者精神（いわゆるクラーク精神）である。それは，札幌独立教会を通じて，今日まで受け継がれている。
　その後，内村は，制度化された教会をも否定し，無教会主義を創始した。現象面に限ってみた無教会主義の特徴は，洗礼や聖餐が廃止された信徒の集会（エクレシア）にある。それは，もはや制度的な「教会」を形成することがない。プロテスタント教会でさえ「カトリックにおける7つのサクラメントのうち洗礼と聖餐の2つを残し，制度教会たるにとどまった」のに対し，内村はそこに宗教改革の不徹底をみるのである。[37]
　そこにみられる反権力・反制度の精神は，国家的忠誠の強要に対しても向けられ，一高（当時は第一高等中学校）の嘱託教員時代には「不敬事件」——同校における教育勅語奉読式において，彼が天皇宸筆の御名に対して最敬礼を行わなかったことが非難され，社会問題化した——を惹き起こした。キリスト教を国体に反すると批判する，東京帝国大学の哲学者・井上哲次郎とも論争した。ほかのキリスト者からは必ずしも支援を受けられず，孤立無援の状況にあるなかで，自らの信仰を「無教会」と呼ぶという発想が生まれたようである。
　他方，幸徳秋水・堺利彦らと「理想団」を結成するなどして，社会改良運動に参加した。足尾鉱毒問題においては，『萬朝報』英文欄主筆として論陣を張って，田中正造らの闘いを大いに助け，『東京独立雑誌』を創刊して，社会評論全般に健筆をふるった頃の内村は，ジャーナリストとしての最盛期にあった。日露戦争開戦前には，日本初の聖書雑誌である『聖書之研究』を拠点に，非戦論の論陣を張った。こうした内村の抵抗の姿勢は，日本における近代的個人の誕生を思わせるものである。[38]

---

37)　参照，量義治『無教会の展開——塚本虎二・三谷隆正・矢内原忠雄・関根正雄の歴史的考察 他』（新地書房，1989年）392頁。なお，信仰の内面性や教会・制度の不在という消極的側面よりも，無教会の社会性や「無教会という存在」という積極的側面を捉えようとする労作として，赤江達也『『紙上の教会』と日本近代——無教会キリスト教の歴史社会学』（岩波書店，2013年）がある。

しかし，第2に，札幌は日本で最初の植民学講座が置かれた場所でもあり，初代担当者・佐藤昌介は，彼らの1年先輩で，正真正銘のクラークの生徒であった。新渡戸自身も一時期同校で農政学を教えていたが，その後台湾総督府に勤務し，植民政策家として名をあげたことが，京都帝国大学法科大学教授を経て，東京帝国大学法科大学への，植民政策担当教授としての招聘につながった（その後の組織再編により東京帝国大学経済学部教授）。これは，日露戦争後の1906年であり，日本はいよいよ韓国を併合して植民地帝国に飛躍しようという，まさにそのときであった。そして，彼が一高校長をも兼務したことが，日本の代表的な近代的個人を，内村門下すなわち無教会派から大量に輩出するきっかけとなった。小さな集まりを重視した柏木時代の内村は，せいぜい25人程度のクローズドな聖書研究会にこだわっており，親友新渡戸の紹介なくして，内村が帝大生の一団を受け入れることなど，あり得なかったであろう。新渡戸は，アメリカに留学してクェーカー（フレンド派）になったが，彼らの代名詞である平和主義・人道主義をはじめ，内村の立場との相性は良かった。

日本の精神風土のなかで，一高・東大の法科エリートが，国際主義の新渡戸稲造から「不敬事件」の内村鑑三に受け渡される，というパターンが存在したことは，近代日本における個人主義の形成史において，無視することができない意義をもっている。キリスト信仰を──自発的植民地化にならぬよう──「日本的基督教」として土着化させる内村の自覚的な試みが，憲法学者・樋口陽一のいう「強い個人」の種子を播いてきたのであった。満洲事変以降の「ファッショ的日本」を批判し続けて1937年に東大経済学部を追われ，その後の8年間を伝道者として当局の弾圧をかいくぐって活動し，敗戦後も「日本の傷を医す」べく各地を精力的に回っていた矢内原忠雄は，この文脈において捉えられることが多い。

けれども，帝大生が蝟集した頃の内村は，社会評論から足を洗って聖書研究に没入し，『聖書之研究』を拠点に，いわば魂の問題に集中的に取り組んでい

---

38) 参照，丸山眞男「忠誠と反逆」『丸山眞男集第8巻』（岩波書店，1996年）163頁以下，232頁以下。
39) 参照，井上勝生「札幌農学校と植民学の誕生──佐藤昌介を中心に」酒井哲哉編『岩波講座「帝国」日本の学知第1巻──「帝国」編成の系譜』（岩波書店，2006年）11頁以下。
40) 参照，矢内原忠雄『日本の傷を医す者』（白日書院，1947年）。

た。依然として非戦主義の旗は掲げていたが，かつての反骨の知識人としての内村イメージとは異なっていたかもしれない。また，柏木に出入りする若人が内村には「蝮の卵」に見えていた一方，彼らにとっての恩師は両義的な存在であり関係の濃淡はまちまちであって，近代的個人の権化としての内村に感化される若者たち，といった類のステロタイプの師弟関係からは遥かに遠かった。[41] そして，もっぱら聖書研究に打ち込んでいた内村の，研究者としての側面に魅せられた者も多かったのであって，その代表格が塚本虎二であった。[42]

2　塚本虎二と無教会二代目

塚本は，東大在学中の1909年に内村門下生となり，2年後，高等文官試験行政科に合格し農商務省に入省したものの，信仰の道に生きることを決意して1919年に退官した。その間の10年にわたる苦悩と闘いが，生半可なものではなかったことは，「絶体絶命」「絶対的孤独」「私は幾度か死の平安を思うた」「いまここに生きてあることを奇蹟中の奇蹟と思う」という彼の告白からも看取される。[43] 爾来聖書研究に打ち込んだ。内村はそんな塚本を可愛がり，門弟間の下馬評では，後継者は塚本で決まり，とされていた。ところが，聖書研究のためのドイツ留学を計画し，その準備が着々と進むさなかに，関東大震災で妻・園子を喪うという悲劇が，彼を襲った。これを神の啓示と受け止めて漸くこの不条理を克服した塚本は，このまま内村の下で研究を続けることに決め，本場で学ぶ機会は永遠に失われた。つまり，塚本は徹頭徹尾独学者なのであり，生涯それを貫くことが彼の矜持となった。それゆえ，彼の敵愾心は，カトリック教会における制度的な聖書知に向けられた。

とりわけ，修猷館の後輩で彼の紹介で柏木に通うようになった田中耕太郎が，内村によって破門され，しかもカトリックの許に走ったことで，[44] 塚本のカトリ

---

41)　参照，塚本虎二「先生に蝮の卵と言われた『柏会』」『塚本虎二著作集続第1巻』（聖書知識社，1985年）345頁以下。
42)　参照，塚本虎二「無教会になるまで」塚本虎二先生信仰五十年記念論文集『聖書とその周辺』（伊藤節書房，1959年）337頁以下。
43)　参照，塚本虎二「私は罪人の首である」同著作集続第1巻（聖書知識社，1985年）51頁以下。
44)　参照，柳沢健『生きて来た道 ── 伝記・田中耕太郎』（世界の日本社，1950年）42頁以下。
　　関連して，森川多聞「田中耕太郎の改宗 ── 内村との訣別と『他者』」日本思想史研究38号

ック批判は激化した。先輩であり紹介者であり，何よりも田中の無教会主義者としての将来を，信じて疑わなかった塚本が受けた打撃の大きさは，計り知れないものだった。恩師内村が孜々としてイザヤ書の解説を連載する傍らで，ローマ教会設立の根拠と目されるマタイ福音書第16章第18節（新共同訳「あなたはペトロ。わたしはこの岩の上にわたしの教会を建てる」）の解釈をめぐって，塚本は激越なカトリック批判を繰り返した。嚆矢となった論文「眞の教会」をはじめ，法科出身者らしい論理構成をもつ塚本論文は，独学者の思想としての矜持と卑屈とが背中合わせになった，独特の高い調子で貫かれている。[45]

そして，これらが，哲学者・和辻哲郎と同期で，おそらくは彼以上に研究者としての将来を嘱望されながらもカトリックの信仰の道に入った大秀才，岩下壮一の尻尾を踏んでしまった。岩下は，内村に破門された田中耕太郎を受け容れた人物でもあったから，両者の対立は激化せざるを得ず，論争は数次にわたった。特に，彼が私淑したM・J・ラグランジュ神父の大部の註釈書を，塚本が研究的観点から引用したのは，[46] 失策であった。[47] 本場での修業の違いを見せつける岩下神父の無慈悲な攻撃は，[48] しばしば塚本の独学者としての弱みを衝き，そのレトリックは冴えに冴えている。もっとも，塚本は岩下が惨たらしく描くほど杜撰な議論をしているわけではないから，公平な評価が必要である。

こうした論争を，半ば呆れながらみていたのが，内村鑑三であった。勉強家の塚本は，福音的の信仰を求めるよりも，聖書研究そのものに没頭するきらいがあった。たまたま，聖書研究の良い註釈書を求めようとすると，無教会主義に

（2006年）17頁以下。

45) 参照，塚本虎二「眞の教会」「教権か聖霊か」「カトリック教か新教か」同著作集続第1巻（聖書知識社，1985年）143頁以下，185頁以下，194頁以下。

46) *Cf.* M.-J. Lagrange, Évangile selon saint Matthieu, 2e éd, 1923, p. 323ff. 岩（磐）の解釈をめぐる，ロワジー，ハルナック，ブルトマンらの高等批評に丁寧かつ公平に応接している点でが，塚本説の補強になっているが，ラグランジュ自身は，「キリストが，いったんは『あなたはペトロ』と呼びかけながら，あえて『他のペトロ』に教会を建てる」，という解釈は，「悪い冗談」だと評している。

47) 参照，塚本虎二「イエスの用ひ給ひし国語」畔上賢造編『内村鑑三先生信仰五十年記念基督教論文集』（向山堂書房，1928年）279頁以下（後に，同『イエスの国語』〔向山堂書房，1931年〕）。

48) 第2ヴァティカン公会議（1962～1965年）以前のことでもあり，岩下は教会合同には否定的であり，他の宗派に対して容赦しなかった。岩下壮一「教会合同について」『岩下壮一著作集第9巻・随筆集』（中央出版会，1962年）137頁以下。

有利なドイツの高等批評系——憲法学者・筧克彦が師事したA・ハルナックなどによる，既存の教会における観念から自由な聖書解釈——のものが多かった時代なので，塚本においては研究と信仰との統一性が保たれてはいた。しかし，独学でもりもりと聖書註釈書を読破してゆき，皮肉なことにその博学のゆえにインテリ層の心をつかんでいる塚本と，それを危惧する内村との距離は開いていった。最後まで内村の側にいた矢内原忠雄とは対照的に，最愛の弟子だったはずの塚本は，ついに最晩年の恩師と訣別し，多くの支持者を引き連れて出ていくことになった。

　塚本集会は，無教会では，最大規模を誇った。一般向けとはいえ，研究的色彩が強いのが，この集会の特色であり，実際，前田護郎，中沢洽樹，関根正雄ら著名な聖書学者を輩出した。若き藤林益三も，そうした塚本とその集会の雰囲気に魅せられて，ここに加わった一人である。原典主義の塚本は，一般向けの丸の内集会とは別に，「ギリシャ語聖書研究会」（課外にはヘブライ語・ラテン語・ドイツ語まで）を主宰した。柏木時代から続く研究会で，クラスはどんどん増えた。最終的には，A組からN組まで400名以上にのぼり，F組に大塚久雄，G組に秀村欣二，前田護郎，中沢洽樹，関根正雄，I組に藤林益三，L組に清水望などの名前が並んでいる。藤林の属したI組は，現在は「山の上ホテル」になっている神田駿河台の佐藤新興生活館が，会場であった。そこでの講義の様子は，最古参のA組メンバーで塚本の代講も行った，片山徹の著作か

---

49) 参照，石川健治「権力とグラフィクス」長谷部恭男＝中島徹編『憲法の理論を求めて——奥平憲法学の継承と展開』（日本評論社，2009年）251頁以下。

50) 「柏会は確に『蝮の卵』であった。孵って，育って，先生を嚙んだ。少数の人，先生に比較的遠くあった人を除いては，悉く先生の心臓に匕首を刺し徹した。最後に私が先生に叛いた時，先生が『これで柏会は総崩れだ』と言われた相である」。参照，塚本・前掲注41）350頁。

51) 参照，斎藤茂「塚本先生のはたらき」塚本虎二先生信仰五十年記念論文集『聖書とその周辺』（伊藤節書房，1959年）299頁以下。

52) 経済史学者・大塚の場合，矢内原忠雄の東大聖書研究会のメンバーであり，矢内原系のイメージが強いが，実は塚本にギリシャ語の手ほどき（おそらくはヘブライ語も）を受けていたわけである。

53) 終戦直後，郷里の高知に戻っていた中沢の家庭集会に，復員したばかりの一人の軍国青年が参加した。その名を深瀬忠一といい，中沢から聖書と英語と内村鑑三の非戦論を教わった。その後，東京の日本基督教団美竹教会で浅野順一から洗礼を受けたりして変遷があるが，無教会主義者として札幌独立教会を舞台に活躍する一方，北海道大学の憲法学者として憲法の平和主義を論じた。矢内原門下の高橋三郎とも深い交流があった。（http://www.christiantoday.co.jp/articles/13363/20140530/fukase-tadakazu-1.htm）

らも窺うことができる。[54]

カトリック批判にみられた反制度の強硬姿勢に比べれば，塚本の反権力のモーメントは弱いというのが定評で，彼が主宰する雑誌『聖書知識』は，無教会[55]の雑誌のなかで唯一，戦時中も当局から発行が許されていた。塚本集会と，他の無教会集会の間には，反目も生まれつつあった。そうしたなか，戦局も芳しくない1943年，無教会主義の道正安治郎と浅見仙作に関する刑事事件が起こった。

前者は，春風学寮というキリスト教主義による学生寮の理事長を務めていた道正が，戦況の真実を寮生に語ったために憲兵に捕まり，陸軍刑法・海軍刑法の造言飛語の罪に問われた事件。幸いにして，執行猶予つきの判決で済んだ。後者は，元々メソジストであったが，日露戦争時の内村の非戦論を雑誌で読んで無教会主義に転じ，北海道で『喜の音』という雑誌を発行して活動していた浅見仙作が，聖書研究会における発言を密告され，国体を否定すべき思想を流布する目的の集団を結成し指導したとして，治安維持法違反で起訴された事件であった。

76歳の浅見は，思想犯として厳しい取り調べを受けたが，耐え抜いた。札幌地裁では懲役3年の実刑判決。当時の制度で直ちに大審院に上告がなされたため，東京の無教会キリスト者がこれを支援することになり，塚本門下では数少ない法律専門家であった藤林が，この事件に取り組むことになった。若手民事弁護士たる藤林は，国防保安法や治安維持法事件を受任するために必要な司法大臣の指定を受けていなかったが，鍛冶利一弁護士を手伝う形で実質的には事件を担当したのであった。「矢内原氏のことも考えたが，これは得策でない事情があった」ため，藤林は，三宅正太郎裁判長にとって一高・東大の同級生である塚本を，証人に立てることにした（もちろん矢内原も側面から援助した）。[56]

---

54) 参照，片山徹『新約聖書ギリシャ語入門』，同『旧約聖書ヘブライ語入門』（ともにキリスト教図書出版社より復刊，1977年）。物理学が専攻の片山は，旧制府立高校教授として終戦を迎えたが，同校が新制東京都立大学と大学付属高校に分離する際に付属高校に残り，高校教師として勤め上げる傍ら，放課後もしくは始業前に課外の聖書講義を続けた。これは，大学教授ではなく高校教授としての途を選んだ，一高時代の恩師三谷隆正に倣ったものである。

55) 参照，高橋三郎「塚本虎二先生と私」『高橋三郎著作集第11巻』（教文館，2000年）75頁以下，菊川美代子「日本の歴史神学——塚本虎二と矢内原忠雄再考」福音と世界67巻8号（2012年）45頁以下。

三宅裁判長は,「信仰者ノ信條ニハ論理ノ追求ヲ容レザルモノ」があり「思索ノ不徹底」を云々するのは「宗教ヲ識ルノ言ニ非ス」と述べ,信仰が非理性の領域にかかわり,かつ,それが「専ラ霊的ノ活動」にあることを指摘して,終戦2か月前に無罪判決を言渡した(大審院昭和20・6・12判決)。

戦時中の治安維持法事件で無罪判決をかちとったのは,無教会主義の歴史のなかでも特筆すべき成果であり,藤林の法曹生活におけるハイライトであった。その限りで彼は,いわゆる人権派弁護士としての資質を有していたはずであり,これが法律家藤林のひとつの顔である。ところが,戦後は,民訴学者の三ケ月章とともに会社更生法の起草に取り組む巡りあわせになったことがきっかけとなり,企業法務の専門家としての道を歩むことになる。藤林は,恩師・塚本に倣って労働運動に対しては冷淡な態度をとり続けたため,その後のキャリアにおいては,企業サイドの法律家としての印象を一層増幅させていった。これが,「司法の偏向」キャンペーンのもとで,司法の保守化を目論む佐藤栄作内閣によって,弁護士・藤林が最高裁に「タカ派」として送り込まれ,ひいては――ショート・リリーフながら――弁護士初の長官に任命された理由だ(当時は三木内閣),と受け止められた。

そもそも内村鑑三以来,塚本にせよ矢内原にせよ,無教会主義者の初代と二代目には,労働運動の団結主義を否定する傾向が強い。それは,キリスト者としてのマルクス唯物論批判というよりは,そもそもの個人主義的な立場からくる半ば生理的な嫌悪感であったが,彼らの階級的出自や信仰の限界を,矢内原系の若い世代の論者から批判されている。そうした経緯で,60年代以降,次第に「無教会二代目」に対する批判的考察の機運が高まっていった。

折りしも,鈴木正久牧師らの尽力によって,「日本基督教団」が富田満議長

---

56) 参照,藤林益三「浅見仙作治安維持法違反事件と塚本先生」『藤林益三著作集1法と信仰に生きて』(東京布井出版,1984年)124頁以下。実はこれが,藤林の著作集全10巻を通して,矢内原の名前が出てくる数少ない箇所の一つである。

57) 参照,藤林益三ほか「私の歩んだ道」『藤林益三著作集6聖書紀行ほか』(東京布井出版,1986年)232頁以下。

58) 参照,滝鼻卓雄「藤林益三――タカ派路線の総仕上げ」法学セミナー増刊『総合特集シリーズ4最高裁判所』(日本評論社,1977年)204頁以下。

59) 参照,藤田若雄「無教会信徒の世代的差異」東京大学聖書研究会編『信仰と生活の中から』(東京大学出版会,1958年)144頁以下。

の指導により戦争協力を行った過去に対する,正式の自己批判が行われた。1967年3月26日に出された「第二次大戦下における日本基督教団の責任についての告白」(通称「戦争責任告白」)が,それである。日中戦争中の1940年10月,宗教団体法に基づく政府の強い要請により,プロテスタント諸教派が合同してできたのが日本基督教団であったが[60],無教会派はこれに加わらず,とりわけ矢内原集会は,雑誌『嘉信』の発行を当局に妨害されながらも抵抗の姿勢を崩さず,受難の時代を生き抜いた。それだけに,戦争責任を認めようとしない日本基督教団に対する無教会主義者の批判は,矢内原を筆頭にきわめて厳しいものがあった[61]。ところが,ついに「戦争責任告白」が出されてけじめがつけられると,今度は,無教会派内部でも自己批判が必要だという流れになり,塚本虎二がやり玉にあげられることになった。

たとえば,役人をやめても生計がなりたつ塚本の,月々の生活費までがあれこれ詮索され,父親の経済的基盤のおかげで,とりわけ人間形成の時代に貧乏を経験しなかったことが,塚本の信仰の観念性に直に結びつけられる。塚本門下からは,最高裁裁判官・長官(藤林)だけでなく防衛庁長官(増田甲子七)を輩出したことも,権力の中枢部に順応する塚本の信仰の体質を示すものとして,悪材料となった。

3 塚本批判と藤林益三

そして,かねて「無教会二代目」に批判的だった労働法学者・藤田若雄をリーダーとして[62],矢内原系の東大聖書研究会出身者を中心に,無教会主義者全体を巻き込んだ研究プロジェクトが敢行された。無教会主義を社会思想という観点から点検する熱心な研究会活動,それを承けた中間報告書の刊行[63],無教会派全体に声をかけた合評会,往復ハガキを用いた大規模な意見集約を経て,『内

---

60) ちなみに,当時の政府は,仏教各派の統合をも試みたが,強い反対に遭い,諦めている。
61) 参照,高橋三郎「聖戦の思想」『高橋三郎著作集第3巻』(教文館,2000年)690頁以下。
62) 参照,松沢弘陽「ある青春」藤田起編『藤田若雄――信仰と学問』(教文館,1981年)9頁以下。
63) 参照,藤田若雄編著『内村鑑三記念講演研究――中間報告』(大河原礼三=キリスト教社会思想研究会,1975年)。

村鑑三を継承した人々』上下2巻の刊行に至る。恰好な検討対象として選ばれたのは，数次にわたる内村鑑三記念講演のテクストであった。

制度としての教会が存在しない無教会主義の場合は，「先生中心主義」と揶揄されるように，塚本集会の場合でいえば内村鑑三先生—塚本虎二先生の縦方向が，思考や関心の基軸となりやすい。たとえば藤林益三著作集全10巻に，矢内原忠雄のような「ほかの先生」はほとんど登場せず，もっぱら聖書—内村—塚本が参照軸になっている。しかし，10年ごとにやってくる内村鑑三記念講演においては，「先生方」やその門下生が力をあわせて，節目のイベントをやり遂げる。それだけに，時間をかけて準備された「先生方」の講演は，それぞれの思想的特質が色濃く現れたものになる，というわけである。

さしあたり研究の着眼点が「戦争」に定められたために，矢内原には相対的に甘く，塚本には徹底的に厳しい評価になる。なかでも塚本担当の報告・執筆者になった大河原礼三（当時は都立日比谷高校教諭）は，塚本の戦争責任を激しく非難し，中間報告書，『敗戦の神義論』，『十五年戦争と無教会二代目』とヴァージョン・アップされるたびに筆調が厳しくなった。

たとえば，マタイ第6章第33節（新共同訳では「神の国と神の義を求めなさい」）を「御国と，神に義とされることを求めよ」とした塚本の訳業に対しては，「神の義」を社会の中に追求することを回避して，自分が神によって義とされるという「自分の救い」だけをキリスト者の追求の対象となしている，と非難される。また，「塚本は内村と違って母性的原理を打ちこわす信仰経験を経ておらず，キリスト教の本質である十字架信仰＝父性的宗教を確立しえなか

---

64) 無教会の先人たちの全集はほとんど手元においていたが，「あまり読まないのに，全集や著作集をたくさん持ちすぎたものだと申し訳なく思う」と述べている。参照，藤林益三『藤林益三著作集2日記——最高裁の時代』（東京布井出版，1984年）202頁。

65) それだけに，1946年に矢内原が内村記念大講演会を提案したところ，「政池（仁）・石原（兵永）・鈴木（俊郎）三君は塚本氏の戦争に対する態度に飽き足らずとして，塚本氏と講壇を共にするを好まずとの理由にて反対したる由にて，此の計画は取止めに決したり」という事件が起きたのは，亀裂の深さを雄弁に物語るのである。参照，矢内原忠雄「日記・昭和21年1月31日」『矢内原忠雄全集第28巻』（岩波書店，1965年）800頁。

66) キリスト者として，運動家として，あるいは矢内原研究家として，今日まで精力的な大河原の経歴や人となりについては，大河原礼三編著『日比谷高校闘争と一教員・生徒の歩み』（現代書館，1973年）に詳しい。

67) 参照，「編集室より」『塚本虎二著作集続第4巻』（聖書知識社，1985年）556頁以下。

ったが故に、十五年戦争との厳しい緊張に耐えることができず、平和問題を回避し、やがて戦争に妥協することになったのである」と断罪された。

塚本集会の人々は、たまらず声をあげた。とりわけ、労働問題への「反動的」姿勢で評判が悪く、個人攻撃の対象となっていた藤林の場合は、そうであった。「近ごろ戦争時代の無教会の先輩の言動について、いろいろ研究なるものがなされているようであるが、……迫害の時代に言論や文書活動をする者が、言葉の表面から真実を語ることができなかった事実を見つめていない例をみる。……迫害の時代に生きていなかった人々は、文書の行間を読む苦労が足らないように思う。しかし、これは歴史研究の態度でないことはいうまでもない。その活動のなされた時代に身を置いて、まじめな研究がなされなければならない。文書の皮相だけを読むことは研究という名に値しない」。「キリスト教者は平和論者だから、戦争が起こったら抵抗する。だからあの時代には目の敵にされた。一方、検閲も厳しいからだんだん賢くなって、行間を読むような文章を作るようになる。塚本先生も、気楽に書いたようで第三者にはわからないが、信仰を持っている人間にはわかるような表現で平和思想を説いた。ところが今ごろ文面だけで批評する愚かな人がいる」。

「愚かな人」、とまでいわれた大河原には、もちろん言い分があろう。事実、藤林が読んで激怒したであろう中間報告書よりも立論は相当に整備されているのであって、「母性的宗教性」論は少なくとも検討に値するであろう。けれども、戦時中の文献を解読するための一般論としていえば、藤林の方が正論である。そうした藤林が、自らの追加反対意見に矢内原忠雄の論文を、しかも、あ

---

68) 参照、大河原礼三「塚本虎二」藤田若雄編著『内村鑑三を継承した人々（下）——十五年戦争と無教会二代目』（木鐸社、1977年）101頁以下。しかし、塚本訳があくまで厳密な聖書研究に基づいていることについては、量・前掲注37) 80頁以下。
69) その後も、津地鎮祭事件判決でみせたキリスト者としての毅然とした藤林の態度までが、「塚本門下の藤林益三（最高裁長官）の態度の中に、宗教問題においてのみ抵抗すると言った塚本の現代版が見られる（津地鎮祭と他の問題への態度を比較）」と切って捨てられている。参照、大河原・前掲注68) 134頁注31。
70) 参照、藤林・前掲注56) 127頁。
71) 参照、藤林益三「私の履歴書」『藤林益三著作集8私の履歴書／亡き妻を憶う』（東京布井出版、1989年）52頁。
72) 「第三者にはわからないが、信仰を持っている人間にはわかるような表現で平和思想を説いた」とは、具体的にはどういうことか、残念ながらここで検討する紙幅はない。この点、塚本集会出身ながら批判的なスタンスをとった岩隈直による解読として、同「塚本虎二氏の戦時中の態

えて原文のまま引き写すというからには，読者の側にも，それこそ「行間を読む苦労」が，求められることになるだろう。

ちょうどこの頃，妻・きの江が不条理な病魔に苦しめられており，藤林は，介護をしながら思わず，旧約聖書の「ヨブ記」に自らをなぞらえる気分にあった。それだけに，無教会版の旧約聖書ではヨブ記を担当し，無教会派のなかではこれに最も詳しい矢内原の全集を，手にとる時間が増えていた時期ではある。しかし，藤林は無教会派だから矢内原を引用するのは当然，という短絡的な話なのではなく，矢内原系の攻撃に対して矢内原で返している，というところが，その隠された文脈である。たとえば，矢内原論文が神社神道と軍国主義の結びつきを批判する箇所は，藤林追加反対意見ではみごとに削除されているが，それこそを行間から読んでもらいたかったのだ，といわんばかりの証言を藤林は残しているのである。[74]

それでは，矢内原論文とは，何であったか。

Ⅳ　矢内原論文の産出と受容

1　植民政策と満洲事変

論文の筆者・矢内原忠雄は，1893年，愛媛県越智郡富田村（現在の愛媛県今治市）に生まれた。長男の伊作によれば，姓の矢内原はヤナイハラと濁らずに読む。[75] 人物としての評価は多様であり，世代によっても異なる。

内村鑑三の門弟であることは，すでに述べた。無教会主義第2世代としては，聖書研究の路線対立などが理由で多くの者が恩師から離れてゆくなか，最期まで内村の側にいた数少ないひとりである。熱心な信仰活動もさることながら，

度（上）」『無教会主義』169号（1974年）3頁以下，がヒントになるだろう。今井館教友会資料館蔵。
73)　参照，藤林益三「内村鑑三とヨブ記」同『藤林益三著作集9 裁判官の良心／法の常識・心の糧』（東京布井出版，1994年）176頁以下，特に177頁。
74)　参照，藤林益三「信教の自由と政教分離」『藤林益三著作集7 一度しか通れない道』（東京布井出版，1988年）72頁以下，特に74頁。
75)　参照，矢内原伊作『矢内原忠雄伝』（みすず書房，1998年）30頁。

内村の前半生における社会批評の部分を最も受け継いだのは、矢内原であったろう。そして、たとえ、その内面において、どれほどの屈折と逡巡を抱え込んでいたにしても、権力や世間に屈しない「強い個人」を貫き通した、日本近代では例外的な人であった。

しかし、他方で、恩師新渡戸の跡を襲って、東京帝国大学の植民政策講座を担い、日本近代の裏の顔である植民地支配を理論化すべき立場にもあった（代表作は、やはり 1926 年の『植民及び植民政策』〔『矢内原忠雄全集第 1 巻』（岩波書店、1963 年）所収〕であるが、矢内原の植民政策学については論ずべき点が多く、紙幅の関係上ここでは立ち入らない）。

矢内原の植民政策学の特徴は、今日の言葉でいえば、近代世界システムにおける社会・経済現象として、「植民」を捉えるところにあったように思われる。彼の学問は、移住社会群と原社会群とが接触するところに生ずる社会的諸関係の分析に照準していた。彼にとって、植民とは、ある社会群が新たな地域に移住し、社会的経済的に活動する現象のことであり、多くの場合は、国際的分業の観点による移住と投資（つまり労働人口や資本の移動）として説明できる。

そこで、北海道への内国植民もブラジルへの移民も、いわゆる植民と本質的に区別されるものではないとされ、満洲やシベリアに住む朝鮮族の存在もまた、植民現象として捉えられた。また、移住・投資による植民活動が存在する地域という観点からみれば、事変前の満洲も、実質的に日本人の投資植民地になっているという点において、形式的な意味での植民地である朝鮮半島と区別されない。

そして、このような見地に立ってこそ、反転して、移住社会群と原社会群との間に必然的に発生する社会的摩擦の所在と、その政治的・権力的解決の実相とを、より的確に主題化することができる。1931 年に突如発生した柳条湖事件の本質を、矢内原が逸早く見抜くことができたのは、そのためである。彼は、満洲事変後の北東アジアを自ら視察し、それを踏まえた政府批判を継続した。

---

76) 新渡戸稲造は、旧制一高校長を兼任しながら、東京帝国大学法科大学教授（その後の組織再編により東京帝国大学経済学部教授）としては植民政策講座を担当していたが、1920 年の国際連盟設立に際し事務次長に選出されたため、職を辞してジュネーヴに向かうことになった。新渡戸後任として白羽の矢が立ったのが、いったん郷里に近い新居浜の住友別子銅山に就職していた矢内原であった。

これは、近代の個人主義と植民地主義を一身において体現した、彼ならではの言論活動であったといえるだろう。
　矢内原は、いかなる態様であれ、近代世界における植民活動自体は止められないもの、とみていた。しかし、これを文明化のプロセスとして意味あらしめるべきだと考え、原社会群との避けられない摩擦も平和的に解決されるべきだ、という立場を採った。そこで、形式的意味での植民地たる台湾・朝鮮については、原社会群からの反発を招く従属主義や同化主義ではなく、植民地議会による自治と自由を認める、英連邦型の自治主義を展望していた。また、彼の個人的問題関心からいえば、キリスト教の伝道による教化が、文明化と摩擦解消のために積極的に評価されることにもなる。こうした矢内原の諒解枠組みは、問題の論文「近代日本における宗教と民主主義」における、アメリカの占領下の戦後改革への評価にも反映されている。
　しかし、1933年の瀧川事件、1935年の天皇機関説事件と続いた言論弾圧の波が、ついに矢内原にも襲いかかった。まず1937年の夏、盧溝橋事件をうけて中央公論誌上に発表した論文「国家の理想」が、政府と軍部に対する批判を含んでいたために、学内外で問題視された。[77] 長與又郎東大総長は、ひとまずこれを凌いだものの、同年秋に矢内原が、急逝した内村門下生の藤井武を追悼する会合で、「どうぞ皆さん」「日本の理想を活かすためにひとまず」ファッショ的な「この国を葬って下さい」と述べていたことが知れて、とうとう庇いきれなくなった。[78] そして同年12月、自発的な辞職という形をとって、矢内原は東大から追われることになる。これがいわゆる矢内原事件である。[79]
　その後は、8年もの間もっぱら信仰の道に生き、個人雑誌『嘉信』の発行を当局に妨害されながらも、非戦の立場を貫くことになるが、[80] 敗戦後の日本は、彼を拠ってはおかなかった。舞出長五郎経済学部長の5度目の懇請に屈して、1945年の暮れには東大経済学部に復帰し、国際経済論を担当した。「国際経済

77) 参照、矢内原忠雄「国家の理想」中央公論昭和12年9月号（1937年）4頁以下。
78) 参照、矢内原忠雄「神の国——藤井武第7周年記念」通信47号（矢内原忠雄主筆、1937年）〔複製版（みすず書房、1967年）〕。
79) 参照、将基面貴巳『言論抑圧——矢内原事件の構図』（中央公論新社、2014年）。
80) その内実が、内村の絶対的非戦論とは異なり、義戦論（正戦論）であった可能性については、ここでは触れない。参照、菊川美代子「矢内原忠雄の義戦論」基督教研究71巻2号（2009年）57頁以下。

論」講座は,伊藤元重教授らが歴任したことで知られるが,元来は矢内原「植民政策論」を改組してできた後継講座である。

　戦後日本における植民地学の再編に携わった彼の努力の一端は,国際関係論と地域研究からなる,新設の教養学部教養学科の学科構成にも反映される。おそらくそれは,ドイツにおける植民地研究のメッカだったハンブルク植民地研究所が,現在のハンブルク大学に改組される過程を意識してのものだったであろう。戦後の新制東京大学に教養学部という独創的な構想を実現し,かつてドイツ学の牙城だった旧制一高を吸収再編したのは矢内原であり,最初の教養学部長となった彼は,今日に至るまで,その精神的体現者であり続けている。

　教養学部長から東大総長になった矢内原が,1952年の東大ポポロ事件においては,学生委員長の尾高朝雄とともに,警察権力に対して毅然とした対応を行ったのも,大学の自治と学問の自由の観点から,やはり特筆すべきことであろう。さらに,憲法問題について忘れてはならないのは,総長退任後の1958年,戦後第一期の改憲論のうねりのなかで,在野の「憲法問題研究会」を組織して,内閣の下に発足した憲法調査会に対抗したことである。矢内原は,宮沢俊義,我妻栄,清宮四郎,恒藤恭,大内兵衛,湯川秀樹,茅誠司とならぶ8名の発起人の1人となり,「憲法問題研究会の最も熱心なメンバー」として「日本の民主化と平和の理想に献身しようとしていた」。

　このように矢内原は,戦前も戦後も自由と平和のために戦いを挑んだ「強い個人」であった。しかし,あるいは,それゆえに,学生運動に対しては,独断専行気味の総長として,しばしば弾圧者の顔をみせたのであった。

　1950年9月,政府が公務員のレッドパージ実施を閣議決定したのに対抗して,東大駒場キャンパスで学生たちが反対運動を行い,その一環として正門前にピケット・ラインを引いて定期試験のボイコットを行おうとしたところ,試験の受験を希望する学生が生け垣を乗り越えて構内に入ることを認めたのは,学部長時代の矢内原である。やがてその跡は正式に門となり,「矢内原門」と

---

81)　参照,矢内原忠雄「内村鑑三の非戦論」憲法問題研究会編『憲法を生かすもの』(岩波書店,1961年)107頁以下。
82)　参照,大内兵衛「赤い落日——矢内原忠雄君の一生」南原繁ほか編『矢内原忠雄——信仰・学問・生涯』(岩波書店,1968年)3頁以下,17頁。

名づけられた。[83]

　総長になった矢内原は，その後も学生のストライキには厳しい姿勢を示し，ストライキを計画指揮した学生自治会委員長，学生大会議長，ストライキ議案提案者は原則として退学処分とする，いわゆる「矢内原三原則」を打ち出して，その世代の学生たちには悪名高い。のちに 1962 年の大学管理法反対闘争において，教養学部自治会委員長の江田五月や全学自治会中央委員会議長の今井澄らに対し，直ちに退学処分が下されたのも，件の三原則の適用事例である。[84]

　これは，かねて団結主義的な運動に対しては冷淡だった，彼の考え方の反映である。「例外はあるけれども一般的には，無教会信徒は労働問題に反感をもっている」理由として，矢内原門下の藤田若雄は，第 1 に，戦後の労働組合運動が一時期共産党勢力の支配した産別系の運動にリードされたこと，第 2 に，それが「戦前戦時中の資本家政府の労働政策の対抗物としてあらわれた」ために，「個人の尊重を認めなかった戦前戦時中の資本家官僚の労働者支配の性格を，戦後労働組合は，その組合運営の中に深く受けついでいた」こと，の 2 点を指摘している。[85] 矢内原と，そして藤林益三をつなぐ線の説明として，これはそれなりの説得力をもっている。

2　平和の海をはさんだ往還

　矢内原の論文「近代日本における宗教と民主主義」は，社会的身分を剥奪された 8 年もの間，思索し行動することをやめなかった人間が，その体験を知性と信仰によって定着させた文章である。とりわけ当時の彼は，敗戦後の「日本の傷を医す者」として，全国をまわって信仰を説いていた。それだけに，その筆に迫力がこもり，読者からすれば最も読み応えのあるのは，無教会主義のキ

---

83)　参照，池田信雄「教養学部の船出」鴨下重彦ほか編『矢内原忠雄』（東京大学出版会，2011 年）288 頁以下，特に 296 頁以下。

84)　60 年代末の東大紛争を経て，この「矢内原三原則」は漸く廃棄されるが，新しいルールをつくろうとした 80 年代の「処分問題」に対して，学生が激しく反発したのも，矢内原問題の余波である。法学部長退任直後の芦部信喜教授から，学生処分について「手続法／デュープロセス」を確立しようと尽力したのに，なかなか学生から理解してもらえなかった，との"ぼやき"を聞かされた記憶が，本稿筆者にはある。

85)　参照，藤田・前掲注 59) 144 頁以下，特に 150 頁。

リスト者としての本音を，矢内原が炸裂させている箇所であることが多い。けれども，藤林は，これらを丁寧に削除することによって，テクストが書かれた信仰的文脈を「行間」に埋め込んだ。わかる人にだけ，それがわかるように。

もちろん，藤林が矢内原論文を切り張りして引用する形になったのは，まずもって判決書のスペースを考えたからではある。追加反対意見が判決書全体の3分の1を超えるようでは，退官前の最後のわがままというには度が過ぎている。しかし，一見恣意的にみえる，その編集作業には，明らかに特別な意図が込められている。ここでは，それを復元しなければならない。

しかも，それ以上に問題になるのは，この矢内原のテクストが産出され，かつ受容された環境の特殊性である。矢内原が信仰をもつ者としての本音を隠していないのは，同じ信仰をもつ読者を念頭においているからである。矢内原論文の読者は誰か。この問題は，想定読者のひとりとして自負する藤林が考えていたよりも，実は拡がりがある。同論文は，最初，英文で公表されたのである。

同テクストの原型は，日本太平洋問題調査会の文脈で，形成された。日本太平洋問題調査会とは，太平洋地域12か国の民間団体が参加する国際的調査啓蒙機関「太平洋問題調査会（Institute of Pacific Relations，略称IPR）」の構成員である。IPRは，ハワイのYMCAの活動を背景に，1925年にホノルルで発足した団体であり，民間外交の舞台となった。残念ながら，このIPR会議の日本人参加者の名簿に，矢内原忠雄の名前は見られない。[86]しかし，第1回ホノルル会議（ハワイ），第5回バンフ会議（カナダ）への参加にあたって，準備段階で行われた研究会には，矢内原忠雄も加わっていたことがわかっている。[87]

1926年には，その日本支部として，「日本太平洋問題調査会（Japan Institute of Pacific Relations，以下は日本IPR）」が立ち上がっている。日銀総裁の井上準之助が理事長，パトロンの渋沢栄一が会長を務めた。実質的な指導者は，東京帝国大学の英米法学者・高柳賢三（戦後第一期改憲論の時期には憲法調査会会長を務めた）をはじめとする知米派リベラルで，多くは新渡戸稲造の薫陶を受けてい

---

[86] 日本人参加者については，山岡道男『太平洋問題調査会関係資料——太平洋会議参加者名簿とデータ・ペーパー一覧』（早稲田大学アジア太平洋研究センター，2010年）145頁以下。

[87] 参照，澤柳政太郎編『太平洋の諸問題』（太平洋問題調査会，1926年）7頁，1932年6月3日付「第1回研究部委員会報告」東京大学大学院総合文化研究科附属グローバル地域研究機構アメリカ太平洋地域研究センター「高木文庫IPR関係文書」所蔵。

る。柏会同人の高木八尺，前田多門も，そこには含まれている（彼らは，結局，新渡戸と同じクェーカーになった）。カリフォルニア州での日系移民排斥運動の高まりに危機感を抱いて1915年に発足した日米委員会のメンバーが主力であり，日米関係の安定を第一義とする実業家と知識人が集まった。

満洲事変を契機として，最終的に日本が国際連盟を脱退せざるを得なくなって以降は，IPR における民間外交が，事実上，国際社会に対して日本の主張を訴える唯一の機会となった。けれども，高柳賢三，高木八尺らによる懸命の交渉にもかかわらず，政府・外務省の意を体した日本側の発言は，国際的には全く通用せず，むしろ，胡適ら中国側の主張と激突して，劣勢を余儀なくされた。なお，IPR 事務局サイドから提案された日中問題研究に関連して，IPR からの「脱会」を回避する起死回生の一打として用意された「現代日本研究」刊行計画私案には，「満洲」の項の調査執筆者候補として，ここでも矢内原忠雄の名前が挙がっている。[88]

この間も，IPR との交渉が継続されていたが，残念ながら決裂し，1939年7月，日本 IPR は，日中問題研究への協力を停止して，事実上の脱退ということになった。[89] 1941年12月の対米開戦の前後には，日本 IPR は，定款を改正して「大東亜共栄圏内部の諸国民の相互関係」の改善・連携へと目的を変更し，翌42年7月，日本外政協会の下部組織として「帝国外交」の協力団体となり，ついに43年7月には，「敵性調査機関」として，外務省によって解散させられるに至った。

太平洋を文字通り平和の海にするのが共通の初志であった限り，在米の IPR の面々にとっても，対日開戦はショッキングな出来事であった。しかし，貴重なアジア研究者を抱える米国 IPR は，戦争協力を行い，対日心理作戦や対日戦後構想の立案に従事した。天皇崇拝を軸とした集団思考・権威主義・排外主義の精神構造の解明や，軍国主義を支える日本人の「性格構造」を変革するためのプログラムの検討など，戦後の占領改革に取り入れられたアイディアのかなりのものは，ここで出されている。

---

88) 参照，1938年12月7日付『現代日本研究』刊行形式私案」高木文庫 IPR 関係文書所蔵。
89) 現時点で最も詳しい研究は，片桐庸夫『太平洋問題調査会の研究——戦間期日本 IPR の活動を中心として』（慶應義塾大学出版会，2003年）。

精神的観念的基礎のない国家・公共は可能か？

　1945年8月15日を境に，連合国軍最高司令官総司令部（General Headquarters, the Supreme Commander for the Allied Powers, 通称GHQもしくはSCAP）による「占領改革」が開始され，来日したIPRメンバーと旧日本IPRメンバーの再会というシーンが，随所にみられるようになった。インフォーマントあるいはパイプ役としての知米派インテリの役割は大きく，旧日本IPRメンバーは，日本側・アメリカ側双方にとって，貴重な人的資源になっていた。かくして，日本IPRを再建しようという気運が高まるに至り，1946年10月11日，日比谷の市政会館5階市政調査会会議室で，日本太平洋問題調査会創立総会が行われた。

　会長は，共和制的憲法草案を作成して大いにGHQの注意をひいた，「憲法研究会」の高野岩三郎。戦前の日本IPRと同名ながら，戦前戦後の人的同一性を否定する必要があり，新組織として，レフト・ウィングにも門戸を拡げて，再出発したわけである。1937年から38年にかけての人民戦線事件で，矢内原と相次いで東大を追われた，労農派の経済学者・大内兵衛や，労農派と対立した講座派の歴史学者で，治安維持法違反の逮捕経験もある羽仁五郎らが加えられたのも，そうした理由による。新生日本IPRの左翼的傾向は，GHQ内のニューディーラーの政治的志向とも呼応する関係にあった。

　そうしたなか，「この新しい調査会がこの改まった使命についての自覚を内外の識者に示さんがために」研究発表活動を行う，調査委員会を発足させることになり，理事会満場一致で，同委員長を矢内原忠雄に委嘱することが決定した。ところが，再三の懇請にもかかわらず矢内原は謝絶し，日本IPRに困惑を与えた。しかし，彼らは諦めず，翌47年5月30日の理事会で，再度「各理事及事務局に於ても意をつくして同教授に委員長御引受方を懇請することを決定」したところ，ついに矢内原は委員長就任を受諾したのである。

　そこで，矢内原を中心として，「日本民主化の諸問題」と題するシンポジウムが企画され，報告の準備が始まった。日本社会へのアピールを目的とするのはいうまでもないが，さしあたりはGHQの視線を意識し，占領政策への働きかけを念頭においていたはずである。ところが，折りしも同年9月5日から，

---

90)　参照，大内兵衛「序」日本太平洋問題調査会編『日本社会の基本問題』（世界評論社，1949年）2頁。

第10回IPR会議がストラトフォード（イギリス）で開催されることになっていたことから，せっかくなら出来上がったシンポジウム原稿を英訳し，データ・ペーパー（附議資料）としてIPRに提出しよう，という気運が急速に高まってきた。

　だが，8年前に砂をかけて出て行ったばかりの日本IPRが，直ちに会議に参加する環境は，未だ整っていなかった。IPRへの復帰を念頭に再開された，非公式の交渉も実らなかった。幸いだったのは，旧知のE・ハーバード・ノーマン博士——カナダ外務省から出向してGHQに加わっていた外交官にして歴史学者——が，在日カナダ代表として同会議に出席する予定でいたことである。[91] そこで，ペーパーを彼に託そう，ということになった。[92]

　ペーパーの筆頭に置かれたのが，Tadao Yanaibara, Religion and Democracy in modern Japan である。こうした事情が同論文の行論を規定しているのは否定できない。本来の想定読者はアメリカ人だったのであり，それゆえにこそ，神道指令に代表されるGHQの占領改革への強い賛意が述べられると同時に（III. Democratization of Religion），キリスト教の普及による日本社会の民主化可能性（IV. Democratization through Religion）を，力説してやまないわけである。

　戦争協力者が各界から追放されるなか，宗教界についてだけ一切の粛清が行われていない——具体的には，戦争協力者であった旧人物の追放と，統制団体としての日本基督教団（Japan Christian Federation）の解散がなされていない——点についても，Yanaibara論文は，憤懣やるかたない調子で当局者に注文をつけている。その反面で，過酷な軍国主義的支配（stern militaristic rule）の

---

91) 参照，丸山眞男「E・ハーバート・ノーマンを悼む」（1957）同『戦中と戦後の間』（みすず書房，1976年）620頁以下。

92) 髙木文庫所蔵の「議事回報第7号」によれば「かねて作成中のシンポジアム『日本民主化の諸問題』中3編の他，事務局にて3編を配布リストにある題名で英訳し，同大会に出席されることになっておった在日カナダ代表E・H・ノーマン氏に依頼大会に持参してもらった」とある。その内訳は，当該シンポジウムの予定原稿として作成中の3編，羽仁説子のThe Japanese family system, 大内兵衛のFinancial and monetary situation in postwar Japan, 矢内原忠雄のReligion and democracy in modern Japanのほか，事務局の方で集めた，大窪愿二のThe problems of the emperor system in postwar Japan, 立木康男のGeneral trend of Japanese opinion following the end of war, 山口辰六郎のSome aspects of agrarian reform in Japanの6編だった。*Cf.* H. Borton, Book Review: Setsuko Hani, The Japanese family system (et. al.), The Far Eastern Quarterly, Vol. 9-3, 1950, p. 362 ff.

下にあっても，真理のために迫害を怖れず孤独の闘いを敢行した者（some people who fought, unorganized and singlehanded, for the sake of truth in the face of all oppression）が日本にもいたことに，注意を促している（Ⅲ）。

表紙には，1947年8月にドラフトが完成されたとあるから，かなり慌ただしい。問題は，これが矢内原自身による英訳であるかどうかであるが，論文冒頭の「寛容の精神」について，generous spirit という形容詞を充てている点からみて，答えは否であろう。矢内原ほどの人であれば，寛容を tolerance と訳したに違いないからである。そのほか，姓がヤナイ「バ」ラとされている点，「東京帝国大学の社会学教授，Pacific Islands under Japanese Mandate の著者」として紹介されている点も，同様の印象を補強する。社会学の教授とされているのには，国際経済論の専門家が「国家と宗教」について論ずるという違和感を，回避する目的があった可能性も否定できないが，この時期の矢内原は，新設の東京帝国大学「社会科学研究所」で所長の職にあったことから，やはり英訳者が混同した公算が大である（その後，48年10月就任の東京帝国大学経済学部長を経て，翌49年5月より新制の東京大学教養学部長）。また，主要著作として挙げられた Pacific Islands の方は『南洋群島の研究』（岩波書店，1935年）の英語版で，ほかならぬ IPR から1939年に出版されたものである。類書がないため，かなり広く読まれた。

矢内原を含む日本側の提出文書は，「小冊子の形をもって」「海外の調査機関，大学等」にも送られた。それらは，「戦後における日本人の最初の直接の声」として届けられたのであり，「研究者および識者の高い評価を」受けた。戦前の IPR メンバーであり，国務省極東局で戦中から戦後まで対日立案に活躍したヒュー・ボートンは，全米最大のアジア学会の機関誌に書評を寄せ，特に大内兵衛と矢内原忠雄の論文を激賞するとともに，自由主義を奉じて弾圧された受難者矢内原に対しては最大の敬意と関心を表明している。

---

93) 参照，酒井哲哉「研究所という装置」酒井哲哉＝松田利彦編『植民地日本と帝国大学』（ゆまに書房，2014年）469頁。
94) オーストラリア国立図書館など，現在でも所蔵館が散見される。
95) 参照，大内・前掲注90）2頁。
96) 参照，ヒュー・ボートン（五味俊樹訳）『戦後日本の設計者——ボートン回想録』（朝日新聞社，1998年）。

ボートンは，矢内原の分析が，日本の軍国主義も敗戦も her stark indifference toward the propagation of Christianity（日本語原文では，西洋の制度や技術を熱心に輸入する一方で，「キリスト教の弘布に対して冷淡であったという，跛行的態度」）が根本的原因である，と切り込む一方で，教育勅語不敬事件や日露戦争非戦論の内村鑑三を「近代日本最大の預言者」と断言して憚らないことに言及して，これらは戦前には許されなかった発言だと指摘する。このあたりは，ボートン自身，天皇機関説事件のさなかの東京帝国大学に留学した経験をもっており，当時の空気を肌で感じていればこその論評になっている。

他方，当該英訳論文は，シンポジウム用に日本語原稿を書いた当初から，GHQ を想定読者として書かれたものであるから，当然 GHQ において回覧されたことは間違いない。特に GHQ 内部の改革派には，強力な援護射撃として受け止められたはずである。ボートンは，矢内原が，ポツダム宣言・各種 SCAP 指令・憲法 20 条を通じた，日本における宗教の民主化を肯定的に論じている点に注目している。それにもかかわらず，民主化により濫立した多数の宗教宗派のすべてが民主的日本のために有用だとは限らない，と矢内原が批判している点に対しても，評者の注意が払われる。「日本国民の間にキリスト教の信仰が植え付けられるのでなければ，真に根柢ある民主主義国となることを得ない」という矢内原の結論を，ボートンは，クェーカーとして知日派として，共感をもって引用している。

しかし，この頃から，GHQ の占領改革への態度は消極化し，「逆コース」を辿るとともに，民政局を拠点に日本改造に熱心に取り組んだニューディーラーたちは，翌 48 年までには次々に帰国している。それゆえ，宗教政策への実際の影響は，それほど大きなものではなかった。たとえば，旧宗教団体法に基づく統制団体としての日本基督教団とその旧指導者たちが，未だ健在であることを矢内原は問題視したが，教団は解散させられることなく存続した（ただし，

---

97) *See*, H. Borton, supra note 92, p. 362 ff. なお，掲載誌『ザ・ファー・イースタン・クォータリー（別名・遠東季刊）』は，現在のアジア研究協会（The Association of Asian Studies）の前身である遠東協会（The Far Eastern Association）の機関誌であった。当時のアジア研究者群像のなかで日本研究者たちの活躍ぶりについては，ヒュー・ボートン（斎藤真訳）「日本研究の開拓者たち」細谷千博＝斎藤真編『ワシントン体制と日米関係』（東京大学出版会，1978 年）545 頁以下に詳しい。

1967年の「戦争責任告白」が一応の禊ぎになっており，むしろ無教会の側にも問題はなかったかが議論されるに至ったことは，すでに述べた）。

　肝心の第10回IPR会議で，日本側の提出文書がどのような反響をもたらしたのかは，不明である。ただ，はっきりしているのは，これが大きなステップとなって，日本IPRは見事にIPRへの復帰を果たしたということである。「極東のナショナリズムとその国際的影響」をテーマとして，インドのラクノウで開催された第11回会議（1950年10月3日～15日）には，未だ占領下ながら，日本代表団が久方ぶりに正式参加の運びとなった。[98] 日本の国際社会への復帰の第一歩であり，講和条約に向けて新生日本を印象づける大チャンスでもあったから，官界・財界関係者からの期待も大きかった。さらに，1954年開催の第12回会議を京都に招致することにも成功し，9月27日から10月8日まで開催された京都会議には，東京大学総長・日本太平洋問題調査会調査委員長の資格で，矢内原本人も参加をしている。

3　戦後レジームと藤林益三

　このように，藤林追加反対意見においてコピー・アンド・ペーストされたのは，国際社会に向けて発信された「戦後における日本人の最初の直接の声」であった。GHQの戦後改革の所産としての「戦後レジーム」について，国際主義的な文脈を踏まえた日本人の受容の仕方──それは戦後日本のconstitutionそのものである──を示したものとして，第一級の文献であることを疑わない。藤林長官は，津地鎮祭事件において問われているのは，そうした問題の所在であると信じ，「本判決の有する意義にかんがみ」，あえてそのまま，最高裁の判決書のなかに刻み込んだのであった。

　矢内原論文の日本語版は，出版社との交渉が不調で，1年半遅れて1949年4月に日本人読者の許に届けられ，[99] 著者矢内原がこの世を去って3年の後，『矢

---

98)　参照，日本太平洋問題調査会編『アジアの民族主義──ラクノウ会議の成果と課題』（岩波書店，1951年）。
99)　参照，日本太平洋問題調査会編・前掲注90）47頁以下。巻頭論文は，大内兵衛「戦後における日本財政金融の民主化」，矢内原の後は，羽仁説子の「日本の家族制度」，宮本百合子の「今日の日本の文化問題」，羽仁五郎の「日本人民の歴史」と続く。

内原忠雄全集』に収められた。藤林は後者を底本にしている。すでに英訳について述べたように，同論文は，「Ⅰ　国家と宗教」「Ⅱ　近代日本における国家と宗教の問題」「Ⅲ　宗教の民主主義化」「Ⅳ　宗教による民主主義化」の4章から構成され，「日本民主化」のための処方箋は最終章たる第Ⅳ章において示される。それは，標題からも窺われる通り，「宗教＝キリスト教の精神による民主主義化」である。

このうち，実は第Ⅱ章こそが，近代日本の精神史に立ち入った，最も読み応えのある章節である。「ギリシャ哲学とキリスト教信仰の伝統」が，「文芸復興と宗教革命とを経由し」，「学ぶに『時』を要する歴史的経験の成果」として養われた西洋の民主主義精神を，「明治維新による開国以来80年間に，日本が充分に体得」できなかった理由を，解明しようとしている。

そのうえで，矢内原は，「それにしても」と続ける。キリスト教の受容に対して日本の「政府と国民と」が示した「頑固と不熱心」は，「見のがされるべきでない」。その素地をつくったのは，「キリスト教は日本の国体に合わない」などと唱道した「智者学者輩」であり，彼らこそが「第一級の戦犯」だと糾弾されている。英訳では端的に「A級戦犯」とされており，別の箇所と併せて読むと，具体的には，「スペンサー学徒の唯物論者」加藤弘之と「儒教の素養深き哲学者」井上哲次郎という，2人の東大関係者を念頭においていることがわかる。後者の井上は，キリスト教が「国体に反する」と批判して，恩師内村鑑三を孤独の極北にまで追い詰めた人物にほかならない。

彼らのキリスト教攻撃が，「教育界の常識」となって「世論」を形成したのであり，それが，「キリスト教の側よりこの偏見を打破するためになされた努力」を無力化した。ひいては，それが「日本国民の思想を民主主義化するために一大障壁」となった，と手厳しい。そうした分析を踏まえて，第Ⅳ章は，GHQよりも踏み込んだ民主化提案（「日本民主主義化の指導精神としてのキリスト教」に基づく「宗教と教育による人間改造」・「徹底したる精神的革命」と，そのための「宗教界」の「改革」）を展開している。

藤林益三一己の「主観的良心」についていえば，当然第Ⅱ章と第Ⅳ章に重心があるはずである。しかし彼は，第Ⅰ章と第Ⅲ章を採り，Ⅱ・Ⅳ章は採らなかった。それらを自ら引用対象から外したところに，あくまで最高裁長官として

の「客観的良心」に忠実であろうとした彼の姿を読み取るべきであろう。そして，藤林追加反対意見が筆写したⅠ章とⅢ章を比較した場合，むしろ総論として書かれたⅠ章の方に，削除されたⅡ・Ⅳ章のエッセンスが残存することになった。そのため，「一　国家と宗教」を理解するためには，「二　宗教の民主主義化」を先に読んだ方が，議論の拡がりをよりよく理解することができる。そこで，以下は「二」「一」の順で点検を進めることにする。

Ⅴ　藤林追加反対意見の構造

1　宗教の民主主義化

　藤林追加反対意見の「二」の主題は「宗教の民主主義化」であり，ここで矢内原論文の第Ⅲ章が引用される。マッカーサーが吹かせる追い風をバックに，「宗教＝キリスト教による民主主義化」という率直きわまりない処方箋を提出する第Ⅳ章とは異なり，「宗教の民主主義化」を扱う矢内原第Ⅲ章は，「最悪の形における国教化された神社」の廃止を主題としている。

　元来，同第Ⅲ章は，イ）ポツダム宣言，ロ）「自由の指令」「人間宣言」「神道指令」，ハ）日本国憲法20条，の3段階をもって，「天皇崇拝」および「神社礼拝」の問題が除去されたことを，問題の本質と捉えていた。しかし，追加反対意見「二」では，紙数を気にしてかなり大胆な簡略化が施された。すなわち藤林は，ロ）のなかの「神道指令」の叙述をトリミングして，ハ）に直結するものとして取り出し，筆写したのである。

　以下では，少々長い引用になるが，如上のロ）にあたる藤林追加反対意見の「二」を，矢内原の「地の文」のなかで読んでみることにする（［　］内は矢内原の原文の措辞であり，［←　］は藤林によってパラフレーズされる前の矢内原の原文である〔漢字仮名遣いは，適宜，藤林追加反対意見に倣って，現代化してある〕）。

「二　宗教の民主主義化
　　国家神道又は［←若しくは］神社神道に関する連合国最高司令官総司令部

からの［←連合軍最高司令部の］いわゆる神道指令は，三つの重要な［る］点を含んでいる。そして，これが憲法20条の基礎をなしているのである［（この最後の文は藤林が追加）］。

㈠　神社を宗教と認めたことである。これが日本国民の国民的感情に完全に合致するや否やは，若干疑問の余地がないではない。神社は，宗教として思想的体系が貧弱であり，むしろ素朴な民族的生活感情の表現たる点が多いからである。しかし［ながら］，神社の行事並びに神職［←官］の行為には，宗教的行事と認められるものがあり，これが本件の問題である［←殊に近年の神社参拝の強要政策に鑑み，これを宗教とする事は，宗教とせざる事よりも事実に近いであろう］。

㈡　神社を宗教と認める［←認むる］以上，これに国家の行政的もしくは財政的保護を与えることは，政教分離［←国家と宗教の分離］の原則上不当であるとして，これが廃止を命令されたことである［←廃止を命令せられた］。

㈢　このように［←かく］国家より分離された神社を，宗教として信仰することは，国民の自由であるとされたことである［←国民の自由であるとなされた。これは信教自由の原則上，神社神道の信奉者にも他の宗教と同様なる地位を認められたのであり，連合軍最高司令部の指令が神社を廃止する趣旨でなきことを明らかにしたのである。ただし神社神道は軍国主義的ないし過激なる国家主義的イデオロギーのいかなる宣伝弘布をも禁ぜられたが，これはひとり神社神道に限らず，敗戦国たる日本のすべての言論，すべての思想に対して課せられた至上命令であり，しかしてそれは正当なる命令といわねばならない。思想および信教の自由といっても，それが政治上の原則たる限り，与えられたる状況における政治上の必要に照らして，決して形式的に無制限たるを得ないのである］。

［前にも述べた通り，］明治維新後［←当初］，政府は，新日本を建設する［←開く］に当たり，制度及び文化は西洋より輸入したが精神的根底［←柢］としては日本古来の神ながらの道によることとし，この跛行的状態をもつて日本の近代化運動を開始した。かくして，事実上神社神道に国教的地位を認めながら，ただ国際的及び国内的の都合から［←諸外国に対する関係上］，

信教自由の原則に抵触させない［←せざらしめる］ために，神社は宗教に非ずとの解釈を下したのである。それ以来，日本の政治及び教育は，この線に沿つ［←う］て行われた。自己の信ずる宗教の何であるかを問わず，国務大臣は新任に際して伊勢神宮に参拝することが慣例とせられ，地方官は官国幣社の大祭に奉幣使として参拝を命ぜられ，学校生徒は教師に引率されて集団的に神社に参拝し，地方住民は神社の氏子として祭礼に寄附を求められた。これらのことが慣行として一般に平穏に行われたことには，次の理由があつた。

㈠ ［←第一は，］神社の宗教性が素朴［←比較的稀薄］であつたことである。神社神道には組織的な［る］神学がなく，その神観は原始的［←素朴］であり，超自然的，奇蹟的要素がほとんどなかつた。すべてが概して自然的であり，かつ，人間的であつた。このように，神社の宗教性が［←の］素朴［←浅薄］であることが，神社参拝を［ば］信教自由の原則に抵触しない［←せざる］ものとして，一般国民に安易に受けいれさせたのである。

㈡ ［←第二は，］日本の仏教は，理論的にも生活的にも神社と対立闘争することが少なく［←こと少なく］，むしろこれと協調し合流して，併立的に共存して来たという歴史的事実がある。すなわち日本の神々は，仏教諸仏の化身であるという本地垂迹説が唱えられて，日本の神々と仏教諸仏との調和・一致・併存が理論づけられ，仏寺の境内には鎮護の神社を祭るものもあり，日本国民の大部分は仏教信者であると同時に神社の氏子であつた。すなわち個人［←宗教］としては仏教を信じ，国民としては神社を祭つて，毫も怪しむところがなく［←ところなく］，平穏な生活を営んで来たのである。これは仏教の布教政策によつたものでもあり［←であり］，一方，既述の如く，神社が素朴な［る］宗教性をしかもたないからであつた。とにかく，過去一千年以上にわたつて実行せられて来た仏教と神社との二重生活によつて，明治維新以来の神社政策は，国民の間に大なる問題もなく受けいれられたのである。

㈢ ［←第三に考うべきことは，］従来神社神道［←神道］及び仏教によつて養われて来た日本国民の宗教意識そのものが，信教自由の問題について十分な［る］敏感さをもたなかつたことである。けだし，神社神道［←神道］

も仏教も、その教義は多神教もしくは汎神教的であつて、キリスト教のような［←ごとき］人格的一神教でなく、個人の人格の観念を刺激し、基本的人権の観念を発達せしめず、したがつて、信教自由の原則の重要性を認識させる［←認識する］ことも少なかつた。この事情が、神社参拝問題を［ば］信教の自由に抵触するものとして重要視しなかつたことの一大原因であろう。

　［以上の理由により、神社参拝問題を信教自由に関連せしめて考えたのは、少数のキリスト教徒だけであった。しかも神社参拝が国民的な意味をもって行われ、かつその回数が頻繁でなかった間は、それは日本のキリスト教徒に対してさえ、あまり深刻な問題としては考えられなかった。ただ信仰的良心の特に鋭敏なる少数の者だけが、これと戦い、これを批判したに過ぎなかったのである。しかるに満洲事変以来のファッショ政治の下において、国民の思想を軍国主義化し、侵略政策に駆り立て、これを国家主義的に統一する手段として神社が利用せられるに及び、事態は急激に深刻化した。それ以来神社は国民の自由主義的思想を弾圧し、軍国主義的侵略戦争に精神的基礎付けを与うる手段として利用せられ、神社参拝は頻繁に強要せられ、それに参加せざるものは国策に対する非協力者として糾弾せられた。かくして神社は最悪の形における国教化され、明治初年以来政府の維持してきた、「神社は宗教にあらず」との解釈は、政府自らこれを一擲して顧みざる状況であった。

　神社参拝の強要は、日本国内におけるよりも、朝鮮台湾外地において一層甚だしく、また一層深刻なる結果をひき起こした。これら植民地人を同化することは、日本の植民地統治政策の強き伝統であったが、最近の事変以来その強度に拍車がかけられ、盛大なる各種の同化政策が強行された。殊に朝鮮では各地方団体、各公立私立の学校のみでなく、キリスト教会までも、団体的に神社に参拝することが強要され、その要求を拒否したるため警察に留置せられたる牧師や信徒も少なからず、平壌では最も有力なる教会の１つがそのため閉鎖されるに至った。いわば日本の固有の神々と長き歴史を共に生きて来た日本国民と異なり、民族的に異なりたる歴史と生活を有する朝鮮人や台湾人に対し、この皇民化政策がいかに信教自由に対する迫害であり、ファッショ的暴圧であったかは明白である。

　満洲・華北・および南方諸地域は完全なる日本の領土でなかったから、朝

精神的観念的基礎のない国家・公共は可能か？

鮮台湾における如き皇民化運動は行われなかったが，しかし神社参拝の慣行をこれらの異民族の間にも始めさせる傾向はすでに見られた。満州国皇帝が建国神廟を建てて日本の天照大御神を祭り，満州国の建国は天照大御神の精神に基づき，その保護によるものであるとして，親しくこれに参拝し，かつ官吏及び人民をして倣わしめようとしたのは，皇帝自身の発意によると称せられたが，その秘密の動機については未だ明らかでない。ただ客観的には，日本の皇民化運動の満洲に対する延長として判断されるのである。

　神武天皇の建国の詔勅の中にある「八紘為宇」という言葉が拾い出され，日本の大陸経営，いわゆる大東亜共栄圏政策の指導精神として強調された。この言葉は世界の諸民族と協調して共存的発達を期する国際主義的な意味としても解釈され，或いはまた世界の諸民族を日本の屋根の下に抱容せんとする世界征服主義としても解釈され，日本国民の間にありても解釈が一定していない。しかし重要なことは，言葉そのものの意味ではなく，それがいかなる勢力により，いかなる目的をもって，いかなる環境において援用されたか，ということである。しかるとき東條の軍閥政治の下において，この言葉が国際平和的な意味において利用宣伝せられたものであるとは，誰が信じ得ようか。

　このように神社が国教化され，かつ軍国主義政策遂行の手段として用いられるに至ったのであるから，連合軍総司令部がこれを宗教と認めると共に，これを国家より分離して日本における信教自由の原則を簡明〔ママ〕ならしめ，かつ軍国主義的ないし過激なる国家主義的イデオロギーの宣伝弘布を禁じたことは，まことに適切なる措置であったと認められる。]」

　藤林によるロ）の編集の過程で，第１に，軍国主義の否定という，"国際社会への約束"としての側面（A）が，視界から外れ，第２に，「自由の指令」「人間宣言」「神道指令」の３つ組と，そうした非軍国主義化の課題との密接不可分な連関（B）も，見失われた。さらに，帝国日本の植民地統治――および戦後の帝国解体と脱植民地化――と，３つの指令との有機的な連関（C）も，見えなくなった。最後の，旧「外地」にまで視野を拡げた論述は，さすがに植民政策学者である矢内原ならではの問題提起になっているが，藤林は論点の拡

207

散を避けて引用していない。加えて、「信仰的良心の特に鋭敏なる」「少数のキリスト者」を除いて、神道・仏教のみならずキリスト教の信徒さえも、そうした神社参拝を「信教の自由の侵害」として観念できなかった、という指摘（D）が、いわば「寸止め」になっているが、これは、藤林追加反対意見では、別立てで「五　宗教的少数者の人権」の章が用意されていることと、関係していよう。

　しかし、（A）（B）（C）（D）の諸連関にこそ、「日本民主主義化の道程に横たわっていた」「最大の障害物」がある。そして、これらは、日本人自身の力では如何ともなし難かったところ、「日本を占領管理する外国軍隊の指令」によって、ついに除去された。そこに「恩恵をもって日本を導く『摂理』の指を認めざるを得ない」として、矢内原は「敗戦という事実」を受け容れ、祝福している。その一方で、「政府および一般国民の保守的伝統との正面衝突を避け、日本の思想家宗教家自身余りにも犠牲の少ない道を選んだことの故に」軍国主義化を押しとどめることができず、「その結果これらの人々の避けようと欲した以上の大なる犠牲」を招来したことへの、矢内原の反省は痛切である。

　これらは、藤林追加反対意見の読者の方で、行間に補わなければならないテクスト構造である。そして、矢内原のテクストを総体として書き写そうとした藤林の主観的な意図も、この祝福と反省のなかに汲み取られるべきであることは、藤林が後年、津地鎮祭事件の回顧のなかで、軍国主義の問題にはっきり言及していることからも明らかである。

　しかし、すでに藤林の引用した部分だけで、充分に率直な時代批判が含まれており、判決書としての格調を維持できるギリギリのところで、取捨選択が行われていることが窺われる。何より、タカ派路線により矢内原派の労働法学者から非難を浴びるなか、あえてその矢内原を選択した、という文脈を踏まえて読めば、引用されざる矢内原の企図は、「読む人が読めばわかる」ように、行間に盛り込まれたと考えるのが自然であろう。全集にあたる労さえ厭わなければ、誰でも簡単にそこに辿りつけるように、"公開鍵"を用意してあるのだから。藤林による削除部分は、意見が違うために意図的に論旨を除外したのではなく、「地の文」として当然に前提されているのだ、というのが、本稿の結論である。

精神的観念的基礎のない国家・公共は可能か？

　そして，でき得ることなら，本来の読者として想定されたIPRの，国際主義的文脈を念頭におくこと。それにより，占領期日本の閉ざされた言語空間のなかではなく，「第二の開国」というにふさわしい開かれた文脈において，戦後改革の意義を善解しようとした矢内原の試みを正当に評価することも可能になろう。

2　行間に埋め込まれた内容

　そのようにして，矢内原を「地の文」として藤林追加反対意見「二」を読んだ場合，まず問題になるのは，多神教もしくは汎神教的な神道・仏教との対比で，「個人の人格の観念を刺激し，基本的人権の観念を発達」させるのは，人格的一神教としてのキリスト教であることを指摘する部分である。これに関連して，矢内原第Ⅱ章は，日本人の国民性に対して，次のような疑問を投げかけている。

　「日本国民は容易に一致し，容易に変化する。彼らは風になびく秋の野の『民草』であって，各個人の個性の自覚が不十分なのではあるまいか。日本人は概して悪意なきお人よしであり，かつ新事態に対する適応性に富んではいるが，各人の人格観念が不徹底であり，深き個性の自覚が養われていない嫌いがある。」矢内原事件によって孤立を強いられた矢内原の，日本人への絶望は，かくも深いものであった。

　これに対して，GHQの「自由の指令」──これは，哲学者・三木清が終戦後も投獄されたまま獄死した事件の衝撃が，きっかけであった──については，これによってはじめて「窒息しそうな密室より解放されて広き野に出で，新鮮なる大気を自由に吸う喜悦を感じ」，そのゆえに「我らは敗戦をも屈辱と感じなかった程であった」と，率直に語っている。この"率直さ"はもちろん，IPRやGHQを読者として想定しているからこそ，ではあるにしても。この前後の叙述は，最も迫力があり，それゆえに判決書には引用できない部分である。[100]

---

100)　「民主主義的人間は，日本人自ら人格観念の明確な人間として新生することなくしては，これを養成することができない。この新生はその性質上，宗教的経験たるを要する。しかして人間に個人的人格観念を明確にもたせる力ある宗教は，その教えの内容から見ても，また欧米諸国の

藤林が削除した文章のなかには，矢内原は無教会派の活動を振り返り，「十年にわたる戦争中，平和非戦の主張の故に政府の弾圧迫害を被ったキリスト教徒の大部分は，内村鑑三の門下たるこれら無教会主義者の間から出たのである」と，誇らしげに語る箇所がある。それとは裏腹に，正面から政府や世論に反対して処罰され社会的に排斥され生活上の不利益を被る，という「危険」を「冒すことが果たして民主主義思想の普及，もしくはキリスト教伝道上有効であろうか」，「むしろこの問題の解決は国民思想の自然的進歩にまつべきではないか」と考えたキリスト者も多かったと，妙に生々しい肉声を伝えている箇所も削除されている。

　そこで念頭におかれているのは，主としてカトリックや既存のプロテスタント諸派であり，殊に後者は日本基督教団に統合されて戦時体制に包摂された。けれども，言及されたキリスト者の自問自答に奇妙な臨場感があるのは，そこに畏友塚本虎二の肉声が含まれているからではなかろうか。すでに述べたように，塚本は，政治と宗教を分離して考えた結果，聖書研究に逃避し，無教会派の最大勢力を領しながら政治的現実に妥協して，矢内原らと行を共にしなかった。内村門弟の星であり，かつて「われらは七人」と称え合った塚本の道行きに対する苦衷を，[101] 矢内原の行論の背後に慮る必要がありはしないか。この部分の引用を諦めた藤林長官の心裡に，はたして何が去来したのか。ともあれ，イ）に限らずロ）においても，藤林は，塚本流に，政治問題と宗教問題を丁寧に切り分けて引用を行っている。判決書の品位という点では，それはふさわしい編集作業であったが，両者の抜き差しならない関係を主題化した矢内原論文の企図が，そのために損なわれていることは否定できない。

3　藤林が付け加えたもの

　追加反対意見の「五　宗教的少数者の人権」では，如上の寸止め部分を拡張して，「少数者の潔癖感」こそが迫りくる危機を察知できる，という趣旨のことが述べられている。これは，戦前も「信仰的良心の特に鋭敏なる少数の者」

　　　先例から見ても，キリスト教以外にはないといってよい」。
101)　参照，量・前掲注37) 2頁以下。

による「信教自由」侵害の主張に耳を傾け，早いうちに手を打っていさえすれば，「自由主義的思想を弾圧し」「軍国主義的侵略戦争に精神的基礎付けを与うる手段」として神社が利用されるのを防げたはずだとする，矢内原の論旨を膨らませたものである。

その際，「五」の末尾において，国家や地方公共団体は「信教や良心に関するような事柄で，社会的対立ないしは世論の対立を生ずるようなことを避けるべきものであつて，ここに政教分離原則の真の意義が存する」とするのは，アメリカ判例でも強調された political divisiveness の論点を意識したものである。[102]

そこから，「宗教や良心の自由に対する侵犯は多数決をもつてしても許されない」という要請が導かれ，信教の自由は，「民主主義」の「維持」のために「不可欠というべき最終的，最少限度守られなければならない精神的自由の人権」という位置づけを得るとともに，政教分離はそうした少数者の信教の自由の保障と密接に結びつけられる。

地鎮祭を地方公共団体が主催することは，「宗教的少数者に対し，公的承認を受けた宗教に服従するよう間接的に強制する圧力」をもたらすとする，原審名古屋高裁判決の趣旨を引用したり，同じ塚本門下の後輩・清水望が翻訳したコンヴィッツ『信教の自由と良心』からジェファソンの名句を引用したりして，[103]自説を補強する試みも，かかる political divisiveness の論点を踏まえて，はじめて説得力をもってくる。

「三　憲法 20 条 3 項により禁止される宗教的活動」において，宗教の定義は学者の数だけあって定説がないと述べて，藤林が「宗教」の定義を避けているのも，そのことと関係がある。憲法上の「宗教」について「厳密に定義し，また，これを狭く解する」ことは，「宗教的な信念や見解そのものに干渉すること」にほかならないからである。[104]

曰く，憲法上の「宗教」を定義すれば，「それ以外の宗教ないし宗教類似の行為には 20 条の保障が及ばな」くなるため，「信教の自由が著しく制限される

---

102)　*See*, Committee for Public Education v. Nyquist, 413 U.S. 756（1973）.
103)　参照，M・R・コンヴィッツ（清水望＝滝沢信彦訳）『信教の自由と良心』（成文堂，1973 年）146 頁。
104)　「定義することは制限することだ」。Cincinnati v. Vester, 281 U.S. 439, 448（1930）. 参照，コンヴィッツ・前掲注 103) 76 頁。

結果となる」反面で、「国家と宗教の密接な結びつきが許容される道を開くこととなる」。そもそも法は、「行為」の抑制のためにあり、「宗教的な信念や見解そのものに干渉することはできない」ので、「あらゆる宗教又は宗教らしいものを憲法上宗教として取りあつかい」、「その外部に現われたところのもの」だけを問題にして、宗教的「活動」に対する抑制を考えれば充分である。

　ここは、M・R・コンヴィッツの見解を、全面的に受容した部分である。コンヴィッツによれば、アメリカ連邦最高裁判所が、宗教や宗教的という用語の定義をあえてせず、国教樹立を禁止する合衆国憲法修正１条が「『社会的義務に違反し、もしくは善良な秩序を破壊する行為に介入するような』政府の行動を禁止してはいない」、という消極的理解で満足してきたのは、如上の理由から正しい考え方である。

　それゆえ、日本国憲法においても、「宗教」や「宗教的」という語は、「できうる限り広く解釈さるべき」だという結論を得る。国家と宗教の分離を保障する日本国憲法が、アメリカにおける政教分離よりも「更に徹底したものであり、世界各国憲法にもその比を見ないほどのものである」という藤林の理解からすれば、それは容易に地鎮祭違憲論を導く立論である。ただし、それは、信教の自由と政教分離原則の双方を、同時に広く理解することにつながる。そのため、両者を整合的に理解すべく、政府は「社会的対立ないしは世論の対立を生ずる」宗教的活動は一切回避すべきだ、という観点が導入されるのである。

　藤林が旗を振った、このコンヴィッツ方式は、しかし、法廷意見にとっても福音となったに相違ない。「宗教」（と「習俗」）の定義を行うことによって地鎮祭違憲論を導いた、名古屋高裁判決の論理から逃れる口実として、アメリカ憲法判例理論の導入というアイディアが、そこから自然に導かれるからである。津地鎮祭事件判決の法廷意見がいまある形をとるにあたって、藤林長官の存在が大きな規定要因になっているのは、たとえばこの点である。

VI 国家の精神的観念的基礎と政教分離原則

1 藤林追加反対意見「一」

いよいよ問題の藤林追加反対意見「一」をみよう。全体として，学生のレポートでもなかなかお目にかかれないくらいに，見事な丸写しの文章であることがわかる。もっとも，矢内原論文が，「国家と宗教の分離」そのものを——寛容（Tolerance/Toleranz）の精神の所産として——「近世民主主義国家の一大原則」に数えあげているのに対し，藤林においては，もっぱら「信教の自由」のみが寛容の所産とされ，「政教分離」は従たる地位——その「不可欠の前提」ではあるが，「近世民主主義国家」の原則ではない——に置かれている[105]。これは，本件法廷意見における政教分離の位置づけと軌を一にするものであるが，そうした藤林の論理操作は，矢内原の立論を大きく歪めかねないものであった。ただし，両者の議論には，制度的教会の存立そのものを否定する無教会主義のバイアスがかかっており，厳密な意味での〈国家と教会の分離〉原則は，そもそも彼らには観念できない。そのため，政教分離条項が採用された国にあっても，そこから「国家の宗教的中立性」原則と「宗教の私事性」原則を導くことしか，彼らにはできないのである。それら諸原則は，政教分離条項なしに「信

---

105) 英国国教会の存在を前提とするイギリスでは，寛容令なしには信教の自由そのものが成り立たない。参照，種谷春洋『近代寛容思想と信教自由の成立』（成文堂，1986年）。しかし，アメリカ新大陸においては，英国国教会の支配から逃れて新大陸に植民したピューリタンたちが，「信教の自由」のために宗主国の支配と闘う形になった。この過程ではじめて，自由一般ではなく「信教の自由」のような個別的自由を，人権条項にカタログ化する発想が，この世界に生まれた。その随一として「信教の自由」（free exercise）条項が，特にアメリカ合衆国憲法では，「国教の樹立（establishment of religion）」の禁止条項との双生児として，成立した。ジェファソンは，後者を「教会と国家を分離する壁をつくる（building a wall of separation between church and state）」条項として理解していたのであって，それが「宗教と国家を分離する壁」でもあったとはいい切れない。これ以降の人権条項において，「信教の自由」は必須アイテムになったが，〈国家と教会を分離する政教分離原則（Trennungsprinzip）〉まで採用する国は，今日まで少数派である。「政教分離原則は，信教の自由の確立の歴史の過程で，その保障に不可欠の前提をなす」に至ったという矢内原の認識は，理念史としてはともかく，現実の憲法史としては正しくない。

教の自由」や「寛容の精神」からも導けるので，結果的には齟齬は発生していないともいえる。[106]

「一　国家と宗教

　信教の自由〔←国家と宗教の分離〕は，近世民主主義国家の一大原則であつて，これは数世紀にわたる政治的及び学問的闘争の結果，かちえた〔る〕寛容の精神の結晶である。政教分離原則は，信教の自由の確立の歴史の過程で，その保障に不可欠の前提をなすものと考えられるに至つているが，〔←この原則は〕次の二つの主要点を含む〔ものである〕。

　㈠　国家は，いかなる宗教に対しても，特別の財政的もしくは制度的援助を与えず，又は特別の制限を加えない。すなわち国家は，すべての宗教に対して，同一にして中立的な態度をとるべきである。

　㈡　国家は，国民各自がいかなる宗教を信ずるかについて，何らの干渉を加えるべきではない。信教は，各個人の自由に放任されるべきものであり，宗教を信ずるや否や，信ずるとすればいかなる宗教を選ぶかは，国民各自の私事である。」

以上はひとまず標準的な解説である。㈠国家の宗教的中立性と㈡宗教の私事性という2つの観点から，公・私の境界線を引く。政治的リベラリズムの古典的フォーマットである。ここまでであれば，反対意見に屋上屋を架して，追加反対意見を書く必要はない。問題はこの先である。

「この原則の確立により〔←かくして〕国家の特定宗教への結びつきは原

---

106)　第一次大戦後の〈国家―教会関係〉の再構築に際して，フランスの政教分離法の如く国家から教会を引き剥がすという意味での分離原則（Trennungsprinzip）を採らなかったドイツにおいては，戦後西ドイツの通説が，分離よりは協同を重視する親・教会的な立場に転じて，今日に至っている。Vgl. H. Quaritsch, Neues und altes über das Verhältnis von Kirchen und Staat, Der Staat 5 (1966), S. 451ff.（ただし，なお慎重な立場を示す見解も，有力に存続した。Vgl. A. Frhr von Campenhausen, Grundgesetz und Kirche, BayVBl 7/1968, S. 221ff.）。それにもかかわらず，分離原則とは区別された，宗教的世界観的な中立性原則（Neutralitätsprinzip）は，その内容については争いがあるにせよ，ひとまず憲法上の要請としてだとされている。Vgl. G. Czermak, Religions- und Weltanschauungsrecht, 2008, S. 85ff.

則的に否定せられ，［国民の信教の自由は原則的に確立せられ，］国家は世俗的なもののみに関与すべきものとされるに至つた［←国家は世俗化せられた］のであるが，［しかしながら］これによって，国家と宗教の問題が全く消滅したのではない。けだし，［←なんとなれば］すべての国家は，その存立の精神的又は観念的基礎をもつ以上［←もち，特定の思想の宣伝ならびに教育を重要国策の一つとして数える。多くのキリスト教国が今なお国立教会の制度をもっている。ソ連にとってのマルクス主義，あるいは米国にとってのデモクラシーは，いずれも国家公認の宗教教義に近いものではなかろうか。国家は決して国民の思想に対して無関心な中立的態度をもつことはできず，またもつべきではない。］，宗教もまた人類の精神の所産であるから［←人類の観念形態（イデオロギー）の一つである限り］，国家は，信教自由の原則を認め［む］ると同時に，国家自身が，宗教に対して無関心，無感覚であってはならない。信教自由の原則は，国家の宗教に対する冷淡の標識ではなく，かえって宗教尊重の結果でなければならない。」

このように藤林＝矢内原は，政教分離によって「国家の特定宗教への結びつきは原則的に否定せられ」「国家は世俗的なもののみに関与すべきものとされるに至つた」としても，「これによって，国家と宗教の問題が全く消滅したのではない」のであって，信教自由の原則は，国家の宗教に対するindifferenceの標識ではなく，「かえって宗教尊重の結果でなければならない」と強調する。そして，このことにより，団藤重光ら本件反対意見の核心をなす古典的リベラリズムの公理――近代国家の宗教的・世界観的中立性――が，同じ反対派の藤林長官の手によって，のっけから全否定されていることに，瞠目しなくてはならない。

この論点に関する限り，反対意見と同旨なのは法廷意見の方である。曰く，「元来，わが国においては，キリスト教諸国や回教諸国等と異なり，各種の宗教が多元的，重層的に発達，併存してきているのであって，このような宗教事情のもとで信教の自由を確実に実現するためには，単に信教の自由を無条件に保障するのみでは足りず，国家といかなる宗教との結びつきをも排除するため，政教分離規定を設ける必要性が大であつた。これらの諸点にかんがみると，憲

法は，政教分離規定を設けるにあたり，国家と宗教との完全な分離を理想とし，国家の非宗教性ないし宗教的中立性を確保しようとしたもの，と解すべきである」。法廷意見の前提は宗教的多元主義であり，だからこそ，そしてその限りでのみ，宗教的中立性が要請されるという理屈になっている。

　これに対して，イギリス型の国教会制を否定し，画期的な政教分離制を採用したアメリカですらも，実は「デモクラシーという国教」をもっている，というのが，矢内原本来の鋭すぎる洞察である。これは，宗教的多元主義の範型としてアメリカ判例理論を導入しようとする，津地鎮祭事件判決法廷意見の企図を挫くには充分な，破壊力のある指摘である。同様にして，ソ連のような社会主義国も，「マルクス主義という国教」をもっている。それどころか，矢内原は，あらゆる国家が思想の宣伝・教育を重要国策としている，とまで，いってのける。これらは，法廷内に無用の「世論の対立を生ずる」鋭すぎる洞察ゆえに，藤林によって削除されているが，藤林＝矢内原とその他の裁判官が，原理的には1・対・14の大差で対立する，基礎的な構造をなしているのである。それゆえ，藤林は，こう続ける。最高裁大法廷では孤立した自らの主張を，歴史の法廷に委ねるために。

　　「国家の存立［←国家］は，真理に基づかねばならず，真理は擁護せられなければならない［←真理を擁護せねばならない］。しかしながら，何が真理であるかを決定するものは国家ではなく，また国民［←人民］でもない。いかに民主主義の時代にあつても［←ありても］，国民［←人民］の投票による多数決をもつて真理が決定せられるとは誰も考えないであろう。真理を決定するものは，真理それ自体であり，それは歴史を通して，すなわち人類の長い経験を通して証明せられる。真理は，自証性をもつ。しかし，自ら真理であると主張するだけでは，その真理性は確立せられない。それは，歴史を通してはじめて人類の確認するところとなるのである。」

　この箇所だけ取り出してみれば，ある種の「思想の自由市場」論として成立しており，精神的自由（魂の自由）を抑圧する多数決決定に対する，プロテストになっている。しかし，矢内原の文脈においてみれば，それだけにとどまる

話ではない。藤林の引用の前に，隠された一段落があるのである。

　「国家権力の起源を宗教的に説明することは，古来しばしば行われて来たところである。あらゆる権威は神によりて立てられたるものであるから，すべての人，上にある権威に従うべしとは，使徒パウロの教である。然るに地上の事物はすべてサタンによりて侵されやすきものであり，国家権力といえどもその例外を為すものではない。……ロマ皇帝は自己を神格化し，自己を祀る神殿を建てさせ，自己を現人神として礼拝することを国民に強要した。而して正にその事の故に，ヨハネ黙示録の記者はロマ皇帝の権力をサタンより出たるものと称したのである。……」

　藤林がはなから引用を放棄しているので紙幅の関係で適宜省略して引用するが，そこでは，国家権力の起源を宗教的に説明すること——「現人神」として正当化するにせよ「サタン」として非難するにせよ——の是非が，ただしあくまで「国家と宗教」の関係の一局面として，主題化されている。これを承けて，叙上の通り，国家は「真理に基づかねばならず……」と続くのであって，藤林の引用箇所は，「国家と宗教の分離」が，国家の「真理」のみによる正当化可能性と，国家や人民による「真理」の抑圧不可能性と，それらの論拠としての「真理」の自証性とを確保するための，必要条件であることを弁証するためのものである。

　その場合の「真理」とは，科学的真理に限定されず，宗教的真理をも含んでいるとみられる。したがって，ここで説かれているのは，絶対的価値や正しい宗教の存在への懐疑から出発する，価値相対主義や宗教的多元主義ではない。正しい宗教があることを前提にしつつも，その自証性を歴史の法廷においてテストすべく，それを妨げる国教的なるものの強制を排除する，という考え方である。国家の宗教であれ人民の宗教であれ，世俗の権力・勢力と結びついた宗教は，すべて「国教」ないし「国教的なるもの」であり，宗教的真理の自証性を妨害する点では変わりがない。

　藤林の引用はここで終わるが，矢内原第Ⅰ章には，もう一つ，結びの段落がある。

「日本は過去においてすぐれた宗教家と道徳教師をもった。中にも第13世紀に現われた一仏僧日蓮は国家と宗教の関係について，国家は正しき宗教を認め，邪教を禁ずることによりて興隆するのであり，国家が維持せられることによりて正しき宗教が顕れるのでなきことを痛論した。彼の言にはイスラエルの預言者的な響きがあった。しかしながら日本が信教自由の原則を学び始めたのは，遥か後代のことであったのである。」

誰がなんといおうと正しい宗教はある，という立場にたった場合，邪教との結合を排して正しい宗教を承認するよう，敢然と国家に立ち向う預言者的存在は，歴史の法廷において必要不可欠なアクターである。矢内原の考えではそうしたアクターは，たとえば13世紀の日蓮上人のように，日本の歴史にも度々登場しているのであり，この点では，西洋と比べても実は遜色がない。

ただ日本が，真理の自証性に基づく信教自由の原則を学び始めたのは，「遥か後代のことであった」。矢内原が第Ⅱ章の末尾に記すように，「西洋諸国が文芸復興と宗教革命とを経由し，数世紀の長きにわたって養ってきた」精神を，「明治維新による開国以来80年間に，日本が充分体得しなかったことには無理はない点もある。それは学ぶ『時』を要する歴史的経験の成果だからである」。

そして，ほかならぬ無教会主義の創始者・内村鑑三を，日露開戦に介しては非戦論を主張して譲らなかった「近代日本最大の預言者」としてクローズアップした文章が，矢内原の第Ⅱ章にほかならない。藤林もまた，当然に同意見であったはずである。だが，彼自身の「主観的良心」に触れるところの多いために，藤林追加反対意見では，第Ⅱ章の引用が慎重に回避されたわけである。

こうなってみると，第Ⅰ章で最も重要なのは，「国家は決して国民の思想に対して無関心な中立的態度をもつことは出来ず，またもつべきではない。宗教も人類の観念形態（イデオロギー）の一つである限り，国家は信教自由の原則を認むると同時に，国家自身が宗教に対して無関心無感覚であってはならない。信教自由の原則は国家の宗教に対する冷淡の標識ではなく，却って宗教尊重の結果でなければならない」，という一節であることがわかる。国教制度はあくまで否定されるべきであるが，国家には精神的観念的基礎が必要であり，第Ⅳ章が率直に語るよ

うに，それはキリスト教を重要な柱として含むものであってほしい，というのである。

2　政教分離と無教会主義

　そのようにして，国家の宗教的中立性と宗教の私事性とから説明する矢内原流の政教分離論は，一見標準的だが，そこには大きな欠落がある。既に言及した通り，教会（宗教団体，教団）の不在である。無教会主義の信仰が，そこには介在している。

　しかし，政教分離は，訳語としての成り立ちにおいて，「政権」と「教権」の分離，すなわち「国家」と「教会」の分離を，本来は意味していた。その古典的解説を行ったのは，矢内原にとっては柏会の同僚で，内村に破門されてカトリックに走った，あの田中耕太郎である。田中にとってカトリック転向後の第一作にあたる『法と宗教と社会生活』は，「殊に教会と国家との問題などに付て貴重なる資料を供して下さった」岩下壮一神父への謝辞を含む一方，その岩下に認められて直ちに自著に引用された書物である。その第6章「国家と宗教生活」は，「宗教の問題は個人的方面を有すると共に，又社会的方面を有することに注意しなければならぬ」とし，「有形なる社会すなわち教会」を形成することを前提に，「国家と教会との種々なる関係」を論じている。それによれば，「国家と教会とが融合して1つとなる立場」（皇帝法王主義もしくは国家教会主義と，教会国家主義），「国家が教会と全然分離する立場」（国家教会分離主義），「その中間の立場」（折衷主義）に分類される（97頁以下）。これらのうち国家教会分離主義は，北米合衆国と，政教分離法（1906年）以降のフランスにおいて採用されている。

　「北米合衆国が此の主義を採るのは宗教に一般的に好意を持っている結果——此のことは同国に於て議会及び更に同国に於て開催せらるる国際会議まで祈禱を以て開始せらるることよりしても知られ得る——総ての宗派に公平に，其の何れをも偏重せざるが為め」である。しかるに，「仏蘭西に於ける政教分

---

107)　初版，改造社，1927年。同書は，同志社大学法学部教授になって間もない能勢克男（消費生活協同組合運動への献身や新聞『土曜日』の編集発行で知られる）に捧げられている。

離には反宗教的の意味がある。今より20年前前掲の政教分離法実施の際に非常な騒動が起ったことは人の知る所である」(115頁以下)。

そして,「現在の状態に於ては国家教会の分離主義を宗教政策上選ぶべし」と述べたうえで,ソヴィエト・ロシアの「物質主義の世界観に基く分離主義」やフランス・メキシコの「宗教に対する冷淡主義に基づく」分離主義を排して,「北米合衆国に於けるが如く,宗教に対し全体として理解を持ち,而も各宗教に対し公平なるべき動機よりの好意的な分離主義を最良とする」と述べている。その理由は,「国家理念と宗教との終局に於ける調和」であり,「宗教が現実の国家に対する理想を指示する役目を勤むること」に求められる(173頁以下)。

こうした分析を日本の法制度にあてはめると,「神社非宗教論」の影響でやむなく「我国に於ける国家と宗教との関係」というタイトルになってしまうが(120頁以下),議論の中味に入ると論題は再び「国家教会分離主義の可否」に戻って(151頁以下),政教分離における真の論点の所在が明示される。この点,[108]一国内に数多の宗教が対立する場合,政治上の寛容(トレランス)の確立が必要だ,というのが田中の立場——しかし,彼が念頭におく原語は,bürgerliche Toleranz(市民的寛容)であるところが面白い(160頁)——であり,日本においてもそれを求める。

しかし,それは,決して「自由主義に依る分離」の立場ではない。なぜなら,それは「国家の宗教に対する無関心主義を承認するもの」にほかならないからである(155頁)。政治上のトレランスは,決して宗教上のトレランス(すなわち冷淡主義,無関心主義)を意味しない。ある信者が,他の信仰を宗教上認容するというのは,田中にいわせれば,「真理」に対して忠実でないということである。かくして,トレラントであることは決して宗教上の美徳ではなく,「政治上のトレランス」と「宗教上のトレランス」は区別されなくてはならない,という結論になる(139頁以下)。

田中は,この思い入れの深い書物を,柏会の旧友・矢内原に贈っている。東大駒場の矢内原文庫には,毛筆で「謹呈矢内原学兄　著者」と書かれた手沢本

---

108) この点は,田中・前掲注26)の叙述においても,同様である。そこには,宗教が「本来団体主義的のものであり」(つまり教会の存在を前提にせざるを得ず),「如何に無教会主義者が反対するも此の事実を否定することを得ない」,という批判が含まれている(1219頁)。

が所蔵されているが，矢内原は，1927年の1月28日に発行された同書を2月7日には読了したうえで，「教会論以外は同感」との感想を本文の末尾（383頁）に記している。

矢内原文庫にみられる読書傾向から推して，この「教会論以外は同感」の直接的帰結が，論文「近代日本における宗教と民主主義」の冒頭における「国家と宗教の分離」論であるとみて，大過はない。つまり，無教会主義の矢内原（や藤林）にとって，政教分離は「国家と宗教の分離」以外ではあり得ないのであり，これが神道指令に由来する「国家と宗教の分離」定式と合流して，法廷意見を形成している。上告側の地鎮祭合憲論が，「国家と教会の分離」論にもち込んで勝機を見出そうとしたのに対し，法廷意見は，藤林長官とともに「政教分離＝国家と宗教の分離」定式を用いることで，これを判例上完全に定着させ，なおかつ合憲の結論を導き出したのであった。ここにも，判決における「藤林益三という規定要因」を，みてとることができる。

3　反対意見との衝突

矢内原の信仰と思惟とは，日本近代の光と翳をともに体現している。それが，藤林長官を媒介として立ち上がり，近代的な個人主義と平和主義を窒息させてきた過去をもつ民間習俗的な神道信仰と対決するさまは，仮にそれが事後的に作成された追加反対意見であったとしても，意義深い。とりわけ注目に価するのは，ともにファランクスを組んで反対意見を構成した日本の古典的リベラリストと，キリスト教的リベラリスト藤林との「逆接続」の関係である。[109]

藤林を含む5裁判官による反対意見の特色は，「国家と宗教とが結びつくときは，国家が宗教の介入を受け又は宗教に介入する事態を生じ，ひいては，それと相容れない宗教が抑圧され信教の自由が侵害されるに至るおそれが極めて強い」と述べて，その論拠をもっぱら歴史的経験に求めたことである。法廷意

---

109)　ここに「逆接続」とは，本来は電気用語であろうが，逆接続であるにもかかわらず，否それゆえにこそ"電流"がスムーズに流れる，といったパラドクシカルな接合関係を説明するために，樋口陽一が好んで用いるものである。参照，樋口陽一『近代国民国家の憲法構造』（東京大学出版会，1994年）。

見が，舶来の目的効果基準を導入して，自国の歴史的文脈を棚上げにしようとすることへのプロテストでもあろう。

　歴史的文脈には，「わが国における明治維新以降の歴史」と，それに対する処方箋としての「神道指令」の二つがある。前者の明治以来の制度史は，明治元年から始まる。新政府が「祭政一致を布告し，神祇官を再興し，全国の神社・神職を新政府の直接支配下に組み入れる神道国教化の構想」を明示して，「神仏分離を命じ，神道を純化・独立させ，仏教に打撃を与え」る一方，「キリスト教に対しては，幕府の方針をほとんどそのまま受け継ぎ，これを禁圧した」という原点から，叙述を開始する。要するに，神社神道は「事実上国教的地位を保持した」のであって，各宗教は国家神道を中心とする国体観念と矛盾しない限度でその地位を認められたに過ぎず，神社参拝等が事実上強制されて，旧憲法で保障された信教の自由は著しく侵害されたのだという。のみならず，国家神道は，「いわゆる軍国主義の精神的基盤」ともなっていたとされる。

　これに対して，後者の神道指令（「国家神道，神社神道ニ対スル政府ノ保証，支援，保全，監督並ニ弘布ノ廃止ニ関スル件」）については，「国家と神社神道との完全な分離」，「神社神道は一宗教として他の一切の宗教と同じ法的基礎のうえに立つこと」，「そのために，神道を含むあらゆる宗教を国家から分離すること」，「国家，官公吏の特別な保護監督の停止」，「神道及び神社に対する公けの財政援助の停止」，「国家神道の物的象徴となるものの公的施設における設置の禁止及び撤去」などが指摘される。

　かくて，明治以来の「国家と神道との結びつきにより種々の弊害が生じたにがい経験」に，「神道指令の思想をも取り入れ」，憲法は「20条1項前段において信教の自由を無条件で保障するとともに，その保障を完全にするために」政教分離規定を設けるに至った，というのが反対意見の歴史理解である。ここから一気に，憲法の政教分離規定は「国家と宗教との徹底的な分離」「国家の非宗教性」を意味する，という結論が導かれる。政教分離原則を完全に貫こうとした結果生ずる不都合については，平等の原則等憲法上の要請に基づいて，別途それを許容する理屈を立てればよいので，「なんら不合理な事態は生じない」のだという。

　こうした反対意見の行論は，肝心の論証において充分とはいえず，率直にい

って，一本調子であまり面白くない。それ以上に問題なのは，この平板さが（田中耕太郎のいう）冷淡主義に起因している，ということである。ここに，藤林と他の４人が袂を分った，根源的な理由がある。他方で，藤林のアメリカ憲法判例への共感は，田中のいう「好意的な分離主義」であることに起因していたが，法廷意見のそれは，宗教に対する indifference に由来する形式的な引用であって，やはり宗教尊重の魂がこもっていない。その点で，法廷意見と反対意見は，むしろ冷淡主義という共通の地盤に立っている。

　元来，この「冷淡主義（無関心主義）」とは，共和派が政権を掌握した第三共和制フランスにおいて，政教分離法によって公共（res publica）から切り捨てられたカトリックの視線から，田中耕太郎が脱宗教的（laïque）な「共和国（République）」を批判したものであった。つまり，そうした〈政治社会のつくりかた〉そのものが本来の主題であり，圧倒的に強いカトリック教会から，自律化する形で立ち上がった「強い国家（État）」のあり方と，元来国家と癒着していた教会財産の切り分けから発生する後始末問題を念頭においていたものであった。それとは対照的に，もともと「強い国家」化していない「弱い国家（government）」の現状と，どれも強くない教会（教団）の「多元的に発達し併存している」宗教風土とを維持するために，特定の教会（教団）を国教化することを禁止しているのが，アメリカの政教分離である。[111]

　日本の政教分離とは，"フランス型に近い国家" と "アメリカ型に近い宗教風土" を前提にしつつ，国教会に見立てられた「国家神道」を，「強い国家」化していた日本国から切り捨てようというものであって，フランスともアメリカとも違っている。したがって，「国家―教会（教団）」関係を再編して（従来の国家とは異なる）新しい政治社会を立ち上げた局面では，フランス型に近似させて説明できる側面がある反面，八百万の神々がいる多元的な宗教風土については，アメリカ型に近似させて説明できる側面がある。しかし，いずれかで統

---

[110]　フランス共和国のライシテについては，参照，工藤庸子「1905年　政教分離法」同『近代ヨーロッパ宗教文化論――姦通小説・ナポレオン法典・政教分離』（東京大学出版会，2013年）409頁以下，伊達聖伸『ライシテ，道徳，宗教学――もうひとつの19世紀フランス宗教史』（勁草書房，2010年）。

[111]　参照，石川健治「自分のことは自分で決める――国家・社会・個人」樋口陽一編『ホーンブック憲法〔改訂版〕』（北樹出版，2000年）124頁以下。

一的に説明することは，そもそも不可能である。

　前述の越山解説の決定的な限界は，日本の政教分離問題をアメリカ型で一本化している点であって，その限界が露呈したのが「国家神道」の切り捨ての後始末問題を扱った，いわゆる空知太神社事件にほかならない（最大判平成22・1・20民集64巻1号1頁）。そこでは，津地鎮祭事件以来の判例法理が，全く使い物にならなかった。[112]「国家—教会（教団）」関係の構築（ドイツでいう「国家教会法」の領域）は，制度的契機を欠く矢内原＝藤林型の「国家と宗教の分離」論では，主題化され得ないからである。「藤林益三という規定要因」に由来する，判例理論の原理的な弱点が露わになった形である。

　その反面で，信教自由の原則は「国家の宗教に対する冷淡の標識ではなく，却って宗教尊重の結果」であり，「国家自身が宗教に対して無関心無感覚であってはならない」という，という矢内原＝藤林の問題意識は，戦後西ドイツの「基本価値（Grundwerte）」論争と，直につながっている。この論争をかつて主題化しようとしたのが，本件判決と同時期に研究生活を開始した憲法学者・日比野勤であったのは，偶然ではないであろう。

　すなわち，「倫理的問題におけるディセンサスを許容する」多元主義の体制は，「最小限度の倫理的コンセンサスを欠く時には，無政府状態に変質する」。そうならないためには「一定の共通なエートス」が必要であるが，[113] 近代国家が宗教的・世界観的中立性の名のもとに，そうした市民社会を支えるのに最低限度の倫理の所在にすら「無関心」「無感覚」「冷淡」な態度を採れば，そうしたリベラルな「中立国家」は，かえって自らの足元を掘り崩してしまう。それどころか，全人格を捕捉する全体的なエートスを要求する，「全体国家」再来への待望を招くことになりかねない——という論点の所在である。[114] 憲法上の要請としての中立性原則に対する，根源的な問題提起になっている。

　この点，矢内原は，第Ⅱ章において，「明治維新以来，日本が近代国家とし

---

112) 林知更「『国家教会法』と『宗教憲法』の間」同『現代憲法学の位相』（岩波書店，2016年）395頁以下。
113) 参照，日比野勤「基本価値論争をめぐって——現代西ドイツ国法学界管見」芦部信喜先生還暦記念『憲法訴訟と人権の理論』（有斐閣，1985年）843頁以下。
114) 参照，日比野勤「国家の『中立化』と自由な国家」法学協会編『法学協会百周年記念論文集 第1巻』（有斐閣，1983年）137頁以下。

精神的観念的基礎のない国家・公共は可能か？

て民主主義化の道を進みながら、容易に軍国主義の虜になって今次の大戦を敢えてした、その根本的原因は、西洋の制度や技術を熱心に輸入しながら、基督教の弘布に対して冷淡であったという、跛行的態度に求むべきであると思う」と述べており、キリスト教信仰が——キリスト教民主同盟・社会同盟系のドイツ人なら、「制度としての教会が」というところだが——有する、民主主義・平和主義にとっての文化的最低限度性を力説していたことが想起されるべきである。そこにこそ、藤林が封印した、矢内原第Ⅳ章の主題——宗教による民主主義化——がある。

曰く、GHQの神道指令により、国家神道が否定され、「すべての宗教宗派が全く同一の立場において」信教の自由を認められただけでは、「今後日本国民が民主主義精神を有つ国民として教育せられて往くことの保障とはならない」。また、戦後日本は、最も民主主義的な制度を与えられ、「民主主義国家としての理想の実験台」となったが、「それが皮相浅薄の変貌でなく徹底したる精神的革命であるためには」、「宗教および教育による人間改造」が必要である。

では、「民主主義的精神を有つ」「人間」に改造するのに有用な宗教は、どのようなものか？ 「民主主義的精神」は、「個人の人格観念の確立によってのみ基礎づけられ」るから、いずれにせよ「個人の人格観念の確立に寄与する宗教」こそ、「日本民主主義化に最も深く貢献する宗教」である。それでは、「個人の人格観念の確立に寄与する宗教」は、どれか？ それがキリスト教であることは、「歴史的にも教義的にも」証明される。マッカーサー元帥が、日本民主化の指導精神として、キリスト教の重要性を強調していたことは、矢内原にとっての追い風になっていた。

しからば、「日本が国教として基督教を採用」した方がよい、ということ

---

115) 民主主義国家として再建された日本が、「人類の進歩と世界の平和に寄与する国民として国際社会に容認せられるためには、宗教界の status quo 維持ではなく、むしろその改革に主力を注がねばならない」。矢内原は、これに続けて曰く、「国民自身の力をもっては容易に除去し得ざる障害に打当った時、神は連合軍によって日本国民の誤謬を清算し、傲慢を砕き、障害を除去して、日本民主主義化の為に平坦なる道を開いた」とまで述べて、矢内原は、ポツダム宣言によって画された「第二の維新」を、イスラエルの宗教を飛躍させた「バビロン捕囚」に譬えて、日本のみならず人類にとっての「善きこと」だと述べている。「惨憺たる敗戦」を「感謝すべき祝福」と化し、「武力と財力と」ではなく「思想と宗教と」をもって人類の希望をつなぐ日本国民に対しては、かつて「日本の軍国主義を詛った世界は平和主義の日本を祝福するに至るであろう」というのである。

か？　この最後の選択肢は，「国家と宗教」の関係を考える第Ⅰ章の冒頭において，もちろん予め否定されている。そこは，分離原則を採らないドイツよりも徹底した形で，そうなのである。そこで，国家的公共それ自体は"無色透明"のまま維持されるとして，期待の重心は，宗教（ないし宗教団体）の旺盛な活動による，非国家的・市民的な公共圏の活性化に，おのずから移されることになろう。[116)]この構図は，戦前日本における，皇室祭祀と神道式の儀礼によって演出された，独特の色のついた国家的公共圏が，まさしくこの市民的公共圏を萎縮させ極小化させていたのと，好対照をなしている。

矢内原第Ⅲ章が，まずもって宗教界自体の民主化を訴え，とりわけキリスト者のなかの戦争協力者のパージと日本基督教団の解散を求める内部告発をしていたのは，この市民的公共圏の活性化という文脈において理解されるべきであろう。また，最高裁在任中も，塚本の遺志をついだ東京聖書読者会への主体的な参加を継続した藤林は，この問題に自覚的だったわけで，そこに彼のキリスト教的リベラリズムがよく現れている。もっとも，彼の追加反対意見中では，矢内原とは異なり，念頭におく具体的な宗教の名に一言もメンションしなかった。これは，世界観的な中立性を前提にした国家の判決のあり方として，きわめて重要なことである。[117)]その結果，藤林追加反対意見は，同じく冷淡主義を批判する，次のような主張の受け皿にもなり得ている。

　「東日本大震災後の支援活動や脱原発の動きの中で，公共空間における仏教の役割があらためて注目されるようになった。そこでは宗教・宗派の別を超えて，被災者に『寄り添う』活動が重んじられている。仏教の社会性の自覚はそれ以前から目立つようになっており，一時的な現象ではなく，公共空間における宗教の役割が注目される世界的な動向とも照応している。仏教社会倫理が新たな様態をもって再浮上している。」

---

116)　*See*, J. Butler/J. Habermas/Ch. Taylor/C. West, *The power of religion in the public sphere*, 2011.

117)　*See*, West Virginia State Board of Education v. Barnette, 319 U.S. 624, 654（1943）（Frankfurter, J., dissenting）.

「元来,仏教には社会倫理的な関心が深く内蔵されており,たとえば『正法』という理念を通して,歴史上もそうした側面が多様に顕現してきたのだった。社会倫理的な側面の閉塞はいつまでも続くものと悲観する必要もないだろう。私自身は近代主義的な意識構造や国民国家の意識統合の優位の中で現れにくかった仏教の社会倫理的側面が,新たな社会環境の下で本来の姿を顕現しやすくなったのではないかと考えている。また,共有する精神文化の稀薄化が深まる中で,仏教的な精神性への期待が高まっているのではないかとも考えている。」[118]

そこにいう「公共空間」とは,市民的な公共圏にほかならない。しかし,先に述べたように,その存立条件の一角を占めるのが,神道指令と憲法の政教分離条項であり,それにより世俗化され無色透明に保たれてきた国家的公共圏のありようだと考えるなら,国家的公共圏の徹底的な世俗化と,市民的公共圏における(神道系のそれを含む)宗教団体の活躍の,両立可能性が,ここでの問題の核心である。宗教の私事化(公共からの撤退)を疑問視させたドイツの基本価値論争も,徹底した政教分離条項のある日本ではそのままでは通用せず,むしろ,政教分離が市民的公共圏からの宗教の撤退を意味しないこと,の確認を求めているものと受け止められるべきであろう。それは,どのようにして,可能になるのか。

ここで,国家は政治のアリーナであり,教会は宗教のアリーナであることを考慮に入れて,国家/政治,教会/宗教のマトリックスをつくってみよう。すると,憲法上の「国家と教会の分離」から出てくる派生問題としては,まず「国家と宗教の分離」と「政治と教会の分離」とがあり,さらに「政治と宗教の分離」が考えられる。そして元来,一般的な意味での政教分離すなわち「国家と教会の分離」について憲法が完全分離を定めていたからといって,その派生問題についてまで完全な分離が要求されるわけではない。したがって,「国家と宗教」や「政治と教会」のかかわり合いが,当然に禁止されるということにはならない。ましてや,俗流化した意味ではむしろ「政教分離」と混同され

---

118) 島薗進『日本仏教の社会倫理――「正法」理念から考える』(岩波書店,2013年) 258頁以下,278頁以下。

ることの多い「政治と宗教の分離」は，最も遠い派生問題であるから，完全分離が要求されるとは考えにくい。

　これらのうち，「国家と宗教の分離」についても，神道指令を踏まえて，日本国憲法はあえて完全分離を要求していると読む——したがって比較憲法的にも異例に厳しい規定だということになる——のが，名古屋高裁判決の読み方であった。他方で，件の市民的公共圏への宗教団体の関与にかかわるのは，「政治と教会（宗教団体）の分離」である。この点，市民的公共圏全般のメンテナンスを，もっぱら「表現の自由」の保障のみによって行おうとしたのが，「自由の指令」とそれに引き続く憲法 21 条の立場であるとすれば，公共圏への宗教（宗教団体）の関与を，憲法は手放しに歓迎しているわけではなさそうである。しかし，その一方で，厳格分離を求める論拠も見つからない。肝心なのは，世界観的中立性が厳格に求められる国家的公共圏と，それをとりまく市民的公共圏の群れとの境界線を，どのようにして引くことができるか，である。

　詳しくは別の機会に譲ることとするが，この問題を考えるに際して常に参考にされてきたのは，哲学者・カントが『啓蒙とは何か』で強調した「理性の公共的使用」の観念である。これを下敷きにして考えれば，ここで問題となる公共圏の境界線は，主張の理由付けを宗教的に行える圏域か，（動機が宗教的であるにせよ）宗教的に中立な理由付けのみが許される圏域かの区別だといってよい。国家的公共圏への宗教的理由付けの持ち込みは禁じられているが，その一線さえ護られていれば，市民的公共圏が宗教を原動力のひとつにしていることは，当然に許容されているというべきだろう。いずれにせよ，何らかの精神的観念的基礎に基づく倫理的な原動力なしには，公共圏は痩せ細るばかりであり，宗教的なそれをも政教分離原則が禁じているとは考えられない。

　ここで，そもそも IPR は，クェーカーらが平和の海を越えて結んだ，市民的公共圏の国際ネットワークであったことを想起すべきである。藤林益三が自

---

119) そこにいう政治の観念については，*cf.* J. Habermas, "The political": the rational meaning of a questionable inheritance of political theology, in: J. Butler（et al.），supra note 117, p. 15ff.
120) Vgl. S. Huster, Die ethische Neutralität des Staates: Eine liberale Interpretation der Verfassung, 2002, S. 633ff.
121) 参照，島薗進＝磯前順一編『見直される宗教の役割』（東京大学出版会，2014 年），磯前順一＝川村覚文編『他者論的転回』（ナカニシヤ出版，2016 年）．

らの追加反対意見を通じて残した,「政教分離と冷淡主義の分離」という矢内原忠雄の主題は,つまるところ,従来の政教分離解釈論が届いていなかった,そうした問題の所在につながっているように思われる。

憲法上の財産権保障とデモクラシー
——森林法判決

山 本 龍 彦

はじめに

　森林法判決は，「近代」あるいは「近代市民社会」という，最も取扱いに注意を要する言葉を，最高裁判所という，言葉選びに最も慎重であろう機関が，そのテクスト上に大胆にも刻み込んだ点において，やはり注目に値する「判例」の1つといえる。これは，他の章が取り上げる判例の多くが，テクストに「近代」を読み込まれるのとは一線を画する。結果的にこの言葉をどう解釈するにせよ，森林法判決において，「近代」は，テクストそれ自体なのである。そうであるならば，本書においてその意味を考察しないわけにはいかない。

　周知のように，森林法判決は，そもそも解釈の必要なテクストである。安念潤司による卓越した評釈が鮮明に描き出したように，本判決には，解釈抜きではどうしても理解できないポイントがある。本判決は，当時の森林法186条が，「共有」という所有形式において民法が認める分割請求権を制限していること

---

1) 最大判昭和62・4・22民集41巻3号408頁。
2) 安念潤司は，森林法判決が，「官僚的な文章構成に秀でた最高裁としては異例の書生っぽい表現」をもって「近代市民社会」を語ったと指摘する。安念潤司「憲法が財産権を保護することの意味——森林法違憲判決の再検討」長谷部恭男編著『リーディングズ　現代の憲法』（日本評論社，1995年）151頁。
3) 森林法判決の「近代」という言葉に特段の意味はないと「解釈」する論攷として，山野目章夫「財産権の規矩としての民事基本法制」企業と法創造9巻3号（2013年）158頁。他方，この言葉に重要な意味を見出す論攷として，中島徹「財産権保障における『近代』と『前近代』——震災とTPPを契機とする再考（1）～（8）」法律時報84巻1～6号，8号，9号（2012年）参照。
4) 安念・前掲注2) 137頁以下参照。

を，憲法上の財産権制限に当たる，と述べたからである。

不可思議である。一般に，憲法上の権利は，憲法条文のみによって解釈・構成され，そうであるがゆえに，下位の法形式たる法律を上から統制する。しかし，前記論理構造は，民法が認める法律上の権利が，憲法的オーラを纏った憲法上の財産権として位置付けられているようにみえるのである。〈法律〉によって憲法上の権利の内容が画されるという"逆立ち"した議論を安易に一般化することができない以上――それは究極的には立憲主義の否定を意味する――，民法上の分割請求権を，何か特別なものとみなす"ロジック"が求められる。

結論を先取りすれば，このロジックの必要に気付いた最高裁が依拠したのが，「近代」あるいは「近代市民社会」の規範的価値であった。後述するように，このロジックを事実から解明しようとする接近法，例えば，法律家集団内部に，分割請求権の目的たる「単独所有」が所有権制度の標準形態であるとの共通了解が存在しており，これが憲法上の「ベースライン」を構成しているとする説明や，日本国憲法制定者（制憲者）が，明治民法上の法制度であった単独所有（一物一権主義）を，日本国憲法上のそれとして摂取・追認したとする説明には，いずれも議論の余地が存しているように思われるからである。

本稿は，まずⅠにおいて，こうした事実的接近法の問題点を描出し，森林法判決があくまでも「近代市民社会」の規範的価値から憲法上の財産権を導出した可能性を示す。その後，Ⅱにおいて，このような最高裁の「『近代』主義」を批判的に検討する。ここでまた結論を先取りするならば，最高裁の近代主義は，「財産権の内容」の democratic な形成を重視する「現代」的な財産権保障のあり方と，根本的に矛盾している。最後に，このような考察を踏まえて，〈前近代－近代－現代〉というスペクトラムの中に，森林法事件および奈良県ため池条例事件を再定位するという作業を行うこととする。

---

5) 調査官解説は，本判決のように，「民法の通常の共有を基準として分割請求権を排除していることを〔憲法上の財産権〕制約と見ることについての異論」「もありうる」と述べるが，それは，民法上の権利の制限を単純に憲法上の財産権制限とみなすことができないという事実に本判決が自覚的であったことを示唆している。柴田保幸「判解」最判解民事篇昭和62年度215頁。
6) 長谷部恭男『憲法の理性』（東京大学出版会，2006年）134～135頁参照。
7) 石川健治「財産権①」小山剛＝駒村圭吾編『論点探究　憲法〔第2版〕』（弘文堂，2013年）224頁以下参照。
8) 中島・前掲注3)(3) 88頁。

I　森林法判決を,読む

1　財産権の基本問題

　民法の体系書ないし教科書の多くは,「憲法上の財産権」を比較的 easy に理解しているけれども[10],少なくとも現在の憲法学においては,相当に厄介な問題を含むものと認識されている。周知のとおり,ワイマール憲法（1919年）の社会福祉国家思想を受け継いだ「現代」型憲法の1つである日本国憲法は,その29条1項で「財産権は,これを侵してはならない」と謳いながらも,同条2項で,「財産権の内容は,公共の福祉に適合するやうに,法律でこれを定める」（傍点筆者）と規定している。すなわち我々の憲法は,「財産権」の神聖不可侵性・自然性ないし前国家性を否定し,これが人為的に,あるいは政治的・民主的に──法律によって──決定されるという思考形式を受容したのである。そうすると問題となるのは,「法律」から自立的に,または「法律」以前に,「憲法上の財産権」は存在するのか,存在するとして,それは一体何か,である（以下,これを便宜上「財産権の基本問題」と呼ぶ）。2項が挿入された意味を重く受け止め,憲法のいう財産権は徹頭徹尾「法律」によって形成されるものだとすれば,法律から自立した「憲法上の財産権」なるものは観念しえず,それゆえ,法律によって憲法上の財産権が「制限」ないし「侵害」されるという事態もまた観念しえない。当該法律は,徹頭徹尾,財産権の内容を形成する権利構成的立法であり,権利侵害的立法とはいえないからである。この場合,法律は,財産権の内容を形作る内容形成立法として「公共の福祉」に適合的であるかが客観的に審査されるにとどまり,法律以前に存在する個人の「憲法上の財産権」を制限する権利侵害的立法として,その違憲性が厳格に審査されることは,基本的にはない。

---

9)　最大判昭和38・6・26刑集17巻5号521頁。
10)　民法学の立場からこのことを批判的に指摘するものに,水津太郎「憲法上の財産権保障と民法」法律時報87巻1号（2015年）97頁。

おそらく，この財産権の基本問題は，憲法学において現在もなお完全には解決されていない puzzle である[11]。したがって，法律が原則として制限できない「憲法上の財産権」の存在や形については，その言明を避けること，少なくともお茶を濁すことが，賢明な憲法研究者の作法となっている。もちろん，戦後憲法学が，29条2項に軸足を置くことによって強調される広範な立法裁量——財産権の政治化——を，無警戒に是認してきたわけではない。周知のとおり通説は，29条1項は「私有財産制」という制度の保障（制度的保障）と，「個人の現に有する具体的な財産上の権利」の保障（現存保障）を含むと解し[12]，このような憲法上の保障が，2項によって与えられる立法者の内容形成権限を厳格に，あるいは垂直的に統制すると考えてきた。しかし，これをもって，上述の基本問題に対する十分な解答ということはできない。こうした通説的理解を前提にすると，「財産権」の「制限」ないし「侵害」を理由に法廷へと持ち込まれた多くの事案を，そのような事案として説明できないからである[13]。

　本稿で取り上げる森林法事件もその1つである。本件は，父より生前贈与（1947〔昭和22〕年）された森林を兄と「共有」していた弟が，兄との信頼関係の悪化——「回復しがたいまでに破壊」された信頼関係[14]——から，当該共有森林の分割を希望したところ，共有森林の分割請求を制限する森林法186条（当時）がその障壁となったため，当該規定を「財産権」の「制限」に当たり無効であると主張したものである。しかし，既に1907（明治40）年の森林法全面改正時に導入されていた旧知の同規定を，弟の「現に有する具体的な財産上の権利」を新たに「制限」ないし「侵害」するものとみることはできない。弟は，昭和22年の生前贈与により，森林法という法律が既に分割請求権を制限していた森林を取得したのであり，事件当時の彼が「現に有する具体的な財産上の権利」とは，そのような制限付きの，もともといわくつきの「森林」であった。

---

11) 宍戸常寿『憲法　解釈論の応用と展開〔第2版〕』（日本評論社，2014年）156頁は，「現在，憲法29条の再構成が試みられていますが，教科書レベルはもちろん，学界でもまだ共通の了解には至っていません」と述べる。
12) 芦部信喜（高橋和之補訂）『憲法〔第6版〕』（岩波書店，2015年）233～234頁。佐藤功『憲法（上）〔新版〕』（有斐閣，1983年）478頁，佐藤幸治『日本国憲法論』（成文堂，2011年）310～311頁も参照。
13) 例えば，証券取引法事件（最大判平成14・2・13民集56巻2号331頁）参照。
14) 民集41巻3号448頁参照。

つまり，ここでは森林法186条による「現存保障」の侵害を観念できず（森林法186条が，弟が「現に有する」財産の価値に新たに変更を加えたわけではない。もちろん，同条が本件の生前贈与後に制定・導入されていたならば話は別であったが），憲法上の財産権保障を現存保障に限定する上述の通説を前提とする限り，本件を，財産権制限事案と把握することはできない。

かくして最高裁は，森林法事件において，学界の通説を媒介することなく，財産権の基本問題と直接向き合う機会を得ることになった。森林法判決の調査官解説が，「本件における憲法問題」として，何よりも先に，「森林を共有する者からその分割請求権を奪っていることが憲法上の財産権の制限といえるか」（傍点筆者）という論点を挙げたのは[15]，本件に対する，まことに適切なアプローチであった。

2 テクスト

(1) 前 提

では，森林法判決は，財産権の基本問題にどのように答えたのか。

まず本判決は，憲法29条の意味について，以下のように解釈した。

「憲法29条は，1項において『財産権は，これを侵してはならない。』と規定し，2項において『財産権の内容は，公共の福祉に適合するやうに，法律でこれを定める。』と規定し，〔①〕私有財産制度を保障しているのみでなく，〔②〕社会的経済的活動の基礎をなす国民の個々の財産権につきこれを基本的人権として保障するとともに，社会全体の利益を考慮して財産権に対し制約を加える必要性が増大するに至つたため，立法府は公共の福祉に適合する限り財産権について規制を加えることができる，としているのである。」（傍点筆者）

ここで，本判決が，29条が①制度的保障に加えて②「財産権」をも保障す

---

15) 柴田・前掲注5) 211頁。

るという二元的保障構造を採用しているとみる点で通説と方向性を同じくしながらも，後者（②）について通説と異なる表現を採ったことが注目される。通説が，「個人の現に有する具体的な財産上の権利」と記述していたところ，本判決は，これを「社会的経済的活動の基礎をなす国民の個々の財産権」という言葉に置き換えているのである。本判決調査官解説が，「〔憲法 29 条 1〕項は，私有財産制度を制度的に保障するとともに，個人の現に有する具体的財産権を主観的権利として保障している」と説明する学説を，「通説」として引用していることを踏まえると，最高裁は，通説の採る上記表現を知りながら，敢えてそこから逸脱した可能性がある[16]。この見立てを仮に正しいものとすれば[17]，その理由は，通説の「現存保障」論は，憲法上の財産権保障の捉え方として狭すぎる，という点に求められよう。すなわち，本判決は，現存保障とは直接関連しない本件を，なお財産権制限事案として「性質決定」[18]するために，憲法上の財産権に関する通説的理解を拡張しようと試みたものと解されるのである[19]。

(2) 問題箇所

しかし，「はじめに」でも触れたように，こうして拡張された財産権の具体的検討の場面で，本判決は，解釈要求的なテクストを提示している。やや長文であるが，以下引用する。

① 「共有とは，複数の者が目的物を共同して所有することをいい，共有者は各自，それ自体所有権の性質をもつ持分権を有しているにとどまり，共有関係にあるというだけでは，それ以上に相互に特定の目的の下に結合されているとはいえないものである。そして，共有の場合にあつては，持分権が共有の性質上互いに制約し合う関係に立つため，単独所有の場合に比し，物の利

---

16) 柴田・前掲注5) 220～221 頁。ここで引用される文献とは，佐藤功・前掲注12) 478 頁，佐藤幸治『現代法律学講座 5 憲法』（青林書院新社，1981 年）383 頁，阿部照哉編『憲法』（同文館出版，1980 年）134 頁，中村睦男「経済的自由権と社会権」山内敏弘ほか『現代憲法講座 下』（日本評論社，1985 年）99 頁である。
17) 無論，調査官解説と実際の最高裁判決との関係性については慎重な検討が必要である。
18) 判例が通説と同じ立場に立つとする見解として，例えば，安念・前掲注2) 140 頁，駒村圭吾『憲法訴訟の現代的転回』（日本評論社，2013 年）205 頁参照。
19) 柴田・前掲注5) 211 頁。

用又は改善等において十分配慮されない状態におかれることがあり，また，共有者間に共有物の管理，変更等をめぐつて，意見の対立，紛争が生じやすく，いつたんかかる意見の対立，紛争が生じたときは，共有物の管理，変更等に障害を来し，物の経済的価値が十分に実現されなくなるという事態となる」。

②そこで，民法256条は，「かかる弊害を除去し，共有者に目的物を自由に支配させ，その経済的効用を十分に発揮させるため，各共有者はいつでも共有物の分割を請求することができるものとし，しかも共有者の締結する共有物の不分割契約について期間の制限を設け，不分割契約は右制限を超えては効力を有しないとして，共有者に共有物の分割請求権を保障しているのである。」

③「このように，共有物分割請求権は，各共有者に近代市民社会における原則的所有形態である単独所有への移行を可能ならしめ，右のような公益的目的をも果たすものとして発展した権利であり，共有の本質的属性として，持分権の処分の自由とともに，民法において認められるに至つたものである。」

④「したがつて，当該共有物がその性質上分割することのできないものでない限り，分割請求権を共有者に否定することは，憲法上，財産権の制限に該当」する。

一見して明らかなように，本判決は，憲法上の財産権を，「社会的経済的活動の基礎をなす国民の個々の財産権」と定義しておきながら（前記(1)参照），上記テクストにおいて，本件で問題となる「分割請求権」が，「社会的経済的活動の基礎をなす」財産権といえるかどうかを直接判断していない。上記テクストは，憲法上の財産権制限の有無を検討するに当たって，民法の共有ないし分割請求権に関する解釈論——民法解釈論——を展開しているのである。[20] しかし，形式上「民法において認められるに至つた」権利（上記③）が，すべて，自動的に「憲法上の財産権」を構成するとは考えられず（民法の単純な憲法化），上記③と④の間に，何らかのロジックが隠れていると解さざるをえない。

---

[20] 問題の所在について，詳しくは山本龍彦「イントロダクション」法律時報87巻1号（2015年）93頁。

先述のように，安念潤司の記念碑的論文[21]以降，少なくない研究者が，このロジックの解明に当たってきた。以下では，近年有力化しつつある，社会的事実からこの解明に当たる接近法を概観し，その問題点を考察してみたい。

3　事実的接近法

(1)　ベースライン論

　森林法判決の上記テクストは，少なくとも表面上は，憲法29条の目的や価値と関連した規範的・実体的議論を展開するものではない。学界においても，こうしたテクストの特徴を踏まえて，森林法判決のロジックを"規範的に"ではなく，"事実的に"，あるいは"実証主義的に"説明するものが多い。例えば，長谷部恭男は，ある制度の標準形態について法律家集団内部に広く共有された理解が形成されている場合には，こうした共通了解が憲法の想定するベースラインを構成するとの考えに基づき（ベースライン論），本件では，〈単独所有が所有権制度の標準形態である〉との共通了解が法律家集団内で形成されており，これが憲法の想定するベースラインとされたことから，当該ベースライン（単独所有）への移行を可能にする民法上の分割請求権に憲法上特別な重みが付与されたと説明する（逆に，森林法の分割請求権制限規定は，当該ベースラインから離脱するものとして，憲法上消極的に評価される）[22]。「ベースライン」という言葉と，森林法判決が憲法上の財産権を定義した際に用いた「社会的経済的活動の基礎」という言葉の親和性からも，この議論——所有権制度に関する法律家集団の共通了解＝ベースラインは，「社会的経済的活動の基礎」をなす憲法上の財産権とみなしうる——が，上記ロジックの説明として卓越したものであることがわかる。

　しかし，議論の余地がないわけではない。例えば，「『当該社会の制度イメージ』や『法律家集団の共通了解』は，議論の落とし所にはなっても，なぜ憲法がそれを尊重しなければならないかの説明としては足りないものを感じる」[23]とか，「なぜ『ベースラインが引ける』という事実から，立法権限を制約するよ

---

21)　安念・前掲注2) 137頁以下参照。
22)　長谷部・前掲注6) 135頁参照。

憲法上の財産権保障とデモクラシー

うな規範的な力が生み出されるのだろうか」といった素朴な——実証主義そのものへの——疑問が，まずは考えられるであろう。ただ，ここでは，こうした理論レベルの問題は措いておいて，事実レベルの問題，すなわち，本件当時（第1審は1978〔昭和53〕年），所有権制度の標準形態について，法律家集団内部で広く共有された理解が存在していたのか，という問題を扱いたい。「単独所有」が所有権制度の標準形態であるとの共通了解が，当時の日本でどこまで「広く」共有されていたのか，という問題である。

この点で，「すくなくとも動産については，……単独所有優位の思想が今日的説得力を保っているとみることは，可能である」が，不動産については，「一つの土地を複数の人が共に使用することが，むしろ望まれる場面がありうるし，そのような使用を可能とするために地役権をはじめとする用益物権や，まさに共同所有が法技術として役立てられる契機は，むしろ積極的に評価されなければならない」と書く比較的最近の民法の体系書がまず注目される。同じ体系書は，続けて，「既に民法のなかに」，「共有物分割請求を制限する規定がいくつか見出され〔る〕」（民法256条1項但書，257条，676条2項）とも書いている。

また，1998（平成10）年にジュリスト誌上に掲載された「不動産所有権の現代的諸問題」と題する座談会で，原田純孝は，主にフランスとの対比において，日本では「個人主義的な所有権を個人の自由の基礎，個人の自由と不可分のものとして捉える哲学的な部分が……欠けて」おり，「所有権の主体や実質的な内容について，個人と集団，つまりアンディヴィデュエルとコレクティブを対抗的な形で捉えるような制度や法思想が容易には出てこない」と指摘している。

---

23) 山野目章夫＝小山剛「民法学からの問題提起と憲法学からの応答」法律時報81巻5号（2009年）12頁〔小山〕。
24) 青井未帆「ベースライン論」法律時報83巻5号（2011年）48頁。
25) 静岡地判昭和53・10・31民集41巻3号444頁参照。
26) 山野目章夫『物権法〔第5版〕』（日本評論社，2012年）165頁。なお，ここでは土地基本法2条（「土地については，公共の福祉を優先させるものとする」）が引用されている。同法の制定は1989（平成元）年であり，実際には森林法判決（1987〔昭和62〕年）がこれに先行している。しかし，時間的には接着しており，判決当時，土地基本法に込められたものと同様の思想がなかったとはいえないであろう。
27) 大村敦志ほか「〔座談会〕不動産所有権の現代的諸問題」ジュリスト1134号（1998年）63頁〔原田純孝発言〕。

また,「フランス革命後のフランスの社会像とは異なって, 日本の場合には中間団体の否定という思想はなく, むしろ中間団体を利用しながら明治国家が統治する。こういう状況下での所有権だった」とも指摘する。

　要するに, 原田によれば, フランスには単独所有を個人の自由の基礎とする「哲学」があり, それゆえに, コレクティヴな「入会財産的なものをも分割・解体して個人主義的な土地所有にするという, 強い指向が現れ」るが,「日本の場合にはそういう指向は現れない」というのである。むしろ日本においては,「民法の中にそれ〔入会財産的なもの〕が再包摂されたのちにも, それを個人主義的に把握しようとする法意識は強くなく, ……慣習による集団的共同所有として容認されていく」状況があるとされる。また補足的に, 民法典の比較を行い, フランス民法典には, もともと「『共有・不分割』……に関する規定〔が〕1 カ条しかない」のに対して,「日本民法では, 当初から 15 カ条がおかれ, 共有を敵視するような法意識も強くない」(傍点筆者) と指摘している (他方, 森林法判決の前記引用箇所 2(2)①は共有を敵視するような言葉で満ちている)。ここに紹介した原田の発言は, それが座談会上で行われたものであるために, 出典等が具体的に明示されたものではないが, それだけに, 21 世紀以前の日本社会における法律専門家の制度イメージ――〈単独所有=原則, 共同所有=例外〉の揺らぎ――を表しているようにも思われる。

　さらに, 20 世紀半ばにおいてではあるが, かつて川島武宜は, 日本においては「近代法の基礎」ないし近代的市民社会が確立していない旨を繰り返し指摘していた。川島のいう「近代法の基礎」とは, 要するに, 単独所有によって人が「自分自身の固有の支配領域をもつという意識」――川島はこれを「『自由』の意識」ともいいかえている――であるから,「近代法の基礎」の未確立は, すなわち上記「意識」の未発達ないし欠如を意味しうる。川島によれば, この意識の発育不全ゆえに, 日本社会においては,「前近代的な『協同体』的諸関係」ないしこの関係の具体的現象であるところの共同所有形態が, 十分に

---

28) 大村ほか・前掲注 27) 63 頁。
29) 同 63～64 頁〔原田発言〕。
30) 同 64 頁〔原田発言〕。
31) 川島武宜『所有権法の理論〔新版〕』(岩波書店, 1987 年) 61 頁参照。

解体されないというわけである。もちろん，川島の問題とする法意識は，直接には，法律専門家の意識ではなく，一般人のそれを指している可能性がある。しかし，ベースライン論によれば，「法律家集団の共通了解」は，当該社会で共有された制度イメージないし「社会通念」に対応したものであるとされるから，所有権制度に対する日本社会における一般的イメージと法律家集団の共通了解とが全く無関係であるとはいえないであろう。

なお，「近代市民社会における原則的所有形態」が「単独所有」であるという点に，日本の法律家集団の共通了解があると考えることは可能かもしれない。しかし，これをもって，直ちに日本社会における原則的所有形態が単独所有であるとの共通了解が形成されていると考えることはできない。いま述べたように，長谷部も，法律家集団の共通了解は，通常，「その制度に関する当該社会の社会通念に対応」（傍点筆者）すると指摘しているのであり，ベースライン論においては，近代市民社会における社会通念と，日本社会すなわち当該社会における社会通念とを区別することが必要となろう（前者を規準にすれば，それは事実的接近法ではなく，規範的接近法となる）。このことを踏まえて森林法判決のテクスト（2(2)①〜④）をみてみると，そこには，日本社会において単独所有が原則的所有形態として受容されていることを示す記述はなく，単独所有が，特定の具体的社会を指示しない「近代市民社会」なる抽象世界において原則的所有形態であることが示されているにすぎないのである。

以上のようにみると，少なくとも事件当時の日本社会において，所有権制度の標準形態について，例えば「婚姻」の標準形態に関するそれと同程度の共通了解が形成されていたかは，議論の余地がある。「当該社会」——現実の日本社会——では，近代市民社会にとってのノイズ——集団的共同所有形態——が無視できない程の音量で響き渡っていたとすれば，このノイズの存在しない世界を「事実」とする説明には，近代市民社会をあるべき社会とする，あるいは

---

32) 川島・前掲注31）35頁参照。
33) 長谷部・前掲注6）134頁参照。
34) 私は，仮にH・L・A・ハートの法体系論を前提にする場合でも，法律家集団の受容は，二次的ルールの正統性を調達するものでしかないと考えている。長谷部のベースライン論は，この受容を一次的ルールの正統性調達にも充てており，この点でハートの議論とは異なるように思われる。詳細な検討は他日を期すことにしたい。

単独所有をあるべき所有形態とする規範的判断が織り込まれている可能性がある。

(2) 民事基本法制準拠論

　民法研究者が森林法判決のロジックの解明に当たったものとして，山野目章夫による民事基本法制準拠論[35]がある。これは，森林法判決（1987〔昭和62〕年）を，漁業権の入会権的性格を否定した1989（平成元）年の漁業権判決[36]とともに，「近代主義」的判決とみる憲法研究者・中島徹の議論[37]に対する批判として書かれた。すなわち，中島の議論に対して，森林法判決は「近代とか前近代とか，ということを論じるのにふさわしい題材であるのか」を問い[38]，これに否定的な解答を与えたのが基本法制準拠論ということになる。山野目によれば，「森林法判決を近代という理念から読むことは，一方的である」[39]。

　では，山野目自身は，森林法判決のロジックをどのようなものとして捉えたのか。一言でいうならば，それは，共有物分割請求権は単に「民法において認められるに至つたもの」（森林法判決前記引用箇所2(2)③）ではなく，山野目のいう「民事基本法制」――民法が設ける基本的規律――であり，そうであるがゆえに，憲法上一定の尊重を受ける，というものである。なぜ民事基本法制が憲法上特別な重みをもつかについて，山野目は，「民事の基本法制は法制審議会における調査審議を経て内閣提出の法律案が準備される，という事情」[40]，あるいは，「法制審議会の刑事の部会では多数決に基づいて答申が決定される」のに対し，「法制審議会の民事の部会においては，きわめて特殊な例外を除き，全員一致で答申を出す，という，いわば一種の習律が確立している」こと，「審議会においては，金融，労働など，さまざまの立場の人たちがおり，もちろん民法や商法の研究者もいるが，それらの人たちが議論を始めるときには激しい対立が見られるものの，議論のなかで努力が重ねられ，最後には全員が一

---

35)　山野目・前掲注3) 158頁。
36)　最判平成元・7・13民集43巻7号866頁。
37)　中島・前掲注3) (3) 88頁，(8) 81頁。なお，中島自身は，「近代主義」ではなく「『近代』主義」という言葉を用いている。
38)　山野目・前掲注3) 160頁。
39)　同 161頁。
40)　同 165頁。

致することができるものを探してゆくし、全員一致ができない場合には、多数決をするのではなく答申そのものが見送られる」ことなどが重要であると述べている。つまり、民事基本法制は、「人々によって丁寧に議論され、考察され、解釈されて積み上げられてきた」ものであるから——山野目は長谷部同様、これを「法律家の共通諒解」とも述べている——憲法上尊重に値する、というのである（山野目は、「法律家の共通諒解」を、「論理でなく事実の積み重ね」と述べており、その限りで、実証主義に向けられるものと同様の批判を受けうる。しかし、ここではこのような理論的な問題を扱わない）。

　ここで問題にしたいのは、この議論の、森林法判決に対する現実的な適用可能性である。基本法制準拠論によれば、森林法事件において、民法の分割請求権が「民事基本法制」として理解されることになる。しかし、上述のように、「民事基本法制」たる地位を、法制審議会の手続に求めるとすれば、他の民法上の規定もまた、「民事基本法制」たる地位を得ることになる。既に触れたように、民法の中には分割請求権を制限する規定もあるが、これらの規定も、手続という点では、「民事基本法制」たりうるのである。そうすると、手続的出自という点では等価の諸規定のうち、なぜ分割請求権が本件においてレラバントな「民事基本法制」として選び出されたのかが問題になりうるのである。

　森林法判決の調査官解説が多く参照する我妻榮（有泉亨補訂）『新訂　物権法』は、例えば、「共同所有の制度は近代法にも存在する」が、「近代法は、この共同所有の性質をできるだけ個人的所有権の性質に近いものとして構成しようとする点にその特色を有する」（傍点筆者）とし、そこから、「共有は、各共有者がいつでも分割を請求して共有関係を終了させることを本質とするものである」との帰結を導いている。つまり、ここでは、近代法を規範的準拠点とすることによって、分割請求権の「本質」性が導出されているのである。共有に関する詳細な研究のある山田誠一も、共有に関する民法条文の中には、共有

---

41) 同166頁。
42) 同165頁。
43) 同167頁。
44) 同167頁。
45) 我妻榮（有泉亨補訂）『新訂　物権法』（岩波書店、1983年）。
46) 同314頁。
47) 同330頁。

物の管理に関する事項を過半数で決定できるとする 252 条のような「団体法的」規定もあり（他に 254 条参照），共有制度全体の中で実際上重要な位置を占めているが，それにもかかわらず分割請求権や持分処分の自由の方が共有の「本質」とされてきたのは，近代法的イデオロギーによるところが大きい旨指摘している[48]。

　以上のようにみると，規範的評価から全く自由に，分割請求権を「民事基本法制」と位置付けるのは困難であるように思われる。また，法律家集団の共通了解などに依拠しつつ，仮に本件において，分割請求権を「民事基本法制のコアの部分」として同定できたとしても，この考え方は所有権に関する他の事案に適用できない可能性もある。例えば，〈共有の本質は分割請求権である〉とのコンセンサスが形成されているのと同様，〈合有の本質は分割請求権の否定である〉（民法 676 条 2 項）とのコンセンサスが形成されていると考えると，基本法制準拠論からは，合有については分割請求権が否定されている状態が憲法上尊重に値するものとなり，例えば組合財産の分割を一部可能とするような立法がなされた場合，これを憲法上消極的に——憲法上の財産権制限と捉えるかは別として——みなければならないことになる。基本法制準拠論が，もしこの帰結を受容しないとすれば，そこには，法律家集団内部に，単独所有自体が民事基本法制のコアであるとの共通了解が存在しているとの考えがあるか，単独所有を民事基本法制のコアとすべきとの考えがあることになる。(1)で検討したように，前者についてその存在が疑わしいとすれば，残るのは後者ということになろう。

(3) 法制度保障論

　事実的接近法として，最後に，石川健治による法制度保障論を取り上げたい。法制度保障論とは，ワイマール憲法が，団体主義的観点から共同所有を常態とするゲルマン法的所有権観念を取り込み，「所有権は義務を伴う」（153 条 3 項）

---

[48]　山田誠一「共有者間の法律関係 (1)」法学協会雑誌 101 巻 12 号（1984 年）1881〜1882 頁参照。同様の指摘として，高島平蔵「共同所有理論と団体法思想」早稲田法学 61 巻 3 = 4 号（1986 年）120, 131〜132 頁参照。また，共有の存続を予定した「持分処分型共有」の存在を前提にした場合も，やはり分割請求権は共有の本質とはいえない。山田誠一「共有者間の法律関係 (4・完)」法学協会雑誌 102 巻 7 号（1985 年）1362 頁参照。

としたにもかかわらず，同条1項において同時に所有権を保障したことの意味を，ゲルマン法的所有権と対立するローマ法的・近代的所有権（＝単独所有＝一物一権主義）を法制度として選択した統一ドイツ民法典の憲法的追認と捉え，後者をワイマール憲法下でも保障された法制度と考える見解であり，またこれを日本国憲法29条の解釈にも当てはめようとする見解である。[49]すなわち，29条2項の規定にもかかわらず，「財産権は，これを侵してはならない」と規定する1項は，やはりローマ法的・近代的所有権を選択した明治民法の憲法的追認であるとされ，同項によって明治民法上の法制度が日本国憲法上のそれとして摂取・保存されたと考えるのである。

この議論は，森林法事件当時における法律家集団内部に"単独所有こそ憲法上の原則的所有形態である"との共通了解が存在したという「現在」の事実を必要としない。法制度保障論が必要とする事実は，①明治民法制定者が一物一権主義を「法制度」——民法典第2編「物権」第3章「所有権」（206条〜264条）を貫く制度理念——として選択した，という事実と，②日本国憲法制定者がこの明治民法上の「法制度」を憲法29条1項の中に摂取しようと決断した，という事実——いずれも「過去」の事実——である。②については，いわゆる原意主義に向けられるものと同様の批判を受けうるが，[50]ここでは，①にかかわる問題，すなわち，「事実」として，そもそも明治民法制定者は一物一権主義を法制度として選択したのか，という問題について若干の検討を加えたい。

まず，①を認めた場合に所有権規定の「マグナ・カルタ」となるはずの206条の規定自体，「法令の制限内において」との留保を付していることが注目される。また，既に別稿で触れたように，明治民法は，最も団体的拘束の強い共同所有形態たる総有（入会権）を，その不可欠な構成要素としていた。1890（明治23）年に公布された旧民法は，いわゆる民法典論争によって事実上廃案となったが，この——家族法制問題と並ぶ——主たる理由の1つが，「民法中

---

49)　石川健治「法制度の本質と比例原則の適用」LS憲法研究会編『プロセス演習憲法〔第4版〕』（信山社，2011年）302頁以下参照。なお，本文の記述は，法制度保障論を紹介した山本龍彦「ローカルな法秩序の可能性——日本国憲法における入会」新井誠ほか編著『地域に学ぶ憲法演習』（日本評論社，2011年）25頁と一部重複するところがある。
50)　清水潤「憲法上の財産権保障の意義について」東京大学法科大学院ローレビュー3号（2008年）95頁参照。

入会権の規定がない」というものであり、その意味で、明治民法は、法典調査会および民法改正案起草委員会による詳細な調査と議論の末に、「共有ノ性質ヲ有スル入会権ニ付テハ各地方ノ慣習ニ従フ外本節ノ規定ヲ適用ス」(263条)、「共有ノ性質ヲ有セサル入会権ニ付テハ各地方ノ慣習ニ従フ外本章ノ規定ヲ準用ス」(294条)という、入会に関する2つの規定を組み込むことによってはじめてその存在を許されたものだったのである。

また、「民法典」は、中央集権化に伴う法統一を目的に編纂されるものであるが、日本の明治民法典は、ローカルな慣習をその中に多数取り込んでおり、そもそも近代的な「民法典」としての一貫性を欠いている。問題となる第3章「所有権」(206条〜264条)も例外ではなく、「慣習に従う」とする規定が非常に多いのが目につく(217条、219条3項、228条、236条、263条)。これは、明治民法制定者が、同章において、近隣の所有者の影響を受ける重畳的所有関係を温存したこと、すなわち、所有権が地域的共同体の――「慣習」による――拘束を受けうるという実態を敢えて維持したことを示唆しているようにも思われる。

いま述べたことと関連して、明治民法の不動産法の特徴に関する池田恒男の指摘も注目される。すなわち、明治民法における不動産法は、「明治政府の統治政策に反するものについては近代法の論理を用いてカテゴリカルに排除」する一方、「統治政策上利用できるものや尊重せざるを得ないものにつきこれを民法典その他の法令に組み入れた」ため、結果的に、「村落共同体を基盤とする慣習(例えば、入会権の諸規定や共同漁業権の承認)」や、「欧州の近代法典に類例を見ないほど小作人に対する地主の絶対的優位を保障」するものとなった、との指摘である。実際、入会権の規定(263条)が、「所有権」の章の不可欠な構成要素として組み込まれたことは、上述したとおりである(「慣習」に関する規定が多いことも既に述べた)。また同じ論者は、民法の規定自体は近代的なものであっても、現実の事案の中で、例えば土地所有権の行使を「権利濫用」

---

51) 山本・前掲注49) 25〜26頁(記述に重複がある)。
52) 北居功「法統一のための法典編纂」岩谷十郎＝片山直也＝北居功編『法典とは何か』(慶應義塾大学出版会、2014年) 1頁以下参照。
53) 池田恒男「日本民法の展開 (1) 民法典の改正——前3編」広中俊雄＝星野英一編『民法典の百年Ⅰ——全般的観察』(有斐閣、1998年) 49頁。

と捉えることによって，村落共同体秩序である水利権秩序が保護され，民法体系中に取り込まれていった例を挙げている。これも，明治民法の「アイデンティティ」を考察するうえで興味深い事例である。

さらに，先に引用した，「フランス民法典の場合には，……もともとは『共有・不分割』……に関する規定は1カ条しかない」のに対して，「日本民法では，当初から15カ条がおかれ，共有を敵視するような法意識も強くない」とする原田純孝の指摘，「国家法——特に民法典——はしばしば，紙の上のモノローグであったばかりでなく，本来西洋の民法典が前提していたのとは異質な旧来の社会関係を強力に温存するばかりか，それを強制する機能すら果たしてきたのである」とする川島武宜の指摘も軽視できない。

こうみると，統一ドイツ民法典がどうかはともかく，日本の明治民法の体系は，近代的所有権概念（単独所有）からすると異物とでもいうべきものを，相当程度抱え込んでおり，日本国憲法は，そういう，いわば雑色の明治民法を摂取・追認したことになる。もちろん，民法は，法規定の総体としては——すなわち具体的法関係を包括的に規定する「法制度（Rechtsinstitut）」としては——近代的所有権概念を選択しているのだ，との批判もありうるが，上述したような民法のなかに，1つの整斉を保った単色の「法制度」をイメージしうるか——イメージすべきか，ではなく——は，やはり議論の余地がある。結局，「過去」の事実にその正当性を求める法制度保障論も，森林法判決のロジックを説明する議論として，一定の限界を有しているように思われるのである。

---

54) 池田・前掲注53) 54頁。ここで念頭に置かれているのは，土地所有権行使を「権利濫用」とすることで，結果として旧来の水稲耕作の慣習（水利権慣行）を保護した大判明治32・2・1民録5輯2巻1頁である。
55) 大村ほか・前掲注27) 64頁〔原田発言〕。
56) 川島・前掲注31) 332頁。
57) ドイツにおいても，「果たして1949年の〔基本法制定〕時点でローマ法的財産権概念への決定が行われたという主張に説得力があるのかどうかは疑わしい」とする指摘がある。小山剛『基本権の内容形成——立法による憲法価値の実現』（尚学社，2004年）195頁。

4 森林法判決の「近代主義」

(1) 経済的効用

　以上概観してきたように，事実的接近法には，いずれも一定の限界がある。そうすると，森林法判決において，単独所有という「近代市民社会における原則的所有形態」は，《Sein》ではなく《Sollen》として，すなわち規範的な憲法上の価値ないし目的として提示されたものと考えることができる。単独所有に規範的な価値があるから，それと結び付いた分割請求権の制限が憲法上の財産権制限とみなされた，というわけである。しかし，ここで確認しておくべきなのは，単独所有ないし分割請求権がいかなる意味で近代市民社会と結合しており，近代市民社会がいかなる意味で憲法上の価値と結合しているのか，である。

　テクストを一見すると，森林法判決は，共有ないし分割請求権を，物の経済的価値や効用という観点から評価しているように読める。本判決は，「共有の場合にあつては，持分権が共有の性質上互いに制約し合う関係に立つため，単独所有の場合に比し，物の利用又は改善等において十分配慮されない状態におかれることがあり，また，共有者間に共有物の管理，変更等をめぐつて，意見の対立，紛争が生じやすく，いつたんかかる意見の対立，紛争が生じたときは，共有物の管理，変更等に障害を来し，物の経済的価値が十分に実現されなくなるという事態となる」(傍点筆者)とし，共有を，物の経済的価値の実現を妨げるものと捉えている。こうした共有に対する否定的評価は古くからみられ，例えば梅謙次郎は，「共有ハ経済上頗ル不利益ナルモノナリ」[58](傍点筆者)と述べていたし，富井政章も，共有を「経済上甚不利ナル状態」[59](傍点筆者)と述べていた。帝国民法正解や註釈民法理由は，さらに辛辣に，共有は「公益ニ反シ国家ノ経済ニ害アリ」[60]とか，「社会経済上ニ有害ノモノ」[61]と述べている。以上のような共有観を前提にすると，共有状態を解消する分割請求権は，単に経済

---

58) 梅謙次郎『民法要義　巻之二　物権編〔訂正増補〕』(有斐閣，1911 年) 205 頁。
59) 富井政章『民法原論　第二巻　物権〔大正 12 年合冊版完全復刻版〕』(有斐閣，1985 年) 173 頁。
60) 松波仁一郎ほか『帝国民法正解　第四巻』(有斐閣，1896 年) 672 頁。
61) 岡松参太郎『註釈民法理由　中巻』(有斐閣，1897 年) 230 頁。

効用を高めるものとして評価されることになる。実際, 森林法判決は, 分割請求権は「〔共有の上記〕弊害を除去し, 共有者に目的物を自由に支配させ, その経済的効用を十分に発揮させる」ものと評価されている。物の経済的価値に対する純粋な評価に基づく――経済外的強制を徹底的に排除した――商品交換経済を近代市民社会の一要素としてみれば,「経済的効用」によって分割請求権を「近代市民社会」と結び付けることも不可能ではないが, その関係は, やはり一面的なものといわざるをえないであろう。

(2) 個人主義

この点で注目されるのは, 森林法判決が「共有とは, 複数の者が目的物を共同して所有することをいい, 共有者は各自, それ自体所有権の性質をもつ持分権を有している」(傍点筆者) と述べる部分である。周知のとおり, 共有の法的性質については, ①「共有とは, 1つの所有権が複数の者に量的に分属するものであり, 各共有者の持分とは, "1つの所有権の量的に分割された一部" にすぎ」ず, それぞれの持分は1つの所有権ではないと考える単一説 (所有権量的分属説) と, ②「各共有者はそれぞれ1つの所有権を有しているが, 同一の物に複数の所有権が成立しているため, 単独の所有のようには物を使用収益処分できないだけである」と考える複数説 (複数所有権説) とが対立している。後者は,「共有の個人主義的性格を徹底させたものである」と説かれる。

共有者は「所有権の性質をもつ持分権」を有するとする上記引用文からすると, このうち森林法判決が採用しているのが, 通説・判例の立場とされる①単一説ではなく,「個人主義」的観点を強調した②複数説であることは明らかである。このように, 本判決が, 敢えて少数説である②複数説を採用していることを踏まえると, 森林法判決は, 分割請求権を, 単に経済的効用を高める手段としてではなく,「共有」という所有形態の個人主義的アイデンティティを構成するものとして理解ないし評価しているようにも読める。この点, 森林法判

---

62) 平野裕之『コア・テキスト民法Ⅱ 物権法』(新世社, 2011年) 175頁参照。
63) 水津・前掲注10) 参照。
64) 大判大正8・11・3民録25輯1944頁。
65) 個人主義と複数説との関連につき, 例えば, 平野・前掲注62) 175頁。なお, 両者の関係性については, 水津・前掲注10) から示唆を得た。

決を精読した水津太郎も，本判決が，「違憲の結論への布石」として，敢えて「個人主義的観点」を強調する複数説を採用したと指摘している。[66]

こうした個人主義的理解，すなわち，団体的拘束から自由な「個人」（団体－個人関係）という観点から共有ないし分割請求権を評価する見解もまた伝統的なものである。例えば我妻榮は，共同所有（共有・合有・総有）を区別する基準として，共同所有の団体的結合ないし人的結合の強弱を挙げた石田文次郎の分類法を踏襲したうえで[67]，共有の本質は「共有者全員が何ら団体的統制に服さないこと」[68]（傍点筆者）にあると述べた[69]。このような個人主義的理解からすれば，分割請求権は，団体的統制から個人を解放するための手段として重要な意味を与えられることになる。とくに，父から森林の生前贈与を受けた兄と弟の骨肉の争いから生じた森林法事件においては，共有者間の自発的な意思により共有関係が開始されたわけではない。本件の「共有関係」とは，すなわち「家族関係」なのである。このことを踏まえると，森林法判決が，「家族」という団体，あるいは「家長」たる兄から[70]，弟を——個人として——解放するための権利として，分割請求権を捉えていたと考えても不自然ではなかろう。

(3)　「近代主義」の時代

この個人主義的理解が，近代市民社会と適合的であることは多言を要しない。近代市民社会は，個人の解放を妨げる桎梏であった中間集団を解体して，個人を析出すること，個人の主体性を確立することに至上の価値を見出す社会といえるからである[71]。そうすると，森林法判決が，共有物分割請求権を近代適合的なものと捉え，単独所有を「近代市民社会における原則的所有形態」と捉えた意味がよりよく理解できる。また，このような近代市民社会の個人主義的価値

---

66)　水津・前掲注10) 100頁参照。
67)　石田文次郎「合有論」法学協会雑誌49巻4号（1931年）47〜49頁。さらに，山田誠一「団体，共同所有，および，共同債権関係」星野英一編集代表『民法講座　別巻1〔復刊版〕』（有斐閣，2012年）310頁以下参照。
68)　我妻・前掲注45) 325頁。
69)　共有の学説史につき，山田・前掲注67) 324頁参照。
70)　1審によれば，本件当時，父は亡くなっており，兄が「平口家を継〔いだ〕」ようである。前掲注25) 静岡地判昭和53・10・31参照。
71)　例えば，樋口陽一『近代憲法学にとっての論理と価値——戦後憲法学を考える』（日本評論社，1994年）173〜174頁参照。

が，個人の尊厳を究極的価値とする憲法体系と適合することも明らかである。もちろん，Ⅱで指摘するように，近代的・個人主義的価値が，日本国憲法の財産権保障の，すなわち 29 条の価値や目的としてどの程度の重要性をもつのかは，慎重な検討を要するが，この森林法判決は，両者に密接な結び付きをみることで，近代的な分割請求権の制限を，あるいは近代的な単独所有からの離脱を，憲法上の財産権制限と捉えたのであろう。

先にも触れたように，森林法判決がこのように近代的な個人主義的所有形態を，憲法上の原則的所有形態とすべきと考えた背景には，本件で問題となる共有関係（家長たる兄と弟の関係）が，「家族」という典型的な中間集団とオーバーラップしていたとか，本件における共有物が，団体主義的所有権観念を有するゲルマン社会の象徴ともいうべき「森（Wald）」――「ゲルマンの森」――であったという本件事案の特殊性――「家族」と「森」を通じて，ゲルマン法的所有権観念とローマ法的所有権観念との対立が際立つという事案背景――に加えて，1980 年代後半という《時代》もあったのかもしれない。中島徹が指摘するように，森林法判決の 2 年後に，最高裁が，共同漁業権につき，「沿革的には，入会的権利と解されていた地先専用漁業権ないし慣行専用漁業権にその淵源を有する」としながらも，現行制度の下における共同漁業権は「古来の入会漁業権とはその性質を全く異にする」とする判決を出したことも併せ考えると，この時期の最高裁が，「総有のような『前近代』的と評される関係の清算」を図ろうとしていた可能性――森林法判決が違憲とした規定は，分割請求権を制限することで，森林の「歴史的慣習的」所有形式であった「総有」を維持しようとするものであった――は否定できない。1980 年代後半とは，迫りくるグローバリゼーションの波が，日本社会に温存された前近代的社会関係と，それに由来する諸制度（家族的経営，等々）に，国際標準化――国際社会におけ

---

72) 國光圭子「都市民の喪失した夢――『グリム童話集』の舞台としての森」大阪市立大学大学院文学研究科 COE 国際シンポジウム報告書『都市のフィクションと現実』（大阪市立大学大学院文学研究科都市文化研究センター，2005 年）115 頁以下参照。
73) 前掲注 36) 最判平成元・7・13 参照。ここで最高裁は，共同漁業権を，団体的拘束の強い「総有」と解する考え（総有説）を否定し，いわゆる社員権説を採用した。
74) 中島・前掲注 3)（3) 88 頁。
75) 日出英輔『森林法』（第一法規出版，1973 年）328 頁。さらに，山本・前掲注 49) 23〜24 頁参照。

る「ベースライン」への一致——を迫る，そういう《時代》だったからである。

II 財産権論の変遷と制度的接近法

1 憲法上の財産権保障の意味と，デモクラシー

　以上の考察によれば，森林法判決は，「近代市民社会における原則的所有形態」である単独所有を，昭和後期の日本社会において定着した実態（事実）として提示したというよりも，昭和後期の日本社会が近づくべき憲法的理想（規範）として提示した可能性がある。だからこそ，この近代にそぐわない——これを反近代というか非近代というかは別として——[77]森林法の分割請求権制限規定（総有の強制？）を——日本社会においては必ずしも例外ではなかったそれを——憲法上の財産権制限と把握することができたように思われるのである。

　私は，後述するように，中間集団からの個人の解放たる契機を重視し，個人の尊厳をもってその究極的価値とする日本国憲法が，「団体」と「個人」との緊張関係にかかわる論点を軽視すべきではないと考える。しかし，憲法29条が，この論点を丸ごと受けとめるべきか，いいかえれば，単独所有を理想とするような「近代主義」を，憲法上の財産権保障の核心と捉えるべきかは，慎重な検討を要する事項であると考えている。それは，使い古されたいい方に倣えば，憲法29条は，その2項——「財産権の内容は，公共の福祉に適合するように，法律でこれを定める」——によって，現代的な財産権保障のあり方を受け入れたからである。もちろん，ここでいう「現代的」は多義的な解釈が可能な言葉であるが，私は，29条に組み込まれた《現代》は，同条が「所有権は義務を伴う」（ワイマール憲法153条3項）のように，財産権の「内容」を具体的

76）　この点で，川島武宜の以下のような言葉が示唆に富む。「後進資本制国民においては，外の先進資本制国民の影響のもとに，政治的力によって促進されつつ，早期に市民的民主制への転化をとげ，民主主義革命は，近代的所有の成立の結果としてではなく，その手段となる」。川島・前掲注31）74頁。他に，同64，82〜83頁参照。さらに，「会社社会」と呼ばれる日本の特殊的状況について，樋口陽一『憲法　近代知の復権へ』（東京大学出版会，2002年）56〜57頁参照。
77）　問題の所在につき，「山野目章夫報告をめぐる質疑応答」企業と法創造9巻3号（2013年）227〜228頁〔山野目発言〕参照。

に限定する文言を含まないこと，ロックナー判決[78]の悪夢を経験し，経済規制に関する「司法審査と民主主義」の対抗関係——裁判所か，立法府か——を痛感していたニューディーラーらによって起草されたことなどから，財産権の内容以上に，財産権の内容を決定する主体について《近代》とその性格を大きく異にしていると考えている。[79]

　思い切っていえば，憲法上の財産権保障の意味をめぐる歴史的変遷は，物の使用・収益・処分に関する（一次的）ルールを権威的に決定する主体および手続の変遷であるように思われる。図式的に整理すれば，《前近代》にあっては，物の使用・収益・処分に関するルールは，村落共同体等の中間集団により，排他的に，時に封建的な力関係や歪んだ人間関係の中で——必ずしも民主的とはいえない手続で——決定されていた。モンテスキューの主張するように，中世ヨーロッパにおいては，領主（貴族）による封地の「所有（dominium）」は，いわゆる「領主裁判権（feudall jurisdiction）」と密接に結び付いていたが，この裁判権の原型が，「ゲルマン人の慣行と慣習法」——ゲルマン人の裁判集会 mallus, Ding であり，シャルル・ロワゾーのいう「村の裁判所」——であったことに注意が必要である。つまり，領主の「土地所有権」は，その領域内の諸ルールを，「ゲルマンの森に起源をもつ」合議制的方法——「1人では裁判しない」——によって決めることを保障するものであったとも考えられるのである[80]（もちろん，ここでの「民主主義」は原初的なものであったといえよう）。

　次いで《近代》は，「単独所有」を原則とすることによって，物と所有者個人の「間」から徹底的に他者を排除し，その「間」を透明化・純粋化することで，所有者個人のみが，自らの意思によって，物の使用・収益・処分に関するルールを決定することを可能にした。この点，近代的所有権とは，所有者個人

---

78) Lochner v. New York, 198 U.S. 45 (1905).
79) 詳しくは，賭場開帳事件判決（最大判昭和25・11・22刑集4巻11号2380頁）の栗山茂裁判官の意見を参照されたい。
80) シャルル・ルイ・ド・モンテスキュー（野田良之ほか訳）『法の精神』（岩波書店，1989年）〔上巻〕164,〔下巻〕328, 330, 343頁等参照。他に，定森亮「モンテスキュー『法の精神』における『シヴィル civil』の概念の二重性」経済学史研究49巻1号（2007年）29～31頁，大江泰一郎「アダム・スミス『法学講義』における私法と公法」静岡法務雑誌6号（2014年）91～92, 97～102頁参照。もちろん，村上淳一『近代法の形成』（岩波書店，1979年）65頁以下も参照。

253

に対し，物に関する諸ルールを，他者と協議・討議することなく，単独で，いわば独裁的に決定する権限ないし権能を付与するものということができる。近代的所有権の特徴を説明する際に用いられる「排他的支配」という言葉を，このような文脈において理解することも可能であろう（ミニ主権者としての個人。ミニ主権者の集合体としての国家）。結局，自然権思想を前提に，財産権の内容は所有者個人が排他的に定められる，というのが《近代》の基本的な考え方であるように思われるのである。
81)

これに対し，日本国憲法29条2項が摂取した《現代》とは，物と所有者個人の「間」に「民主主義」という「他者」を（再）挿入したものと考えることができる。29条2項は，少なくとも文言上は，物の使用・収益・処分に関する諸ルール（「財産権の内容」）を，所有者個人が独裁的に──主権者然として──決定するのではなく，「国会」という政治機関が「法律」という法形式によって民主的に決定することを要求しているからである。石田文次郎の言葉を借りれば，このような物に関する「立法権（限）」の移動──〈個人〉から〈政治＝民主主義〉へ──は，財産権保障の意味に関する「コペルニクス的転換」ともいえよう。
82)

以上のようにみると，物に関する諸ルールを各所有者が「1人」で決定できるとする単独所有を，憲法上の原則的所有形態とすることは，かかる決定権を，まず一旦民主主義的トポスへと移した29条2項の《現代》的意義と本来的に矛盾することになる。単独所有という所有形態は，あるいは，物に関する諸ルールを1人で決定できるという所有者個人の権能・権限は，民法206条という「法律」により民主的に決定・授権されたからこそ，「法令の制限内において」認められているにすぎないのであって，これを憲法上の原則的所有形態として特別の地位を与えることは困難といわざるをえないように思われる。

---

81) この点，例えば「契約」は，物の絶対的支配者（ミニ主権者）と絶対的支配者（ミニ主権者）による新たなルール形成であるがゆえに尊重されることになろう。なお，「所有権」と「主権」を区別するコーエン（M. Cohen）の議論について，木下昌彦「法概念としての所有権（1）」神戸法学雑誌64巻2号（2014年）20〜21頁参照。

82) 石田文次郎「現代物権法の基礎理論」『日本国家科学大系』（実業之日本社，1944年）26頁参照。

2 《前近代》と《現代》

　以下，もう一歩踏み込んで《現代》について検討してみたい。上述のように，実のところ，《前近代》と《現代》との間には一定の共通性がある。《近代》においては，孤立した個人が相互に排他的にそれぞれの財産上のルールを決められるのに対して，《前近代》と《現代》では，どちらにおいても，財産上のルールを，諸個人の集合体──「我々」──が決めることになるからである。そうすると，ポイントになるのは，《現代》を《前近代》から区別する重要な要素とは何か，であろう。例えば，それは，①中間集団ではなく，「国会」という国家機関が「法律」という形式によって定めることなのか（機関的・法形式的相違），それとも，②民主主義的に定めることなのか（手続的相違）。

(1) 法律・条例・規約

　この点でまず注目されるのは，「条例」による財産権制限の可否という憲法上の古典的な論点である。周知のとおり通説は，「条例は地方公共団体の議会において民主的な手続によって制定される法であるから，とくに地方的な特殊な事情の下で定められる条例については，それによる財産権の規制を否定することは妥当ではない」[83]（傍点筆者）と述べている。上記傍点部分を重視すると，《現代》においては，手続的相違──民主的な手続によって決めること──が重視されているようにも思われる。《現代》とは，少なくともローカルな事情を考慮すべき財産上のルールについては，ローカルな機関ないし団体が民主主義的に決定しうることを認めるもののように解されるのである。

　もちろん，注意深く「地方公共団体の議会において」と主体を限定する上記通説が，機関的・法形式的相違に完全に無関心ではあるとは思えない。ただ，事実レベルに着目すると，機関や法形式にかかわる要請は，《現代》においてはだいぶふやけてきているようにもみえる。以下，このことを論証するために，区分所有者団体によるルール形成の現代的変容をみてみたい。

83）芦部・前掲注12) 237頁。

近年の建物区分所有法制は，区分所有権に対する団体的規律・統制を相当に強化してきていると指摘される。1962（昭和37）年に制定された区分所有法（建物の区分所有等に関する法律）は，1983（昭和58）年の改正以前は，区分所有者が多数決決議に服する場面を，基本的には共用部分の管理に関する事項に限定していた。ところが，1983年の改正により，多数決による決議事項は，共用部分の変更，復旧，規約の設定・変更・廃止，義務違反者に対する措置，区分所有建物の建替えなどにまで拡大された。「この法改正により，区分所有者が多数決決議に服する対象は，共用部分を超えて，建物および敷地全体となり，その内容も，管理を超えて処分の場面にまで広げられた」わけである。さらに，2002（平成14）年の改正では，共用部分の変更，建替え決議の要件の緩和がなされている。

　ここでまず注目したいのは，多数決的に決定できる事項が拡張されているという事実である。いまやマンションの管理や処分にかかわる多くのルールが，区分所有者団体によって民主主義的に決定されるのである。例えば，「マンションの憲法」あるいは「マンションの根本規則」とも称される「規約」（区分所有法3条参照）によって，共用部分の管理・使用に関する事項はもちろん，専有部分の用途や用法すら制限されうる。また，その反対者からすれば，財産権の制限（「財産権の内容」の不利益な変更）ともいうべき「建替え」についても，集会での決議によって民主的に決定しうるものとされる（1棟建替えの場合には，区分所有者および議決権の各5分の4以上の多数で，団地内全建物一括建替えの場合には，団地内の各建物の区分所有者および議決権の各3分の2以上の賛成があれば，団地内区分所有者および議決権の各5分の4以上の多数の賛成で建替えの決議ができる。62条1項および70条1項参照。このような決議がなされた場合，建替えに参加しない区分所有者は，時価による売渡請求権の行使を受けて，その区分所有権および敷地利用権を失うことになる）。

　このようにみると，「共有の性質を有する入会権については，各地方の慣習

84）　伊藤栄寿『所有法と団体法の交錯』（成文堂，2011年），飯島正ほか「〔座談会〕区分所有法等の改正と今後のマンション管理」ジュリスト1249号（2003年）15頁〔森田宏樹発言〕参照。
85）　伊藤栄寿「区分所有者に対する団体的拘束の根拠と限界」私法72号（2010年）205頁。
86）　渡辺晋『最新　区分所有法の解説〔5訂版〕』（住宅新報社，2012年）256頁。

に従う」（傍点筆者）という規定（民法263条）を想起させるほど，「区分所有権」の具体的内容は――専有部分および共有部分の使用・管理のあり方，建替え決議を踏まえれば区分所有権の「処分」のあり方についてまでも――区分所有者団体による民主主義的決定に委ねられているといえる。実際，区分所有法の規定の多くは，権利の具体的内容にかかわる実体的なものというより，規約の設定・変更・廃止の方法，集会の招集や集会決議の方法，集会議事録の作成等にかかわる手続的なものである。しかも同法は，この手続が徹底して民主主義的であることを求めている。例えば，建替え決議は，その要件として，「専有部分の床面積の割合に応じた持分を表す『議決権』と，区分所有者の『頭数』の双方について5分の4以上の多数であることを要求している」[87]（傍点筆者）。これは，「平等選挙」ないし「1票の重み」に配慮した規定であるといえる。仮に議決権に基づく多数決で足りるとすると，それは「各区分所有者が有する所有権（持分権）の効用の大きさ」に応じて票が配分されることになる（持てば持つほど影響力が大きくなる）[88]。そこで区分所有法62条は，議決権による多数決に加えて，頭数による多数決をも要求したというわけである。なぜ同法が，このような市場主義的配分原理に反する，徹底した民主主義を採用したかについて，法制審議会建物区分所有法部会の幹事を務めた森田宏樹は，「区分所有法の団体を1つの『生活共同体』として捉える考え方があったことは確か」と述べている[89]。

もちろん，区分所有者団体を，各住居単位の建築規制や譲渡制限，さらには地域環境の自主管理まで行うアメリカの「住宅所有者団体（homeowner's association）」[90]――「住民による私的政府（private residential government）」，「準政府」[91]とも呼ばれる――と同視することはできないであろう。しかし，日本でも，マ

---

87) 飯島ほか・前掲注84) 16頁〔森田発言〕。
88) 同上。
89) 同上。「生活共同体」（生活協同體）は，戒能通孝が入会権の主体となる「村落共同体」を指すときに用いていた言葉でもある。戒能通孝『入会の研究』（日本評論社，1943年）285頁参照。
90) 住宅所有者団体については，西田幸介「私人による土地利用規制の法的統制――アメリカにおけるカベナントを素材として」岡村周一＝人見剛編著『世界の公私協働――制度と理論』（日本評論社，2012年）89頁以下，竹井隆人『集合住宅デモクラシー――新たなコミュニティ・ガバナンスのかたち』（世界思想社，2005年）1～72頁等を参照されたい。
91) 西田・前掲注90) 94～95頁参照。このような団体の行為がステイト・アクションとみなされた例として，Shelley v. Kraemer, 334 U.S. 1 (1948)。

ンションという限定された生活空間においてではあれ，そこでの「財産権の内容」を，ローカルな「生活共同体」たる区分所有者団体が民主的に「定める」といった実体が存在することを忘れるべきではない。この《現代》では，「法律」という形式上の概念はふやかされ，前記通説のいう「民主的な手続によって制定される」という部分が強調されているように思われる。

(2) 共有，討議，ルール

加藤雅信が指摘するように，共同所有論とは，すなわち団体法論である。所有権の実体を語っていたつもりが，いつの間にか，団体の内部関係や討議（協議）手続の話になっている。

このような指摘や，共有の団体法的性格に焦点を当てた山田誠一の共有論などを踏まえると，共有という制度もまた，共有者団体が物の使用・管理・処分について民主的に決定することを許すものとして機能してきたのではないかと思われる。山田が指摘するように，従来は，共有を個人主義的に捉えようとしてきたあまり，共有物の「管理」事項に関する多数決的決定（民法252条）にみられる，共有の団体法的側面，あるいは討議要求的側面が黙殺されてきたところがある。我妻榮も，共有においては，収益権能は「各共同所有者に分属するのを常とする」が，「収益の割合，方法，時期などは，すべて管理権能によって定められるのだから，その限りでは，〔収益権能も団体的〕拘束を受ける」（傍点筆者）と述べていたにもかかわらず，である。実際，共有物の管理については，「共有者が互いに意見を表明しあ〔い〕」，民主的に決定すること，そしてまた，この決定に従うことが要求されているわけである（管理に関する事項については多数決的決定によるが〔252条〕，共有物の変更については全員一致を要するとされる〔251条〕）。また，共有については，たしかに分割請求権が認められるが，

---

92) 加藤雅信「総有論，合有論のミニ法人論的構造」星野英一先生古稀祝賀『日本民法学の形成と課題（上）』（有斐閣，1996年）153頁以下参照。さらに，鈴木禄彌「共同所有の状況の多様性について（下）」民事研修484号（1997年）13〜14頁参照。
93) 山田・前掲注48)，高島・前掲注48) 132〜135頁参照。
94) 山田誠一「共有者間の法律関係（4・完）」法学協会雑誌102巻7号（1985年）1356〜1357頁参照。
95) 我妻・前掲注45) 314〜315頁。
96) 山野目・前掲注26) 169頁。

これについても，実際には「協議」（意見を表明し合う契機）が要求されている（258条1項）。

今述べてきたことからも，日本社会における1つの「事実」として，「財産権の内容」は〈国会＝法律〉によって常に決定されているわけではない。そうすると，憲法29条2項の挿入した《現代》の力点は，財産権の内容を「国会」が「法律」という形式において定めることにあるのではなく，「個人」ではなく特定の「団体」が——この点で《近代》と異なる——民主的手続をとおして——この点で《前近代》と異なる——定める，ということにあるように思われる（もちろん，事実として挙げた区分所有法制は，「法律」によって創設された制度である。しかし，ここでの「法律」の役割や意義とは一体何であろうか。事実の追認か，事実への規律か。なお，先述のように，区分所有法は，区分所有権の具体的内容を定めるものというより，当該権利の具体的内容を決定する主体と手続を定めるものと考えることができる）。

3 魅 力

(1) **憲法29条が包含する価値・目的の多元性**

憲法29条2項が包摂した《現代》の本質を，〈国会・法律〉という形式的概念にはみない，という主張は，規範的にも魅力的であるように思われる[98]。私は，例えば憲法21条に，自己実現の価値や自己統治の価値が包含されているのと同様，29条にも何らかの実体的な価値や目的が含まれていると考える。後述するように，この点で，森林法判決が，《近代》の個人主義的価値を29条解釈において斟酌すべき価値とみたこと自体は，批判されるべきではない。問題は，このような基底的・抽象的価値を，ダイレクトに単独所有につなげ，これを具体的な憲法保障のレベルにまで引き上げたことにある。というのも，個人主義

---

97) もちろん，国会が法律により「個人」による単独のルール形成を認める場合もある。しかし，ここでは，民法206条が「法令の制限内において」と書いたことが《現代》的には重要であろう。個人が決定できるのは，理念的には，「法令」の隙間部分において，である（土地基本法2条等を参照）。
98) 〈国会＝法律〉にこだわる「法律主義」は，ある意味で，我妻榮の「国家協同体」論と響き合っているように思われるが，ここではこれ以上触れない。我妻の協同体論については，我妻榮「民主主義の私法原理」『民法研究Ⅰ』（有斐閣，1966年）41頁以下参照。

や個人の自律的生といった「幽霊」的価値は,何も単独所有のみによって実現されるわけではない。共同体主義,あるいはトクヴィル＝アメリカ的な「個人主義」によれば,個人の自律的生は,「共同所有」によって構成される諸団体によっても,あるいは諸団体の中でこそ,育まれることになるからである。そうすると,「個人主義」という1つの価値は,「単独所有」という所有形態と単純に結び付くものではないと考えられる。

　また,憲法29条は個人主義的価値のみを包含しているわけではなかろう。例えばそれは,生存財産（小さな財産）を保持するといった目的ないし価値,各人が自身の生活を自己責任的に形成できるといった目的ないし価値,物の効用を高めるといった目的ないし価値,取引の安全等を守り,健全な市場経済を維持するといった目的ないし価値,自然資源の保全といった目的ないし価値,（著作権の性格についてインセンティブ論を採れば）活発な言論空間を形成するといった目的ないし価値などを含んでいるかもしれない。

　このように考えると,憲法29条の解釈として,何か1つの価値ないし目的を具体的な憲法保障に結び付けることは困難であると思われる。そこで,「財産権の内容」は,「国会」が,開かれたアリーナにおいて,いま述べた多元的な目的ないし価値を,公共の福祉に配慮しつつ適切に「比較考量」しながら決定すべきとする考え（制度的・機能的思考）が生まれるわけである。しかし,ここで立ち止まって考察すべきは,国会が,常に適切な「比較考量」の実施者たりうるか,ということである。29条が,最適な実現を待ち望む多元的な目的・価値を含み込んでいるとすると,同条は,事情によっては,「国会」以外の者を最善の「比較考量」実施者として指名する可能性もありうるのである。先述した「通説」を,こうした角度から読むことも可能であろう。通説は,地

---

99)　樋口・前掲注71) 209〜210頁参照。
100)　同211頁。
101)　高原賢治「社会国家における財産権」宮沢俊義先生還暦記念『日本国憲法体系　第7巻』（有斐閣,1965年) 249頁参照。
102)　小山・前掲注57) 203頁。
103)　森林法判決は,「財産権に対して加えられる規制が憲法29条2項にいう公共の福祉に適合するものとして是認されるべきものであるかどうかは,規制の目的,必要性,内容,その規制によつて制限される財産権の種類,性質及び制限の程度等を比較考量して決すべきものであるが,裁判所としては,立法府がした右比較考量に基づく判断を尊重すべきものである」（傍点筆者）と述べていた。

方議会による「条例」という法形式を通じた財産権制限は,「地方的な特殊な事情の下で定められる」場合に,「とくに」正当化されうることを示唆しているからである。これは,「地方的な特殊な事情」が関係する場合に,財産権の多元的価値を公共の福祉も踏まえつつ最もうまく実現できるのは,国会ではなく,当該事情に精通した地方公共団体の議会である,との機能的な考えによるように思われる。そうすると,29条2項の〈国会・法律〉概念は,上述のように,事実的にふやかされているだけでなく,規範的にふやかされるべきだ,と考えることもできよう。[104]

(2) 奈良県ため池条例事件の「論点」

この点で再考に値するのが,奈良県ため池条例事件である。[105] これは,1954(昭和29)年に,奈良県議会にて,ため池の破損・決壊等による災害を未然に防ぐ目的で,ため池の堤とうに竹木や農作物を植えることを罰則をもって禁止する条例が制定されたため,奈良県磯城郡田原本町大字唐古所在の「唐古池」なるため池の堤とうで,父祖の代から茶や大豆等の農作物を栽培していた農民3名が起訴された事件である。この事件で,憲法上大いに議論された中心的論点は,「条例」による財産権(「ため池の堤とうを使用する財産上の権利」)制限の憲法上の許否であった。周知のように,本判決は,「ため池の破損,決かいの原因となるため池の堤とうの使用行為」はそもそも「憲法,民法の保障する財産権の行使の埒外」にあり,当該行為の規制は財産権の制限に当たらないとした。つまり,本判決は上記論点に正面から応えることを拒否したわけなのであるが,「なお」との断りを入れたうえで,以下のように述べた点が注目される。

「事柄によつては,特定または若干の地方公共団体の特殊な事情により,国において法律で一律に定めることが困難または不適当なことがあり,その地方公共団体ごとに,その条例で定めることが,容易且つ適切なことがある。本件のような,ため池の保全の問題は,まさにこの場合に該当するというべ

---

104) 本稿の問題意識は,「公私協働論」や「保証国家論」とも確実に関連しているが,この点は別稿で改めて検討することとしたい。
105) 最大判昭和38・6・26刑集17巻5号521頁。

きである」。

　このテクストからは，本判決は，地方的な特殊事情にかかわる財産上のルール形成に関しては，「国会」よりも「地方公共団体の議会」の方が機能的に優れているとの考えの下，〈県議会・条例〉による財産権制限を事実上肯定したもののようにみえる。これが従来の一般的な評価であったように思われるが，[106] 仮に，上述の考えを徹底し，機能的観点から29条2項の〈国会・法律〉概念を相対化させる・べ・きとするならば，本件における真の論点は，〈国会・法律〉か，〈県議会・条例〉か，ではなかったように思われる。

　本件「唐古池」は，近隣農民約27名による「総有」に属していたもので，[107] おそらくはこの入会集団──戒能通孝のいう「生活共同体」[108]──において，ため池堤とうの使用・管理について，何らかの慣習ないしルールが存在していたはずである。[109] そうすると，本件の隠れた重要論点は，奈良盆地に数多く存在したため池の堤とう使用に関する諸ルールを，ため池堤とうの効用，堤とうで栽培される農作物の生存財産としての価値，堤とうで耕作を行うことによる実際の危険（公共の福祉）等々を「比較考量」しながらより適切に定められるのは，ため池の近くに暮らす入会集団か，それとも奈良県議会か，という問題なのであった。国会か，県議会か，ではなく，県議会か，地域の生活共同体か，という問題。そのどちらが，ため池の取扱いに関する諸ルールを定めるのにふさわしい制度体・institutionか，という問題である。

　この対立軸は，これまで明確には意識されてこなかったが，複数の近隣農民が起訴された本件においては，条例による個・人・の・財産権制限というよりも，ルールの制定権限をめぐる団体間の──県議会と地域生活共同体間との──綱引きがより中心的な問題になっていたとみるべきであろう。この点で，2014（平成26）年9月に私が行ったヒアリング調査において，現在も「唐古池」を管理

---

106) 岩間昭道「条例による財産権の制限（奈良県ため池条例事件）」樋口陽一＝野中俊彦編『憲法の基本判例〔第2版〕』法学教室増刊（1996年）135頁参照。
107) 葛城簡判昭和35・10・4刑集17巻5号572頁参照。高裁（大阪高判昭和36・7・13刑集17巻5号575頁）以降は，「共有ないし総有」と表記されている。
108) 戒能・前掲注89）285頁参照。
109) 仮に「総有」ではなく「共有」であったとしても，ため池堤とうの「管理」については多数決によって定められた取り決めが存在していたであろう（民法252条）。

する「入会集団」（現在は唐古自治会支部）の総代が，奈良盆地のため池の多くは「谷状地形において一方を築堤した谷池」ではなく，「池床を3尺掘り下げ，そのうえで四周を築堤した」「皿池」であり，またそれゆえに水深も浅く，仮にこれが決壊した場合でも被害はわずかであるという趣旨の発言を行ったことが注目される（そもそも唐古池では，これまで決壊等の事故自体起きていないとのことであった）。この発言には，本件ため池条例は，「皿池」の特性を十分に調査・検討せず，他府県での決壊事故を受けて素人集団（議員団）が反射的に作った粗悪なルールである，との考えが示唆されているからである。なお，実際，地元新聞（大和タイムス）は，条例制定時の県議会の議事録から，本件ため池条例が「質問らしい質問もなく無条件で承認されてい〔た〕」ことを批判的に報道している。

奈良県ため池条例事件判決に付された山田作之助裁判官の少数意見も，おそらくは同様の考え方を示していたのではないかと思われる。やや長いが，以下引用しよう。

「所謂ため池のうちには，平野地域において，しばしばみられるように，平坦な土地の一部を掘さくして作られているものがあり，このようなため池の場合においては，その所謂堤とうなるものの多くは，堤とうにつづく田畑と，殆んどその土地の高さを等しくするのが多く，従つて，堤とうそのものが決壊するが如き危険の考えられないものもあるのであつて，本件においても，……堤とう敷地といわれる部分の面積が，六反四畝二八歩もあり，父祖

---

110) ヒアリング（2014年9月22日）における総代の発言を，宮本誠「奈良盆地における溜池灌漑の成立過程と再編課題」農業経営研究22巻1号（1984年）27頁によって補強した。発言趣旨は変わらない。なお，この現地調査およびヒアリングを行うに当たって，田原本町教育委員会事務局文化財保存課（藤田三郎課長）に大変お世話になった。この場を借りて感謝お申し上げたい。
111) 主に，1951（昭和26）年に京都府南桑田郡篠村（現亀岡市）で起きた「平和池」決壊事件のことを指していると思われる（前掲注107）葛城簡判昭和35・10・4参照）。しかし，平和池は，いわゆるダム池であって，大和盆地の皿池とは性質を全く異にする。また，この平和池が，戦後に国の産業復興として新たに作られたダムであったという点にも注意が必要である。元禄16年に作られた唐古池の場合，この池の取扱いについて，近隣農民の中にある種の経験知が蓄積されているはずであるが，戦後に作られたダム池の場合，近隣農民にこうした経験知が蓄積されているとはいい難い。後者の場合に，近隣の生活共同体にその取扱いに関するルール形成権限を委ねることは必ずしも妥当ではない。
112) 大和タイムス1961（昭和36）年7月14日1面参照。

の代より茶の木,柿の木等を植えて現在におよぶというのであるから,その地目が堤とうであるからといつて,ただちに決壊のおそれがあるものとし,その事実を前提として議論することは許されないものと解する。(なお,記録添付の現状の写真によれば,本件唐古池は平坦な土地に掘さくされた池で,その堤とうとこれにつづく畑との間には殆んど土地の高低の差はみられず,所謂堤とうの部分も,水ぎわまで耕されている立派な茶畑等の耕地であることが認められるのみならず,記録によれば,唐古池堤とうは,いまだかつて決壊したような事跡がないことがうかがわれるのである)」。

(昭和30年頃の唐古池。東上空から西を望む。田原本町教育委員会事務局文化財保存課提供)

以上のようにみると,ため池の周辺で暮らす農民の生存や生活の維持,ため池堤とうの効用の発揮といった憲法29条の多元的な価値・目的を,ため池決壊等の危険の防止・除去といった公共の福祉と調和させながら最適に実現でき

るのは，第1には，ため池の近くで暮らす生活共同体であるようにも思われるのである。そうすると，本件において批判さるべきポイントは，奈良県の議会が，こうした共同体が長きにわたり有してきたため池堤とうの管理・使用に関するルール——「遠い昔いつのほどにか部落民によつて認められ」た「慣行」（山田少数意見）——を，それへの敬意なく，いとも簡単に条例へと置き換えたことであった，と考えることもできる。

　もちろん，ここで29条2項の本質を忘却するわけにはいかない。

　財産権の内容は民主主義的に定める，という要素である。一般に，入会権の内容は慣習によって定まるとされるが，これを変更する場合には入会集団を構成する全員の一致が必要になると説かれる。[113] また川島武宜は，入会集団の各構成員は「従前の共同利用のしかたを変更するいかなる処分に対しても……有効な異議権を有した」とするギールケの言葉を引用し，「事実において，入会集団はこれを実行しており，その手続をふまなかつた場合にはその利用形態の変更に不満をもつ入会権者の抗議反対を生じ，入会集団の管理者はそれらの者の了解を得てはじめてその利用形態の変更を実行に移すことができる」と述べる。[114] こうした記述からは，入会集団が——先述した区分所有者団体と同じく——民主的にルールを形成しているようにも思える。しかし，この村落共同体内部の濃密な人間関係や力関係，さらには，「入会団体を構成する基本的単位〔が〕，〔個人ではなく〕当該地域集団における各『家』ないし世帯であ〔る〕」[115]という点を軽視すべきではない。

　つまり，ここでの「民主主義」は，自由かつ対等な個人間の「討議（deliberation）」とは異なるものである可能性が考えられるのである。そうであるならば，この歪んだ人間関係のなかで形成されたルールは，《現代》的なものというより，端的に《前近代》的なものといえる。《現代》は，適切な制度体・institutionが民主的に定めた財産上のルールに対する尊重を憲法上要求するものであり，奈良県ため池条例事件において，本来，裁判所は，このような観点，すなわち入会集団の有する財産上のルールの正統性をも踏まえて，[116]ため池堤とうで

---

113) 我妻・前掲注45) 449頁。
114) 川島武宜編『注釈民法（7）』（有斐閣，1968年）574頁〔川島執筆〕。
115) 同556頁〔渡辺洋三執筆〕。

の耕作の憲法上の位置付けを吟味すべきであったように思われる。

 4　小括——森林法判決再訪

　以上検討してきたように，憲法上の財産権保障の性格については，これまで，①憲法29条の包含する憲法上の目的・価値・経済秩序観から直接憲法上の財産権ないし制度を導出する実体的接近法と，②このような実体的価値論や規範的議論から離れて，法律家集団の共通了解や，制憲者の憲法的決断（明治民法の法制度を日本国憲法上のそれとして取り込むという決断）といった事実から，憲法上の財産権ないし制度を設定する事実的接近法とが存在した。本稿は，そのどちらにも基本的に与せず，③日本国憲法は，「財産権の内容」は憲法29条の包含する目的・価値・経済秩序観を「公共の福祉」との調整を図りつつ，最もうまく実現できる制度体・institution が民主主義的に「定める」ことを要求するものである，との制度的・機能的接近法を示した。これは，《前近代》は，物とのかかわりを，中間集団が独自の手続により排他的に定めることを肯定する時代，《近代》は，これを，個人が独自の手続により排他的に定めることを肯定する時代，《現代》は，これを，適切な制度体・institution が民主主義的に定めることを肯定する時代である，との時代認識を背景としている。

　こうした分類法を採用したとき，なお問題となるのは，森林法判決が「近代市民社会」なる言葉に仮託した個人主義的価値を，憲法上どこまで相対化しうるかである。制度的・機能的接近法においても，憲法29条が包含する複数の価値の1つとして，個人主義的価値が重要であることは認める。そうすると，この個人主義的価値と真っ向から矛盾・対立するような財産上のルールは，実体的に正面から違憲といいうる（少なくとも財産権制限として厳格審査の対象となる），とも考えられる。単独所有からの逸脱という理由ではなく，個人主義的価値の侵害という理由で，憲法上厳格な統制を受けるのではないか，ということである。こうした観点からは，森林法上の分割請求権の制限が，共有者に団

---

116)　「慣習」を黙示の（民主的）同意とみるか，単なる黙従とみるかは，別途慎重な検討を要する。

117)　物概念については，水津太郎「民法体系と物概念」NBL1030号（2014年）22頁以下参照。

体的——森林法事件においては家族的——結合をどこまで強制しているかが重要なポイントとなろう。

森林法判決に付された香川保一裁判官の反対意見は,「共有森林の管理について共有者間の意見が一致しない場合,共有関係の継続を欲しない者がその持分を譲渡して共有関係から離脱することも必ずしも困難を強いるものではない」(傍点筆者)と述べるが,この指摘は,上述の論点(団体的結合の強制性)を消極的に捉えるものであろう。つまり,分割請求権はたしかに行使できないが,持分処分の自由が保障されている限りで,本件規定は団体的結合の「強制」にまでは至っていない——個人主義的価値と真っ向から矛盾・対立するものではない——との評価も可能なのである。こう考えれば,本件において「財産権の制限」は観念できず,ただ客観的に,あるいはプロセス的に,森林法186条の合憲性が審査されるべきことになる。そもそも,「森林」という外界的対象に関する諸ルールは「森林」に近しい者たちによる討議(協議)によって定められるべきであると《現代》風に解するならば,共有森林について分割請求権を制限すること自体が否定的に捉えられることは,ない。

以上のように,制度的・機能的接近法と実体的接近法との関係は,なお突き詰めて検討されなければならない問題を含む。しかし,上述のように,近代的価値——個人主義的価値——に真っ向から反するような財産上のルールは,そもそも,個人の尊重を謳う憲法13条や,消極的結社の自由を保障する憲法21条など,他の憲法上の権利を侵害している可能性がある[118]。そうすると,「憲法上の財産権」を実体的に構成する必要,あるいは「憲法上の財産権」という概念を残しておく必要がどこまであるのかが,憲法上改めて問題となろう。

結語に代えて

森林法判決とは,一体,何だったのであろうか。
《近代》が完全に根付かない日本社会において,《近代》を日本のconstitu-

---

[118] 最判平成17・4・26判時1898号54頁(農業災害補償事件)は,農業共済組合への当然加入を,職業選択の自由(憲法22条1項)との関係で問題としたが,これを結社の自由の制約とみる考えもありうる。

tion の中に明示的に招き入れ，これを実現されるべき憲法的理想としたこの判決は，その後，財産権事案において忘れ去られる。周知のとおり，財産権をめぐるその後の判例が引用するのは，森林法判決ではなく，権利論証のない──「思想」抜きの──証券取引法判決であり続けているのである。森林法の規定と同様，「単独所有」からの離脱ともとれる区分所有法上の団体法的規律が問題とされた事案においてさえ，平成の最高裁は，森林法判決を黙殺した。要するに，1987（昭和62）年の春，最高裁が追いかけた《近代》あるいは《近代市民社会》は，判例上，憲法29条の解釈論から完全に姿を消したわけである。

　これは，一体何を意味するのであろうか。単なる法理上の失敗か，日本社会に残存する反・非近代的なるものの静かなる勝利か。もちろん，この問いは，それ自体，社会学的考察を必要とする重要なテーマとなりうる。ただ，帰結主義的に考えれば，最高裁が29条の「近代主義」的解釈を諦めたことは，《近代》という重力に引っ張られない，新たな29条論の展開可能性を押し広げる意味をもつ。実際，証券取引法判決以降の，必ずしも理論的構築性が高いとはいえない財産権判例群は，新たな「理論」を受け入れるための余地を，敢えて作り出しているともいえる。《近代》の未完成を逆手にとって，《現代》の財産権論を示し出すこと。これこそが，憲法理論に課された現代的仕事の１つであるようにも思われる。

119）　最大判平成 14・2・13 民集 56 巻 2 号 331 頁。
120）　最判平成 21・4・23 判時 2045 号 116 頁。

宗教の近代性とその責任
——空知太神社事件

大　屋　雄　裕

はじめに——問題の所在：神道の宗教性

　空知太神社事件は，神道に属する神社に対して北海道砂川市が土地を無償提供していたことにつき，憲法上の政教分離に反するとして提訴されたものである。小学校の敷地拡張に協力した代償として市が町内会に無償貸与していた市有地内に神社の鳥居，町内会館内に祠が設置されていた点が問題となった事案だが，最高裁は特定の宗教団体に対して便宜を図っていると一般人の観点から判断されてもやむを得ないものとして違憲としつつ，問題となった施設等の撤去以外の方法による解決を求めて札幌高裁へと審理を差し戻した。

　従来から政教分離問題において1つの重要な争点となってきたのは，神社または神道の宗教性である。この点をめぐっては，一方に神道は当然に宗教であり政教分離の対象になるという「神道宗教説」があり，明確な教義体系や教典を持たない以上宗教とは言いがたく，むしろ伝統・社会習俗的なものとする「神道非宗教説」と対立してきた。後者の観点からすると神社は他の宗教と衝突するようなものではなく，政教分離の対象ともならないとの結論に結び付きやすい。
　だが問題は，双方の立場に一定の難点が指摘できることだろう。つまり，神道を一定程度受け入れている多くの個人が仏教など他の宗教に関する実践も排除していないことを考えれば，それがキリスト教などを範型とする宗教観念に

問題なく合致するとは言いがたく，神道宗教説に単純に従うのは難しい。他方で神道非宗教説には，その故に通常の信仰とは異なる・衝突しないという理由から戦前における天皇崇拝・国家神道を正当化し，国民全員に強制する根拠にされてきたという負の歴史がつきまとう。他の多くの宗教の側でも政府の宗教政策との対立を避けるためにそれを受け入れてきた点も，問題として指摘することができるだろう。

しかし本稿ではこの点に関し，議論の全体が特定の・固定的な宗教概念に捉われているのではないかという視点から分析を試みたい。率直に言えば，主としてキリスト教のハードコアな信者が自治体・住民団体などによる神道へのコミットメントの合憲性を追及するという固定された構図が，日本における政教分離紛争においては繰り返されている。もちろん日本におけるキリスト教信者が人口比1％以下のマイノリティであるために集団的意思決定で自らの主張を実現し得ないという多数派─少数派問題をその背景として想定することはできるが，同様に・あるいはそれ以上のマイノリティであるイスラム教などの伝統宗教やさまざまな新興宗教が紛争の構図にさほど現れないことを見れば，そのような見方は単純に過ぎるようにも思われる。

グローバル化によって，日本社会にとってさらに必要性を増している他文化・他宗教との共存という課題に照らして，この政教分離という問題をどう読み解くべきなのかを検討してみよう。

I　信教の自由と政教分離

1　憲法上の政教分離

日本国憲法は19条において思想・良心の自由を定めるとともに，20条において信教の自由を規定している。重要なのはその際，単に個々人の宗教的信念に政府が干渉しないこと（消極的自由）のみならず，宗教に関する特定の行為が政府に対して禁止されるというより強い規制が定められている点であろう。具体的には，同条1項後段において「いかなる宗教団体も，国から特権を受け，

又は政治上の権力を行使してはならない」こと，3項において「国及びその機関は，宗教教育その他いかなる宗教的活動もしてはならない」ことが定められ，これらの手段により2項に規定する「何人も，宗教上の行為，祝典，儀式又は行事に参加することを強制されない」ことが保障されるという関係となっている。

また89条において「公金その他の公の財産」を「宗教上の組織若しくは団体の使用，便益若しくは維持のため」に支出・提供することが禁止されている点も重要である。無論これらの規制は，戦前における国家神道のあり方を前提としてその再現を防ぐために導入されたものだと言うことができるだろう。[1]

2 政府による関与の境界線

だが，政府とおよそ宗教的なるものすべての関わりを禁止することは不適切であるか，不可能であろう。たとえば寺院の建築や仏像が歴史的・文化的に重要な価値を持っているときに，その維持・保存について公的資金の支出が一切できないものとすることは適切だろうか。宗教団体が学校を設立し，当該団体の教義を価値上の指針としつつあくまで世俗的な教育を行っている場合に，提供主体（ないしその母体）が特定宗教であるという理由で教育への助成から排除することは適当だろうか。ここから，現行憲法下において許容される関わりとそうでないものを区切るという境界線問題が登場し，これまでいくつかの事件を通じて争われてきた。

特にその判断枠組を示すものとして重要なのが，「津地鎮祭事件」最高裁判決（最大判昭和52・7・13民集31巻4号533頁）である。三重県津市の市立体育館建設にあたり，地鎮祭を行ったことについて挙式費用の返還を請求された事例において最高裁は，「当該行為の目的が宗教的意義をもち，その効果が宗教に対する援助，助長，促進又は圧迫，干渉等になるような行為」（541頁）が違憲となるとするいわゆる「目的効果基準」を示し，地鎮祭が宗教に由来するな

---

1) この点は，同様に第二次世界大戦の敗戦国でありながら宗教団体に「公法上の団体」（Körperschaft des öffentlichen Rechts）としての資格を認め，教会税を政府の手により徴収しているドイツとは大きな対照をなしている。

どの一定の関連性を持っていることは肯定しつつ，その目的は「社会の一般的慣習に従つた儀礼を行うという専ら世俗的なもの」(545頁)であるとして，請求を退けた。

　最高裁によれば，政教分離の意義は信教の自由を保障するための間接的手段，制度的保障である。旧憲法においても条文上は（一定の制限付きとはいえ）信教の自由が保障されていたが実態としては国家神道に従うことが求められ，拒否する個人や国家神道の枠組に合致しないとみなされた宗教にはさまざまな弾圧が加えられた。[2]つまり「信教の自由を確実に実現するためには，単に信教の自由を無条件に保障するのみでは足りず，国家といかなる宗教との結びつきをも排除するため，政教分離規定を設ける必要性が大であつた」(539頁)というのである。

3　空知太神社をめぐる事情

　本件において争点となったのも，無償貸与された私有地に宗教的施設が設定され，そこで年数回ではあれ宗教的行事が行われてきたという事実を前提とし，そのような関わりが合憲・違憲をめぐる境界線のどちら側にあるかという問題であった。[3]

　すなわち判決の認定した事実によれば，①年3回程度ではあるが神社の祭礼を称する式典が実施され，おみくじなどが販売されるとともにその売上げが別の神社に納められているなど，宗教上の行為と認めるべき要素が確認される一

---

2) 個人の例としては，教育勅語への明治天皇宸筆の署名に対して最敬礼しなかったために第一高等中学校からの辞職 (1891年) を迫られた内村鑑三，団体の例としては第二次大本事件 (1935年) によって教団施設の破壊・組織の解体が強制された新興宗教「大本」が挙げられよう。
3) ただし本件においては最高裁が津地鎮祭事件判決のうち宗教との「かかわり合いがわが国の社会的・文化的諸条件に照らし信教の自由の保障の確保という制度の根本目的との関係で相当とされる限度を超えるものと認められる場合にこれを許さないとする」(民集31巻4号534頁) という一般的考慮のみに言及し，目的効果基準を示した部分に触れていないことから，従来と異なる判断枠組を採用したのではないかとの指摘がある。この点につき，津地鎮祭事件や愛媛玉串料事件 (最大判平成9・4・2民集51巻4号1673頁) のような従来の判例が一回起起的な行為の問題であったのに対して本件が継続的な状態に関するものであったという差異に注目するものとして，清野正彦による調査官解説 (ジュリスト1399号〔2010年〕83頁)，また田近肇「宗教法判例のうごき〔平成22年・公法〕」宗教法30号 (2011年) 223〜252頁がある (特に228〜232頁を参照)。

方，②祭礼を実施していた氏子団体の存在・範囲・構成員などは不明確であり，実態としては非＝宗教的団体である町内会の役員がそれを担っていたこと，その全員が仏教徒と自認していたほか，祭礼が行われた神社の祠と称するものも町内会館の一角を利用し・祭礼等の際にのみ扉を開けて利用していたに過ぎず，また同会館の利用実態としても通常の町内会施設としての方が圧倒的に多かったなど，宗教性を否定させる要素もあったため，このような「関わり合い」が境界線のどちら側に属するかが問題となったわけである。[4]

---

4) 空知太神社事件ではこれ以外に，そもそも神社が町内会館と同居し・市有地に所在することになった経緯についても考慮され，結論を左右する一因となっている。すなわち同神社は明治期に北海道庁から貸し下げを受けた土地に建立されたものだったが，その後隣接地に設置された小学校を拡張するために同地を利用する必要が生じたことから，1950年に一住民の提供した土地へと移転した。1953年，神社敷地に関する固定資産税の負担を解消するため当該住民は同地を砂川町（当時）に寄附することを願い出，これを受けて町議会は同地の寄附を受けるとともに神社施設のため無償使用させるとの議決を行った。さらに1970年，町内会が市から補助金の交付を受けて地域の集会場を新築する際に神社の施設・鳥居を取り壊し，別の住民から市が寄附を受けていた土地・土地改良区から無償で借用した土地（1994年に市が購入）を加えた敷地に建設した町内会館に祠を移設，その一部に鳥居を新設した（民集64巻1号6〜7頁）。つまり結果的にはすべて市有地となった敷地内に神社・鳥居が立地することになったが，そのような状態が当初から成立していたわけでも，目指されていたわけでもない。

また，明治以降「社寺領を国等に上知（上地）させ，官有地に編入し，又は寄附により受け入れるなどの施策が広く採られたこともあって，国公有地が無償で社寺等の敷地として供される事例が多数生じた」(10頁)こともその背景として指摘されている。このような事例については，政教分離を前提として譲渡・有償貸付けなどの手段によって解消することが原則とされてきたが，なお「そのような措置を講ずることができないまま社寺等の敷地となっている国公有地が相当数残存していることがうかがわれる」(同)。多数意見は上記のような背景を踏まえ，「本件利用提供行為は，もともとは小学校敷地の拡張に協力した用地提供者に報いるという世俗的，公共的な目的から始まったもので，本件神社を特別に保護，援助するという目的によるものではなかったことが認められる」(12頁)と評価しつつ，無償提供という実態が長期に継続してきた現時点に至ってはそれが「一般人の目から見て，市が特定の宗教に対して特別の便益を提供し，これを援助していると評価されてもやむを得ない」(同)と判断したものだが，それによる違憲状態の「解消手段の選択においては」このような経緯が「十分に考慮されるべき」(13頁)だと指摘している。

空知太神社事件と同一の原告・被告間で争われ，同日に判決の下された富平神社事件（最大判平成22・1・20民集64巻1号128頁）においても，施設撤去という解決策では地域住民等の宗教的活動が著しく困難になり，信教の自由に重大な不利益を及ぼすことになると指摘されている。同事件においては，元来地域住民らの名義で登記され，実質的には町内会の前身が利用していた土地を教員住宅建設のために市に寄附したものであったとの経緯に注目し，神社所在地を無償で町内会に譲渡した措置が合憲と判断された。空知太神社事件についても，本件判決後に神社施設を集約するとともにその敷地を有償貸与するという対応が取られており，差戻し後の控訴審（札幌高判平成22・12・6民集66巻2号702頁），上告審（最一小判平成24・2・16民集66巻2号673頁）により是認されている。

明治維新によって建設が進められた日本の近代によって神社の現状が生じ，それが政教分離と

だがここで注意すべきなのはその際，議論の重要なポイントとして言及されてきたのが神道の宗教性だったということだろう。本件最高裁判決は結論的に「本件神社において行われている諸行事は，地域の伝統的行事として親睦などの意義を有するとしても，神道の方式にのっとって行われているその態様にかんがみると，宗教的な意義の希薄な，単なる世俗的行事にすぎないということはできない」（民集64巻1号11頁）として宗教性アリとの評価に至ったが，この点をめぐって3裁判官から個別の補足意見，4裁判官から1つの意見，1裁判官から反対意見が付されるなど，まさに四分五裂の議論となったことが伺える[5]。

　すなわち両極にある藤田宙靖補足意見と堀籠幸男反対意見は，前者が空知太神社を「取り立てて宗教外の意義を持つものではない純粋の神道施設」（17頁）と位置付けて境界線問題の射程外に置こうとし，そのことによって「そこで行われる行事もまた宗教的な行事であることは明らかである」（18頁）とするのに対し，後者は「主として地域住民の安らぎや親睦を主たる目的として行っているものであり，神道の普及のために行っているものではないと推認することができる」（45頁）と真っ向から評価を違える。たとえ祭礼が「五穀豊穣」といったごく抽象的な目的を掲げたものだとしても，藤田によれば「五穀豊穣等を祈るというのは，正に神事の目的それ自体であって，これをもって『世俗的目的』とすることは，すなわち『神道は宗教に非ず』というに等しい」（18頁）[6]。だが堀籠はまさにその通り，神道は少なくとも憲法が政教分離の対象として想定している宗教そのものではない，それらと同一平面にあるものではないと主張しているのである。彼によれば神道はまさに日本人にとっての生活の一部なのであって，それと「創始者が存在し，確固たる教義や教典を持つ排他的な宗教とを，政教分離原則の適用上，抽象的に宗教一般として同列に論ずるのは相当ではない」（44～45頁）。

　　いう新たに徹底された近代的原理によって問責されているという両事件の構図からは，さまざまな意味において，我々が近代日本をいかに決算するかという問題がここで問われていることを見て取ることができよう。
5)　今井功裁判官の反対意見は差戻しという本件判決の結論に関するものなので，本稿の論点には関係しない。
6)　だが藤田が地鎮祭・忠魂碑・地蔵像は純粋な宗教的存在ではなく，五穀豊穣を祈ることは宗教的であると区別する基準がどのようなものであるのか，筆者には判然としない。

神道は、日本列島に住む人々が集団生活を営む中で生まれた、自然崇拝、祖先崇拝の念を中心として、自然発生的に育った伝統的な民俗信仰・自然信仰であって、日本の固有文化に起源を持つものであり、特定の者が創始した信仰ではなく、特定の教義や教典もない。このように、神道は人々の生活に密着した信仰ともいうべきものであって、その生活の一部になっているともいえる。(44頁)

すでに見た通り、ここに現れている構図こそ神道宗教説・神道非宗教説の対立に他ならない。そしてこの中間に、いわば妥協的に、神道の宗教性を基本的に承認しつつどこかで他の宗教と異なる性格を認める立場が展開されることになる。「氏子総代世話役等の神社運営に携わっている者の中で神道を信仰しているものは皆無であるし、これらの者は、町内会に役員として参加するのと同様な世俗的意味で氏子集団に参加し、先祖から慣習的に引き継がれている行事に関与しているにすぎず、そこに宗教的意義、宗教的目的を見いだしている者はいない」(36頁) という被告側主張を考慮に入れるべきであるとする甲斐中辰夫ら4裁判官の意見、あるいは「憲法が政教分離原則において本来的に想定しているのは、国によって政治的に利用される危険性のある宗教であり、典型的にはかつての国家神道がこれに当たる。その他、既成の大宗教に属する有力な教団や信者に対する支配力の強い有力な新宗教など、信者に対する精神的、経済的な支配力の強い宗教が潜在的にその危険性を帯びているであろう」(29頁) とし、本件神社がそのようなものにあたるとは「到底評価し得ないであろう」(30頁) としつつも、そのように「弊害を生ずる危険性の大小によって違憲か合憲かの線引きをすることは、困難であり、適切でもない」(30頁) ので厳格な分離を等しく要求すべきであるとする近藤崇晴補足意見は、そのように理解することが可能だろう。

Ⅱ　宗教観をめぐる問題

1　排他的宗教観

　だが，非宗教＝習俗であれば他の宗教と衝突・相克することがなく，宗教であれば衝突・相克するという前提は正しいのだろうか。このような考え方の背景にあるのは，特定の一宗教が人間生活の全体を規定する——故に他の宗教の入り込む余地はない——のが宗教の本来的なあり方だという想定である。ここではそれを「排他的宗教観」と呼んでおこう。このような宗教観を前提とするからこそ，ある宗教を実践することがそれ自体としてただちに他宗教の排除・否定を意味することになるわけだ。

　だが，少なくともそれは古代から現代に至る多くの日本人の宗教実践とは合致していないし，複数のアジア諸国の状況とも異なっている。正月には神社に行き，クリスマスを祝い，寺で鳴らされる除夜の鐘で一年を送るのが多くの日本人の年間生活であり，そのような分業体制は——出生を神社で・結婚を教会（風）で・死を寺院で扱うというように——我々のライフサイクルにも再現されている。伝統中国社会においても儒・仏・道の三教が併存ないし分業していたという実態があり，いずれか１つを強く支持する人々からは常に問題として意識されていた。[7]アフリカ社会においても，人々が公式にはキリスト教やイスラム教を信仰している状態でありながら，伝統的信仰に基づく呪術医（ウィッチドクター）が活躍していたりする。[8]多様な宗教の併存や分業を認めず，包括

---

7)　たとえば唐宋八大家に数えられる詩人・韓愈は，仏舎利を宮中に迎えて儀式を行おうとした唐の憲宗（位805～820年）に対して儒教復興を支持する立場から諫奏し（「論仏骨表」），次代・穆宗の即位（820年）までのあいだ左遷されている。そこでは仏教が中国古代には存在しなかった「夷狄の法」であり，儒教とは異なる・相容れない存在と位置付けられている。また李氏朝鮮では，朱子学を重視する立場からの廃仏運動が繰り返され，寺院の廃止・破壊などを経て仁祖（位1623～1649年）の時代に出された城内からの僧侶追放令により完成に至ったと評価されている。

8)　そのような実態を紹介する一例として，参照，井上真悠子「『呪術』という癒し——東アフリカのザンジバルにおける呪術利用」Synodos，2013年9月26日（http://synodos.jp/international/5480）。

的・独占的な支配を実現しようとする点においては,むしろ啓典宗教(ユダヤ・キリスト・イスラム)こそが例外的だと考えるべきなのではないか。

2 クレオール宗教説

このように述べれば,いやむしろそのような分業体制の全体が包括的な宗教なのだとの反論があり得るかもしれない。たとえば儒仏道三教をそれぞれ別個の宗教だと考えればそれらが相互に補完しているということになるだろうが,現実にはそれらの組合せ・融合あるいはクレオールによる1つの世界観,たとえば伝統中国的宗教と呼ぶべきものがそこには存在していたと考えるわけだ。我が国においても,明治維新の一環として行われた神仏分離以前には両者が一体化・融合する側面があったことは事実であり,このような考え方には一定の根拠がある。寺を守る神社としての鎮守社・神社を守る寺としての神宮寺なども,そのような観点から理解することができよう。神道史を重要なテーマとする歴史家・井上寛司も,11世紀の「王法仏法相依」論により本地垂迹説が定着し,神と仏,神社と寺院の一体性が理論的に基礎付けられたことによって,両者が一体の宗教体制化したと指摘している。

---

9) もちろん筆者は,このような排他性が啓典宗教に固有の特徴だと言っているわけではない。日本でも,日蓮宗や浄土真宗の一部は非常に強い排他性(典型的には日蓮宗における「不受不施」〔法華信者以外の布施を受けず,法華信者以外の供養を施さない〕や浄土宗・浄土真宗における「専修念仏」)を実践しようとした実績がある。一方で佐藤弘夫は,これら鎌倉新仏教が包括的・排他的性格を実現しようとしたことに革命的性格を見出しつつ,それが持続せず他宗派・他宗教との共存へと方針転換していったことを指摘している。参照,佐藤弘夫『鎌倉仏教』(ちくま学芸文庫,筑摩書房,2014年)。

10) 「クレオール」(Créole)とはもともと,フランス植民地であったアンティル諸島において植民地生まれで本国を知らない子供を指した言葉であり,さらにアフリカから連れてこられた奴隷の子として植民地で生まれたもの,白人植民者と黒人奴隷のコミュニケーションのために生み出された言語など植民地起源のものを指す言葉へと広がっていった。言語においては特に,互いに意思疎通できない人々のあいだで作られた融合的な言語(「ピジン」〔Pidgin〕)がその子の代以降に母語として利用されるようになった段階を指す(一例として,英領ピトケアン諸島で話されるピトケアン語はタヒチ語・英語のクレオールであり,それは英海軍の反乱者〔バウンティ号の反乱・1789年〕がタヒチ原住民を拉致して無人島に定着したという同島社会の創設史に由来する)。さらにこのような文化・言語の混交を積極的に捉える観点からも,そのような現象を指す言葉として用いられる。一例として参照,今福龍太『クレオール主義〔増補版〕』(ちくま学芸文庫,筑摩書房,2003年)。

古代日本の宗教は仏教や神祇信仰・修験道・陰陽道など「異なる儀礼体系の複合的集合体」として存在し，人びとは時と処に応じて適宜使い分けながら，それらをともに信仰していた。しかし，それらは統一されず，いわば多様な信仰の寄せ集めというのがその実態であった。／ところが，本地垂迹説によって神と仏の本質は同じであって，そのあらわれかたが違うのだと説明・理解されたことにより，この顕密仏教思想を基軸に据えてすべての信仰形態が統一され，またそのことによって神祇信仰（神祇道）や修験道などもそれぞれ理論的に整備され，新たな安定を見ることとなった。仏教思想を共通の理論的基盤としながら，時と処に応じて，仏教や神祇信仰・修験道・陰陽道などをそれぞれ適宜使い分けながら精神的な安穏と魂の救済を得るという，日本に特有の宗教がここに成立したのである。（井上寛司『「神道」の虚像と実像』〔現代新書，講談社，2011 年〕，75～76 頁）

　しかし，ここには 1 つの飛躍ないし混乱がある。複数の・それ自体が単独で存立可能な「宗教」が使い分けられるような信仰のあり方があるとき，そのような使い分けはその構成要素たる宗教と同様の「宗教」なのだろうか。それともそれらが構成する「宗教体制」なのだろうか。たちどころに理解されるように，これは定義問題である。宗教を排他的・包括的な世界観と定義するならば，分業・併存体制に見えるものであっても融合的な一宗教と考えざるを得ず，その結果として宗教が排他的・包括的であるとの定義が維持されることになり，日本的な信仰のあり方も特有の「宗教」だということになる。逆に個々の宗教は必ずしも排他的ではないと定義すれば，信仰のあり方は併存・分業による「体制」である（その意味で個々の宗教とは同一の位相にない）と無理なく考えられるようになるだろう。すると問題は，どちらの定義がより実用的（プラクティカル）かということではないだろうか。
　このとき前者の定義の問題点は，そのようなクレオール的あり方を潔しとせず，1 つの観点に立って信仰の純化を唱える立場が伝統中国においても日本においても繰り返し登場したことだろう。吉田神道の研究者である井上智勝は，「水戸黄門」としてフィクションのなかで有名になった徳川光圀（1628～1701 年，水戸藩第 2 代藩主）が儒教に傾倒し，仏教を排除する政策を進めたことを紹介し

ている。光圀は寛文3（1663）年に領内の神社に関する調査を行い，その結果をもとにして，1つの村に1つの神社という対応関係を明確化するという方針をおおむね実現している（元禄9〔1696〕年以降に厳密化）。

光圀が同時に行ったのは，神社からの仏教色の排除である。神仏習合の神社から，徹底的に仏教色を排除した。まず，僧侶が管理・運営する神社から彼らを排除した。これは，同時に進められた寺院整理とも連動している。僧侶の中には，神職に転じて神社への奉仕を続ける者もあった。御神体が仏像だった神社も多かったが，このような神社では，仏像を排除して幣や鏡などに改められた。（井上智勝『吉田神道の四百年――神と葵の近世史』〔選書メチエ，講談社，2013年〕126〜127頁）

その背景にあったのは，儒教で理想視される古代社会に匹敵する理想社会が・神道に支えられた日本にかつて展開されていたという，吉田神道に基づく発想であった。それが戦国乱世へと堕落したのは，「いかがわしい神を祭る神社（淫祠）が増え，仏教が伝来してこれを信じる者が増加して」（同119頁）世の秩序が乱れたからである。これら混乱の原因を排除することにより，聖代を蘇らせることが展望されるのだ。「儒教と神国思想の折衷は，仏教を悪者にすることによって達成された」（同）。さてこのような立場は，井上寛司の言う「日本に特有の宗教」とどのような関係にあるのだろうか。

仮にクレオール宗教説に立って両者を同一平面にある別の宗教であると考えるならば，組合せのタイプ・分業の形態などに応じてそれぞれを個別の宗教と考える必要が生じ，結局は宗教数の爆発を招くことになるだろう。つまり儒教・神道の融合による仏教の排除，包括的・排他的な鎌倉新仏教のそれぞれ，儒教との融合すら拒否する吉田神道などはそれぞれ違う融合（ないし排除）によって構成された個々の宗教であり，「日本に特有の宗教」とは異なる。そしてこう考えた場合，日本の宗教生活において「日本に特有の宗教」が占める割合も限定的だ，ということになってしまうだろう。要するにこのような立場は，議論を進めるにあたってあまり合理的ではない。

実際，本地垂迹説に基づく宗教体制を「日本に特有の宗教」と位置付けた井

上寛司自身がただちに，鎌倉新仏教がこのような顕密体制に根本的批判を加える革新運動として登場したことを指摘せざるを得なかった。それらはいずれも「一部では神祇不拝を称えるなど，顕密仏教と鋭く対立した」のだが「世俗権力からも厳しい弾圧を受け，顕密仏教に対する異端という地位にとどまった」（井上寛前掲，77 頁）と整理されるのだが，その次には吉田神道，すなわち「京都吉田神社の神主吉田（卜部）兼倶が創出した，『神道』教説についての新たな理論と儀礼の体系，およびそれに基づいて全国の神社・神職を一元的に掌握・統制しようとした，それまでにない新しい宗教システム」（同 112 頁）が誕生する。たとえば独自の葬送儀礼を考案することにより，仏教が支配的な領域であった「死」を包括した完全な儀礼体系の構築を試みた吉田神道を「日本に特有の宗教」に包含して理解することは可能なのだろうか。

3　宗教観の非対称性？

だが木村草太は，このようなクレオールのうち特に日本におけるものを「日本的多神教」と呼び，それと一般的な宗教（と彼が考えるもの）との対比から前者の問題性を指摘してみせる。たとえば町内会のお祭りにキリスト教徒を「キリスト教徒の方でも，お祭りに参加できますよ」と勧誘するような人物は，木村によれば，本人が「仏教徒」だと認識していようが仏教を真剣に信仰しているとは言えない。「仏教は，ごく大雑把に言えば，悟りを開いて輪廻の円環から解脱し，仏になることを目標とする宗教である。人を超越する存在は仏だけであり，天照大神や素戔嗚尊などの日本神話の神々が登場する余地はない。したがって，天照大神を祀る神社で祭りを行う B 氏の振る舞いは，仏教を真剣に信仰するものの態度とは言い難い」からである（木村草太『憲法の創造力』〔NHK 出版新書，NHK 出版，2013 年〕118〜120 頁）。[11]

逆に，一定の宗教活動を実践している以上，彼は無神論者でもない。つまりそのような行動は「仏教とは異なる独特の宗教を前提にしたもの」，「初詣に始

---

[11] もちろんこの木村による仏教理解の驚くべき単純さ（この定義によればおそらくほぼすべての鎌倉新仏教は仏教でない）にも留意されるべきだし，事実問題としてすべての神社が天照大神を祭神としているわけではまったくないのだが，本論には影響しないのでひとまず措く。

まりクリスマスに終わる一年を過ごす日本人の多数派が信仰する宗教」(同120頁)によるものだというのである。木村によればそれは，さまざまな自然物や活動にそれぞれの神々が配置された多神教神話である。

　イエス・キリスト，仏陀，天照大神などをすべて実在する聖的存在とみなす『聖☆おにいさん』的信仰は，日本人の標準的な信仰体系であるように思われる。こうした万物の背後に神が存在すると考え，かつ，外来の聖的存在（高僧や神）もその一種とみなす独特の多神教を，以下，「日本的多神教」と呼ぶことにしよう。(同122頁)

そしてその問題点は，「日本的多神教」の側からは（かつて仏教をそうしたように）排他的宗教であっても自らの宗教体系の一部であるかのように扱うことが可能であるのに対し，そのように包含されることが排他的宗教の側からは正当性を持ち得ない・教義体系上あり得ない事態だという非対称性にある[12]。さらに「日本的多神教」の側ではその内部で相互に包含したり他の非＝排他的な宗教からその教義体系の一部に取り込まれることに抵抗感を覚えないので，排他的宗教にとってそのような行為がいかに危険・不快かが理解しにくいという構造になっている――「結局，日本的多神教は『キリスト』や『アッラー』を真の意味で尊重しているとは言えない。にもかかわらず，その信者は，そのことを極めて自覚しにくい」(同136頁)。

そこでこの問題を解決するためには，木村によれば「日本的多神教」の側において自らの宗教的あり方とは異なる信仰を理解し，それに抵触しないように

---

[12] 本論の趣旨からは外れるが，木村のキリスト教観ないし一神教観がきわめて限定的な視野を持ったものに留まる点には注意が必要だろう。たとえば木村は「ユダヤ教やキリスト教などの一神教では，神は唯一絶対の権威である。このため，国家が一神教を利用するには，宗教体系に矛盾しないように自身を神の支配構造に全面的に組み込まねばならない」(同134頁)と述べ，国家から見て活用しやすい「日本的多神教」との違いを強調して後者の危険性を主張している。しかしこの性格付けが，国王が教会の首長を兼ねたイングランドや聖職叙任権をめぐって教皇権との闘争を繰り広げた神聖ローマ帝国にどれだけ当てはまるかはおおいに疑問だと言わざるを得ないだろう。木村自身が認める通り，「国家の代表に宗教団体の代表を兼任させた」場合に「国家の側が宗教に大きく譲歩せねばならない」(同134頁)事情があったかということから再考すべきであり，かつそのような観点で（一神教か・多神教かというレベルの単純すぎる宗教自体の分類を避けて）議論することが可能なのではないだろうか。

振る舞うことが必要となるわけだ。[13]

　日本的多神教の信者は，他者が自分と「違う宗教を信じている」ことに敏感になり，無意識のうちに深刻な冒瀆や宗教弾圧をしないよう注意しなければならない。／我々に必要なのは，そうしたそれぞれの選択を尊重し合い，またそうできるような環境を整えるために努力することだろう。他者の宗教心への想像力と，多様な宗教が共存するための社会の枠組みに向けた創造力が求められている。（同139頁）

III　規制の根拠と限界

1　架空のアーミッシュ事例：不快の侵襲性

　だがキリスト教，あるいはその母体となったユダヤ教の宗教観と日本の神道（を含む信仰のあり方）が相容れない性質を持つとして，しかし次に問われるべきことはどちらが一般的・標準的でありどちらが特殊なのかという点，あるいはどちらがより正義にかなっているかという点であるべきではなかったろうか。もはやかつての植民地主義の時代のように，西欧とその文明の基軸をなしているキリスト教が先進的・普遍的であり，それ以外の「後進的」な文化のなかに住む人々を指導・教化する義務を帯びているという「文明化の使命」(civilizing mission)論が広く信じられる状況ではない。宗教観の違いがあったとして，その規範的評価はさらにその後に来るべき論点であったのではないだろうか。
　ここで，次のような架空の事例について考えてみよう。アメリカにはアーミッシュと呼ばれる，キリスト教に属する宗教集団がある。信者たちは近代文明

---

13)　もちろん我々としては，キリスト教以前の豊穣神信仰が「黒マリア」のように聖母崇拝と結合する形で教義体系に取り込まれ，逆にメソポタミアの諸信仰が排除さるべき悪魔として包含された例（ベルゼブブ・アスタロトなど）を想起すれば，キリスト教がこの問題において clean hands を主張するわけにもいくまいとは指摘しておく必要があろう。

を拒否し，おおむね移民当時の生活様式――電気や電話のない，農耕や牧畜による自給自足の生活――を維持したコミュニティを形成して暮らしている。実際の彼らは「外の世界」にほぼ不干渉であり，我々が（彼らの観点からすれば）堕落した生活を送っていることに対して苦情を申し立てたりはしない。だが仮に彼らの一部が，我々が近代技術を用いることは彼らの信仰への冒瀆であり，そのような状態を見ることさえ苦痛なので禁止されるべきだと主張したらどうするか，という問題である。我々が「堕落」し，自らの魂を損なっていることが彼らの感情を本当に傷付けていると仮定して，我々は彼らの被害感情に配慮して近代技術を断念すべきだということになるのだろうか。

少なくともジョン・スチュアート・ミルであればそうは考えないだろう。彼は国家が個人の行動に制約を加え得るのはその行動が他者への危害をもたらす場合に限られるという「他者危害原理」（harm principle）[14]を提唱したことで知られているが，その動機は危害に及ばないもの――典型的には不快感や道徳感情――を規制根拠として認めてしまえば多数者の感覚が少数者に対して強制される「多数者の専制」を招くことになるという危惧であった。多数者による干渉を避けるためにこそ，規制根拠は他者への侵襲性に限られるべきだということになる。

もちろん，他者危害原理が絶対的に正しいというわけではなく，さまざまな代替的理論・補助理論が考えられている。たとえばニューサンス（騒音・悪臭など）のように，危害とまでは言えないが環境享受の妨害になるようなものを国家が規制する必要はないのだろうか。アメリカの法哲学者ジョエル・ファインバーグはここから「不快原理」（offense principle）を唱え，危害より弱く，従ってそれに対する処罰などの制約も弱くあるべきだが，見た人が受ける心理的な不快（offense）は国家による規制の根拠になり得るとした。

提案された刑法的な禁止が，行為者以外に対する深刻な不快（権利侵害（in-

---

[14] 他者危害原理については，参照，John Stuart Mill, *On Liberty*, 4th ed., Longmans, Green, Reader and Dyer 1869 (1st ed., 1859), ch. 1. 邦訳（『自由論』）としては斉藤悦則訳（古典新訳文庫，光文社，2012年），山岡洋一訳（日経BPクラシックス，日経BP社，2011年）などがある。

jury）や危害ではなく）を防止するための効果的な方法であり，その目的を実現するためにおそらくは必要な方法である場合，それを支持する正当な理由が常に存在する。（……）不快な行為の予防は国家の仕事に他ならないのだ。(Joel Feinberg, *Offense to Others: the Moral Limits of the Criminal Law*, Oxford University Press, 1985, p. 1.〔強調原文ママ〕）

だが，この「不快」を理由とした規制が過剰に拡大することを懸念して，ファインバーグがただちに①不快自体の程度（強度・持続性など），②回避可能性 (reasonable avoidability)，③リスクの受容 (Volenti)[15]によってその限界を定めようとしていることに注意すべきだろう (Feinberg 前掲, p. 26)。たとえばある出版物に不快な内容が含まれていたとしても，本を閉じれば容易に回避できるし（②），その旨が表紙で謳われていたのにあえて内容を見たような場合にはリスクを任意で受容していると想定できるので（③），いずれも規制を正当化しないことになる。

ここで重要なのは，規制可能性が常に自由との相克を伴うということ，従って侵襲度の強弱に応じて想定することのできるさまざまな規制手段（刑事罰を伴う禁止・民事違法化・隔離などの手段的制限・非推奨の宣言といったように）との対応を考えるなどより細かな議論が必要となることだろう。それらを無視し，単なる被害感情のみを原因とした規制可能性を認めることは「多数者の専制」への道を開くものに他ならないことも，確認しておきたい。

2　カオダイ教の事例：信仰されることの不快

そこで次に考えるべきなのは，他者の信仰に巻き込まれることの侵襲性はどの程度のものか，ということである。ベトナムに「カオダイ教」(Đạo Cao Đài) と呼ばれる新興宗教がある。1919年にゴ・ミン・チェウ (Ngô Minh Chiêu) により儒・道・仏・キリスト・イスラムの五教を包含するものとして創始された融合的宗教だが，その教義によれば釈迦やキリストは玉皇上帝（ベトナム道教

---

15)　「危険への接近」に類似した英米法上の原則 *Volenti non fit injuria* に由来する。

の最高神＝カオダイ）が人類救済のために現世に現れた際に取った姿であり，従ってこれらの宗教はすべて根元的に１つのものなのだという。この観点から彼らは，それぞれの宗教の信仰対象・創始者のみならず李白やトルストイなどを聖人・使徒として崇めているのだが，なかでもヴィクトル・ユゴーは「第三の救いに関する神聖な契約」をグエン・ビン・キエム，孫文と並んで人類に示した聖人と位置付けられており，同教の本拠であるタイニン省の中央礼拝堂の入口付近にも，ユゴー三聖人が「Dieu et Humanité, Amour et Justice／天上天下　博愛公平」と書いている絵画が飾られている。さてところで，ここでユゴーが信仰されていることは，誰にどのような侵襲性を作り出すのだろうか。

　もちろん我々は，自分が崇拝対象となっていることに仮にユゴー本人が気付いたとしてそれを不快に思うとか，カオダイ教の信念は自らのものと相容れないと評価する事態を十分に想定することができる。あるいはユゴーの遺族や近親者，友人知人たちが同様の感覚を持つことも想定できるだろう。だがそのような心理的苦痛を理由とした規制を認めれば，問題とされるような信仰を持ちたい・崇拝する対象を選びたいという信仰者の側における宗教的自己決定権は妨害されることになるだろう。信仰することをその内容とする信教の自由と，信仰されない信教の自由がここで矛盾していると考えるべきなのだろうか。

---

16)　もちろん我々はここに，井上寛司が「日本に特有の宗教」を支えるものと位置付けた本地垂迹説と同様の論理を見て取ることができる。カオダイ教とその展開については，たとえば以下を参照。Janet Hoskins, "God's Chosen People: Race, Religion and Anti-Colonial Struggle in French Indochina", *Asia Research Institute Working Paper Series* No. 189, National University of Singapore, 2012. またカオダイ教とベトナムにおけるホー・チ・ミンの位置付けをめぐる問題に関するものとして参照，伊東まり子「宗教と『ホー・チ・ミン崇拝』――カオダイ教組織の『記念儀礼』という社会主義的経験」小長谷有紀＝後藤正憲編『社会主義的近代化の経験――幸せの実現と疎外』（明石書店，2011年）207〜233頁。そこでは，ベトナム民主共和国としての成立（1945年）以来「信仰の自由」が憲法上は保障される一方，「前提として『愛国心』，『公民の義務』が条件づけられていた」（213頁）体制下で，カオダイ教を含む国家公認宗教団体が「北部地域の社会主義化と戦時動員体制としての『愛国運動』に，各宗教団体の信徒を動員するための役割を果たした」（214頁）ことが指摘されている。

17)　グエン・ビン・キエム（Nguyễn Binh Khiêm；阮秉謙；1491〜1585年）はベトナム南北朝時代（1533〜1592年）の官僚・教育者・詩人であり，北朝（莫朝）と南朝（中興黎朝）双方の成立にあたって助言を与えたことから，ベトナムにおいて予言者的人物と理解されている。

18)　カオダイ教のある信者によれば，彼の30歳の誕生日前夜，降霊会において「Nguyệt Tâm Chơn Ngơn」（月のように純粋な心）と名乗る霊が現れてカオダイ教に加わるよう命じられたのだが，霊は自らがヴィクトル・ユゴーであったことを明かし，彼ともう１人の信者をユゴーの２人の息子の生まれ変わりとして「霊的な息子」にしたのだという（Hoskins前掲注16），p. 11)。

だが信仰する・・・ことがそれ自体としては個々人の信念・行為の次元に留まるのに対し，されない・・・・ことは他者の行為をめぐる問題であり，それを実現するためには社会的な合意や意思決定が必要となる点に注意すべきではないだろうか。別の言い方をすれば信仰されない・・・・自由は，もし存在するとすれば，自らの宗教的信念が社会的決定へと反映されるべきことを内容とする積極的自由なのである[20]。

　そして積極的自由として信教の自由を構想すればこのようなコンフリクトが必然的に生じ，それを調停すべき社会的意思決定のシステムとそれへの服従が必ず求められることになる。問題は，そのような服従責務によって「多数者の専制」が生じることを覚悟した上でもなお積極的自由としての宗教を構想すべきなのか，逆にコンフリクトを回避するために消極的自由としての範囲，自らのあり方について他者に干渉されない・・・・・権利として捉えるべきかということになるのではないだろうか。

3　靖国神社合祀訴訟

　そしてこの点が問題になった事例として，靖国神社合祀訴訟（大阪）を考えることができる。靖国神社に合祀された戦没者の遺族がその取消し・損害賠償等を請求した事案だが，信教の自由への侵害，「敬愛追慕の情を基軸とする人

---

19) ホスキンスによれば，ヴィクトル・ユゴーのような権威あるフランス人が霊言を語る聖人として登場した背景として，フランス植民地支配の偽善性を告発する意図が指摘できるという（Hoskins 前掲注 16），p. 4)。また，神に選ばれた民ベトナム人による・植民地支配という受難後の宗教としてのカオダイという初期のモティーフは植民地支配の正当化イデオロギー（の一部）であったキリスト教から受け継いだものであり，ジャマイカにおけるラスタファリアニズム，アメリカにおけるネーション・オブ・イスラムなど，このような「選民」意識が非＝白人による他の多くの「反抗」とも共通することを指摘している（Hoskins 前掲注 16），pp. 12-13)。被支配者の側が支配者の「武器」をいわば逆手に取る戦略を選んでいるとして，それを支配者の側に属する個人の自由によって単純に否定することが可能か，という問題も指摘することができよう。
20) 消極的自由（negative liberty）と積極的自由（positive liberty）の対比は，アイザイア・バーリンによる。参照，Isaiah Berlin, "Two Concepts of Liberty", 1958 (reprinted in: Isaiah Berlin, Henry Hardy (ed.), *Liberty*, Oxford University Press, 2002, pp. 166-217) ＝アイザイア・バーリン（生松敬三訳）「二つの自由概念」『自由論』（みすず書房，1971 年）295～390 頁。両者の関係・差異については，たとえば以下を参照。大屋雄裕『自由とは何か──監視社会と「個人」の消滅』（ちくま新書，筑摩書房，2007 年），および瀧川裕英＝宇佐美誠＝大屋雄裕『法哲学』（有斐閣，2014 年）第 3 章「自由」。

格権の保護」等の主張に対し大阪高裁は，合祀が遺族に対して心理的苦痛をもたらし得るものであることを認めつつ，神社側の宗教行為の自由を理由としてその違法性を否定した（大阪高判平成 22・12・21 判時 2104 号 48 頁）[21]。

すなわち同判決は，まず第一審の示した「敬愛追慕の情は（……）靖國神社による本件戦没者の合祀という宗教的行為による不快の心情ないし（……）〔神社に対する〕嫌悪の感情と評価するほか」（50 頁）ないという評価を共有する。靖国神社ないしその信者もまた信教の自由を持ち，宗教的行為を自由になし得るのであって，合祀により（対象の側からはいわば勝手に）崇拝の対象となるとしても，それは「他者に対する強制や不利益の付与を想定することができないものであるから（……）法的利益を侵害したとは認められない」（同）。ここでは崇拝される側（の関係者）と崇拝する側の信教の自由が対立的に捉えられ，それを調停する原理として危害を含む侵襲性が想定されていると言えるだろう。

もちろん信仰には「単なる抽象的，観念的な行為にとどまらず，宗教儀式を執り行うことで，その教義を外部に顕出するという側面もある」（53 頁）。ユゴーのようにカオダイ教が崇拝しているという事実が表示され，さらに同教の社会的評価が低下したというような事態が仮に発生すれば，それは（危害ではないにせよ）一定の侵襲として規制の根拠になし得るかもしれない。だが自らの不快・嫌悪は社会的に保護されるべきだと（そのような特有の事情もなく）主張すれば，それは積極的自由の衝突と「多数者の専制」という帰結に終わるのではないだろうか。それを避けようとすれば我々は，自らを含む世界について他者たちが語り・評価することをどこかで受け入れ，放置すべきではないのだろうか。

死者の祀り方の問題は，死者自身の問題ではなく，現世に残された人間の問題であり，死者の推定的意思を尊重するのが道義に叶うとしても，それを法的にも尊重するのが相当であると解することはできない。現世に存在する人

---

[21] ただし合祀に国が協力した点については政教分離違反を認め，憲法違反と判示している。最二小決平成 23・11・30 が上告を棄却し，上告受理申立ても認めなかったため，本判決が確定した。参照，田近肇「宗教法判例のうごき〔平成 23 年・公法〕」宗教法 31 号（2012 年）273〜276 頁。

間には，その価値観や宗教観等に基づき，死者を祀るか祀らないか，祀るとしてどのように祀るかの自由があり，死者の推定的意思をこれに優先させるべきであるとはいえない。(同)

IV 神道の宗教性・再考

1 「国家神道」の創出

神道の宗教性をめぐる議論に戻ろう。重要なのは，この問題構成自体の正当性，あるいは宗教性について語り得るような「神道」という単一の存在がそもそもあるのかという点である。すでに述べた通り政教分離の主たる対象として想定されてきたのは国家神道であるが，それは（周知の通り）明治維新以後に構成されたもの，列強の信仰たるキリスト教に対抗するために・それに倣った形で人工的に創出されたものであった。

日本の近代化・文明化を進めようとした当時の知識人や政府関係者は，キリスト教こそ西欧文明の精神的支柱であると見ており，西欧諸国に近づくためにはキリスト教に対抗できる精神的支柱を構築する必要があると考えたのである。（大橋幸泰『潜伏キリシタン——江戸時代の禁教政策と民衆』〔選書メチエ，講談社，2014年〕12頁）

そこでは第一に，「尊皇攘夷」を掲げた体制として，古代律令官制を復活させるかのように太政官制度を構築するなど「祭政一致」の実現が図られた。絶対君主として演出されることとなった天皇への崇敬を基礎付け，それを国民へと定着させることを目的として「教導取調局」（明治2年3月）・「宣教使」（同7月）などが矢継ぎ早に設置されたのだが，その基礎となるべき「神道」は天皇自らが儀礼を行い信仰の中心となるというものであって他の宗教の存在とは相容れない。だからこそ「神仏分離」による体系の純化が行われる一方で，対抗する立場に立つキリスト教に対する禁教政策は維持されることになった。さら[22]

に明治4年には政府による神社の格付けが行われ,神道が「国家の祭祀」と位置付けられるとともに,神官についても世襲を認めず国家が選任することが目指されたのである。

だが重要なのは,井上寛司が指摘する通り,ここで進められてきた「神道国教化」政策によって構築された何かが従来から存在した信仰とは異なるもの,むしろそれを「『国体観念』を支えるための国家的儀礼と祭祀の場へと転換させる」(井上寛前掲,176頁)ものだった点である。それは国民の一員である以上必ず共有すべきコスモロジーであり,逆に言えば個々の国民が個人としてどのような信仰を持っているか,宗教に属しているかとは独立の問題として捉えられたということになろう。そのことを正面から認める結果になったのが,1875年11月における「信教の自由」の再確認である。すなわち,諸外国からキリスト教禁制に対する批判が強まったこともあり,西欧の諸宗教と対抗できるような全面的・包括的宗教として神道を形成することが断念された一方,国家祭祀としての神道(国家神道)と・宗教としての教派神道が分離され並存するという方向性が選択されたわけだ。戦前における「日本型政教分離」が意味するのは「国家神道」下における諸宗教の並存と選択の自由というこのような事態であり,空知太神社事件における田原睦夫補足意見の指摘も,そのような経緯のもとに理解される必要がある。

> 大日本帝国憲法28条が,「日本臣民ハ安寧秩序ヲ妨ケス及臣民タルノ義務ニ背カサル限ニ於テ信教ノ自由ヲ有ス」と定めて,信教の自由を保障しながら,神社神道につき財政的支援を含めて事実上国教的取扱いをなし,それに相反する活動をしていると治安当局が認めた多数の宗教団体に対しては厳しい取締まり,禁圧が加えられたという,歴史的な背景によるものである(………)。
> (民集64巻1号21~22頁)

---

22) 典型的には「神仏判然令」(慶応4〔1868〕年3月)により社僧など神社に属していた僧に還俗=神官化を命じ,神社からの仏具・仏像の撤去を命じたことが挙げられる。
23) 官社(官幣社・国幣社)・諸社(府社・県社など)を分離し,前者のみを神祇官の管轄下に置いた。

あえて言えば，そこで形成された戦前日本の宗教体制とは，「国家神道」の非＝宗教性と「教派神道」や従来の神道的信仰である神祇信仰の宗教性が両側面に併存するものだったということになるだろう。神道国教化の模索が神祇信仰の多様性によって失敗したことによって生み出されたものが，神道非宗教論だったのである。国家神道を対象として想定し・だが実際にはそれと宗教としての神道との分裂を意識することなく宗教性を論じてきた従来の神道宗教説・非宗教説の対立は，議論の当初からこの裂け目を見落としていたということになるのではないだろうか。

2 ライシテの暴力性

もちろんこのような議論が，これまでの政教分離という問題意識自体が日本的あるいは非排他的な宗教観を把握できていないという見解を導くことによって，現在の日本社会において少数派であろう排他的宗教観の持ち主に非排他的宗教観を強制する効果を持ち得ることについては，意識する必要がある。だが同時に，そこで主たる問題となってきたキリスト教自身が，自らの宗教観を他者に強制するという点において現代ヨーロッパのムスリムに対し同様の振る舞いに及んでいることには注意する必要があるのではないだろうか。

顔を含む全身を覆う衣装——典型的にはイスラム教徒の一部女性が着るブルカやニカブと呼ばれるものを公共の場で着用することが，ヨーロッパの複数の国で法的に禁止されるようになってきたことは，日本でも報道されている。フランスでは「顔を隠す衣装の公共空間における着用を禁止する法律」（Loi interdisant la dissimulation du visage dans l'espace public）が 2010 年 9 月に成立し，翌年 4 月から施行された。同様の法規制はオランダ，ベルギー，イタリアでも導入されている。フランスの場合にはすでに 2004 年からブルカ・ニカブ類の公立学校における着用が禁止されてきたが，それは私的なものとしての宗教と公的空間・公的事項を区別し，前者を内心の領域に収めるというフランス的な政教分離（ライシテ laïcité）の原理に基づいていた。

だが内藤正典が指摘する通り，このようにして内心の信念と外見的な行為を切り離し，前者が後者に進出する・影響することを許さないことによって価値

問題に中立な世俗的国家の理念を実現しようとする西欧近代的なシステムはしばしば，イスラム教の側にとっては宗教実践への制約と位置付けられる。イスラム教的な宗教理解によればそれは常に外見的な行為を伴うものであり，内心と外見とを切り離すことは不可能だからである。

　　イスラームは「心の内面に向かう信仰」と「外に向けて表れる行為」が合体しないと成り立たない構造になっている。信仰を心の内にとどめるだけではムスリムになれない。そのために，ムスリムが信仰に則った行為をすればするほど，厳格な世俗主義を採るフランスの原則と衝突してしまうのである。
（内藤正典『ヨーロッパとイスラーム──共生は可能か』〔岩波新書，岩波書店，2004年〕142～143頁）

　このような指摘に対して，そのような宗教観に基づく行為は我が社会において許容されないとキリスト教社会の側が反応するとするならば，それは自己の宗教観を絶対視して他者のそれを排除すること，非排他的宗教観があるいは持つかもしれないと懸念される暴力性そのものではないのだろうか。そして前述の 2010 年法の正当性が争われたヨーロッパ人権裁判所での訴訟において，同法は人々が「共に生きる」ために必要なものだとフランス政府が主張したこと[24]は，まさにその懸念を裏付けるもののように思われる。

3　救済手段に関する問題

　もう 1 つの問題は，他者の宗教行動に巻き込まれることから生じる被害感情を社会が考慮すべき対象と認めたとして，それに司法救済によって対応すること──特に，特定の行為を禁止するという形で──が適当かということだろう。この問題をめぐっては，最近アメリカで興味深い事例が生じている。2013 年 3

---

24) Kim Willsher, "France's burqa ban upheld by human rights court: European judges declare that preservation of a certain idea of 'living together' was legitimate aim of French authorities", *the guardian.com*, July 1st, 2014 (http://www.theguardian.com/world/2014/jul/01/france-burqa-ban-upheld-human-rights-court).

月，ジョージア州の州立公園内にある宿泊施設に，アメリカ無神論者協会（American Atheists）の前代表であった人物が宿泊した。彼は客室に多数の聖書が備え付けられていたことを発見し，政教分離に違反する不平等として州立公園の監督者に対して苦情を申し立てた。監督者はいったん聖書の撤去を命じたが，ジョージア州知事によってその決定は覆された。州知事によれば，聖書は州が購入したものではなく聖書の普及運動を展開している福音派団体によって寄附されたものであり，またベッドサイドの引き出しに聖書が入っていることは憲法第一修正の禁ずる「国教を定めること」（establishment of religion）にあたらないというのである――「いかなるグループも読み物を寄附する自由がある」（州知事の発言)[25]。

この発言を受けてアメリカ無神論者協会は，懐疑論者であるスティーブ・ウェルズやイスラム教の批判者であるイブン・ワラックなど論争的な無神論者の著作をジョージア州立公園に寄附すると申し出た。州政府はこの申し出を受け入れ，同年8月に著作の寄附と州立公園宿泊施設への配備が行われた[26]。

周知の通り，アメリカ社会における主流派宗教は（宗派の多様性はあるが）キリスト教であり，無神論（「日本的多神教」の類とは異なり，積極的に神や超越者の存在を否定するタイプのもの）は圧倒的な少数派の地位にある。その立場から政教分離を主張するにあたり，多数派による信教の自由の実践と抵触しかねない法的禁止ないし排除ではなく，アクセス機会の公平性とオープンな提供を求めたことが注目に値しよう。つまりそれは，法的規制や国家行動が約束すべき形式的平等性をテコとして，他者に対して自己の信念をアピールする機会の平等保障やオープンアクセスの実現を図ろうとする戦略だと位置付けることができる。

排他的宗教観を持つものが非排他的宗教観の持ち主の信教の自由を妨げず，自己の消極的自由を満たす方策としては，むしろこのようなオープンアクセス

---

25) "Reading Dawkins in a cabin: Atheists complain about free Bibles in the wilderness", *The Economist*, June 1st, 2013（http://www.economist.com/news/united-states/21578664-atheists-complain-about-free-bibles-wilderness-reading-dawkins-cabin）.

26) "Atheists Distribute Books in Georgia State-Owned Park Cabins: Governor Nathan Deal OK's Distribution Following Bible Upset", Press Release, August 14th, 2013, American Atheists（http://news.atheists.org/2013/08/14/press-release-atheists-distribute-books-in-georgia-state-owned-park-cabins/）.

の実現・保障の方が望ましいのではないだろうか。公的施設についても単に宗教的色彩を有する活動をすべて禁止するとか，目的効果基準による判定に委ねるよりも，他の宗教・宗教観を持つものに対しても同種の機会（活動の実施・参加の両面において）を保障しているか否かを考慮するという可能性はあろうかと考えられる。

V 結 論

　江戸期のキリスト教信仰――一般に「隠れキリシタン」と称されるもの――を主たる研究対象とする大橋幸泰は，「日本人は無宗教」などと述べる人々が「宗教という語の意味をきわめて限定したものとして考えている」（大橋前掲，11頁）こと，その背景として「宗教」という語，その概念自体が明治維新後に・西欧キリスト教文明を範型として構成されたという事情があることを指摘している。

　私たち現代人が思い浮かべる宗教の意味は，明治期に英語の religion の訳語として定着したものである。それ以前にも宗教の語はもちろんあった。ただし，それは仏の教えや究極の真理を意味する仏教の専門用語として使われていたのであり，一般の近世人（……）が日常的に使う語ではなかった。近世では仏教各派を表す場合は通常，宗門改・葬儀の執行機関としての「宗旨」や「宗門」の語が使用されており，寺院に関わる日常的な活動は宗教とは認識されていなかった。まして鎮守や民間信仰，その他の宗教的な活動は近世人にとって宗教ではなかった。つまり，明治期になって西欧諸国を手本に近代化を進めていくなかで，religion の訳語として選ばれたのが宗教の語であり，それは日常の実践として行われる宗教的な行い――本書では，これを含めた宗教的な活動全般を宗教活動という語で表す――をそもそも発想の外に置いたものであった。（大橋前掲，11～12頁）

　本事件においても，実際に被告側から主張されたように神社として利用されている建物でありながらクリスマスツリーが飾られるなどの実態があったこと

から見れば，そこで現実に展開されている宗教活動を「神社」「神道」といった宗教の論理で理解し，別の排他的宗教と当然に矛盾・抵触するものだと捉える視点に，そもそも問題があったのではないかと考えられる。そしてその背景として我々は，西欧近代の社会を成り立たせてきた諸システムを当然のもの・正当なものと看做し，それに倣って自らの社会を形成・理解していこうとする日本近代のあり方を想定することができるのではないだろうか。そこにおいて，日本の前近代や他の「未開」社会に存在した多様な社会のあり方は無視され，あるいは否定されるべきものへと押しやられていくことになる。

　熱心にただ一つの神を信仰するとイメージされやすい宗教概念は，明治期の西欧文明を規範として進められた近代化の過程のなかで創出された歴史的産物である。その宗教のモデルはあくまで文明の象徴としてのキリスト教であったから，その対極に位置づけられることになった民衆世界の宗教活動は，未開の象徴として文明国にはあってはならないものとなった。(同13頁)

　だがすでに述べた通り，キリスト教に支えられた西欧近代を「正しい社会」と無前提に考えることはできないし，カリフ制の樹立を主張してイラク・シリア領域に登場し，燎原の火の勢いでその支配領域を拡大した「イスラム国」(Islamic State；旧称・イラクとシャームのイスラーム国)の問題などを考えれば，啓典宗教内部での宗教観対立すら解決できていない状況にあると言わなくてはならないだろう。宗教を内心の問題と位置付け，それを完全に・あるいは少なくとも公的な空間から排除することこそが「近代化」だという理解，フランス革命とそれを範型として近代社会を理解しようとする態度が暗黙のうちに信教分離をめぐる我々の思考に入り込んでいることを再検討する必要があるのではないだろうか。

　それに代えて，特定の宗教観を前提とせずに他者の消極的自由と衝突するかを問題にするという観点に立てば，むしろ排他的宗教の方にこそ正義に抵触する側面があり，木村が「日本的多神教」と呼んだような包含的信仰，あるいは非＝西欧社会の信仰の姿の方が，(他者にそれへの参加が強制されない限り)安全なものと評価すべき要素を持っているのではないかとも考えられる。その場合，

政教分離紛争の問題もむしろ，少数派が排他的に自己のアイデンティティを守るための費用を社会的に負担すべきかと置き換えられることになるだろう。[27]

キリシタンとは江戸時代のキリスト教のことであるとする単純な理解からすれば，キリスト教の枠組みで考えるのが自然であるように見える。そうした視点でキリシタンを見た場合，厳しい禁教のもとでさまざまな土着の神仏信仰と結びついた近世期のいわゆる"隠れキリシタン"の宗教活動は，宣教師が説いた教義・活動の内容と比べて"異端"的な土俗信仰に変貌した，としばしば評価される。

しかし，この見方は宣教師の側の宗教活動が"正当"であるとする立場からのそれである。キリシタンの活動を実践していた人びとにとっては，彼らの宗教活動こそが信じるに値するものであったはずである。"隠れキリシタン"の宗教活動が"異端"的な土俗信仰であるとする評価は，キリスト教はこうでなければならない，あるいはこうであるはずだ，などという思い込みによる評価ではないか。（同 14 頁）

靖国神社を典型とする戦前日本の国家神道のあり方自体が欧米の排他的宗教観を前提とし・それに対抗するために作り上げられたもの，その意味で同水準の排他的宗教となることを意図したものであった。その故に，もっぱらそこで前提された国家神道のあり方との衝突・相克として信教の自由の問題を考えること自体が，西洋的社会（とそれを支える諸制度）を範型とし，そこに示された理想像への距離によって社会の成熟度・進歩の水準を図るという近代的視点を

---

[27] 念のために注記すれば，このように問題を読み替えたからといってそのような配慮がただちに否定されるべきということにはならず，むしろ多文化主義の議論を踏まえて・それと連続的に議論することが可能になると考えるべきだろう。多文化主義から少数者のアイデンティティ保護の可能性と限界を論じたものとして，たとえば参照，Will Kymlicka, *Multicultural Citizenship: A Liberal Theory of Minority Rights*, Clarendon Press, 1995＝ウィル・キムリッカ（角田猛之＝石山文彦＝山崎康仕監訳）『多文化時代の市民権──マイノリティの権利と自由主義』（晃洋書房，1998 年）。加えて，「本判決後の各地方公共団体の調査によって，神社や鳥居といった神道の施設だけでなく，仏教式の慰霊施設やキリスト教の殉教碑が公有地に存在している事例も明らかになっている」（田近肇「砂川政教分離訴訟とその影響」宗教法 31 号〔2012 年〕137 頁）点には注意する必要があろう。もっぱら国家神道と政府の関係に注目して政教分離の問題を考える視野は，この点からも狭きに過ぎると評し得るのではないか。

離れていないものだということになるだろう。
　空知太神社事件において示されているのは，我々の憲法体制を含む法的実践が西欧近代を範型とする思想にいまなお色濃く呪縛されていること，肯定するにせよ否定するにせよ，キリスト教文明が設定してきた近代という問題枠組のなかで対立しているに過ぎないということではないだろうか。そこで問われているのは，近代的宗教観自体の正当性という問題なのである。

司法制度改革の中の裁判官
――裁判員制度合憲判決

宍　戸　常　寿

I　テクストとコンテクスト

　本稿は，裁判員制度が憲法に適合するものであることを宣言した最高裁大法廷判決（最大判平成23・11・16刑集65巻8号1285頁。以下「本判決」という）を扱う。既に本判決には数多くの論評・評釈があり[1]，裁判員制度に関するより一般的な文献に至っては，枚挙に暇がない。そこで本稿では，――蟻川恒正の言葉を借りれば，「遠ざかることによって正しく近づくため」に[2]――，テクストにコンテクストからアプローチし，それを通じて，記されたことの意味，及び記されなかったことを，「読み解く」ことを試みる。

1　裁判官と「近代」

　日本国憲法下における裁判官のあり方を語る上で，いまなお逸することができないエピソードは，1960年代後半から70年代前半にかけての「司法の危機」である。与党自民党による司法の左傾化批判を受けて，最高裁長官であった石田和外（在職1969～73年）の下，最高裁事務総局によって，青年法律家協

---

[1]　同判決の標準的評釈として，笹田栄司「判批」平成24年度重要判例解説（2013年）10頁以下，土井真一「判批」長谷部恭男＝石川健治＝宍戸常寿編『憲法判例百選II〔第6版〕』（有斐閣，2013年）386頁以下等がある。
[2]　蟻川恒正『憲法的思惟――アメリカ憲法における「自然」と「知識」』（創文社，1994年）10頁。

会(青法協)に所属していた司法修習生の裁判官任官が拒否されたり,若手裁判官へ脱会するよう圧力がかかったりした,とされる。このいわゆる「ブルー・パージ」によって,司法部内の思想統制や官僚化がいっそう進んだ,と見られて久しい。一連の経緯に触れた上で,司法部の独立も保障されるべきではあるが,何より重要なのは個々の裁判官の職権行使の独立であることを強調し,司法部内の個々の裁判官への介入・干渉に対する警戒を説くのは,司法権の独立(憲法76条3項)を憲法学が論じる際の作法になっている。

このような裁判官の独立への要請は,しばしば「民主的」裁判官のイメージと結びつけられてきた。このイメージと全く逆の,「職業身分特権集団」(コル, Corps)としての裁判官像を鋭く対立させたのが,樋口陽一であった。樋口は,市民革命を頂点とする近代国家建設のプロセスにおいて,主権の担い手としての国家が中間団体を破壊し,人権主体としての個人を析出した,という経緯を重視する。このような〈国家―個人〉の二極構造を採る近代立憲主義において,コルとしての裁判官は,「異物」である。しかしながら,そのようなコルが,「特権集団として残存するそのことによって権力を多元化し,自由の確保手段を提供するものとして,機能する可能性」を樋口は指摘し,司法権の内部が「対等の同僚による集団として構成されるための保証を確保する改革努力」に賭けるという選択肢を,かつて提示したのであった。

いわば「近代」の中の「前近代」であることに,近代立憲主義における裁判官の位置がある――このような樋口の議論は,憲法学において,とりわけ樋口の影響を強く受けた憲法研究者においてすら,必ずしも受け容れられているとはいえない。例えば山元一は,正しく樋口の古稀を記念する論文集において,そのコル論は「日本的かつ抗事実的モデル」であって,「現行制度の維持の絶対化に帰着しうるものであり,職能専門家集団と一般市民社会の意思疎通の経路の構築の可能性をはじめから閉ざしてしまう」,と痛烈な批判を加えてい

---

3) 山本祐司『最高裁物語(下)――激動と変革の時代』(講談社,1997年)79頁以下,さらに『矢口洪一(元最高裁判所長官)オーラル・ヒストリー(COEオーラル・政策研究プロジェクト)』(政策研究大学院大学,2004年)168頁以下参照。
4) 樋口陽一「"コル(Corps)としての司法"と立憲主義」『憲法 近代知の復権へ』(東京大学出版会,2002年)136頁以下〔初出2000年〕。かかるコルとしての裁判官論とC・シュミットの裁判官論の関係について,宍戸常寿「文献研究・樋口陽一著『憲法Ⅰ』」東京都立大学法学会雑誌42巻1号(2001年)339頁参照。

た。ここに、わが国における司法部の孤立傾向はむしろ弱められるべきであり、裁判官といえども近代市民社会の一部にすぎないのだ、という発想が現れている。

このように、裁判官イメージをめぐる議論は、司法部を方向づけるためにどのように「近代」を構成すべきか、という問題と密接に関わっている。実際のところ、樋口のコオル論は司法制度改革審議会（1999〜2001年）の活動のただ中で提起されたものであり、山元の議論も、国民の司法参加を推進する司法制度改革の理念を擁護するものであった。

2　司法制度改革と裁判員制度

「21世紀の我が国社会において、国民は、これまでの統治客体意識に伴う国家への過度の依存体質から脱却し、自らのうちに公共意識を醸成し、公共的事柄に対する能動的姿勢を強めていくことが求められている。国民主権に基づく統治構造の一翼を担う司法の分野においても、国民が、自律性と責任感を持ちつつ、広くその運用全般について、多様な形で参加することが期待される。国民が法曹とともに司法の運営に広く関与するようになれば、司法と国民との接地面が太く広くなり、司法に対する国民の理解が進み、司法ないし裁判の過程が国民に分かりやすくなる。その結果、司法の国民的基盤はより強固なものとして確立されることになる。」

これは、司法制度改革審議会意見書（2001年。以下「意見書」という）のうち「Ⅳ　国民的基盤の確立」の劈頭を飾った一節である。「国民の統治客体意識から統治主体意識への転換」という目標で、1990年代半ばから進められた政治改革・行政改革等と司法制度改革は、分かちがたく結びつけられている。この背後に控えているのは、大陸型の法治国家原理をモデルとして日本の近代化が進められた結果、官僚が支配する事前規制型の社会が形成されたのであり、これからは英米型の「法の支配」の貫徹によって事後規制型社会への転換を成し

---

5) 山元一「『コオルとしての司法』をめぐる一考察」『現代フランス憲法理論』（信山社、2014年）420頁〔初出2004年〕。

遂げよう,という壮大な国家プロジェクトにほかならない。ここにいう「近代」とは,わが国制＝憲法史におけるそれであり,しかも日本国憲法施行から数十年を経た「現代」においてなお「過ぎ去ろうとしない過去」,払拭されるべき「近代」である。

もっとも,英米型の「法の支配」を追求する以上,裁判官を含む法曹の権威それ自体は,否定されない。孤立した権威ではなく,市民社会に強く根を張った権威であることが,期待されるのである。その鍵を,意見書は,山元の表現でいえば「意思疎通の経路の構築」に求めた。

「国民が司法に参加する場面において,法律専門家である法曹と参加する国民は,相互の信頼関係の下で,十分かつ適切なコミュニケーションをとりながら協働していくことが求められる。司法制度を支える法曹の在り方を見直し,国民の期待・信頼に応えうる法曹を育て,確保していくことが必要である。国民の側も積極的に法曹との豊かなコミュニケーションの場を形成・維持するように努め,国民のための司法を国民自らが実現し支えていくことが求められる。」

かかる法曹と国民のコミュニケーションの場が,「刑事訴訟手続において,広く一般の国民が,裁判官とともに責任を分担しつつ協働し,裁判内容の決定に主体的,実質的に関与することができる新たな制度」である。しかし,この裁判員制度は,どのように司法の国民的基盤の強化に役立つのか。審議会の回答は,次のとおりである。

「……一般の国民が,裁判の過程に参加し,裁判内容に国民の健全な社会常識がより反映されるようになることによって,国民の司法に対する理解・支持が深まり,司法はより強固な国民的基盤を得ることができるようになる。」

---

6) 佐藤幸治「自由の法秩序」『日本国憲法と「法の支配」』(有斐閣,2002年) 40頁以下〔初出1998年〕。宍戸常寿「国民の司法参加の理念と裁判員制度——憲法学の観点から」後藤昭編『東アジアにおける市民の刑事司法参加』(国際書院,2011年) 146頁以下も参照。

この一節を読んで,「一般の国民が, 裁判の過程に参加し, 裁判内容に国民の健全な社会常識がより反映されるようになること」から,「国民の司法に対する理解・支持が深まり, 司法はより強固な国民的基盤を得ること」への飛躍に, 気づかない者はおそらく稀であろう。「一般の国民が, 裁判の過程に参加し, 裁判内容に国民の健全な社会常識がより反映されるようになること」の帰結は, 裁判が良いものになることのはずである。他方,「国民の司法に対する理解・支持が深まり, 司法はより強固な国民的基盤を得ること」が目的だとすれば, 裁判ないし裁判所のよりいっそうの公開, 普及啓発活動の充実こそがより直截な選択肢なのではないか。

　このような疑問が容易に想定されるもかかわらず, なおあえて意見書がこうした論理を採用したのは, 国民の司法参加の理由づけに見解の対立があったことに由来する。端的にいえば, いままでの刑事裁判は悪いものであった, だから国民の司法参加が求められるのだ, という理由づけこそ, 当の司法部が断固として拒否したものであった。そうした中,「国民の司法参加を認めなければ, 司法が国民主権の下で正統と認められないとか, そのレジティマシーが否定されるという意味ではなく, レジティマシーは最小限保障されているけれども, より強固な国民主権的基盤, あるいは正統性の基盤の上に司法が成り立ちうるようにすることが望ましいというところから, 司法への国民参加が求められているのではないか」という理由づけが, 最大公約数的な妥協点として選ばれたのである。[7]

　このような経緯を引きとったまま, 裁判員制度は設計・準備されることになった。そのことは,「裁判員の参加する刑事裁判に関する法律」(平成16年法律第63号。以下,「裁判員法」という) の目的規定 (1条) における,「国民の中から選任された裁判員が裁判官と共に刑事訴訟手続に関与することが司法に対する国民の理解の増進とその信頼の向上に資する」という一節に, 端的に現れている。したがって, 国民の司法参加の理由づけについて最高裁がどのように論じたのかは, 本判決を読み解く上での1つの視点となる。

---

[7] 第32回司法制度改革審議会議事録 (2000年9月26日) 〔竹下守夫発言〕。

3 テクストの課題

　裁判員制度は，その具体的な設計段階から，裁判官出身者を含む何人かの論者からの違憲論に晒され，あるいは，憲法適合的なものとなるように制度の根幹を改めることを，求められていた。本判決は，最高裁大法廷の権威をもって，この裁判員制度の合憲性を確定したものである。

　ところで，裁判所は，具体的事件の解決に際して理由を示すことが求められ，この理は司法の組織・作用それ自体が紛争の対象であっても変わらない。現に最高裁判所大法廷は，これまで，最高裁裁判官の国民審査（最大判昭和27・2・20民集6巻2号122頁），違憲審査制（最大判昭和27・10・8民集6巻9号783頁），法廷秩序を維持するための裁判所の権限（最大決昭和33・10・15刑集12巻14号3291頁），裁判の公開（最大決平成元・3・8民集43巻2号89頁），そして裁判官の身分保障（最大決平成10・12・1民集52巻9号1761頁——寺西判事補事件）など，司法部に関する数々の論点について，自らの判断を示してきた。本判決もまた，そうした自己言及的テクストの系譜に連なるものとして，受け止められなければならない。

　しかも最高裁は，司法制度改革審議会の当初には国民の司法参加に対する消極的姿勢を示したものの，意見書から具体的な設計を経て実施に至るまで，一貫して裁判員制度の当事者として関与してきた。むろん裁判体としての大法廷は，裁判官会議—長官—事務総局といった司法行政部門とは，別物である。しかしながら，こうした経緯が最高裁大法廷の判断に一切影響しないと考えるの

---

8) 裁判員制度をめぐる憲法論については，笹田栄司「裁判員制度と日本国憲法」『司法の変容と憲法』（有斐閣，2008年）81頁以下〔初出2005年〕，土井真一「日本国憲法と国民の司法参加——法の支配の担い手に関する覚書」土井編『岩波講座　憲法第4巻　変容する統治システム』（岩波書店，2007年）235頁以下，笹田栄司ほか〔連載〕日本国憲法研究第1回・裁判員制度」ジュリスト1363号（2008年）79頁以下等を参照。

9) 柳瀬昇『裁判員制度の立法学——討議民主主義理論に基づく国民の司法参加の意義の再構成』（日本評論社，2009年）等を参照。

10) 本判決の審理に際して，上告人からは，竹﨑長官が裁判員制度の実施等に関わってきたことを理由とする忌避申立てがなされた。これに対して最大決平成23・5・31刑集65巻4号373頁は，長官が「司法行政事務に関与することも，法律上当然に予定されている」（374頁）として，申立てを一蹴している。

も、およそ非現実的であろう。むしろ逆に、1969年に——すなわち、約40年前の「司法の危機」の激動期に——裁判官としてのキャリアをスタートした竹﨑博允長官（在職2008〜14年）が率いる最高裁は、裁判員制度の合憲性を判断する日を早くから見据えて、周到に準備し待ち受けてきた、と想定する方が自然である。

つまり、こういうことである。本判決には、学説や法律家集団の批判的吟味に十分に耐える法律論としての質は当然のこと、これまでの裁判員制度の設計・実施に最高裁自らが深く関与してきたといった経緯との関わりで——あるいは、そのような経緯にもかかわらず——それ自体として説得力を備え、さらには今後も司法部を率いる最高裁の立場とも両立するものであることが、宿命づけられていた。本判決は、そのような課題を課せられたテクストとして書かれたはずであるから、そのようなものとして、読み解かなければならない。

II　裁判員制度の合憲性

1　裁判員制度

設計された裁判員制度の概要は、本判決自身が、次のように整理している。[12]

「裁判員法では、裁判官3名及び裁判員6名（公訴事実に争いがない事件については、場合により裁判官1名及び裁判員4名）によって裁判体を構成するとしている（2条2項、3項）。裁判員の選任については、衆議院議員の選挙権を有する者の中から、くじによって候補者が選定されて裁判所に呼び出され、選任のための手続において、不公平な裁判をするおそれがある者、あるいは検察官及び被告人に一定数まで認められた理由を示さない不選任の請

---

11)　溜箭将之「裁判員制度と司法権——事実審の再検討」大沢秀介ほか編『憲法.com』（成文堂、2010年）285頁以下参照。
12)　制度の概要については、池田修『解説　裁判員法——立法の経緯と課題〔第3版〕』（弘文堂、2016年）等を参照。

求の対象とされた者などが除かれた上，残った候補者から更にくじその他の作為が加わらない方法に従って選任されるものとしている（13条から37条）。また，解任制度により，判決に至るまで裁判員の適格性が確保されるよう配慮されている（41条，43条）。裁判員は，裁判官と共に合議体を構成し，事実の認定，法令の適用及び刑の量定について合議することとされ，法令の解釈に係る判断及び訴訟手続に関する判断等は裁判官に委ねられている（6条）。裁判員は，法令に従い公平誠実にその職務を行う義務等を負う一方（9条），裁判官，検察官及び弁護人は，裁判員がその職責を十分に果たすことができるよう，審理を迅速で分かりやすいものとすることに努めなければならないものとされている（51条）。裁判官と裁判員の評議は，裁判官と裁判員が対等の権限を有することを前提にその合議によるものとされ（6条1項，66条1項），その際，裁判長は，必要な法令に関する説明を丁寧に行うとともに，評議を裁判員に分かりやすいものとなるように整理し，裁判員が発言する機会を十分に設けるなど，裁判員がその職責を十分に果たすことができるように配慮しなければならないとされている（66条5項）。評決については，裁判官と裁判員の双方の意見を含む合議体の員数の過半数の意見によることとされ，刑の量定についても同様の原則の下に決定するものとされている（67条）。評議における自由な意見表明を保障するために，評議の経過等に関する守秘義務も設け（70条1項），裁判員に対する請託，威迫等は罰則をもって禁止されている（106条，107条）。」（本判決1296～1297頁）

2 裁判の経緯

本判決の事案は，日本在住のフィリピン国籍の女性（被告人）が，2009年5月，覚せい剤約2kgを手荷物として航空機に持ち込み，マレーシアから成田国際空港に持ち込み輸入したが，税関職員に発見され，覚せい剤取締法違反，関税法違反で起訴された，というものである。

被告人は，裁判員の関与した第一審（千葉地判平成22・1・18刑集65巻8号1351頁）によって，懲役9年及び罰金400万円に処せられた。仮に国民の司法参加を，同輩者による裁判にあると捉えた場合には，かなり遠いところにある

事件といえるであろう。

　被告人は控訴し，この段階ではじめて裁判員制度の違憲性を主張した。すなわち，①裁判官でない裁判員が刑事裁判に関与したという点で憲法80条1項に違反する，②裁判員法は特定の事件に限って裁判員裁判の対象としているから，原裁判所は特別裁判所を禁止する憲法76条2項に違反する，というのである。

　これに対して，控訴審（東京高判平成22・6・21刑集65巻8号1363頁，以下「控訴審判決」という）判決は，控訴を棄却した。控訴審判決は，①の点に対して，次のように答えている。

「……憲法が裁判官を下級裁判所の基本的な構成員として想定していることは，憲法が司法権に関する第6章の中で裁判官の職権の独立やその身分保障等を定めていることからしても明らかといえるが，憲法80条1項の文言を見ても，下級裁判所の構成員がすべてこのような裁判官で占められなければならないことを規定したものとは考え難く，むしろ，憲法は下級裁判所の設置については『法律の定めるところによる』（憲法76条1項）としていて，その構成等について直接定めておらず，裁判官以外の者が裁判に加わることを禁止した明文の規定も置いていないこと，憲法と同時に制定された裁判所法3条3項が刑事について陪審の制度を設けることを妨げないと規定していることや，旧憲法（大日本帝国憲法）24条が『裁判官の裁判』を受ける権利を保障していたのに対し，現行憲法32条が『裁判所における裁判』を受ける権利を保障することとしており，憲法制定当時の立法者の意図としても，国民の参加する裁判を許容し，あるいは少なくとも排除するものではなかったといえることなどに照らすと，憲法80条1項は，あくまでも下級裁判所の裁判官について，その任命方法を定めたものにすぎないと解されるから，裁判官でない者が刑事裁判に関与したという一事をもって同条項違反の問題が生じるものとは考えられない。」（控訴審判決1364～1365頁）

　さらに，②の点についても，控訴審は次のとおり違憲の主張を斥けた。

「……この合議体は，一般的に司法権を行う通常裁判所の系列に属する下級裁判所として裁判所法により設置された地方裁判所において上記刑事事件を処理するために構成されるものであるから，これが憲法76条2項にいう特別裁判所に当たらないことは明らかである。

所論は，裁判員が，最高裁判所の指名した者の名簿（憲法80条1項）とは無関係に，広く国民の中から無作為に選任されるものであることを指摘して，裁判員の参加する合議体は，通常裁判所の系列からは外れている，というのであるが，独自の見解であって，採用できない。」（控訴審判決1365～1366頁）

この②の主張については，「すべて司法権は最高裁判所及び法律の定めるところにより設置する下級裁判所に属するところであり，家庭裁判所はこの一般的に司法権を行う通常裁判所の系列に属する下級裁判所として裁判所法により設置されたものに外ならない。」として家庭裁判所が「特別裁判所」に当たらないとした判例（最大判昭和31・5・30刑集10巻5号756頁）からすれば，比較的容易に導かれる結論である。

これに対して，①の主張，すなわち，裁判員の関与する裁判体が憲法の想定する「下級裁判所」に当たるといえるかどうかは，より直截に裁判員制度の合憲性それ自体を問うものである。そして，この点に対する控訴審の回答は，憲法76条1項・32条の文理，とりわけ憲法32条が保障するのは「裁判所において裁判を受ける権利」であって，「裁判官による裁判」ではないことを基調とし，陪審制を想定した裁判所法3条3項を挙げて補強するという構成を採った。これは国民の司法参加，とりわけ陪審制合憲論の基本的な論理であり，裁判員制度を合憲とした他の一連の高裁判決（Ⅲ2参照）が依拠するところでもあった。

言い換えれば，裁判員制度合憲論のミニマム・スタンダードは，控訴審判決の①に関する説示で，既に出揃ったとさえいえるのである。それ故に極言すれば，最高裁大法廷はこの説示を繰り返すだけでもよかったはずである。

3 本判決の基本的論理

本判決は、上告理由に含まれる裁判員制度に対する違憲の主張を、次のように整理した。

「1　所論は、多岐にわたり裁判員法が憲法に違反する旨主張するが、その概要は、次のとおりである。①憲法には、裁判官以外の国民が裁判体の構成員となり評決権を持って裁判を行うこと（以下『国民の司法参加』という。）を想定した規定はなく、憲法80条1項は、下級裁判所が裁判官のみによって構成されることを定めているものと解される。したがって、裁判員法に基づき裁判官以外の者が構成員となった裁判体は憲法にいう『裁判所』には当たらないから、これによって裁判が行われる制度（以下『裁判員制度』という。）は、何人に対しても裁判所において裁判を受ける権利を保障した憲法32条、全ての刑事事件において被告人に公平な裁判所による迅速な公開裁判を保障した憲法37条1項に違反する上、その手続は適正な司法手続とはいえないので、全て司法権は裁判所に属すると規定する憲法76条1項、適正手続を保障した憲法31条に違反する。②裁判員制度の下では、裁判官は、裁判員の判断に影響、拘束されることになるから、同制度は、裁判官の職権行使の独立を保障した憲法76条3項に違反する。③裁判員が参加する裁判体は、通常の裁判所の系列外に位置するものであるから、憲法76条2項により設置が禁止されている特別裁判所に該当する。④裁判員制度は、裁判員となる国民に憲法上の根拠のない負担を課すものであるから、意に反する苦役に服させることを禁じた憲法18条後段に違反する。」（本判決1292頁）

これに対する回答は、当然ながら、「憲法は、国民の司法参加を許容しているものと解され、裁判員法に所論の憲法違反はないというべきである」（本判決1292頁）とするものであった。その理由づけは実に約7000字を数え、最高裁刑事判例集では9頁を超えている（本判決1293～1302頁）。控訴審の簡素さに比べて、最高裁は饒舌といえるほどに丁寧な説示を試みた、といってよい。こ

こでは，その全体を俯瞰しておこう。

　本判決の「3」は，上記の①〜④の各違憲の主張を検討し，ここがいわば本判決の本論に当たる。しかし本判決は，それに先行して，「2　まず，国民の司法参加が一般に憲法上禁じられているか否かについて検討する。」（本判決1293頁）と切り出す。この節は大きく4つに分かたれている。憲法の解釈方法論に関する2(1)，刑事裁判に対する憲法上の要請に関する2(2)，歴史的・国際的視点から国民の司法参加の意義を検討する2(3)を受けて，2(4)では次のような命題が提示される。

「(4)　そうすると，国民の司法参加と適正な刑事裁判を実現するための諸原則とは，十分調和させることが可能であり，憲法上国民の司法参加がおよそ禁じられていると解すべき理由はなく，国民の司法参加に係る制度の合憲性は，具体的に設けられた制度が，適正な刑事裁判を実現するための諸原則に抵触するか否かによって決せられるべきものである。換言すれば，憲法は，一般的には国民の司法参加を許容しており，これを採用する場合には，上記の諸原則が確保されている限り，陪審制とするか参審制とするかを含め，その内容を立法政策に委ねていると解されるのである。」（本判決1295〜1296頁）

　この，刑事判例集によって「要旨1」として扱われている命題を前提に，本判決は「3　そこで，次に，裁判員法による裁判員制度の具体的な内容について，憲法に違反する点があるか否かを検討する」（本判決1296頁）。この節も大きく4つに分かたれて，先の論点①〜④を順番に検討する。このうち3(1)は，今回の合憲判断の核心部分といえるが，本判決は既に紹介した裁判員制度の概要から，先の命題と照応する次の結論を導き，①の違憲の主張を斥けている。

「このような裁判員制度の仕組みを考慮すれば，公平な『裁判所』における法と証拠に基づく適正な裁判が行われること（憲法31条，32条，37条1項）は制度的に十分保障されている上，裁判官は刑事裁判の基本的な担い手とされているものと認められ，憲法が定める刑事裁判の諸原則を確保する上での支障はないということができる。」（本判決1298頁）

3⑵は，②の違憲の主張を斥けるとともに，「裁判官の2倍の数の国民が加わって裁判体を構成し，多数決で結論を出す制度」の合憲性についても論及がなされている。③の主張（控訴審判決では②）は，3⑶で比較的簡潔に斥けられている。以上の①〜③が，裁判員裁判の裁判所としての構成や，被告人の裁判を受ける権利に関わるのに対して，④は，裁判員等としての職務が裁判員等にとって「意に反する苦役」に当たるとする点で異質な違憲の主張であるが，3⑷は「この制度が国民主権の理念に沿って司法の国民的基盤の強化を図るものである」ことにも触れながら（本判決1300頁），やはりこの主張を斥けている。

これで上告理由中の違憲の主張はすべて斥けられたのであるが，その後に本判決は「4」を付記した。それは，裁判員制度の意義を説き，同制度の運営に関わる関係者による不断の努力を，説くものである。

以上のように概観する限り，2⑷の命題に示された「適正な刑事裁判を実現するための諸原則」が裁判員制度では確保されている，というのが本判決の基本的論理である。現に，最判平成24・1・13刑集66巻1号1頁は，「憲法は，刑事裁判における国民の司法参加を許容しており，憲法の定める適正な刑事裁判を実現するための諸原則が確保されている限り，その内容を立法政策に委ねていると解されるところ，裁判員制度においては，公平な裁判所における法と証拠に基づく適正な裁判が制度的に保障されているなど，上記の諸原則が確保されている。」（3頁）と，本判決を要約している。ここから同判決は，裁判員制度に関する憲法上の論点のうち，本判決が扱わなかった，裁判員制度による審理裁判を受けるか否かについての選択権を被告人に認めないことが憲法32条・37条に反するかという疑問も，簡単に斥けていた。

そしてこの基本的論理は，本判決の全くの独創ではなく，むしろ裁判員制度の設計段階から，念頭に置かれていたものであった。例えば立案担当者による裁判員法の逐条解説の説明はこうである。

「憲法は，他の権力からの指示・命令を受けることなく独立して職権を行使する公平な裁判所が，法と証拠に基づいて裁判を行うこととそのような裁判を受ける権利が保障されることを要請しているものと解される。したがって，裁判員制度の下においても，こうした憲法の要請が満たされていなければな

らないことはいうまでもない。

……〔中略〕……

……以上の通り，裁判員制度の下では，公平な裁判所が法と証拠に基づいて裁判を行うことが制度的に保障されており，そのような裁判を受ける権利もまた保障されているということができる。」[13]

　裁判員制度を合憲とした初の高裁判決である東京高判平成22・4・22高刑集63巻1号1頁においても，同じ論理が採用されていた[14]。こうして読み飛ばす限りは，本判決はいわば既定路線の上を進んだだけの，面白みのないテクストであるようにすら思える。

　この印象は，この大法廷判決が全員一致のものであり，反対意見・意見はおろか補足意見すら付されていないことによって，増幅されている。管見の限り，2000年代に入ってから本判決に至るまで判例集等に公表された大法廷の裁判のうち，少数意見が付されなかったものとしては，本訴訟における長官忌避申立て（前掲注10）参照）までは，わずかに4件を数えるのみである[15]。近時の「最高裁の活性化」状況からすれば，裁判員制度の合憲性という重大な問題についての最高裁判事たちの沈黙は，いっそう不気味に映る。しかしこのことは，最高裁大法廷が，長官を含む刑事裁判官出身の判事の主導の下，判事の全員一致によって，本判決に課せられた諸課題（Ⅰ3参照）を乗り越えようとしたとともに，判事たちの間に存在するはずの刑事裁判や裁判員制度に対する見方の相違が，テクスト上の表現や論理の微妙さによって回避されたことを，暗示するものであろう。一見とらえどころのない，あるいは平凡な言い回しに何が潜んでいるのかを，慎重に見定める必要がある。

　このように考えていけば，いわゆる最高裁調査官解説（西野吾一＝矢野直邦「判解」法曹時報66巻4号971頁。以下，「解説」という）が，他の最高裁判決以上に，本判決において注目されざるを得ないことも，自ずと了解されよう。しば

---

13) 辻裕教「『裁判員の参加する刑事裁判に関する法律』の解説(1)」法曹時報59巻11号（2007年）3630頁以下。
14) 同判決については，宍戸常寿「判批」刑事法ジャーナル28号（2011年）90頁以下参照。
15) 最大判平成14・2・13民集56巻2号331頁，最大判平成15・4・23刑集57巻4号467頁，最大判平成16・1・14民集58巻1号1頁，最大判平成22・1・20民集64巻1号128頁。

しば指摘されるように、調査官解説はあくまで調査官による解説であり、評議に加わった判事自身の手によるものではない。判事経験者が調査官解説の記述に違和感を表明することも、決して稀ではない。最高裁判決を読み解く出発点はテクストそれ自体であって、調査官解説の記述によって形成された先入見から判決や評議の内容を理解してはならないことは、当然である。しかし、全員一致の大法廷判決という本判決の特徴からすれば、長官の下で調査官室がしかるべき役割を果たしたに相違ない以上、調査官解説を適宜参照した読解も、十分に正当化されよう。さらにいえば、本判決というテクストそれ自体から必ずしも引き出されないはずの「解説」それ自体が、最高裁判事たちの次の世代の司法部中枢——その中には、未来の最高裁判事も含まれる——が、テクストをどのように読み、あるいは、どのように読まれるべきものかを提示する点で、独立の関心に値するもののように思われる。

次の節では、3つの観点からの腑分けによって、テクストの読解を試みる。

III テクストの読解

1 歴史と比較

本判決の2(1)が、基本的論理の展開に先立ち、自らの憲法解釈方法論を提示していたことは、既に触れた。

「(1) 憲法に国民の司法参加を認める旨の規定が置かれていないことは、所論が指摘するとおりである。しかしながら、明文の規定が置かれていないことが、直ちに国民の司法参加の禁止を意味するものではない。憲法上、刑事裁判に国民の司法参加が許容されているか否かという刑事司法の基本に関わる問題は、憲法が採用する統治の基本原理や刑事裁判の諸原則、憲法制定当時の歴史的状況を含めた憲法制定の経緯及び憲法の関連規定の文理を総合的に検討して判断されるべき事柄である。」（本判決1293頁）

この説示は，文理解釈だけでなく，憲法原理や憲法制定の経緯を踏まえた解釈を行うという，それ自体としては異論の余地のないものといえよう。むしろ，本判決があえてこの当然の理を宣明したのは，なぜだろうか。

　本判決は，すぐ続いて，「憲法が採用する統治の基本原理や刑事裁判の諸原則」について，次のように述べる。

　「(2)　裁判は，証拠に基づいて事実を明らかにし，これに法を適用することによって，人の権利義務を最終的に確定する国の作用であり，取り分け，刑事裁判は，人の生命すら奪うことのある強大な国権の行使である。そのため，多くの近代民主主義国家において，それぞれの歴史を通じて，刑事裁判権の行使が適切に行われるよう種々の原則が確立されてきた。基本的人権の保障を重視した憲法では，特に31条から39条において，適正手続の保障，裁判を受ける権利，令状主義，公平な裁判所の迅速な公開裁判を受ける権利，証人審問権及び証人喚問権，弁護人依頼権，自己負罪拒否の特権，強制による自白の排除，刑罰不遡及の原則，一事不再理など，適正な刑事裁判を実現するための諸原則を定めており，そのほとんどは，各国の刑事裁判の歴史を通じて確立されてきた普遍的な原理ともいうべきものである。刑事裁判を行うに当たっては，これらの諸原則が厳格に遵守されなければならず，それには高度の法的専門性が要求される。憲法は，これらの諸原則を規定し，かつ，三権分立の原則の下に，『第6章　司法』において，裁判官の職権行使の独立と身分保障について周到な規定を設けている。こうした点を総合考慮すると，憲法は，刑事裁判の基本的な担い手として裁判官を想定していると考えられる。」（本判決 1293〜1294頁）

　この2(2)は，2(4)における「国民の司法参加に係る制度の合憲性は，具体的に設けられた制度が，適正な刑事裁判を実現するための諸原則に抵触するか否かによって決せられるべきものである」（本判決 1295〜1296頁）という基本命題にいう，「適正な刑事裁判を実現するための諸原則」について述べた重要な箇所である。この一節は，日本国憲法における「適正な刑事裁判を実現するための諸原則」を語るに際して，刑事裁判の本質論に加えて，「近代民主主義国家」

と「それぞれの歴史」を微妙に交錯させている点が、興味深い。そのことを象徴するのが、「各国の刑事裁判の歴史を通じて確立されてきた普遍的な原理」という表現である。ここには、各国が固有の発展を辿って特殊な原則を生み出すのではなく、異なる国々がその歴史を通じて共通の原理に至る、あるいは、普遍的な原理がいずこの国の憲法＝国制史においても顕現する、という歴史イメージが背後にある。

近代の「近代」たる所以が普遍性への信仰にあるとすれば、本判決は近代論者であり、立憲的憲法学の方法論が「普遍的」な憲法原理を踏まえた解釈にあるとすれば、本判決は正しくわが国憲法学の教えに従っているといってよい。

しかしこうした、差異よりも共通性で彩られ、一方向的に流れる時間としての「歴史」は、逆に専ら現在の関心から歴史を構成することにはならないだろうか。次の一節を読んでみよう。

「(3) 他方、歴史的、国際的な視点から見ると、欧米諸国においては、上記のような手続の保障とともに、18世紀から20世紀前半にかけて、民主主義の発展に伴い、国民が直接司法に参加することにより裁判の国民的基盤を強化し、その正統性を確保しようとする流れが広がり、憲法制定当時の20世紀半ばには、欧米の民主主義国家の多くにおいて陪審制か参審制が採用されていた。我が国でも、大日本帝国憲法（以下『旧憲法』という。）の下、大正12年に陪審法が制定され、昭和3年から480件余りの刑事事件について陪審裁判が実施され、戦時下の昭和18年に停止された状況にあった。」（本判決1294頁）

「欧米諸国においては、……、18世紀から20世紀前半にかけて、民主主義の発展に伴い、国民が直接司法に参加すること」が見られたのは、確かにそのとおりである。しかしそこには、英米型の陪審制か大陸型の参審制かの違いが捨象されている。両者は、少なくともその出発点において、それぞれの国の裁判制度や国制の状況との関係で、固有の内容や論理をもっていたはずであった（解説1010頁以下の「6　外国法制」参照）。大日本帝国憲法下の陪審制の導入が、固有の政治的文脈に置かれていたことは、先学により既に明らかにされていた

ところである。この一節はそれを「国民が直接司法に参加すること」の一言で総括する。

しかし,「国民が直接司法に参加すること」は,「裁判の国民的基盤を強化し,その正統性を確保しようとする流れ」であったのだろうか。例えば英米の陪審制は,民主主義の確立以前に達成されており,「裁判の国民的基盤を強化し,その正統性を確保しようとする流れ」とは無縁のものではないのか。あるいは,大陸の参審制が「裁判の国民的基盤を強化し,その正統性を確保」することに貢献したとしても,それ自体が目的であったのか,あるいはわが国の裁判員制度が「裁判の国民的基盤を強化し,その正統性を確保しよう」とすることとは,歴史的意味が異なるのではないか。本判決は,この種の問いに答えようとするのではなく,むしろ問いそれ自体を遮断する。

直後のテクストは,日本国憲法の制定過程も,同じ作法で取り扱っている。

「憲法は,その前文において,あらゆる国家の行為は,国民の厳粛な信託によるものであるとする国民主権の原理を宣言した。上記のような時代背景とこの基本原理の下で,司法権の内容を具体的に定めるに当たっては,国民の司法参加が許容されるか否かについても関心が払われていた。すなわち,旧憲法では,24条において『日本臣民ハ法律ニ定メタル裁判官ノ裁判ヲ受クルノ権ヲ奪ハル、コトナシ』と規定されていたが,憲法では,32条において『何人も,裁判所において裁判を受ける権利を奪はれない。』と規定され,憲法37条1項においては『すべて刑事事件においては,被告人は,公平な裁判所の迅速な公開裁判を受ける権利を有する。』と規定されており,『裁判官による裁判』から『裁判所における裁判』へと表現が改められた。また,憲法は,『第6章 司法』において,最高裁判所と異なり,下級裁判所については,裁判官のみで構成される旨を明示した規定を置いていない。憲法制定過程についての関係資料によれば,憲法のこうした文理面から,憲法制定当時の政府部内では,陪審制や参審制を採用することも可能であると解されていたことが認められる。こうした理解は,枢密院の審査委員会において提

---

16) 三谷太一郎『政治制度としての陪審制――近代日本の司法権と政治』(東京大学出版会,2001年)。

示され,さらに,憲法制定議会においても,米国型の陪審制導入について問われた憲法改正担当の国務大臣から,『陪審問題の点については,憲法に特別の規定はないが,民主政治の趣旨に則り,必要な規定は法律で定められ,現在の制度を完備することは憲法の毫も嫌っているところではない。』旨の見解が示され,この点について特に異論が示されることなく,憲法が可決成立するに至っている。憲法と同時に施行された裁判所法が,3条3項において『この法律の規定は,刑事について,別に法律で陪審の制度を設けることを妨げない。』と規定しているのも,こうした経緯に符合するものである。憲法の制定に際しては,我が国において停止中とはいえ現に陪審制が存在していたことや,刑事裁判に関する諸規定が主に米国の刑事司法を念頭において検討されたこと等から,議論が陪審制を中心として行われているが,以上のような憲法制定過程を見ても,ヨーロッパの国々で行われていた参審制を排除する趣旨は認められない。」(本判決 1294～1295 頁)

　大日本帝国憲法と日本国憲法の規定の相違や裁判所法3条3項に言及するにとどまらず,憲法制定過程における政府部内の資料,枢密院及び制憲議会における審議まで資料として取り上げた点は,注目に値する[17]。しかしこのように具体的な資料に立ち入れば立ち入るほど,そこでの検討が,「陪審制を中心として行われている」ことを,露わにするはずである。それ故,「裁判官と共に事実認定,法令の適用及び量刑判断を行うという点」(本判決 1301 頁) で参審制と共通する裁判員制度の正当化には,直接的には役立たないという批判も想定されよう。しかし本判決は,「以上のような憲法制定過程を見ても,ヨーロッパの国々で行われていた参審制を排除する趣旨は認められない。」の一言で,この障碍を軽々と乗り越えて走り去ったのである。
　裁判官は,むろん,歴史家ではない。それ故に,歴史的制度の認識の「精確さ」を裁判で争うべきではないし[18],また,「木を見て森を見ず」といった弊に

---

17) 土井・前掲注8) 245 頁以下を参照。
18) 憲法適合性を含む規範の解釈問題のための「判断資料は職権探知によることが可能であると解されることからすると,証拠調べや公判顕出などの手続を経ていないことに問題視すべき点はない」(解説 1028 頁)。

陥るべきでもない。憲法史・比較憲法研究においても，ある特定の国・時代・論者の観念に過剰に固執したり，逆にわが国制の固有性を過剰に強調したりといった場合があるが——そうした方法の意義は，それによって何が明らかにされるかによって判断されるべきであるが——，そのどちらにも偏しなかった点で，本判決は賢明であった。しかし，このテクストにおける「歴史的，国際的な視点」（本判決1294頁）が，裁判員制度を正当化するという「現在」の関心から構成されたものであることは，否定できないであろう。そして，かかる「現在」の関心に縛られていることを自覚していたからこそ，本判決は，自らをも歴史と比較の中に置いたのではないか。

「4　裁判員制度は，裁判員が個別の事件ごとに国民の中から無作為に選任され，裁判官のような身分を有しないという点においては，陪審制に類似するが，他方，裁判官と共に事実認定，法令の適用及び量刑判断を行うという点においては，参審制とも共通するところが少なくなく，我が国独特の国民の司法参加の制度であるということができる。それだけに，この制度が陪審制や参審制の利点を生かし，優れた制度として社会に定着するためには，その運営に関与する全ての者による不断の努力が求められるものといえよう。裁判員制度が導入されるまで，我が国の刑事裁判は，裁判官を始めとする法曹のみによって担われ，詳細な事実認定などを特徴とする高度に専門化した運用が行われてきた。司法の役割を実現するために，法に関する専門性が必須であることは既に述べたとおりであるが，法曹のみによって実現される高度の専門性は，時に国民の理解を困難にし，その感覚から乖離したものにもなりかねない側面を持つ。刑事裁判のように，国民の日常生活と密接に関連し，国民の理解と支持が不可欠とされる領域においては，この点に対する配慮は特に重要である。裁判員制度は，司法の国民的基盤の強化を目的とするものであるが，それは，国民の視点や感覚と法曹の専門性とが常に交流することによって，相互の理解を深め，それぞれの長所が生かされるような刑事裁判の実現を目指すものということができる。その目的を十全に達成するには相当の期間を必要とすることはいうまでもないが，その過程もまた，国民に根ざした司法を実現する上で，大きな意義を有するものと思われる。このよう

な長期的な視点に立った努力の積み重ねによって，我が国の実情に最も適した国民の司法参加の制度を実現していくことができるものと考えられる。」（本判決 1301〜1302 頁）

「相当の期間」「過程」「長期的な視点に立った努力の積み重ね」といった言葉は，それが他人事でないとすれば——最高裁大法廷に限ってそれはあり得ない——，裁判員制度の歴史，あるいは日本の司法制度の歴史における自らの位置づけを，強く自覚していればこそ発せられたものであろう。裁判員制度が「我が国独特の国民の司法参加の制度である」という認識を超えて，「我が国の実情に最も適した国民の司法参加の制度を実現していく」という決意の表明は，制度とその展開の固有性を認めたことの裏返しでなければ，いったい何と読むべきであろうか。歴史意識を内在させたテクストとしての本判決においては，2(1)と呼応するこの一節は「傍論」にとどまらない位置づけを占めているのである。

2 基本的な担い手

既に述べたとおり，「適正な刑事裁判を実現するための諸原則」こそが本判決の基本的論理の核心にある（Ⅱ 3）。しかし，このような捉え方だけでは，本判決のもう1つの論理を見失うことになる。その論理は，先の基本的論理とほぼ表裏一体をなしているが，なおテクスト中において独自の意義を担っているものである。もう一度，基本的論理の展開を見比べてみよう。

「国民の司法参加に係る制度の合憲性は，具体的に設けられた制度が，適正な刑事裁判を実現するための諸原則に抵触するか否かによって決せられるべきものである。」（本判決 1295〜1296 頁）

「このような裁判員制度の仕組みを考慮すれば，公平な『裁判所』における法と証拠に基づく適正な裁判が行われること（憲法 31 条，32 条，37 条 1 項）は制度的に十分保障されている上，裁判官は刑事裁判の基本的な担い手

とされているものと認められ，憲法が定める刑事裁判の諸原則を確保する上での支障はないということができる。」(本判決1298頁)

「裁判官は刑事裁判の基本的な担い手とされているものと認められ」という第二文中の一節は，第一文の基本命題には含まれていない。そもそも，裁判官が「刑事裁判の基本的な担い手」であることは，「適正な刑事裁判を実現するための諸原則」の1つなのであろうか。
　この「刑事裁判の基本的な担い手」は，既に見た2(2)において，登場していた。

「基本的人権の保障を重視した憲法では，特に31条から39条において，適正手続の保障，裁判を受ける権利，令状主義，公平な裁判所の迅速な公開裁判を受ける権利，証人審問権及び証人喚問権，弁護人依頼権，自己負罪拒否の特権，強制による自白の排除，刑罰不遡及の原則，一事不再理など，適正な刑事裁判を実現するための諸原則を定めており，そのほとんどは，各国の刑事裁判の歴史を通じて確立されてきた普遍的な原理ともいうべきものである。刑事裁判を行うに当たっては，これらの諸原則が厳格に遵守されなければならず，それには高度の法的専門性が要求される。憲法は，これらの諸原則を規定し，かつ，三権分立の原則の下に，『第6章　司法』において，裁判官の職権行使の独立と身分保障について周到な規定を設けている。こうした点を総合考慮すると，憲法は，刑事裁判の基本的な担い手として裁判官を想定していると考えられる。」(本判決1293～1294頁)

　この一節からは，「適正な刑事裁判を実現するための諸原則」がその遵守のために「高度の法的専門性」を要求し，さらに憲法76条3項・78条等を合わせて，「憲法は，刑事裁判の基本的な担い手として裁判官を想定している」という命題が導かれていることがわかる。つまり，裁判官が「刑事裁判の基本的な担い手」であることは，ひとまず「適正な刑事裁判を実現するための諸原則」ではないのだとすれば，それは本判決の基本的論理を構成するものではない。あくまで「刑事裁判の諸原則を確保する上での支障」の有無という基本的

論理に従たる位置づけに,「刑事裁判の基本的な担い手」はとどまるべきものである。

しかし,「憲法は,刑事裁判の基本的な担い手として裁判官を想定している」とはどういうことであろうか。「想定」とは何を意味し,「想定」に反する事態とその帰結とはどのようなものなのか。テクストに代わってこの問題に答えるのが,調査官解説である。

「……司法権の特質や刑事裁判の諸原則を担保するためのものとして,法の専門家たる裁判官が,下級裁判所の合議体における基本的な担い手となっていることが憲法上要請されていると解される。」(解説1025頁)

「……憲法が国民の司法参加を禁じていないと解される以上,残った問題は,裁判員制度の下では,裁判官が裁判の基本的な担い手になっているのか否か,憲法の定める適正な刑事裁判を実現するための諸原則が確保されているか否かということになろう。」(解説1029頁)

テクストとしての本判決と調査官解説の間には,微妙な,しかし看過し得ない違いがある。解説においては,裁判官が「刑事裁判の基本的な担い手」であることは「想定」ではなく,「憲法上要請されている」。そのことに相応して「裁判官が裁判の基本的な担い手になっているのか否か」は「憲法の定める適正な刑事裁判を実現するための諸原則が確保されているか否か」の言い換えであるか,それと対等のものとして,国民の司法参加の具体的な制度化を制約するものとされているのである。調査官解説が,本判決の真意を正しく説明したものなのか,それとも,本判決の真意に逆らって「基本的な担い手」の論理をいわば格上げしたものなのかは,にわかに即断できない。

この「基本的な担い手」の論理の原型は,早くも司法制度改革審議会における,裁判員制度の制度化を担った刑事法学者の主張に,見いだすことができる。

「……憲法の規定の仕方から,憲法にいう『裁判所』とは職業裁判官を基本的ないし必須の構成要素とするものとして構想されているということは確か

だとしても，それに加えて国民がそこに参加することを全く排除しているとまで断定する根拠は必ずしも存在せず，従って，そのような参加を認める解釈も成り立つ余地はあるのではないかと思われます。

ただ，そのような考え方に立つとしても，職業裁判官が裁判所の基本的ないし必須の構成要素であることは動かし難いわけですから，例えば，職業裁判官を全く除外して国民だけで裁判することや，職業裁判官の存在が実質的に意味を持たないような形で裁判が進められ，裁判内容が決定されるといったことは，憲法上許されるかどうかは疑わしいと言わざるを得ないでしょう。」[19)]

そして憲法学でも，「裁判員制度の具体的なありようが，下級裁判所裁判官の基本的な構成員性を侵すものでないかどうか」を，「公平な裁判所の刑事裁判を受ける権利を侵害するようなものでないかどうか」と並んで検討すべきである，と説かれていた。[20)]

もっとも，この基本的な構成要素ないし構成員という表現は，意見書においては登場せず，また立案担当者の逐条解説も，憲法論として援用していなかった。しかし，裁判員制度の合憲性が争われるようになると，各高等裁判所は，憲法が裁判官を「基本的な構成員として想定していることは明らか」（前掲東京高判平成22・4・22，控訴審判決，東京高判平成22・11・4平成22年高刑速100頁），「必須ないしは基本的な構成要素である」（東京高判平成22・6・29判タ1347号102頁，東京高判平成22・10・26東京高裁判決時報〔刑事〕61巻1〜12号253頁）という形で，相次いでこの表現を採用した。

ここでの基本的な構成要素ないし構成員という論理は，おおむね国民の司法参加は許容されるという結論を導く上での枕言葉にすぎなかった。もっとも前掲東京高判平成22・6・29が，「裁判官が裁判所の基本的な構成要素であると解されるから，裁判官の存在が実質的に意味を持たないような制度である場合

---

19) 第51回司法制度改革審議会（2001年3月13日）で配付された，井上正仁委員の「『訴訟手続への新たな参加制度』骨子（案）について（補足説明）」。さらに，佐藤幸治＝竹下守夫＝井上正仁『司法制度改革』（有斐閣，2002年）339頁以下〔井上発言〕参照。
20) 市川正人「国民参加と裁判員制度」法律時報76巻10号（2004年）43頁。

には，被告人の裁判を受ける権利の侵害が問題となり得る」点を留保していた点は，興味を引く。東京高判平成22・12・8平成22年高刑速108頁は，「裁判官を基本的な構成員とすることは要請されるけれども」とこれに一歩を進めている。おそらく調査官解説バージョンの論理を直截に示したのは，東京高判平成23・7・14平成23年高刑速113頁の次の説示であろう。

「憲法は，裁判所が法の支配の担い手であり，法に従い，独立して職権を行使する裁判官を下級裁判所の基本的な構成員と予定していると解するのが相当である。そうすると，憲法上，国民の司法参加，すなわち，裁判員が構成員となることが容認されるとしても，前記のとおり憲法の趣旨に反しない限りにおいてであり，憲法は，そのような裁判所における裁判を受ける権利を刑事被告人に保障したものということができ〔る〕」

こうしたコンテクスト——先行する諸テクスト——を踏まえて，改めてテクストとしての本判決を読んだ場合，組織の側から「裁判所の基本的な構成員」というのではなく，「刑事裁判の基本的な担い手」という作用の側から見た表現が選ばれていることに気がつく。これは，あるいは些細な字句の修正にとどまるのかも知れないが，さしあたり刑事裁判に議論の対象を限定した上で，法令の解釈に係る判断及び訴訟手続に関する判断が裁判官の合議に委ねられる点（裁判員法6条2項）を指して「憲法が定める刑事裁判の諸原則の保障は，裁判官の判断に委ねられている」（本判決1298頁）と表現することに，対応しているように解し得る。そしてそれと同時に，テクストとしての本判決は，裁判官が「刑事裁判の基本的な担い手」であることが，刑事裁判の諸原則と対等もしくは独立の憲法上の要請であるという調査官解説のような読み方も，より穏健な読み方も，ともに許容し得る幅を残したものであろう。そのように見れば，憲法76条3項違反に関する主張②に対する3(2)の次の説示も，慎重な書きぶりに終始していることに気づく。

「元来，憲法76条3項は，裁判官の職権行使の独立性を保障することにより，他からの干渉や圧力を受けることなく，裁判が法に基づき公正中立に行われ

ることを保障しようとするものであるが，裁判員制度の下においても，法令の解釈に係る判断や訴訟手続に関する判断を裁判官の権限にするなど，裁判官を裁判の基本的な担い手として，法に基づく公正中立な裁判の実現が図られており，こうした点からも，裁判員制度は，同項の趣旨に反するものではない。」(本判決 1298～1299 頁)

　しかしそのように慎重に挿入されたとしても，なお裁判官が「刑事裁判の基本的な担い手」であるという論理が憲法ランクで意義づけられたことは，重大な帰結を導き得る。本判決における「基本的な担い手」の論理は，さしあたりは，裁判員法 6 条 2 項の規定と想定している。しかし，「裁判は，証拠に基づいて事実を明らかにし，これに法を適用することによって，人の権利義務を最終的に確定する国の作用であり，とりわけ，刑事裁判は，人の生命すら奪うことのある強大な国権の行使である」(本判決 1293 頁)。そして，事実認定，法令の適用及び量刑 (裁判員法 6 条 1 項) は，いずれも「必ずしもあらかじめ法律的な知識，経験を有することが不可欠な事項であるとはいえない」としても，「いずれも司法作用の内容をなすものである」(本判決 1298 頁)。そして，かかる「刑事裁判の基本的な担い手」で裁判官がなければならないことが，仮に憲法上の要請だとすれば，「陪審員のみで評議し，有罪・無罪の評決を行う」(解説 1013 頁) という意味での陪審制の導入は，——「適正な刑事裁判を実現するための諸原則」が確保されているにもかかわらず (本判決 1296 頁参照) ——憲法改正を必要とすることになるのではないか。

　かかる帰結は，裁判官が裁判所の「基本的な構成員」でなければならないという議論からも導かれるものであるが，本判決の刑事裁判の「基本的な担い手」の論理からは，よりいっそう素直な結論のように思われる。裁判員制度は合憲であるという結論は既に定まったものだとすれば，これ以上の国民の司法参加に一定の歯止めを仕掛けたことに，司法部から見れば本判決の最大の意義があったということになろう。「刑事裁判の基本的な担い手」の論理は，その重大さの故に，密やかな形でテクストに挿入されたもの，と見るのは，さすがに穿ちすぎであろうか。

3 自由主義と民主主義

「適正な刑事裁判を実現するための諸原則に抵触するか」という本判決の基本的論理は，調査官解説が強調するとおり，「『自由主義の原理』と『民主主義の原理』との関係の理解如何」という憲法の基本原理間の調和の観点から，導かれたものである。2(3)の末尾から，2(4)にかけての本判決の展開は，次のとおりである。

> 「刑事裁判に国民が参加して民主的基盤の強化を図ることと，憲法の定める人権の保障を全うしつつ，証拠に基づいて事実を明らかにし，個人の権利と社会の秩序を確保するという刑事裁判の使命を果たすこととは，決して相容れないものではなく，このことは，陪審制又は参審制を有する欧米諸国の経験に照らしても，基本的に了解し得るところである。
> 　(4)　そうすると，国民の司法参加と適正な刑事裁判を実現するための諸原則とは，十分調和させることが可能であり，憲法上国民の司法参加がおよそ禁じられていると解すべき理由はなく，国民の司法参加に係る制度の合憲性は，具体的に設けられた制度が，適正な刑事裁判を実現するための諸原則に抵触するか否かによって決せられるべきものである。換言すれば，憲法は，一般的には国民の司法参加を許容しており，これを採用する場合には，上記の諸原則が確保されている限り，陪審制とするか参審制とするかを含め，その内容を立法政策に委ねていると解されるのである。」（本判決1295～1296頁）

司法制度改革の主役だった「法の支配」が，deus ex machina よろしく登場してすべてを説明して大団円という筋書きは，本判決の採らないところであった。しかしそうであれば，調和させられるべき「自由主義」及び「民主主義」の内容がどのようなものなのかが，疑問とされるところである。

　まず，「適正な刑事裁判を実現するための諸原則」及び「刑事裁判の基本的な担い手」としての裁判官が，「自由主義」の内容に含まれることは，これまで見てきたところから既に明らかであろう。前者に関連していえば，意見書は，

裁判員裁判を受けるか否かについて被告人の選択権を認めない文脈で,「新たな参加制度は,個々の被告人のためというよりは,国民一般にとって,あるいは裁判制度として重要な意義を有するが故に導入するものである」といささか不用意に言い切って,批判を浴びた。「憲法の定める人権の保障を全うしつつ,証拠に基づいて事実を明らかにし,個人の権利と社会の秩序を確保するという刑事裁判の使命」というテクスト中の表現は,この点に配慮を見せたものといえよう。

かかる「自由主義」の要請は,制度設計段階から,裁判員の位置づけにも及ぼされていた。

「……裁判員裁判対象事件を取り扱う裁判体は,身分保障の下,独立して職権を行使することが保障された裁判官と,公平性,中立性を確保できるよう配慮された手続の下に選任された裁判員とによって構成されるものとされている。また,裁判員の権限は,裁判官と共に公判廷で審理に臨み,評議において事実認定,法令の適用及び有罪の場合の刑の量定について意見を述べ,評決を行うことにある。これら裁判員の関与する判断は,いずれも司法作用の内容をなすものであるが,必ずしもあらかじめ法律的な知識,経験を有することが不可欠な事項であるとはいえない。さらに,裁判長は,裁判員がその職責を十分に果たすことができるように配慮しなければならないとされていることも考慮すると,上記のような権限を付与された裁判員が,様々な視点や感覚を反映させつつ,裁判官との協議を通じて良識ある結論に達することは,十分期待することができる。他方,憲法が定める刑事裁判の諸原則の保障は,裁判官の判断に委ねられている。

　このような裁判員制度の仕組みを考慮すれば,公平な『裁判所』における法と証拠に基づく適正な裁判が行われること(憲法31条,32条,37条1項)は制度的に十分保障されている上,裁判官は刑事裁判の基本的な担い手とされているものと認められ,憲法が定める刑事裁判の諸原則を確保する上での支障はないということができる。」(本判決1297～1298頁)

もっともこの「自由主義」は,裁判員は——裁判員法8条を超えて——憲法

76条3項にいう「裁判官」としての職権行使の独立が義務づけられる，とあえて説くところまで徹底したものではない。むしろ裁判において裁判員が裁判官になりきらないこと，にもかかわらず裁判官とのコミュニケーションにより「良識ある結論」——なるほど「自由主義」の現れである——に到達することが，期待されている。

他方，かかる「自由主義」の貫徹は，「民主主義」——国民の司法参加の意義——によって限定される。このことは，まずは裁判官の多数ではなく1名の参加で評議の多数決が成立するというしくみ（裁判員法67条1項）の合憲性をめぐって，現れる。

「憲法76条3項違反をいう見解からは，裁判官の2倍の数の国民が加わって裁判体を構成し，多数決で結論を出す制度の下では，裁判が国民の感覚的な判断に支配され，裁判官のみで判断する場合と結論が異なってしまう場合があり，裁判所が果たすべき被告人の人権保障の役割を全うできないことになりかねないから，そのような構成は憲法上許容されないという主張もされている。しかし，そもそも，国民が参加した場合であっても，裁判官の多数意見と同じ結論が常に確保されなければならないということであれば，国民の司法参加を認める意義の重要な部分が没却されることにもなりかねず，憲法が国民の司法参加を許容している以上，裁判体の構成員である裁判官の多数意見が常に裁判の結論でなければならないとは解されない。先に述べたとおり，評決の対象が限定されている上，評議に当たって裁判長が十分な説明を行う旨が定められ，評決については，単なる多数決でなく，多数意見の中に少なくとも1人の裁判官が加わっていることが必要とされていることなどを考えると，被告人の権利保護という観点からの配慮もされているところであり，裁判官のみによる裁判の場合と結論を異にするおそれがあることをもって，憲法上許容されない構成であるとはいえない。」（本判決1299頁）

しかし，没却されてはならない「国民の司法参加を認める意義」とは，何か。[22]

---

21) 樋口陽一『「日本国憲法」まっとうに議論するために』（みすず書房，2006年）120頁参照。
22) 裁判員の関与した裁判も控訴審で覆し得るから「自由主義」に反しないという論法も，「国民

それこそが，司法制度改革審議会であいまいなままにされ，裁判員法の目的規定に「国民の理解の増進とその信頼の向上」として書き込まれたことであった。この問題について，本判決の3(4)は，裁判員等の職務が憲法18条に反するかという主張④との関係で，驚くべき説明を提示する。

「裁判員としての職務に従事し，又は裁判員候補者として裁判所に出頭すること（以下，併せて『裁判員の職務等』という。）により，国民に一定の負担が生ずることは否定できない。しかし，裁判員法1条は，制度導入の趣旨について，国民の中から選任された裁判員が裁判官と共に刑事訴訟手続に関与することが司法に対する国民の理解の増進とその信頼の向上に資することを挙げており，これは，この制度が国民主権の理念に沿って司法の国民的基盤の強化を図るものであることを示していると解される。このように，裁判員の職務等は，司法権の行使に対する国民の参加という点で参政権と同様の権限を国民に付与するものであり，これを『苦役』ということは必ずしも適切ではない。」（本判決1300頁）

本判決は，裁判員法の規定を通過して意見書にまで遡り，「国民主権の理念に沿って司法の国民的基盤の強化」という目的を導いてくる。しかし，裁判員裁判に参加する「国民」は，いうまでもなく主権の担い手としての国民それ自身ではない。それ故に，土井真一は，裁判員等としての職務が憲法18条に反しないと論じる際に，それを「主権者たる国民の公共的な責務」として慎重に位置づけたのであった。また，職務の性質決定にあえて踏み込まず，「負担を課す必要性・正当性及び負担の程度」（解説1040頁）という比較較量を前面に押し出しても，合憲の結論を導くことは可能だったはずである。

本判決はそれに対して，「裁判員の職務等は，司法権の行使に対する国民の参加という点で参政権と同様の権限を国民に付与する」とまで，あえて言い切

の司法参加を認める意義」を没却するものとして，正面から採り得ないところであり，本判決も当然にこの論法に触れていない。裁判員裁判における控訴審の審理のあり方については，最判平成24・2・13刑集66巻4号482頁，及び最決平成25・4・16刑集67巻4号549頁の大谷剛彦裁判官補足意見参照。

23) 土井・前掲注8) 273頁。東京高判平成23・5・19平成23年高刑速98頁も参照。

った。ひとまず，法定の就職禁止事由該当者（裁判員法15条）も参政権を有する国民の一員ではないのかという素朴な疑問も湧くが，それ以上に，「国民が直接司法に参加することにより裁判の国民的基盤を強化し，その正統性を確保しよう」（本判決1294頁）ということとの関係が気になるところである。2(3)において，国民の司法参加という場面で，「自由主義」と整合的に語られる「民主主義」とは，国家権力の正統化に関わるものであり，裁判に直接参加する個々の国民は，かかる非実体的な正統化の淵源としての「国民」を裁判の場で表象するにすぎないはずであった。それが本判決の3(4)では，個々の国民の司法参加が，自らの資格で直接に行使する参政権と，同様のものとして捉えられている。つまり，3(4)での「民主主義」は，殊更に「自由主義」と鋭く対立する側面が，クローズアップされたものなのである。

　この「民主主義」イメージからは，例えば違憲審査制の正統性に関するような，司法ひいて国制全体に対する「自由主義」と「民主主義」を調和させる指針を引き出すことは，難しいように思われる。むしろ，そのように両者の原理的対立が解決できないという構造であればこそ，「民主主義」と対峙する「自由主義」を一手に引き受ける，「刑事裁判の基本的担い手」としての裁判官の存在価値も高まるのであろう。しかし，このような構造を前提にするのならば，「国民の視点や感覚と法曹の専門性とが常に交流することによって，相互の理解を深め，それぞれの長所が生かされるような刑事裁判の実現」（本判決1301頁）とは，正しく構造的に──というのは，「自由主義」を引き受ける裁判官が国民の視点への理解を深めすぎることは「自由主義」の否定になるのだから──，国民が法曹の専門性への理解を深めること，国民が「法に関する専門性」を必須とする刑事裁判を理解し支持すること，その方向で参政権類似の権限を国民が行使するよう裁判官が導くこと，ではないのだろうか。もちろんこうした事態は，まさに最高裁の下での裁判員制度の運用において，ある程度不可避であり，現実にも行われていることである。法に関する専門性が否定されるべきでないことも，当然である。しかし，国民の司法参加の意義を一見素直に強調する「参政権」類似の見方こそが，国民と裁判官の相互交流ではなく，国民から裁判官への一方向的な流れを，かえって固定しはしないだろうかという疑問を，テクストとしての本判決は，呼び起こすものでもある。

結びに代えて——語られなかったこと

　裁判員制度の導入は,「遅れてきた近代」の実現だろうか。この問いに答えるのは難しいが,意見書の論理に従うならば,グローバル化・断片化・自己組織化が進むポスト近代社会において,公共性を体現する国家の権威が動揺しつつある中,司法部が直接に正統性を調達する試みと捉えるのが,適切であるように思われる。

　ところで,司法の正統性について,かつて樋口陽一は,全国裁判官懇話会での講演において,「アメリカ流の裁判官の知的権威」,「ローマ法以来のヨーロッパにおけるような法学の知的権威」とは異なり,わが国では「キャリア裁判官としての専門性に沈潜した職業倫理以外にないし,それこそが,アメリカ型,ヨーロッパ大陸型の二つに対抗し得るレジティマシーの可能性を我々に提供してくれているはずではないのか」,と指摘していた[24]。しかし意見書は,かかる「キャリア裁判官としての専門性」が現実には行政国家に依存していたことを前提に,そこから司法部を解き放とうとしたものと見ることができる。もっとも,裁判員制度の教訓の1つは,ある刑事法学者の言葉を借りれば,「ある立法が成功するためには,その立法を求める国民の熱狂は必ずしも必要とされない。必要なのは,専門家による慎重な議論である」ということであった[25]。裁判員制度を実施に導いたのは,ほかならぬ卓越した行政・調整能力を含む意味での「キャリア裁判官としての専門性」であった。

　ところで,本判決における「自由主義」と「民主主義」の構図とは異なる観点からも,裁判員制度の意義づけは可能であり,むしろそれが憲法学における多数の見方といえよう。それは,「適切な裁判」によってはじめて「司法に対する国民の理解の増進とその信頼の向上」も達成されることを前提に[26],「専門

---

[24]　樋口陽一「比較憲法論から見た日本の裁判官制度像」『転換期の憲法?』(敬文堂,1996年) 229頁以下〔初出1992年〕。なおこの懇話会の様子は,黒木亮『法服の王国　小説裁判官(下)』(岩波現代文庫,2016年) 267頁以下に描かれている。

[25]　亀井源太郎「裁判員制度の立法学的意義」井田良＝松原芳博編『立法学のフロンティア3　立法実践の変革』(ナカニシヤ出版,2014年) 166頁。

[26]　長谷部恭男「司法権の概念と裁判のあり方」ジュリスト1222号 (2002年) 146頁。

性と健全な良識の相互作用」による適切な裁判の実現に，裁判員制度の目的を求める見解である。裁判員が裁判官の嚮導によって「良識ある結論」に導かれるという本判決の想定とは異なり，もともと裁判員は「健全な良識」を担うものとして裁判官の「専門性」と交流する，というのが憲法学の想定するところであった。それは，「自由主義」と「民主主義」の関係としていえば，裁判員制度は「自由主義」の実現に資する，という理解にほかならない。こうした見方は，国民の司法参加によってこそ，司法部内での裁判官の職権行使の独立が貫徹され，少数者の人権保障を含む個々の裁判官の「法の専門性」がより良く発揮される，という考え方とも通ずるものである。[28]

このような，司法部内のヒエラルヒーから「個」としての「キャリア裁判官の専門性」を「析出」するという関心は，テクストとしての本判決は触れるところがないが，ただ，「憲法は，これらの諸原則を規定し，かつ，三権分立の原則の下に，『第6章　司法』において，裁判官の職権行使の独立と身分保障について周到な規定を設けている。」(本判決1293〜1294頁) と述べた箇所がある。これは，「刑事裁判の基本的な担い手」を打ち出す直前だが，そこでの「三権分立の原則」は，意味深長である。調査官解説は，次のように説明する。

「憲法は，三権分立の原則を採用しているところ，三権の抑制均衡の観点から，憲法80条1項は，内閣による下級裁判所の裁判官の任命を定めている。したがって，そのような抑制の及ばない者が司法の中核的な作用を担うことは，上記の抑制均衡の枠組みを崩すものとして許されないであろう。」(解説1025頁)

憲法によれば，内閣による裁判官の任命は，「最高裁判所の指名した者の名簿」によってなされる。ここでいう「抑制の及ばない者」とは，その実質において，最高裁の人事権に服しない者のことである。調査官解説の理解する本判決は，「裁判官の独立及び中立・公正を確保し，裁判に対する国民の信頼を維

---

27) 土井・前掲注8) 275頁。
28) 常本照樹「司法権——権力性と国民参加」公法研究57号 (1995年) 72頁以下，宍戸・前掲注6) 145頁等。

持するとともに、三権分立主義の下における司法と立法、行政とのあるべき関係を規律すること」に裁判官の積極的政治運動の禁止（裁判所法52条1号）の趣旨を求めた寺西判事補事件決定の、正しい後継者であるだろう。[29]

　しかしそうであればなおのこと、「外に向かって『開く』のは組織としての裁判所や組織としての大学ではなくて、一人一人の研究者や一人一人の裁判官がそれぞれに自分自身の責任において、閉じこもらない、開く接点を見出していくということではないのか」という、全国裁判官懇話会における樋口の問いは、20年の時を超えてなお、テクストとしての本判決に対置されるものとして、妥当しているように思われる。[30]

---

29) 宍戸常寿「司法のプラグマティク」法学教室322号（2007年）25頁以下参照。
30) 樋口・前掲注24) 232頁。

テクストとしての判決──「近代」と「憲法」を読み解く

2016 年 12 月 25 日　初版第 1 刷発行
2017 年 3 月 10 日　初版第 2 刷発行

編著者　駒　村　圭　吾
発行者　江　草　貞　治
発行所　株式会社　有　斐　閣
　　　　郵便番号 101-0051
　　　　東京都千代田区神田神保町 2-17
　　　　電話　(03)3264-1314〔編集〕
　　　　　　　(03)3265-6811〔営業〕
　　　　http://www.yuhikaku.co.jp/

印刷・株式会社精興社／製本・牧製本印刷株式会社
© 2016, 駒村圭吾. Printed in Japan
落丁・乱丁本はお取替えいたします。
★定価はカバーに表示してあります。
ISBN 978-4-641-13191-0

[JCOPY]　本書の無断複写(コピー)は、著作権法上での例外を除き、禁じられています。複写される場合は、そのつど事前に、(社)出版者著作権管理機構(電話03-3513-6969、FAX03-3513-6979、e-mail：info@jcopy.or.jp)の許諾を得てください。

本書のコピー，スキャン，デジタル化等の無断複製は著作権法上での例外を除き禁じられています。本書を代行業者等の第三者に依頼してスキャンやデジタル化することは，たとえ個人や家庭内での利用でも著作権法違反です。